Beniamino Di Martino

La Dottrina Sociale della Chiesa
Sviluppo storico

Monolateral

ISBN: 978-1-946374-01-1

Prima edizione: marzo 2017 (revisionata: giugno 2017)

Copyright © 2017 Beniamino Di Martino

PROPRIETÀ LETTERARIA RISERVATA

Il presente testo può essere usato esclusivamente per finalità di carattere personale. I diritti di commercializzazione, di traduzione, di memorizzazione elettronica, di adattamento e di riproduzione totale o parziale con qualsiasi mezzo sono riservati per tutti i Paesi.

Monolateral
PO Box 940451
Plano, Texas (USA) 75094
https://monolateral.com

Indice

Premessa	5
1. La *Rerum novarum* e il magistero sociale di Leone XIII	7
1.1. Il *corpus leonianum*	7
1.2. Tra liberalismo e socialismo	12
1.3. Proprietà individuale e azione politica	20
1.4. Questione operaia e questione salariale	27
1.5. Un'enciclica profetica?	35
2. Economia e società nella *Quadragesimo anno* di Pio XI	39
2.1. Uno Stato corporativo?	42
2.2. La *Nova impendet*	49
2.3. Gli «errori della scienza economica individualistica»	52
2.4. Ruolo dello Stato e *Welfare*	57
2.5. La *Quadragesimo anno* nell'intera Dottrina Sociale della Chiesa	66
3. Società e Stato nel magistero di Pio XII	69
3.1. Gli interventi di Pio XII	70
3.2. Società e socialità umana	80
3.3. Uno "Stato cristiano"?	100
3.4. Un insegnamento vasto ed uniforme	112
4. La *Pacem in terris* di Giovanni XXIII	115
4.1. Il documento	117
4.2. L'enciclica e la "Dottrina Sociale"	124
4.3. Il contesto politico mondiale	129
4.4. Il tema della pace e dell'ordine divino	130
4.5. Una teologia dei "segni dei tempi"	135
4.6. Trionfalismo giustificato?	143
5. La dottrina sociale nella *Gaudium et spes* e nel Concilio	145
5.1. «Le gioie e le speranze…»	145
5.2. La costituzione pastorale e la svolta ecclesiologica	150
5.3. Un nuovo metodo anche per le questioni sociali	156
5.4. La vita economico-sociale	163
5.5. Una cerniera	176
6. La *Populorum progressio* e il magistero sociale di Paolo VI	185
6.1. Il «vero sviluppo»	187
6.2. Uno squilibrio crescente?	194
6.3. Riforme redistributive	204
6.4. L'umanesimo di Paolo VI	225

7. L'Istruzione sulla "teologia della liberazione"   229
    7.1. Il surriscaldamento della teologia   231
    7.2. La "rilettura" della verità su Cristo, sulla Chiesa e sull'uomo   237
    7.3. Una nuova interpretazione del cristianesimo   254

8. Il 1989 attraverso l'enciclica *Centesimus annus*   257
    8.1. Il 1989   257
    8.2. Il secolo dell'ideologia: dal 1914 al 1989   260
    8.3. Irriformabilità dell'ideologia   264

9. La *Centesimus annus* e l'insegnamento sociale di Giovanni Paolo II   271
    9.1. Il pontificato di Giovanni Paolo II e il rilancio
        della Dottrina Sociale   271
    9.2. Le encicliche del 1981 e del 1987   276
    9.3. La *Centesimus annus* e l'"anno della Dottrina Sociale"   290
    9.4. Società e mercato nella *Centesimus annus*   294
    9.5. Tra passato e presente   305

10. La *Caritas in veritate* di Benedetto XVI   307
    10.1. La carità e la verità   307
    10.2. Sulla scia della *Populorum progressio*   311
    10.3. L'enciclica e la Dottrina Sociale della Chiesa   313
    10.4. Sussidiarietà e poliarchia   317
    10.5. Governo o *governance*?   320
    10.6. Un governo mondiale?   325

La Dottrina Sociale della Chiesa

Sviluppo storico

Premessa

«Non contribuiscono a fare chiarezza certe astratte suddivisioni della dottrina sociale della Chiesa che applicano all'insegnamento sociale pontificio categorie ad esso estranee. Non ci sono due tipologie di dottrina sociale, una preconciliare e una postconciliare, diverse tra loro, ma un unico *insegnamento, coerente e nello stesso tempo sempre nuovo*» (Benedetto XVI, enciclica *Caritas in veritate*, 2009).

L'affermazione di Benedetto XVI con cui si apre questo volume esprime un'"ermeneutica della continuità" particolarmente cara a papa Ratzinger. Con le parole dell'enciclica *Caritas in veritate* si può essere complessivamente d'accordo a condizione di integrare questo assenso con almeno due precisazioni. La prima riguarda una *coerenza* dell'insegnamento anche e soprattutto nel persistere in alcune lacune che la Dottrina Sociale della Chiesa mantiene al suo interno e che limitano seriamente non solo la scientificità dell'orizzonte teorico, ma anche le prospettive della sua realizzazione pratica. La seconda precisazione riguarda l'esistenza – facilmente ravvisabile mettendo a confronto i documenti – di una notevole pluralità di sensibilità, di adattamenti, di angolazioni, di accenti; tutto ciò rivela non solo il peso che assumono predisposizioni e indole degli autori, ma anche il condizionamento esercitato dal contesto culturale nel quale ogni documento si pone e dal quale è difficilmente separabile.

Dalla utilità di presentare questa continuità di sostanza e queste variazioni di tono nasce il presente volume che si pone in abbinamento ad un precedente manuale[1] che ha provato a tracciare tematicamente i principi su cui poggia l'insegnamento sociale della Chiesa cattolica.

Sono molti gli aspetti che collegano i due lavori, l'uno di integrazione all'altro, senza che ciascuno dei due perda la sua autonomia e la sua ragione specifica. L'uno è complementare all'altro in modo che se nel primo i fondamenti della Dottrina Sociale sono illustrati *tematicamente* e *sincronicamente*, nel secondo lo sviluppo di questo magistero è ricostruito *storicamente* e *diacronicamente* attraverso l'analisi dei principali testi sociali della Chiesa. Ma ciascuno dei due è anche sufficientemente indipendente dall'altro perché non ne presuppone necessariamente la lettura.

Come il primo, anche questo volume è il frutto di una rielaborazione di alcuni articoli apparsi su riviste scientifiche. In queste pagine, però, non vi è solo la riflessione di anni di studio, ma si ritrova anche l'esperienza accumulata nei numerosi corsi di Dottrina Sociale della Chiesa svolti presso diverse istituzioni accademiche. Ricerca personale ed esercizio didattico si fondono, quindi, anche in questo nuovo strumento ad utilità di chi vuole accostarsi al magistero sociale della Chiesa cattolica senza preconcetti e senza ideologismi. E al pari del primo, anche l'attuale volume si discosta dagli altri simili per l'assenza di ogni scivolamento glorificativo e di ogni tentazione mitizzatrice. Rispetto agli altri testi che ricostruiscono la storia della Dottrina Sociale della Chiesa, quello che ora è nella disponibilità di studiosi, studenti, cultori e lettori non vuole compromettere in alcun modo l'oggettività dell'analisi anche se ciò comporta una certa freddezza, propria dell'esercizio critico.

L'autore

---

[1] BENIAMINO DI MARTINO, *La Dottrina Sociale della Chiesa. Principi fondamentali*, Nerbini, Firenze 2016.

1

La *Rerum novarum* e il magistero sociale di Leone XIII

1.1. Il *corpus leonianum*

Nei 25 anni di pontificato, Leone XIII (1878-1903)[1] produsse un numero assai elevato di documenti. Solo le encicliche sono ben 86, dalla *Inscrutabili Dei consilio*, promulgata il 21 aprile 1878, alla *Dum multa*, che porta la data del 24 dicembre 1902. Sebbene il nome di papa Pecci[2] sia indissolubilmente legato alla *Rerum novarum*, sarebbe un errore

---

1 La mattina del 18 febbraio 1878 il cardinale Pecci, accettando il responso del conclave, dichiarò di voler chiamarsi Leone XIII. Si era, in questo modo, concluso un conclave molto breve (un solo giorno) che, nonostante le ipotesi contrarie avanzate in seno al collegio cardinalizio, si svolse a Roma (la contesa con lo Stato italiano aveva indotto non pochi porporati a ritenere più sicura ed opportuna una qualche sede alternativa, lontano dall'Italia).
2 Gioacchino (esattamente Vincenzo, Gioacchino, Raffaele, Luigi) Pecci nacque il 2 marzo 1810 a Carpineto Romano, piccola località del Lazio (a sud di Roma), da una famiglia di piccola nobiltà, penultimo dei sette figli del conte Ludovico Domenico e della contessa Anna Prosperi. Uno dei fratelli maggiori di Gioacchino, Giuseppe (1807-1890), sarà non solo un dotto sacerdote, ma anche uno stimato cardinale (essendo stato chiamato a tale carica dal fratello papa, Giuseppe Pecci può essere considerato l'ultimo "cardinal nipote" della storia). I due fratelli, avviati verso il sacerdozio, studiarono presso i padri gesuiti, ma Gioacchino fu presto orientato verso il lavoro diplomatico e, dopo l'ordinazione sacerdotale avvenuta nel 1837, fu subito inviato come delegato pontificio prima a Benevento poi a Perugia. Già nel 1843 (quindi a soli 33 anni di età), venne consacrato vescovo ed inviato a Bruxelles quale nunzio apostolico. Agli inizi del 1846 venne nominato vescovo di Perugia; nella città umbra rimase per 32 anni sino al conclave apertosi a causa della morte di Pio IX, il pontefice che nel 1853 lo aveva insignito della porpora cardinalizia.

concentrarsi sulla sola enciclica relativa alla "condizione operaia", anche soltanto per ciò che concerne l'insegnamento sociale[3].

Anzi, esattamente per meglio avvicinare il documento che, quarant'anni dopo la sua pubblicazione, Pio XI definì la «*Magna Charta*, sulla quale deve posare tutta l'attività cristiana nel campo sociale come sul proprio fondamento»[4], è quanto mai utile provare ad abbracciare l'intero *corpus leonianum*.

Una prova di ciò fu offerta dallo stesso Leone XIII quando, sul finire del pontificato, volle ripercorrere il suo magistero richiamando nove sue encicliche. L'ormai novantaduenne papa, nel marzo del 1902, pubblicò una lettera in cui, celebrando il 25° anniversario di ministero petrino, ricordava il proprio intento di indicare nel ritorno alla fede cristiana e alla dottrina della Chiesa la soluzione ai mali che affliggevano il mondo[5]. Questo intento si era manifestato nei documenti magisteriali che Leone XIII enumerava in questo particolare modo: l'enciclica *Aeterni Patris* (1879) sulla filosofia cristiana, la *Libertas praestantissimum* (1888) sulla libertà umana, la *Arcanum divinae sapientiae* (1880) sul matrimonio cristiano, la *Humanus genus* (1884) sulla massoneria, la *Diuturnum illud* (1881) sui poteri pubblici, la *Immortale Dei* (1885) sulla costituzione cristiana degli Stati, la *Quod apostolici muneris* (1878) sul socialismo, la *Rerum novarum* (1891) sulla questione operaia, la *Sapientiae christianae* (1890) sui principali doveri dei cittadini cristiani[6].

Come si può facilmente notare, Leone XIII forniva un peculiare

---

3   Cfr. Beniamino Di Martino, *La Dottrina Sociale della Chiesa. Principi fondamentali*, Nerbini, Firenze 2016, p. 26-32.
4   Pio XI, Lettera enciclica *Quadragesimo anno* sull'instaurazione dell'ordine sociale cristiano, 15.5.1931, in *Enchiridion delle encicliche/5. Pio XI (1922-1939)*, Edizioni Dehoniane, Bologna 1995, n. 620.
5   Leone XIII, Lettera apostolica *Annum ingressi* (*Vigesimo quinto anno*) nel venticinquesimo anniversario di assunzione al Pontificato, 19.3.1902, in *Enchiridion delle encicliche/3. Leone XIII (1878-1903)*, Edizioni Dehoniane, Bologna 1999, n. 2146-2184.
6   Scriveva il papa: «…Noi, fin dall'esordio del Nostro Pontificato, Ci siamo studiosamente adoperati a mettere in vista e in rilievo i benefici intendimenti della Chiesa, e ad estenderne il più possibile col tesoro delle sue dottrine la salutare azione. E a questo fine furono diretti gli atti precipui del Nostro Pontificato, segnatamente le Encicliche sulla filosofia cristiana, sulla libertà umana, sul matrimonio cristiano, sulla setta dei massoni, sui poteri pubblici, sulla costituzione cristiana degli Stati, sul socialismo, sulla questione operaia, sui principali doveri dei cittadini cristiani e sopra argomenti affini» (*Ibidem*, n. 2167).

ordine interpretativo, innanzitutto selezionando queste nove encicliche tra tutti i documenti da lui firmati; poi prediligendo non un'elencazione cronologica, ma una disposizione di natura logica. Commentando il magistero leoniano, il filosofo Augusto Del Noce (1910-1989) si chiedeva «perché nessuno [...] abbia pensato all'edizione delle nove encicliche secondo quell'ordine logico che il papa aveva fissato»[7]. La domanda è senz'altro legittima, ma neanche noi la evaderemo, intendendo procedere in altro modo. Sta di fatto, però, che il papa volle individuare nell'enciclica sulla filosofia cristiana (*Aeterni Patris*, 1879)[8] il punto di partenza logico del suo insegnamento sociale[9]. Per quanto la *Aeterni Patris*[10] non possa essere annoverata tra i documenti a tema sociale, pur tuttavia essa non va trascurata anche nell'ottica del magistero sociale di Leone XIII perché essa, riproponendosi il ritorno alla filosofia di Tommaso d'Aquino, intendeva porre le basi anche del rinnovamento civile[11]. Infatti – come ha sostenuto Étienne Gilson (1884-1978) commentando l'enciclica –, ogni programma di riforma sociale non può che partire da una buona riforma intellettuale[12].

Sin dall'avvio del ministero romano, papa Pecci si era dimostrato pienamente consapevole della oscurità dei tempi e della necessità di spendere ogni sforzo per ristabilire l'ordine che la rivoluzione aveva sovvertito. Sotto questo aspetto, "sovvertimento rivoluzionario"

---

7   Augusto Del Noce, *Pensiero della Chiesa e filosofia contemporanea. Leone XIII, Paolo VI, Giovanni Paolo II*, a cura di Leonardo Santorsola, Studium, Roma 2005, p. 77.
8   Per alcuni studiosi l'enciclica sul recupero del tomismo (4 agosto 1879) va addirittura considerata il documento più importante del pontificato di Leone XIII. Esperto conoscitore del pensiero di san Tommaso d'Aquino (1225-1274), Gioacchino Pecci non tardò ad indicare nella reintroduzione del pensiero del Dottore Angelico, la strada per il rinnovamento teologico. D'altra parte la *philosophia perennis* veniva indicata anche come il rimedio contro la rivoluzione delle idee; in questo modo, il ristabilimento della filosofia tomistica si poneva a fondamento della restaurazione morale, politica e sociale. Cfr. *Enciclica "Aeterni Patris" di Leone XIII. 1878-1978*, presentazione di Sofia Vanni Rovighi, Vita e Pensiero, Milano 1979.
9   Cfr. Massimo Introvigne, *La dottrina sociale di Leone XIII*, Fede & Cultura, Verona 2010, p. 10-12.20.
10   Cfr. Leone XIII, Lettera enciclica *Aeterni Patris* sul rinnovamento della filosofia tomista nelle scuole, 4.8.1879, in *Enchiridion delle encicliche/3. Leone XIII (1878-1903)*, Edizioni Dehoniane, Bologna 1999, n. 49-110.
11   Cfr. Sergio Luppi, *La "Aeterni Patris" e la battaglia delle idee*, in «Cristianità», anno 7 (1979), n. 55 (novembre), p. 4-6.
12   Cfr. Étienne Gilson, *Le Philosophe et la Théologie*, Fayard, Paris 1960, p. 192.

e "restaurazione dell'ordine" sono due concetti così presenti in Leone XIII che pongono il suo pontificato in continuità con quello di Pio IX.

È stato fatto spesso notare che le due figure hanno espresso orientamenti differenti[13]; a volte sono state messe in luce vere e proprie contrapposizioni[14]. Tutto ciò non va certamente sottovalutato, ma va innanzitutto tenuto presente che, nonostante l'ampio arco di tempo abbracciato dai due pontefici[15], entrambi si sono rigorosamente attenuti ad una medesima visione della storia.

Sono ben note le posizioni di Pio IX, ma sarebbero troppi i passi di Leone XIII che possono essere affiancati ai testi del suo predecessore. Ci limitiamo alle parole con cui papa Pecci diede avvio al pontificato e alle parole presenti nella lettera con cui, nel 1902, riassumeva il suo ministero. Nella *Inscrutabili Dei consilio*, scritta poche settimane dopo l'elezione, il nuovo papa così mostrava il suo stato d'animo: «si presenta al Nostro sguardo il triste spettacolo dei mali che da ogni parte affliggono il genere umano: questo così universale sovvertimento dei principi dai quali, come da fondamento, è sorretto l'ordine sociale»[16]. E venticinque anni dopo, un anno prima della morte, l'anziano pontefice, con il medesimo tono, si domandava: «chi può infatti ignorare quanto larga cospirazione di forze miri oggidì a rovesciare e disperdere la grande opera di Gesù Cristo, tentando con una pertinacia che non conosce confini di distruggere nell'ordine intellettuale il tesoro delle Celesti dottrine, sovvertire nell'ordine sociale le più sante, le più salutifere istituzioni cristiane?»[17].

Certamente non mancavano i motivi per consolidare la sensazione

---

13 Cfr. GABRIELE DE ROSA, *Il movimento cattolico in Italia. Dalla Restaurazione all'età giolittiana*, Laterza, Bari 1988, p. 99-114.
14 Cfr. ROGER AUBERT, *Leone XIII*, in FRANCESCO TRANIELLO - GIORGIO CAMPANINI (diretto da), *Dizionario storico del movimento cattolico in Italia*, Marietti, Casale Monferrato (Alessandria) 1982, vol. II, p. 299.
15 Il pontificato di Pio IX si è protratto per oltre 31 anni e mezzo; quello di Leone XIII per quasi 25 anni e mezzo. Quello di Pio IX e quello di Leone XIII risultano essere, quindi, tra i pontificati più longevi della storia. In questo modo, la Chiesa ha avuto dal 1846 al 1903 (quindi in 57 anni) solo due guide, assicurando in anni assai tumultuosi una forte stabilità interna.
16 LEONE XIII, Lettera enciclica *Inscrutabili Dei consilio*, 21.4.1878, in *Enchiridion delle encicliche/3. Leone XIII (1878-1903)*, Edizioni Dehoniane, Bologna 1999, n. 2.
17 LEONE XIII, *Annum ingressi* (*Vigesimo quinto anno*), cit., n. 2146.

di un assedio nel quale la Chiesa era costretta[18]. D'altra parte, nonostante alcuni tentativi "conciliatoristi", già a partire dal 1881, la "questione romana" si riacutizzò. Negli altri paesi europei, poi, la situazione non era di molto migliore (basti ricordare l'anticlericalismo della Francia della Terza Repubblica o il *kulturkampf* della Germania di Bismarck).

A fronte di tutto ciò, è pur vero che gli indirizzi seguiti sin da subito dal nuovo papa mostrarono una politica sensibilmente differente rispetto a quella coltivata dal suo predecessore. Lo storico Pietro Scoppola (1926-2007) così ne delineava i tratti: «dopo gli [...] anni del pontificato di Pio IX così nettamente caratterizzato, sul piano religioso come sul piano politico, da un atteggiamento di difesa e di resistenza, il pontificato di Leone XIII appare dominato in ogni campo dall'evidente preoccupazione di una riconquista delle posizioni perdute dalla Chiesa, di un suo reinserimento nella nuova situazione storica»[19]. Altri studiosi hanno visto qualcosa in più ed hanno descritto il pontificato di papa Pecci come l'avvio di una maturazione "democratica" che ha portato la Chiesa ad avvicinarsi – sebbene lentamente e timorosamente – verso le moderne concezioni politiche[20]. A causa di queste aperture (significativo è il caso del cosiddetto e controverso "*ralliement*"[21], cioè

---

18   Erano gli anni in cui la massoneria giungeva a predicare l'abolizione del papato da essa definito «l'immonda arpia a cui taglieremo le unghia». Le fazioni anticlericali più estremiste non perdevano occasione per dimostrare tutto il loro viscerale odio nei confronti della Chiesa Cattolica. Sono molti gli episodi deprecabili che si susseguirono in quegli anni. Tra questi ricordiamo solo quello (con forti tinte simboliche) occorso nella notte tra il 12 e il 13 luglio 1881 quando venne traslata la salma di Pio IX dal Vaticano alla basilica di san Lorenzo fuori le mura, dove il papa avrebbe avuto sepoltura definitiva. Non pochi fedeli accompagnavano il corteo, che si preferì far svolgere nottetempo proprio per evitare disordini. Nonostante ciò, alcuni facinorosi si avventarono sul feretro e tentarono addirittura di far precipitare le spoglie del pontefice nel Tevere. La sortita fallì solo per la reazione della folla. Stranamente le autorità avevano "dimenticato" di provvedere alla scorta.
19   Pietro Scoppola, *Dal neoguelfismo alla democrazia cristiana*, Studium, Roma 1979, p. 61.
20   Cfr. Antonio Acerbi, *Chiesa e democrazia. Da Leone XIII al Vaticano II*, Vita e Pensiero, Milano 1991, p. 3-83; cfr. Giorgio Campanini, *La "Rerum novarum" come punto di svolta nel rapporto fra Chiesa e modernità*, in «La Società», anno 1 (1991), n. 2, p. 152-170; cfr. Mario Toso, *Welfare Society. La riforma del welfare: l'apporto dei pontefici*, Libreria Ateneo Salesiano, Roma 2003, p. 51.54.
21   Cfr. Roberto de Mattei, *Il ralliement di Leone XIII. Il fallimento di un progetto pastorale*, Le Lettere, Firenze 2014; cfr. Giorgio Candeloro, *Storia dell'Italia*

il tentativo di avvicinamento alla Francia repubblicana), Leone XIII non è stato molto apprezzato dai cattolici contro-rivoluzionari[22]. Per le ragioni contrarie (e cioè per la difesa intransigente della dottrina), papa Pecci è stato ancor meno amato dai cattolici democratici[23].

Dicevamo che in questo nostro approfondimento non avremmo seguito lo schema "logico" suggerito dallo stesso pontefice. Quell'ordine presupporrebbe un'organicità che – per quanto spesso evocata – non può essere data per scontata (anche se è lecito parlare di un *corpus leonianum*). Il modo di procedere di questo lavoro consisterà, piuttosto, nel selezionare alcuni temi ed intorno a questi sviluppare un'analisi che riguardi contestualmente sia la *Rerum novarum* sia gli altri documenti del pontificato.

I temi scelti per questo lavoro sono il confronto tra liberalismo e socialismo, poi l'analisi dell'insegnamento circa la proprietà individuale e l'azione politica, infine il dibattito circa la questione operaia e la questione salariale. Sono temi che, per il loro carattere nevralgico, consentono una sufficiente visione d'insieme, ma impongono anche un adeguato allargamento ad altri rilevanti aspetti ad essi contigui.

1.2. Tra liberalismo e socialismo

Per quanto il magistero abbia poco gradito veder definita la propria Dottrina Sociale in relazione o in semplice contrapposizione al capitalismo liberista e al collettivismo marxista[24], pur tuttavia il confronto con i due grandi sistemi ha caratterizzato – direttamente o indirettamente – ogni enunciazione in materia sociale. La condanna sia del liberalismo[25] sia del socialismo[26] aveva preceduto Leone XIII[27], ma

---

moderna. Volume VI. Lo sviluppo del capitalismo e del movimento operaio (1871-1896), Feltrinelli, Milano 1990, p. 335.
22 Cfr. INTROVIGNE, *La dottrina sociale di Leone XIII*, cit., p. 7-8.43.
23 Cfr. *Ibidem*, p. 7.17.
24 Cfr. GIOVANNI PAOLO II, Lettera enciclica *Sollicitudo rei socialis* nel ventesimo anniversario della *Populorum progressio*, 30.12.1987, n. 41b.
25 Cfr. PIO IX, *Sillabo*, 8.12.1864, proposizioni 77-80, in *Enchiridion delle encicliche/2. Gregorio XVI, Pio IX (1831-1878)*, Edizioni Dehoniane, Bologna 2002, n. 409-412.
26 Cfr. *Ibidem*, n. 348.
27 Cfr. DI MARTINO, *La Dottrina Sociale della Chiesa. Principi fondamentali*, cit., p. 54-55.

i documenti di papa Pecci consentirono di fornire un quadro più ampio e più ragionato anche su questo argomento così determinante per l'intero insegnamento sociale della Chiesa[28].

La questione ha senz'altro avuto un suo spazio particolare nella *Rerum novarum*, ma – anche in questo caso – non sarebbe giusto limitarsi alla sola enciclica sulla questione operaia.

Se la riprovazione per il socialismo fu precoce, ancora precedente fu quella per il cosiddetto "liberalismo"[29]. Già questo rilievo cronologico offre il senso di ciò che nei documenti ecclesiastici viene definito "liberalismo". Infatti, con questo concetto, il magistero della Chiesa ha sovrapposto (ed indebitamente identificato) il capitalismo con il giacobinismo, il liberismo economico con il democraticismo politico[30]. All'origine del pregiudizio cattolico per il liberalismo, quindi, vi è la confusione tra il portato ideologico della rivoluzione francese e la libertà economica propria dell'economia di mercato[31].

Considerando questo equivoco, origine di ogni successivo fraintendimento, ci sia consentito citare il termine liberalismo con le virgolette quando esso è richiamato nei passi magisteriali. In questo modo vogliamo sottolineare l'imprecisione con cui i documenti della Chiesa (e non meno quelli di Leone XIII[32]) intendono il pensiero liberale.

Per addentrarci nell'esame riservato al "liberalismo", è bene iniziare da quanto esposto nella enciclica sulla libertà umana, *Libertas*

---

28   Cfr. Norbert Mette, *Socialismo e capitalismo nella dottrina sociale dei papi*, in «Concilium», anno 27 (1991), n. 5, p. 45-56.
29   Cfr. Di Martino, *La Dottrina Sociale della Chiesa. Principi fondamentali*, cit., p. 54.
30   «Già sono assai numerosi gli emuli di Lucifero – che lanciò quell'empio grido "non servirò" –, i quali in nome della libertà praticano un'assurda e schietta licenza. Sono siffatti i seguaci di quella dottrina così diffusa e potente che hanno voluto darsi il nome di liberali traendolo dalla parola libertà» (Leone XIII, Lettera enciclica *Libertas* sulla libertà umana, 20.6.1888, in *Enchiridion delle encicliche/3. Leone XIII (1878-1903)*, Edizioni Dehoniane, Bologna 1999, n. 618).
31   Cfr. Di Martino, *La Dottrina Sociale della Chiesa. Principi fondamentali*, cit., p. 54-64.
32   In relazione al magistero di Leone XIII, Patrick De Laubier (1935-2016) ha identificato almeno tre principali tipi di liberalismo. Cfr. Patrick De Laubier, *Il pensiero sociale della Chiesa Cattolica. Una storia di idee da Leone XIII a Giovanni Paolo II*, Massimo, Milano 1986, p. 32-33.

praestantissimum (1888)³³. Significativamente, nella già menzionata lettera apostolica, in cui Leone XIII enumerava le sue nove principali encicliche dando ad esse una sorta di ordine logico, la *Libertas praestantissimum* è ricordata come seconda, subito dopo l'*Aeterni Patris* (1879), l'enciclica sulla filosofia cristiana³⁴.

Nell'importante documento del 1888, la libertà, dopo essere stata definita «nobilissimo dono di natura»³⁵, veniva identificata nel suo aspetto naturale (libertà naturale) e nel suo aspetto etico (libertà morale). Infatti, se il libero arbitrio «non è altro che la facoltà di scegliere i mezzi idonei allo scopo che ci si è proposti, in quanto chi ha la facoltà di scegliere una cosa tra molte, è padrone dei propri atti»³⁶, sotto l'aspetto morale la libertà significa scegliere il «bene conforme a ragione»³⁷.

Leone XIII, qualche anno prima, nell'enciclica *Immortale Dei*, aveva già esposto la dottrina cattolica in relazione alla libertà. In quell'occasione aveva anche parlato delle libertà moderne mettendo in guardia i fedeli: «occorre stare attenti a non farsi trarre in inganno dalla loro apparente onestà, tener presente da quali premesse traggono origine e da quali confuse passioni sono rinvigorite e alimentate. Ormai si sa abbastanza, per esperienza, quali effetti esse abbiano sulla società, poiché esse hanno ovunque prodotto frutti, dei quali i saggi e gli onesti a ragione si rammaricano»³⁸. In coerenza con queste affermazioni, si possono leggere anche le parole della lettera con cui si ricapitolavano i 25 anni di pontificato. In merito alla libertà, il papa scriveva: «udimmo già esaltare al cielo i benefizi della libertà e magnificarla come farmaco sovrano e strumento incomparabile di pace operosa e di prosperità. Ma i fatti la chiarirono inefficace all'uopo. Conflitti economici, contese di classe, divampano da ogni parte, e di riposato vivere cittadino non

---

33 Durante il decimo anno di pontificato venne promulgata l'enciclica sulla libertà allo scopo, da un lato, di dimostrare che la Chiesa non è nemica di questa facoltà dell'uomo e, dall'altro, di mettere in guardia contro errori e pericoli che si annidano nelle false concezioni della libertà.
34 Cfr. Leone XIII, *Annum ingressi* (*Vigesimo quinto anno*), cit., n. 2167.
35 Leone XIII, *Libertas*, cit., n. 590.
36 *Ibidem*, n. 599.
37 *Ibidem*, n. 600.
38 Cfr. Leone XIII, Lettera enciclica *Immortale Dei* sulla costituzione cristiana degli Stati, 1.11.1885, in *Enchiridion delle encicliche/3. Leone XIII (1878-1903)*, Edizioni Dehoniane, Bologna 1999, n. 511.

si vedono pur gl'inizi. Che anzi ognuno può esser testimonio che la libertà, quale oggi la intendono, largita promiscuamente al vero e al falso, al bene e al suo contrario, non riuscì che ad abbassare quanto vi è di nobile, di santo, di generoso, e a spianare la via a delitti, a suicidi, ad ogni sfogo di volgari passioni»[39].

Una prima considerazione può essere accennata e riguarda, quindi, la concezione della libertà che emerge da questi documenti. Sebbene si affermi che la Chiesa abbia sempre tutelato la libertà («la Chiesa cattolica ha giovato e gioverà sempre a questo eccellente bene di natura, poiché è sua missione diffondere in tutto il corso dei secoli i benefici recati a noi da Gesù Cristo. Eppure sono molti coloro che considerano la Chiesa contraria alla libertà umana»[40]) e sebbene anche nell'*Immortale Dei* si affermi che la Chiesa abbia sempre tenuto nella massima considerazione questa facoltà delle creature razionali («la Chiesa, più di chiunque altro, approva questa libertà onesta e degna dell'uomo, né ha mai cessato di adoperarsi e di lottare perché ai popoli fosse garantita salda e integra»[41]), pur tuttavia, l'atteggiamento del magistero (della Chiesa in generale e di Leone XIII in particolare) permane sulla difensiva e rimane, comunque, sospettoso nei confronti dell'esercizio delle concrete libertà. Ed infatti, contestualmente, il papa scriveva: «non è assolutamente lecito invocare, difendere, concedere una ibrida libertà di pensiero, di stampa, di parola, d'insegnamento o di culto, come fossero altrettanti diritti che la natura ha attribuito all'uomo»[42].

Ciò che Leone XIII non recepiva era l'idea secondo cui la libertà è, di per sé, educatrice ed è causa di virtù quali la responsabilità personale, l'auto-educazione all'intraprendenza, il dovere all'auto-governo, la parsimonia e il rispetto per l'altrui libertà. Nel timore che potesse essere utilizzata male, la Chiesa ha ritenuto che la libertà individuale andasse attentamente controllata e, per far ciò, l'autorità politica è stata sempre considerata un elemento indispensabile di moralizzazione delle società. In fondo, l'alleanza tra Chiesa e Stato nasce da questo presupposto. L'enciclica *Libertas*, infatti, dedicava notevole spazio alla

---

39 LEONE XIII, Lettera apostolica *Annum ingressi* (*Vigesimo quinto anno*) nel venticinquesimo anniversario di assunzione al Pontificato, 19.3.1902, in *Enchiridion delle encicliche/3. Leone XIII (1878-1903)*, Edizioni Dehoniane, Bologna 1999, n. 2161.
40 LEONE XIII, *Libertas*, cit., n. 692-693.
41 Cfr. LEONE XIII, *Immortale Dei*, cit., n. 505.
42 LEONE XIII, *Libertas*, cit., n. 662.

«funesta opinione» secondo cui «la Chiesa deve essere separata dallo Stato; è invece evidente che entrambi i poteri, dissimili nei doveri e diversi di grado, devono tuttavia essere tra loro consenzienti nell'agire concorde e nello scambio dei compiti. [...] Molte persone infatti vogliono lo Stato totalmente separato dalla Chiesa, in modo che in ogni norma che regola la convivenza umana, nelle istituzioni, nei costumi, nelle leggi, negli impieghi statali, nella educazione della gioventù, si debba considerare la Chiesa come se non esistesse, pur concedendo infine ai singoli cittadini la facoltà di dedicarsi alla religione in forma privata, se così piace»[43]. Storicamente, però, l'alleanza tra Chiesa e Stato non solo non ha impedito la progressiva marginalizzazione della Chiesa e la secolarizzazione della società, ma ha cooperato alla costante erosione delle libertà individuali, unica barriera al processo di statalizzazione dell'uomo moderno.

È, con tutta probabilità, in questo sospetto contro l'uso della libertà che si annida la ragione reconbita dell'ostilità della Chiesa nei confronti del liberalismo.

Per la Chiesa – ed anche per Leone XIII – la libertà è essenzialmente quella controllata dalla retta ragione. Da ciò la condanna per un «perverso e confuso concetto di libertà, che viene snaturato nella sua essenza o allargato più del giusto, in modo da coinvolgere situazioni nelle quali l'uomo non può essere libero, se si vuol giudicare rettamente»[44]. In realtà, all'autentico liberalismo questa accusa non si addice affatto. È proprio del liberalismo, infatti, una concezione affatto estesa e per nulla confusa di libertà. Nella tradizione autenticamente liberale la libertà è semplicemente il contrario della violenza; è solo l'indipendenza dall'arbitraria volontà di un altro. Friedrich August von Hayek (1899-1992) descriveva «la libertà come l'assenza della coercizione»[45] e Murray Newton Rothbard (1926-1995) parlava di «libertà come *assenza di violazione* della persona o della proprietà di un uomo da parte di un altro uomo»[46].

Siamo, dunque, ben lontani dal sospetto di voler perseguire una

---

43   *Ibidem*, n. 656.657.
44   *Ibidem*, n. 593.
45   FRIEDRICH A. VON HAYEK, *La società libera*, prefazione di Lorenzo Infantino, con scritti di Sergio Ricossa, Rubbettino, Soveria Mannelli (Catanzaro) 2011, p. 74.75.260.
46   MURRAY N. ROTHBARD, *L'etica della libertà*, Liberilibri, Macerata 2000, p. 79.

libertà illimitata, sospetto che induceva Leone XIII a ritenere incompatibile il "liberalismo" con la libertà morale[47].

Confondendo il liberalismo con il giacobinismo (e le dottrine fisiocratiche con le teorie illuministiche), Leone XIII, inevitabilmente, considerava il primo come diretta conseguenza del razionalismo e del naturalismo. Affermava, infatti, il papa: «là dove mirano in filosofia i naturalisti o i razionalisti, ivi mirano, in tema di morale e di politica, i fautori del liberalismo i quali applicano nei costumi e nella condotta di vita i principi affermati dai naturalisti»[48].

Ma davvero il liberalismo è frutto del razionalismo? Solo a condizione di forzarne il concetto ed intenderlo come l'ideologia della rivoluzione francese. Nella *Immortale Dei*, Leone XIII dichiarava: «quel pernicioso e deplorevole spirito innovatore che si sviluppò nel sedicesimo secolo, volto dapprima a sconvolgere la religione cristiana, presto passò, con naturale progressione, alla filosofia, e da questa a tutti gli ordini della società civile. Da ciò si deve riconoscere la fonte delle più recenti [...] massime delle eccessive libertà [*a volte tradotto*: delle teorie sfrenatamente liberali, *ndr*], senza dubbio elaborate durante i grandi rivolgimenti del secolo passato e proclamate come principi e fondamenti di un nuovo diritto, il quale non solo era sconosciuto in precedenza, ma per più di un aspetto si distacca sia dal diritto cristiano, sia dallo stesso diritto naturale»[49].

Si trattava, però, di una conclusione imprecisa ed affrettata. Intanto, perché ciò che si definiva propriamente "liberale" è la posizione che nella storia ha contrastato il giacobinismo e il socialismo da esso derivante, poi perché ogni autentico liberale non può sentirsi a proprio agio di fronte al razionalismo costruttivista. Un testo particolarmente rivelativo di questa distanza tra liberalismo e razionalismo è una delle principali opere del premio Nobel Friedrich von Hayek, *The Counter-Revolution of Science: Studies on the Abuse of Reason*[50].

Il fraintendimento sulla natura del liberalismo[51] era ancora più

---

47 Cfr. Introvigne, *La dottrina sociale di Leone XIII*, cit., p. 47.
48 Leone XIII, *Libertas*, cit., n. 619.
49 Cfr. Leone XIII, *Immortale Dei*, cit., n. 483.
50 Cfr. Friedrich A. von Hayek, *L'abuso della ragione*, prefazione di Dario Antiseri, Rubbettino, Soveria Mannelli (Catanzaro) 2008 (l'opera è del 1952).
51 Cfr. Di Martino, *La Dottrina Sociale della Chiesa. Principi fondamentali*, cit., p. 54-55.

manifesto lì dove – ancora nella *Libertas* – veniva dichiarato che «i seguaci del liberalismo [...] considerano lo Stato padrone assoluto e onnipotente»[52]. Ora, è noto che la posizione liberale si contraddistingue precipuamente per l'opinione contraria, per la denuncia, cioè, del rischio della sempre più estesa ampiezza dei poteri politici. Oltretutto, nella *Rerum novarum*, Leone XIII prenderà, sì, ancora le distanze dalle teorie liberiste, ma questa volta per accusarle – all'opposto – di essere renitenti alle intromissioni dello Stato[53].

Emerge, in altri termini, tutta l'indeterminatezza di cosa il magistero voglia davvero intendere quando richiama e condanna le idee dei «seguaci del liberalismo» accusati, per un verso, di pretendere «per sé e per lo Stato una licenza così eccessiva»[54], per l'altro, di «impedire [...] l'intervento dello Stato»[55].

Se l'enciclica *Libertas* del 1888 può essere considerata il testo più emblematico contro il liberalismo, la *Quod apostolici muneris*[56] può esserlo riguardo al socialismo. Trent'anni dopo il *Manifesto del Partito Comunista* di Karl Marx (1818-1883) e Friedrich Engels (1820-1895) e trentadue anni dopo l'enciclica *Qui pluribus* nella quale Pio IX condannava la «nefanda dottrina del comunismo»[57], Leone XIII, ai primordi del suo pontificato, si scagliava contro «la micidiale pestilenza

---

52 Leone XIII, *Libertas*, cit., n. 590-669.
53 Cfr. Leone XIII, Lettera enciclica *Rerum novarum* sulla condizione degli operai, 15.5.1891, in *Enchiridion delle Encicliche/3. Leone XIII (1878-1903)*, Edizioni Dehoniane, Bologna 1999, n. 887.907-908.
54 Leone XIII, *Libertas*, cit., n. 647.
55 Leone XIII, *Rerum novarum*, cit., n. 911.
56 Dieci mesi dopo l'ascesa al soglio pontificio e prima che terminasse il 1878, venne pubblicata l'enciclica *adversus socialistarum sectas*. In realtà la terminologia è ancora volutamente indistinta (il documento è su socialismo, comunismo e nichilismo) ad indicare un'unica matrice che assume diverse forme. Benché la *Quod apostolici muneris* sia la prima enciclica di rilievo, Leone XIII la pone solo in settima posizione nell'ordine logico che diede ai suoi documenti; essa è seguita solo dalla *Rerum novarum* (1891) sulla questione operaia, e dalla *Sapientiae christianae* (1890), sui principali doveri dei cittadini cristiani.
57 Pio IX, Lettera enciclica *Qui pluribus* sugli errori dell'epoca, 9.11.1846, in *Enchiridion delle encicliche/2. Gregorio XVI, Pio IX (1831-1878)*, Edizioni Dehoniane, Bologna 2002, n. 112c.

che serpeggia per le intime viscere della società e la riduce all'estremo pericolo di rovina»[58].

Il papa identificava nell'egalitarismo uno dei tratti chiave dei seguaci del socialismo; essi, infatti, «predicano la perfetta uguaglianza di tutti nei diritti e negli uffici»[59]. In realtà, più tardi, nella *Immortale Dei* (1885), la stessa caratteristica veniva attribuita anche alle teorie liberali che, tra i fondamenti di un "diritto nuovo"[60], imponevano l'idea secondo cui «tutti gli uomini, dal momento che sono ritenuti uguali per nascita e per natura, così sono effettivamente uguali tra loro anche nella vita pratica»[61]. Il tema, poi, tornerà nella *Rerum novarum* (1891), dove Leone XIII, con prospettiva realistica, scriveva: «togliere dal mondo le disparità sociali, è cosa impossibile. Lo tentano, è vero, i socialisti, ma ogni tentativo contro la natura delle cose riesce inutile. Poiché la più grande varietà esiste per natura tra gli uomini: non tutti posseggono lo stesso ingegno, la stessa solerzia, non la sanità, non le forze in pari grado: e da queste inevitabili differenze nasce di necessità la differenza delle condizioni sociali. E ciò torna a vantaggio sia dei privati che del civile consorzio, perché la vita sociale abbisogna di attitudini varie e di uffici diversi, e l'impulso principale, che muove gli uomini ad esercitare tali uffici, è la disparità dello stato»[62].

Volendo tornare alle argomentazioni della *Quod apostolici muneris*, non può essere trascurato il modo con cui si articolavano le argomentazioni dell'enciclica contro il socialismo. Leone XIII, infatti, spiegava la teoria rivoluzionaria attraverso ciò che essa rinnegava: l'autorità, la famiglia e la proprietà. Partiamo dalla famiglia.

Tra le grandi encicliche, Leone XIII non trascurò di dedicarne una al matrimonio. Si tratta dell'*Arcanum divinae sapientiae*[63]. Tuttavia il tema della famiglia non poteva non essere trattato anche in relazione diretta al socialismo. Scriveva, dunque, il papa: «[la società domestica]

---

58 Leone XIII, Lettera enciclica *Quod apostolici muneris* su socialismo, comunismo e nichilismo, 28.12.1878, in *Enchiridion delle encicliche/3. Leone XIII (1878-1903)*, Edizioni Dehoniane, Bologna 1999, n. 21.
59 *Ibidem*.
60 Cfr. Leone XIII, *Immortale Dei*, cit., n. 483.
61 *Ibidem*, n. 484.
62 Leone XIII, *Rerum novarum*, cit., n. 888.
63 L'enciclica sul matrimonio cristiano (10 febbraio 1880) venne annoverata tra le principali dallo stesso Leone XIII; infatti, essa – nell'ordine suggerito dal pontefice – è preceduta solo dall'*Aeterni Patris* e dalla *Libertas*.

va quasi a disciogliersi secondo le dottrine del socialismo; in quanto, perduta la stabilità che le deriva dal matrimonio cristiano, ne consegue che venga pure ad indebolirsi in straordinaria maniera l'autorità dei padri sopra i figli, e la riverenza dei figli verso i genitori»[64].

Ed oltre la famiglia, nell'insegnamento leoniano, sono due gli altri grandi istituti naturali che il socialismo intende demolire: l'autorità civile e la proprietà privata.

1.3. Proprietà individuale e azione politica

Nelle parole di Leone XIII, il socialismo appare scompaginatore di tutto l'ordine sociale[65]. Esso si presenta come l'eversore di ogni autorità stabilita: «parliamo della setta di coloro che con nomi diversi e quasi barbari si chiamano socialisti, comunisti e nichilisti, e che sparsi per tutto il mondo, e tra sé legati con vincoli d'iniqua cospirazione, ormai non ricercano più l'impunità dalle tenebre di occulte conventicole, ma apertamente e con sicurezza usciti alla luce del giorno si sforzano di realizzare il disegno, già da lungo tempo concepito, di scuotere le fondamenta dello stesso consorzio civile. Costoro sono quelli che, secondo le Scritture divine, "contaminano la carne, disprezzano l'autorità, bestemmiano la maestà" (Gd 8), e nulla rispettano e lasciano integro di quanto venne dalle leggi umane e divine sapientemente stabilito per l'incolumità e il decoro della vita»[66].

Il principio di autorità è stato tenuto in alta considerazione dall'insegnamento cattolico. In epoca di grandi sovvertimenti, la questione non poteva che avere un ruolo centrale nelle attenzioni della gerarchia e, difatti, è giusto considerare «il problema dell'ordine [...] al cuore del magistero di Leone XIII»[67]. A dimostrazione di ciò le tre importanti encicliche intorno al tema: la *Diuturnum illud* sul principato civile (1881)[68], la *Immortale Dei* sulla cristiana costituzione degli Stati

---

64 Leone XIII, *Quod apostolici muneris*, cit., n. 37.
65 Cfr. Leone XIII, *Rerum novarum*, cit., n. 866.
66 Leone XIII, *Quod apostolici muneris*, cit., n. 21.
67 Introvigne, *La dottrina sociale di Leone XIII*, cit., p. 20.
68 Nel suo particolare elenco, Leone XIII volle citare la *Diuturnum illud* dopo l'enciclica sulla massoneria (*Humanus genus*, 1884) e immediatamente prima della *Immortale Dei*. Il documento si sofferma sull'origine della potestà civile rigettando le teorie illuministiche della sovranità popolare.

(1885)⁶⁹ e la *Sapientiae christianae* sui principali doveri dei cittadini cristiani (1890)⁷⁰.

I documenti riaffermavano la tradizionale dottrina dell'autorità civile: essa giunge da Dio («per quel che riguarda la potestà di comandare, la Chiesa rettamente insegna che essa proviene da Dio»⁷¹) ed ha in lui il suo fondamento («i cattolici [...] fanno derivare da Dio il diritto di comandare come da naturale e necessario principio»⁷²).

Leone XIII, di conseguenza, escludeva che la fonte dell'autorità fosse nella moltitudine o nel popolo («poiché si afferma che il popolo contiene in se stesso la sorgente di ogni diritto e di ogni potere»⁷³), benché non respingesse la modalità dell'elezione quando questa tornasse utile a designare chi avrebbe dovuto svolgere alcune funzioni. Una cosa è investire una persona, altra è conferire il potere («per [...] deliberazione [...] si designa il principe, ma non si conferiscono i diritti del principato: non si dà l'imperio, ma si stabilisce da chi deve essere amministrato»⁷⁴).

Parimenti, il pontefice rigettava le teorie contrattualistiche («il patto di cui si parla è manifestamente fantastico e fittizio»⁷⁵), pur ammettendo l'intercambiabilità delle forme di governo («il diritto d'imperio, poi, non è di per sé legato necessariamente ad alcuna particolare forma di governo: questo potrà a buon diritto assumere l'una o l'altra forma, purché effettivamente idonea all'utilità e al bene pubblico»⁷⁶).

---

69   La *Immortale Dei* è, probabilmente, nell'intero *corpus* dottrinale-sociale di Leone XIII l'enciclica che merita la maggiore attenzione. Essa presentava innanzitutto il modello di società conforme alla dottrina naturale e all'insegnamento cristiano; poi confutava il modello moderno che si poggia su un «diritto nuovo»; infine offriva ai fedeli alcune direttive per l'azione temporale.
70   La *Sapientiae christianae* è il documento con cui Leone XIII chiude il richiamo alle sue nove principali encicliche. In essa il papa richiamava i cristiani ai doveri nei confronti della Chiesa e dello Stato, ma, al tempo stesso, invitava i fedeli a non sottomettersi alle leggi civili quando queste sono in contrasto con gli insegnamenti evangelici.
71   Leone XIII, Lettera enciclica *Diuturnum illud* sull'origine della potestà civile, 29.6.1881, in *Enchiridion delle encicliche/3. Leone XIII (1878-1903)*, Edizioni Dehoniane, Bologna 1999, n. 230.
72   *Ibidem*, n. 227.
73   Leone XIII, *Immortale Dei*, cit., n. 484.
74   Leone XIII, *Diuturnum illud*, n. 228.
75   *Ibidem*, n. 237.
76   Leone XIII, *Immortale Dei*, cit., n. 453.

La dottrina cattolica che Leone XIII esponeva con molta chiarezza, però, si presta ad una rilevantissima obiezione: lo Stato viene considerato una realtà voluta da Dio perché viene fatto scaturire dalla natura sociale dell'essere umano[77].

Le encicliche ribadivano che la vita in società è una conseguenza iscritta nella stessa natura umana: «il vivere in una società civile è insito nella natura stessa dell'uomo: e poiché egli non può, nell'isolamento, procurarsi né il vitto né il vestiario necessario alla vita, né raggiungere la perfezione intellettuale e morale, per disposizione provvidenziale nasce atto a congiungersi e a riunirsi con gli altri uomini, tanto nella società domestica quanto nella società civile, la quale sola può fornirgli tutto quanto basta perfettamente alla vita»[78]. Tuttavia, nella *Sapientiae christianae*, veniva anche opportunamente puntualizzato che «la natura […] non ha creato la società perché l'uomo la seguisse come un fine, ma affinché in essa e per essa trovasse gli aiuti adatti alla propria perfezione»[79].

Il passaggio ulteriore era quanto mai delicato perché imponeva un passaggio dall'ordine naturale all'ordine politico (in senso contingente). Scriveva Leone XIII: «e poiché non può reggersi alcuna società, senza qualcuno che sia a capo di tutti e che spinga ciascuno, con efficace e coerente impulso, verso un fine comune, ne consegue che alla convivenza civile è necessaria un'autorità che la governi: e questa, non diversamente dalla società, proviene dalla natura e perciò da Dio stesso. Ne consegue che il potere pubblico per se stesso non può provenire che da Dio»[80].

L'ambiguità è contenuta nella confusione che si genera facendo coincidere l'autorità naturale (quella che si sviluppa nella spontanea struttura gerarchica della società) o l'organizzazione naturale (magari nella forma dell'auto-governo) con la sovranità politica e, in particolare, con la forma dello Stato così come esso è modernamente concepito.

Né i testi di Leone XIII né gli altri documenti della Chiesa sono

---

77 Cfr. Di Martino, *La Dottrina Sociale della Chiesa. Principi fondamentali*, cit., p. 94-96.
78 Leone XIII, *Immortale Dei*, cit., n. 451.
79 Leone XIII, Lettera enciclica *Sapientiae christianae* sui doveri fondamentali dei cittadini cristiani, 10.1.1890, in *Enchiridion delle Encicliche/3. Leone XIII (1878-1903)*, Edizioni Dehoniane, Bologna 1999, n. 734.
80 Cfr. Leone XIII, *Immortale Dei*, cit., n. 451-452.

stati in grado di precisare la questione e neanche hanno saputo distinguere tra organizzazione politica non statuale e organizzazione statuale: in tutti i documenti, autorità (che è anche autorità civile pre-moderna e non necessariamente statuale) e sovranità o potestà dello Stato moderno appaiono con i medesimi caratteri essenziali. Anche encicliche come la *Diuturnum illud* «sull'origine della potestà civile» e la *Immortale Dei* «sulla costituzione cristiana degli Stati», che condannano i mutamenti intervenuti, non assegnano allo Stato moderno una definizione diversa dall'autorità politica tradizionalmente intesa. Leone XIII biasimava, sì, il «diritto nuovo»[81], ma la riprovazione riguardava l'indifferenza istituzionale verso la verità cristiana, non il giudizio sullo Stato (moderno) in quanto tale. Il magistero, quindi, accoglieva (ed accoglie) pacificamente la tesi della sostanziale continuità tra gli ordinamenti politici precedenti e lo Stato moderno. A dimostrazione di ciò è anche il modo con cui si parla dello Stato. Ad esempio, la *Rerum novarum*, in un passaggio, richiamando «quale debba essere il concorso dello Stato» per la questione operaia, affermava: «noi parliamo dello Stato [*originale latino*: «Rempublicam»] non come è costituito o come funziona in questa o in quella nazione, ma dello Stato nel suo vero concetto»[82]. Un concetto che non viene, quindi, messo in discussione e di cui, piuttosto, si condannano le sole degenerazioni.

L'insegnamento cattolico riguardo all'origine storica di ciò che gli stessi testi magisteriali chiamano "Stato" trova sintesi nelle parole di Leone XIII. Nella *Immortale Dei*, papa Pecci affermava che l'autorità fosse indispensabile per il reggimento della convivenza civile e, come la società proviene dalla natura e quindi da Dio, il potere pubblico – inteso quale potere dello Stato – non può che derivare dalla medesima trascendente fonte[83].

---

81 Cfr. Massimo Introvigne, *Cento anni fa la "Immortale Dei"*, in «Cristianità», anno 13 (1985), n. 127-128 (novembre-dicembre), p. 10-12; cfr. Mario Toso, *Welfare Society. La riforma del welfare: l'apporto dei pontefici*, Libreria Ateneo Salesiano, Roma 2003, p. 57.
82 Leone XIII, *Rerum novarum*, cit., n. 907.
83 Già citavamo il papa: «E poiché non può reggersi alcuna società, senza qualcuno che sia a capo di tutti e che spinga ciascuno, con efficace e coerente impulso, verso un fine comune, ne consegue che alla convivenza civile è necessaria un'autorità che la governi: e questa, non diversamente dalla società, proviene dalla natura e perciò da Dio stesso. Ne consegue che il potere pubblico per se stesso non può provenire che da Dio» (Leone XIII, *Immortale Dei*, cit., n. 451-452).

Tutto, infatti, sembra riferirsi a ciò che chiameremmo Stato moderno, tanto che non appare arbitrario attribuire a questa dottrina proprio la tesi dell'origine dello Stato (qui semplicemente definito «potere pubblico»[84]) anche per l'assenza di una distinzione tra autorità naturale e autorità statale (modernamente concepita). Nel sostenere, quindi, che lo Stato nasce in modo naturale, al pari della società, ancora una volta si identifica lo Stato (così come modernamente lo conosciamo) con ogni autorità e con ogni possibile comunità politica. La consapevolezza di questa coincidenza è anche offerta dal tema dell'enciclica presentato nel suo sottotitolo: «sulla costituzione cristiana degli Stati» (che nell'originale latino riportava «de civitatum constitutione christiana»).

Il dilemma di come una realtà naturale (qual è lo Stato per la Dottrina Sociale della Chiesa) possa essere in conflitto con altre realtà naturali rimane insoluto (oltretutto insufficientemente palesato). Questa reale antinomia, però, almeno indirettamente, emergeva nelle stesse parole di Leone XIII che, nella *Rerum novarum*, affermava: «se l'uomo, se la famiglia, entrando a far parte della società civile, trovassero nello Stato non aiuto, ma offesa, non tutela, ma diminuzione dei propri diritti, la civile convivenza sarebbe piuttosto da fuggire che da desiderare»[85]. Ed uno dei principali diritti che non dovrebbe subire alcuna forma di violazione è la proprietà privata.

È, questa, la grande questione che si interseca anche con quella dell'autorità e dell'azione del «potere pubblico»[86]. D'altra parte la differenza tra l'autorità naturale e lo Stato può essere esattamente ricercata nel fatto che la prima ha per vocazione la difesa della proprietà privata, mentre ciò che chiamiamo "Stato" costituisce la più grave minaccia proprio al diritto di proprietà.

Accanto al sovvertimento della famiglia e alla negazione dell'autorità, la proprietà rappresentava il terzo grande obiettivo contro cui si è scagliato il socialismo. Consapevole di ciò, Leone XIII, nell'enciclica *Dall'alto dell'apostolico seggio* del 1890, ribadiva: «uno dei più grandi e dei più formidabili pericoli che corre la società presente sono [è dato

---

84   *Ibidem*.
85   Cfr. LEONE XIII, *Rerum novarum*, cit., n. 881.
86   Cfr. LEONE XIII, *Immortale Dei*, cit., n. 451-452.

da, *ndr*] le agitazioni dei socialisti, che minacciano di scompaginarla dalle fondamenta»[87].

Il documento del magistero leoniano più esaustivo sul tema della proprietà privata è senz'altro la più famosa delle encicliche di papa Pecci: la *Rerum novarum*[88].

L'affermazione basilare circa il diritto di proprietà è che esso si trova inscritto nella natura dell'uomo («la natura deve aver dato all'uomo il diritto a beni stabili e perenni, proporzionati alla perennità del soccorso di cui egli abbisogna»[89]) e, come tale, è intangibile da parte dei poteri politici («ora, che giustizia sarebbe questa, che un altro il quale non ha lavorato, subentrasse a goderne i frutti?»[90]).

Come nell'enciclica del 1891[91], anche nella *Quod apostolici muneris* Leone XIII aveva collegato il diritto di proprietà ai precetti divini: «infatti sa che Iddio, autore e vindice di ogni diritto, vietò il furto e la rapina in modo che neppure è lecito desiderare l'altrui: gli uomini ladri e rapaci [...] sono esclusi dal regno dei cieli»[92].

Al tempo stesso, Leone XIII – come del resto si ripeterà in ogni successivo documento della Chiesa[93] – riconosceva una qualche forma di destinazione comune dei beni materiali all'intera umanità[94]. Per quanto si trattasse di un aspetto appena accennato rispetto alla prevalente affermazione del carattere naturale del diritto alla proprietà, il

---

87 Leone XIII, Lettera enciclica *Dall'alto dell'apostolico seggio* sull'opera disgregatrice della massoneria in Italia, 15.10.1890, in *Enchiridion delle encicliche/3. Leone XIII (1878-1903)*, Edizioni Dehoniane, Bologna 1999, n. 832.
88 La *Rerum novarum* venne promulgata dopo un lungo lavoro di stesura. Nella prima parte l'enciclica condannava la soluzione socialista alla questione operaia che, distruggendo la proprietà privata nuoce a tutti, operai compresi. Nella seconda parte indicava nelle associazioni (e nelle corporazioni) il rimedio ai nuovi problemi (l'associazionismo è un rilevante tema della *Rerum novarum*). Leone XIII, poi, riprovava alcuni aspetti del capitalismo e legittimava l'intervento dei poteri politici in materia sociale.
89 Leone XIII, *Rerum novarum*, cit., n. 871.
90 *Ibidem*, cit., n. 876.
91 Cfr. Di Martino, *La Dottrina Sociale della Chiesa. Principi fondamentali*, cit., p. 150-151.
92 Leone XIII, *Quod apostolici muneris*, cit., n. 40.
93 Cfr., ad esempio, Giovanni Paolo II, Lettera enciclica *Centesimus annus* nel centenario della *Rerum novarum*, 1.5.1991, n. 30.
94 Cfr. Leone XIII, *Rerum novarum*, cit., n. 873.896.

richiamo era, comunque, un significativo segnale di distanza nei confronti della prospettiva liberista.

Nell'ambito della Dottrina Sociale della Chiesa, questo difficile rapporto tra la necessità della proprietà privata e l'ideale della destinazione universale, con il tempo si evolverà sempre più a favore del secondo, lasciando il diritto alla proprietà sempre più in ombra.

A riprova di questo disagio, un autorevole teologo sociale, il padre gesuita tedesco Oswald von Nell-Breuning (1890-1991) – principale estensore dell'enciclica *Quadragesimo anno* scritta, nel 1931, per conto di Pio XI nell'anniversario della *Rerum novarum* –, nei suoi commenti personali, arrivò a sostenere che il modo con cui Leone XIII aveva enfatizzato la proprietà privata rappresentava un «brutto neo» dell'enciclica del 1891[95].

Sul fronte opposto, il grande economista austriaco Ludwig von Mises (1881-1973) scorgeva già nelle righe di papa Pecci un'insanabile contraddizione interna alla Dottrina Sociale della Chiesa: «nel 1891, nell'enciclica *Rerum novarum* di Leone XIII, il cattolicesimo ha riconosciuto che la proprietà privata dipende dal diritto naturale; ma simultaneamente la Chiesa ha posto una serie di principi etici fondamentali per la distribuzione dei redditi, che non possono essere messi in pratica che in un socialismo di Stato»[96].

Effettivamente, ammettere che la proprietà privata debba essere gravata da limiti non suscita solo una difficoltà concettuale nei confronti di ciò che viene, comunque, considerata una realtà di ordine naturale e, perciò, intangibile, ma apre la strada a considerare la politica come lo strumento mediante il quale, arbitrariamente, il prodotto del lavoro dei singoli viene trasferito per imperio. Con temibili conseguenze per la libertà di ogni persona.

La *Rerum novarum*, pur ribadendo il pericolo costituito dall'azione intromissiva dello Stato[97] («non è giusto [...] che il cittadino e la famiglia siano assorbiti dallo Stato: è giusto invece che si lasci all'uno

---

95 Cfr. Oswald von Nell-Breuning, *Soziallehre der Kirche. Erläuterungen der lehramtlichen Dokumente*, Europa Verlag, Wien 1977, p. 33.
96 Ludwig von Mises, *Socialismo. Analisi economica e sociologica*, Rusconi, Milano 1990, p. 288.
97 Cfr. Di Martino, *La Dottrina Sociale della Chiesa. Principi fondamentali*, cit., p. 139-140.

e all'altra tanta indipendenza di operare quanta se ne può»[98]), legittimava un ampio spazio di intervento da parte dei pubblici poteri[99] («in maniera generale con tutto il complesso delle leggi e delle istituzioni politiche»[100]).

In questo modo, nell'enciclica di Leone XIII è corretto intravedere tutto ciò che sarà successivamente esplicitato dal magistero della Chiesa in relazione alla "giustizia sociale" o ai "diritti civili"[101] e, più in generale, alla legittimazione offerta al sempre maggiore peso dell'apparato dello Stato nella vita della persona e all'inglobamento della sfera individuale nella dimensione politica.

Su ciò che riguarda particolarmente la promozione delle classi operaie e su ciò che concerne specificamente la valutazione morale della retribuzione occorre soffermarci più analiticamente.

1.4. Questione operaia e questione salariale

Per salvaguardare il bene degli operai, secondo Leone XIII (e, in generale, secondo l'intera Dottrina Sociale della Chiesa), allo Stato dev'essere riconosciuto un vero e proprio diritto d'intervento. «È quindi giusto – sosteneva il papa – che il governo s'interessi dell'operaio, facendo sì che egli partecipi in qualche misura di quella ricchezza che esso medesimo produce, cosicché abbia vitto, vestito e un genere di vita meno disagiato. Si favorisca dunque al massimo ciò che può in qualche modo migliorare la condizione di lui, sicuri che questa provvidenza, anziché nuocere a qualcuno, gioverà a tutti, essendo interesse universale che non rimangano nella miseria coloro da cui provengono vantaggi di tanto rilievo»[102].

Com'è noto, la *Rerum novarum* rappresenta la più emblematica risposta cattolica alla cosiddetta questione sociale[103]. Con questa

---

98 Leone XIII, *Rerum novarum*, cit., n. 911.
99 Cfr. Di Martino, *La Dottrina Sociale della Chiesa. Principi fondamentali*, cit., p. 108-109.
100 Leone XIII, *Rerum novarum*, cit., n. 908.
101 Cfr. Toso, *Welfare Society. La riforma del welfare: l'apporto dei pontefici*, cit., p. 71.574.
102 Leone XIII, *Rerum novarum*, cit., n. 908.
103 Cfr. Pontificio Consiglio della Giustizia e della Pace, *Compendio della Dottrina Sociale della Chiesa*, Libreria Editrice Vaticana, Città del Vaticano 2004, n. 88-90.

formula si suole definire l'insieme degli effetti sociali generati dalle trasformazioni industriali che si svilupparono nell'Ottocento (in alcune aree trasformazioni avviate già alla fine del secolo precedente). Ma quello relativo alla "questione sociale" è un altro concetto che andrebbe virgolettato per evitare di assumere acriticamente punti di vista che meritano di essere meglio ponderati.

La lettura magisteriale della "questione" trova espressione nelle parole della *Rerum novarum*. In essa Leone XIII scriveva: «questione difficile e pericolosa. Difficile, perché ardua cosa è segnare i precisi confini nelle relazioni tra proprietari e proletari, tra capitale e lavoro. Pericolosa perché uomini turbolenti ed astuti, si sforzano ovunque di falsare i giudizi e volgere la questione stessa a perturbamento dei popoli. Comunque sia, è chiaro, ed in ciò si accordano tutti, come sia di estrema necessità venir in aiuto senza indugio e con opportuni provvedimenti ai proletari, che per la maggior parte si trovano in assai misere condizioni, indegne dell'uomo. Poiché, soppresse nel secolo passato le corporazioni di arti e mestieri, senza nulla sostituire in loro vece, nel tempo stesso che le istituzioni e le leggi venivano allontanandosi dallo spirito cristiano, avvenne che poco a poco gli operai rimanessero soli e indifesi in balìa della cupidigia dei padroni e di una sfrenata concorrenza. Accrebbe il male un'usura divoratrice che, sebbene condannata tante volte dalla Chiesa, continua lo stesso, sotto altro colore, a causa di ingordi speculatori. Si aggiunga il monopolio della produzione e del commercio, tanto che un piccolissimo numero di straricchi hanno imposto all'infinita moltitudine dei proletari un giogo poco meno che servile»[104].

Una simile prospettiva troverà eco negli altri documenti che celebreranno la *Rerum novarum*: la *Quadragesimo anno* di Pio XI (1931)[105], il radiomessaggio di Pio XII (1941)[106], la *Mater et magistra* di Giovanni

---

104 Leone XIII, *Rerum novarum*, cit., n. 864-865.
105 Cfr. Pio XI, Lettera enciclica *Quadragesimo anno* sull'instaurazione dell'ordine sociale cristiano, 15.5.1931, in *Enchiridion delle encicliche/5. Pio XI (1922-1939)*, Edizioni Dehoniane, Bologna 1995, n. 583.591.593. 596.597.720.
106 Cfr. Pio XII, Radiomessaggio in occasione del cinquantesimo anniversario della *Rerum novarum*, 1.6.1941, in *Enchiridion delle encicliche/6. Pio XII (1939-1958)*, Edizioni Dehoniane, Bologna 1995, n. 1610-1636.

XXIII (1961)[107], la lettera *Octogesima adveniens* di Paolo VI (1971)[108], la *Laborem exercens* di Giovanni Paolo II (1981)[109] ed, infine, la *Centesimus annus*, ancora di Giovanni Paolo II (1981)[110]. A queste encicliche vanno aggiunti alcuni passaggi contenuti in quelle di Benedetto XVI, la *Deus caritas est* (2005)[111] e la *Caritas in veritate* (2009)[112].

A questa visione – che con le parole di Giovanni Paolo II possiamo sintetizzare come la «terribile condizione [operaia, *ndr*], alla quale il nuovo e non di rado violento processo di industrializzazione aveva ridotto grandi moltitudini»[113] – si sono opposti alcuni seri economisti[114], valenti storici dell'economia[115] e sociologi innovatori[116] che hanno abilmente confutato il mito dell'abbrutimento dovuto all'avvento dell'industrializzazione.

A dare una sterzata alla storiografia sul tema e alla disputa sulla rivoluzione industriale contribuì, in modo davvero particolare, il già citato premio Nobel Friedrich von Hayek che, nel 1954, coordinò il lavoro di ricerca di un gruppo internazionale di autorevoli studiosi. La

---

107 Cfr. GIOVANNI XXIII, Lettera enciclica *Mater et magistra* sugli sviluppi della questione sociale nella luce della dottrina cristiana, 15.5.1961, in *Enchiridion delle encicliche/7. Giovanni XXIII, Paolo VI (1958-1978)*, Edizioni Dehoniane, Bologna 1994, n. 230.237.271.
108 Cfr. PAOLO VI, Lettera apostolica *Octogesima adveniens* per l'LXXX anniversario della *Rerum novarum*, 14.5.1971, n. 5.
109 Cfr. GIOVANNI PAOLO II, Lettera enciclica *Laborem exercens* sul lavoro umano nel 90° anniversario della *Rerum novarum*, 14.9.1981, n. 2-3.
110 Cfr. GIOVANNI PAOLO II, Lettera enciclica *Centesimus annus* nel centenario della *Rerum novarum*, 1.5.1991, n. 5.11.21.53.60.
111 Cfr. BENEDETTO XVI, Lettera enciclica *Deus caritas est* sull'amore cristiano, 25.12.2005, n. 26.
112 Cfr. BENEDETTO XVI, Lettera enciclica *Caritas in veritate* sullo sviluppo umano integrale, 29.6.2009, n. 13.24.75.
113 Cfr. GIOVANNI PAOLO II, *Centesimus annus*, cit., n. 11a.
114 Cfr. LUDWIG VON MISES, *Politica economica. Riflessioni per oggi e per domani*, introduzione di Lorenzo Infantino, Liberilibri, Macerata 2007, p. 12s.; cfr. ENRICO COLOMBATTO, *L'economia di cui nessuno parla. Mercati, morale e intervento pubblico*, Istituto Bruno Leoni Libri, Torino 2014, p. 320s.
115 Cfr. RALPH RAICO, *La storia del liberalismo e della libertà occidentale*. IBL Occasional Paper n. 1, Istituto Bruno Leoni, Torino 2004, p. 6; cfr. MURRAY N. ROTHBARD, *An Austrian Perspective on the History of Economic Thought. Volume II. Classical Economics*, Ludwig von Mises Institute, Auburn (Alabama) 2006, p. 4s.205s.458s.
116 Cfr. JEAN BAECHLER, *Le origini del capitalismo*, prefazione di Luigi Marco Bassani e Alberto Mingardi, Istituto Bruno Leoni Libri, Torino 2015.

conseguente opera, *The Capitalism and the Historians*, mostrava l'inconsistenza dell'idea secondo cui l'industrializzazione avrebbe immiserito le masse e l'infondatezza del mito secondo cui il primo capitalismo avrebbe generato oppressione sociale[117].

A rafforzare la visione sostanzialmente negativa della rivoluzione industriale da parte della gerarchia cattolica (gli operai rimasero «soli e indifesi in balìa della cupidigia dei padroni e di una sfrenata concorrenza»[118], scriveva Leone XIII) vi era il pregiudizio della Chiesa contro la società industriale[119] e il favore con cui essa continuava a guardare la cultura rurale. Se un certo timore per il nuovo («*rerum novarum cupiditas*») caratterizzava il cattolicesimo dell'Ottocento – ancora effettivamente traumatizzato dagli scempi rivoluzionari –, continua ancora oggi a pesare un immotivato atteggiamento di preclusione nei confronti del benessere (atteggiamento comune tanto al progressismo naturalista quanto al tradizionalismo nostalgico) che impedisce di cogliere le grandi opportunità offerte dall'industrializzazione e dall'economia avanzata[120].

Per non pochi versi legata alla diffidenza nei confronti sia dello sviluppo economico sia dei dinamismi del mercato (che rendono possibile lo sviluppo), è anche l'affermazione del "giusto salario".

Nella *Rerum novarum*, dopo aver ricordato ai datori di lavoro e ai salariati i rispettivi doveri[121], si parlava di «giusta mercede»[122] anche se si precisava subito che la determinazione di questa, «secondo giustizia[,] dipende da molte considerazioni»[123].

Quello del salario non è solo un aspetto importante dell'enciclica, ma è anche un tema estremamente rivelativo del modo di concepire

---

117 Cfr. Friedrich A. Hayek (a cura di), *Il capitalismo e gli storici*, presentazione di Rosario Romeo, Bonacci, Roma 1991.
118 Leone XIII, *Rerum novarum*, cit., n. 864.
119 Cfr. Jean-Marie Aubert, *Teologia dell'epoca industriale*, Cittadella Editrice, Assisi (Perugia) 1971.
120 Cfr. Giorgio Campanini, *Il contesto storico-culturale del Concilio Vaticano II*, in «Rassegna di Teologia», anno 28 (1987), n. 3 (maggio-giugno), p. 235; cfr. Josè Arthur Rios, *La vita economico-sociale: persona, struttura sociale e civiltà*, in Guilherme Baraúna (a cura di), *La Chiesa nel mondo di oggi. Studi e commenti intorno alla Costituzione pastorale Gaudium et spes*, Vallecchi, Firenze 1966, p. 462-463.
121 Cfr. Leone XIII, *Rerum novarum*, cit., n. 892-893.
122 *Ibidem*, n. 893.
123 *Ibidem*.

l'intera dimensione lavorativa ed economica dell'uomo[124]. La consapevolezza di tutto ciò emergeva anche dalle parole di Leone XIII: «tocchiamo ora un punto di grande importanza, e che va inteso bene per non cadere in uno dei due estremi opposti»[125]. Il papa riportava un'opinione da cui avrebbe subito preso le distanze: «la quantità del salario, si dice, la determina il libero consenso delle parti: sicché il padrone, pagata la mercede, ha fatto la sua parte, né sembra sia debitore di altro. Si commette ingiustizia solo quando o il padrone non paga l'intera mercede o l'operaio non presta tutta l'opera pattuita; e solo a tutela di questi diritti, e non per altre ragioni, è lecito l'intervento dello Stato»[126]. A ciò il pontefice aggiungeva: «a questo ragionamento, un giusto estimatore delle cose non può consentire né facilmente né in tutto; perché esso non guarda la cosa sotto ogni aspetto»[127]. La conclusione cui giungeva Leone XIII non escludeva una qualche forma di libera contrattazione, ma subordinava, rigorosamente, questa ad alcuni criteri etici: «l'operaio e il padrone allora formino pure di comune consenso il patto e nominatamente la quantità della mercede; vi entra però sempre un elemento di giustizia naturale, anteriore e superiore alla libera volontà dei contraenti, ed è che il quantitativo della mercede non deve essere inferiore al sostentamento dell'operaio, frugale si intende, e di retti costumi. Se costui, costretto dalla necessità o per timore di peggio, accetta patti più duri i quali, perché imposti dal proprietario o dall'imprenditore, volenti o nolenti debbono essere accettati, è chiaro che subisce una violenza, contro la quale la giustizia protesta»[128].

Il pensiero cattolico, in materia di "giusto salario", ha una lunga tradizione benché tutt'altro che omogenea nelle conclusioni. Essa affonda le sue radici nella questione morale della determinazione del prezzo che ha impegnato molti teologi, dal Duecento sino alla tarda scolastica. La gran parte di questi (da Pietro Giovanni Olivi a Bernardino di Siena a Antonino di Firenze, da Juan de Mariana de la Reina a Luis de Molina a Juan de Lugo) si è espressa contro la teoria del "giusto prezzo" e a favore della libera contrattazione, anticipando di secoli

---

124 A proposito di ciò che riguarda il tema del "giusto salario", cfr. anche il capitolo (di questo testo) sulla *Centesimus annus* e sull'insegnamento di Giovanni Paolo II.
125 Leone XIII, *Rerum novarum*, cit., n. 920.
126 *Ibidem*.
127 *Ibidem*.
128 *Ibidem*, n. 921.

la cosiddetta "rivoluzione marginalista" di Menger, Jevons e Walras. Contro chi riteneva che prezzi e salari avessero un "valore" predeterminato ed oggettivo, le scuole teologiche, in netta prevalenza (quella francescana, quella domenicana, quella di Salamanca, quella gesuitica), affermavano il contrario e cioè che i prezzi (ma anche gli stessi salari) vadano stabiliti secondo quanto le parti intendono riconoscere in base alla mutevole desiderabilità.

A fronte di ciò, nella Chiesa è costantemente prevalsa la tesi contraria (incorrendo in ciò che gli economisti chiamano "paradosso del valore") che fa da sponda alla teoria del "valore-lavoro" (quella che ritiene di poter valutare un bene in base al costo di produzione ed innanzitutto in base al lavoro umano)[129].

Osserva il sacerdote americano Robert Sirico (1951-viv.): «è una sfortuna che Leone XIII non abbia delineato nella relazione tra salario *di mercato* e sistema dei prezzi la via economicamente più efficiente per assicurare un salario che garantisca la sussistenza dei lavoratori»[130] perché il miglioramento delle condizioni dei lavoratori viene raggiunto attraverso i meccanismi economici e non attraverso disposizioni che impongano un "giusto salario".

Una rilevantissima premessa (ma anche conseguenza) della valutazione etica del prezzo è nel modo con cui si considera il lavoro. Se esso è una merce, non vi è motivo di ritenere che non debba essere soggetto alla normale contrattazione tenendo, quindi, essenzialmente conto di tutte le situazioni storiche e personali[131]. Anche da questa impostazione *realistica* ha preso le distanze la Dottrina Sociale della Chiesa che, sin dall'enciclica di Leone XIII, ha escluso che il lavoro possa essere considerato una merce come le altre. Ugualmente, la quasi totalità degli intellettuali cattolici ha condiviso questa impostazione creando, però, uno iato con la scientificità economica[132]. Una

---

129 Solo tardivamente Giovanni Paolo II ha riabilitato l'idea contraria quando ha parlato del giusto prezzo come qualcosa «stabilito di comune accordo mediante una libera trattativa» (GIOVANNI PAOLO II, *Centesimus annus*, cit., n. 32b).
130 ROBERT SIRICO, *Il personalismo economico e la società libera*, a cura di Flavio Felice, Rubbettino, Soveria Mannelli (Catanzaro) 2001, p. 99 [nostra sottolineatura].
131 Cfr. ALEJANDRO A. CHAFUEN, *Cristiani per la libertà. Radici cattoliche dell'economia di mercato*, introduzione di Dario Antiseri, Liberilibri, Macerata 2007, p. 178-183.
132 A tal proposito, va almeno ricordato un altro ed importante principio, implicitamente racchiuso nell'enciclica del 1891 e solo successivamente enunciato in modo esplicito dal magistero. Si tratta della priorità del lavoro sul capitale (cfr. MARIO TOSO,

testimonianza che ben si addice al contesto del documento leoniano è quella di Georges Bernanos (1888-1948). Nel noto romanzo *Diario di un curato di campagna* (anno 1936), lo scrittore francese mette sulla bocca dell'anziano curato di Torcy, che si rivolge ad un giovane sacerdote, questo commosso ricordo: «... la famosa enciclica di Leone XIII, *Rerum novarum*, voi la leggete tranquillamente, con l'orlo delle ciglia, come una qualunque pastorale di quaresima. Alla sua epoca, piccolo mio, ci è parso di sentirci tremare la terra sotto i piedi. Quale entusiasmo! [...] Questa idea così semplice che il lavoro non è una merce, sottoposta alla legge dell'offerta e della domanda, che non si può speculare sui salari, sulla vita degli uomini come sul grano, lo zucchero e il caffè, metteva sottosopra le coscienze, lo credi? Per averla spiegata in cattedra alla mia buona gente son passato per un socialista e i contadini benpensanti mi hanno fatto mandare [via] in disgrazia. Essere in disgrazia non me ne infischiava, ma sul momento...»[133].

Leone XIII certamente non avrebbe voluto essere mai scambiato per socialista, ma all'epoca non mancarono coloro che ritennero l'enciclica ambigua in troppi passi, tanto da giudicare l'insegnamento pontificio troppo sbilanciato[134]. La lettura critica che si dà, generalmente, oggi, è, invece, contraria. Si ritiene, cioè «che la *Rerum novarum* rimanga ancorata, anche se involontariamente e indirettamente, a un sistema economico liberista-capitalistico»[135]. L'accusa (come già

Umanesimo sociale. Viaggio nella dottrina sociale della Chiesa e dintorni, Libreria Ateneo Salesiano, Roma 2002, p. 181-184). In un paio di passi, Leone XIII sembrava mettere il capitale e il lavoro uno di fronte all'altro (cfr. LEONE XIII, *Rerum novarum*, cit., n. 864.910). Benché l'aspettativa dell'intero documento fosse concentrata nell'indicare la concordia come la strada per la soluzione alla "questione operaia" (cfr. LEONE XIII, *Rerum novarum*, cit., n. 891) e benché nel testo venisse, giustamente, affermato come «né il capitale può stare senza il lavoro, né il lavoro senza il capitale» (*Ibidem*), successivamente l'idea del primato del lavoro si è consolidata: «questo principio riguarda direttamente il processo stesso di produzione, in rapporto al quale il lavoro è sempre una causa efficiente primaria, mentre il "capitale", essendo l'insieme dei mezzi di produzione, rimane solo uno strumento o la causa strumentale» (GIOVANNI PAOLO II, Lettera enciclica *Laborem exercens* sul lavoro umano nel 90° anniversario della *Rerum novarum*, 14.9.1981, n. 12).

133 GEORGES BERNANOS, *Diario di un curato di campagna*, Mondadori, Milano 1978, p. 82.
134 Cfr. ROCCO PEZZIMENTI, *La dottrina sociale della Chiesa nel quadro del pensiero sociale e politico moderno*, in «Angelicum», vol. 70 (1993), fasc. 2, p. 173.
135 Cfr. Toso, *Welfare Society. La riforma del welfare: l'apporto dei pontefici*, cit., p. 67.

ci è stato dato occasione di ricordare con la testimonianza di Oswald von Nell-Breuning) viene motivata fondamentalmente con la strenua difesa del diritto naturale di proprietà. In realtà quella difesa, più che un avallo alle teorie liberali, sembra essere semplicemente un residuo di buon senso o, se si preferisce, un ovvio richiamo al diritto naturale[136], in un periodo in cui l'appello alla natura delle cose manteneva ancora una notevole autorevolezza.

Piuttosto, risulta radicato il pregiudizio che impediva a Leone XIII di cogliere tutti i benefici sociali da sempre posti in essere dal libero scambio e dall'economia di mercato. Il papa, non risparmiando critiche al capitalismo[137] (ridotto alla «cupidigia dei padroni e [ad] una sfrenata concorrenza»[138]), dimostrava di non comprendere il vero significato morale della libertà economica e il grande portato civilizzatore costituito dal dinamismo economico.

Nel commentare la *Rerum novarum*, uno storico dell'economia, il sacerdote anglo-canadese Anthony M. C. Waterman (1931-viv.), ha messo in luce la mancanza di comprensione dell'economia di mercato da parte di Leone XIII e dei suoi consiglieri e collaboratori[139]. Per quanto, nella letteratura, i limiti scientifici dell'enciclica, generalmente, siano stati poco attenzionati[140], ancora meno ciò è avvenuto all'interno del mondo cattolico. Pur tuttavia, in qualche circostanza, le obiezioni di alcuni osservatori cattolici sono state molto oculate. È il caso del gesuita James A. Sadowsky (1923-2012)[141] o del politologo Michael Novak (1933-2017)[142]. Ad essi va aggiunto Thomas E. Woods

---

136   Cfr. Enrique Colom Costa, *La Dottrina Sociale della Chiesa come teologia morale nella "Rerum novarum"*, in «La Società», anno 1 (1991), n. 2, p. 140-143; cfr. Manlio Paganella, *La dottrina sociale della Chiesa e il diritto naturale*, Ares, Milano 2009, p. 57s.
137   Leone XIII, comunque, nell'enciclica, non adottò mai il termine "capitalismo" (ricorre, invece, la parola "capitalisti").
138   Leone XIII, *Rerum novarum*, cit., n. 864.
139   Cfr. Anthony M. C. Waterman, *The Intellectual Context of 'Rerum novarum'*, in «The Review of Social Economy», vol. 49 (1991), n. 4, winter, p. 465-482.
140   Non così in Murray N. Rothbard, *Readings on Ethics and Capitalism. Part I: Catholicism, Unpublished Memo to the Volker Fund*, May 1960, p. 2.
141   Cfr. James A. Sadowsky, *Capitalism, Ethics, and Classical Catholic Doctrine*, in «This World», Autumn 1983, p. 116.
142   Cfr. Michael Novak, *L'etica cattolica e lo spirito del capitalismo*, Edizioni di Comunità, Milano 1999, p. 54-55.265-266; cfr. Michael Novak, *Lo spirito del*

jr (1972-viv.) per il quale le lacune presenti nel documento di Leone XIII hanno fortemente ipotecato il successivo sviluppo della Dottrina Sociale della Chiesa: «per ben oltre un secolo, questa ignoranza ha determinato affermazioni pubbliche da parte di portavoce cattolici che non potevano non allontanare quanti conoscono i principi della scienza economica»[143].

1.5. Un'enciclica profetica?

Per aver preso contestualmente le distanze sia dall'economia di concorrenza sia dall'economia di Stato – pur nel problematico contestuale riconoscimento dell'intangibilità del diritto di proprietà e della legittimità dell'intervento dello Stato – l'insegnamento della *Rerum novarum* si è spesso prestato ad essere inteso quale "terza via" tra i due grandi sistemi[144]. Ed è stata questa la percezione più diffusa anche all'interno della Chiesa, ove si considerava la massa operaia simultaneamente «delusa da false teorie, [e] sfruttata da ingordi padroni»[145].

In questa *impasse* relativa all'elaborazione di un'ipotetica "terza via", la moderna Dottrina Sociale della Chiesa – che l'insegnamento di Leone XIII, per certi versi, inaugura – si troverà a dibattersi costantemente. Ciò è dovuto ad alcune cause rintracciabili anche nella *Rerum novarum*.

Innanzitutto l'incapacità di distinguere tra liberalismo (o liberismo) e giacobinismo o, se si preferisce, tra liberalismo anglosassone[146]

---

capitalismo democratico e il cristianesimo, presentazione di Angelo Tosato, Studium, Roma 1987, p. 326.
143 THOMAS E. WOODS jr., *La Chiesa e il mercato. Una difesa cattolica della libera economia*, Liberilibri, Macerata 2008, p. 76.
144 Cfr. DI MARTINO, *La Dottrina Sociale della Chiesa. Principi fondamentali*, cit., p. 47; cfr. FRANCESCA DUCHINI, *Insegnamento sociale della Chiesa e problematica economica: da Leone XIII a Pio XII*, in AA. VV., *L'insegnamento sociale della Chiesa. Atti del 58° corso aggiornamento dell'Università Cattolica (settembre 1988)*, Vita e Pensiero, Milano 1988, p. 75-79; cfr. NOVAK, *Lo spirito del capitalismo democratico e il cristianesimo*, cit., p. 326; cfr. Toso, *Welfare Society. La riforma del welfare: l'apporto dei pontefici*, cit., p. 67.
145 DOMENICO TARDINI, Introduzione a *La dottrina sociale cattolica nei documenti di Leone XIII*, AVE, Roma 1928, p. .
146 Né vanno trascurati pregiudizi nei confronti della cultura americana. Contro il cosiddetto "americanismo", cfr. LEONE XIII, Epistola *Testem benevolentiae* sulla condanna dell'americanismo, 22.1.1899, in *Enchiridion delle encicliche/3. Leone XIII (1878-1903)*, Edizioni Dehoniane, Bologna 1999, n. 2056-2070.

e liberalismo francese. Il secondo ferocemente anti-cristiano e statalista, il primo *naturalmente* religioso e anti-statalista. Accanto a ciò, la già menzionata insufficiente conoscenza scientifica dell'economia da parte di Leone XIII e degli estensori dell'enciclica. A queste lacune è, in buona misura, imputabile la diffidenza della Chiesa nei confronti della libera economia di mercato e la fiducia riposta nell'intervento dei poteri politici.

È stato spesso ripetuto che l'enciclica rappresenta un documento di avanguardia, un documento profetico rispetto ai mali che si sarebbero aggravati nella società. Anche a questo riguardo, però, vanno fatti notare alcuni ritardi che l'insegnamento contiene.

Il primo tra questi è in relazione alla cosiddetta "rivoluzione industriale". Piuttosto che anticipatore, il testo di Leone XIII è decisamente tardivo[147] perché porta la Chiesa a parlare, per la prima volta, della condizione degli operai (del socialismo – ad onor del vero – i documenti della Chiesa parlavano già da quasi cinquant'anni) quando l'industrializzazione era avviata da tempo. Come dire: la Chiesa sembra accorgersi del processo di economia industriale quando questo è ormai nella sua seconda fase storica. Ciò è senz'altro dovuto alle prevalenti preoccupazioni di natura politica (rispetto a quelle più propriamente sociali) che distraevano l'attenzione della gerarchia cattolica[148] e che accompagnarono anche il pontificato di Leone XIII.

Un notevole ritardo l'enciclica manifesta anche rispetto alla straordinaria svolta impressa alla scienza economica dalla cosiddetta "rivoluzione marginalista" e cioè dal rivoluzionamento delle teorie economiche causato dalle opere di alcuni scienziati sociali – primo tra tutti il viennese Carl Menger (1840-1921) – i quali riportarono l'intero discorso economico nell'ambito delle scelte umane. In questo caso, in realtà, più che un ritardo, l'insegnamento pontificio rivelò un'assenza di conoscenza. Il marginalismo era stato proposto già da una ventina di anni, ma la *Rerum novarum* non ne fu affatto sfiorata, dando prova non solo di non comprendere i meccanismi del mercato, ma anche di rimanere totalmente estranea ad un paradigma scientifico che pone l'individuo al centro delle dinamiche sociali.

---

147 Cfr. Markus Krienke, *Giustizia sociale e carità. Il liberalismo della "Caritas in veritate"*, in «Rivista di Teologia di Lugano», anno 15 (2010), n. 1, p. 28.
148 Cfr. Antonio Acerbi, *La Chiesa nel tempo. Sguardi sui progetti di relazioni tra Chiesa e società civile negli ultimi cento anni*, Vita e Pensiero, Milano 1979, p. 11-93.

Nonostante tutto ciò, l'enciclica ebbe una larghissima diffusione e un'eco profonda sia all'interno della Chiesa sia nel dibattito nel mondo laico. Tra le ragioni di questo successo vi è certamente lo stesso contesto storico. Per non dilungarci, non abbiamo voluto soffermarci sul clima politico ed ecclesiale, culturale e teologico degli anni della seconda parte del pontificato (anche perché richiamato in ogni rievocazione della *Rerum novarum*[149]). Ma la fortuna dell'«immortale documento» – come lo definiranno sia Pio XI[150] sia Giovanni Paolo II[151] – è, in buona misura, dovuta al fatto che esso giunge al momento giusto. L'enciclica, infatti, raccogliendo un'eredità[152] e rilanciando un nuovo impegno[153], operava una "sintesi" dell'intero movimento cattolico dell'epoca mettendo questo in relazione con gli scenari che si aprivano.

In questo modo, più o meno consapevolmente, Leone XIII calava la Chiesa in quelle "cose nuove", passando alla storia come papa innovatore. Tuttavia quest'immagine che gli viene sovente attribuita non considera che alle "cose nuove" il pontefice dava un significato tutt'altro che positivo e certamente foriero di rinnovate apprensioni: «*Rerum novarum cupiditas* - l'ardente brama di novità che da gran tempo ha cominciato ad agitare i popoli, doveva naturalmente dall'ordine politico passare nell'ordine simile dell'economia sociale»[154].

---

149 Cfr. Giovanni Paolo II, *Centesimus annus*, cit., n. 4.
150 Pio XI, *Quadragesimo anno*, cit., n. 620.
151 Giovanni Paolo II, *Centesimus annus*, cit., n. 1.
152 Cfr. Ornella Confessore Pellegrino, *Transigenti e intransigenti*, in Francesco Traniello - Giorgio Campanini (diretto da), *Dizionario storico del movimento cattolico in Italia*, Marietti, Casale Monferrato (Alessandria) 1981, vol. I/1, p. 20-28; cfr. Alcide De Gasperi, *I tempi e gli uomini che prepararono la "Rerum novarum"*, presentazione di Giulio Andreotti, Vita e Pensiero, Milano 1984; cfr. Francesco Malgeri (diretta da), *Storia del movimento cattolico in Italia*, Il Poligono, Roma 1980, vol. 1; cfr. Giovanni Spadolini, *L'opposizione cattolica da Porta Pia al '98*, Mondadori, Milano 1976.
153 Cfr. Marco Invernizzi, *I cattolici contro l'unità d'Italia? L'Opera dei Congressi (1874-1904)*, prefazione di Rino Cammilleri, Piemme, Casale Monferrato (Alessandria) 2002; cfr. Marco Invernizzi, *Il movimento cattolico in Italia dalla fondazione dell'Opera dei Congressi all'inizio della seconda guerra mondiale (1874-1939)*, Mimep-Docete, Pessano (Milano) 1996; cfr. Jean-Marie Mayeur, *Partiti cattolici e democrazia cristiana in Europa. Ottocento - Novecento*, Jaca Book, Milano 1983; cfr. Rocco Pezzimenti, *Il pensiero politico del XX secolo. La fine dell'eurocentrismo*, Rubbettino, Soveria Mannelli (Catanzaro) 2013, p. 560-568; cfr. Ernesto Vercesi, *Le origini del movimento cattolico in Italia 1870-1922*, Il Poligono, Roma 1981.
154 Leone XIII, *Rerum novarum*, cit., n. 861.

2

Economia e società nella *Quadragesimo anno* di Pio XI

Il primo gesto di Pio XI (1922-1939)[1] fu quello di affacciarsi alla loggia centrale della basilica vaticana per impartire la benedizione (la loggia era rimasta chiusa sin dal momento in cui le truppe italiane, nel settembre 1870, avevano occupato Roma): un presagio della conciliazione con lo Stato italiano che si realizzerà proprio sotto il suo pontificato alcuni anni più tardi.

Il concordato del 1929 non può essere considerato, in assoluto, l'atto più rilevante dei diciassette anni di ministero di papa Ratti. Tuttavia, allo sguardo superficiale dei più, Pio XI viene associato alla firma dei Patti Lateranensi[2]. È, dunque, opportuno analizzare l'insegnamento

---

1 Achille Ratti era originario della provincia di Milano (era nato a Desio nel 1856). Dopo gli studi a Roma, fece ritorno nella sua diocesi (1882) divenendo, poi, prefetto alla Biblioteca Ambrosiana (1907). Trent'anni dopo il suo rientro a Milano, dovette nuovamente trasferirsi a Roma perché nominato prima vice-prefetto (1911), poi prefetto della Biblioteca Vaticana (1914). Su suggerimento del cardinale Gasparri, Benedetto XV nominò mons. Ratti visitatore apostolico e poi nunzio apostolico a Varsavia (1919). Seguì la designazione ad arcivescovo di Milano e l'imposizione della berretta cardinalizia. Ma nella sede che era stata di sant'Ambrogio, il neo cardinale rimase solo pochi mesi (da settembre 1921 a febbraio 1922): a causa della morte di Benedetto XV, il cardinale Ratti tornò a Roma per prendere parte al conclave che lo costrinse a non lasciare più Roma. Con questa elezione il settentrione d'Italia dava alla Chiesa anche il terzo pontefice del Ventesimo secolo, dopo Pio X (Treviso) e Benedetto XV (Genova). Ed altri ancora ne avrebbe donato nella seconda metà del secolo: Giovanni XXIII (Bergamo), Paolo VI (Brescia) e Giovanni Paolo I (Belluno).
2 Sotto il profilo diplomatico va considerata la continuità "politica" di questo pontificato: la continuità con il passato fu garantita dal cardinale Pietro Gasparri che rimase a guidare la Segreteria di Stato (a capo della quale era sin dal 1914); la continuità con

sociale di questo pontefice, insegnamento che avvicineremo – com'è comprensibile – attraverso l'enciclica *Quadragesimo anno*.

Il magistero sociale di Pio XI è, ovviamente, più vasto[3] e si estende ad altri documenti, pur tuttavia può essere considerato ruotante intorno all'enciclica che ha per oggetto (e sottotitolo) l'instaurazione dell'ordine sociale cristiano[4]. La *Quadragesimo anno* – ovviamente in modo non prestabilito – è al centro cronologico del pontificato (si pone nella metà)[5]; ma può essere considerata un centro non solo cronologico se consideriamo il disegno di restaurazione cristiana che Pio XI lasciava intravedere anche nel suo motto episcopale (*Pax Christi in regno Christi*). Per l'interpretazione del mondo moderno e la conseguente restaurazione in Cristo la Dottrina Sociale, nella visione di papa Ratti, aveva un ruolo insostituibile perché indispensabile bussola di un vero e proprio progetto sociale cristiano[6].

Questo disegno era già espresso nell'enciclica di inizio pontificato, la *Ubi arcano*[7], e veniva rafforzato nella successiva *Quas primas* che istituiva anche la festa liturgica di Cristo re[8]. In questo quadro, val la pena ricordare anche l'enciclica con cui il papa ribadiva la necessità di non far mancare alla gioventù l'indispensabile educazione cristiana (la

---

l'avvenire fu, invece, assicurata dal cardinale Eugenio Pacelli (il futuro Pio XII) che sostituì, per volontà di Pio XI, Gasparri a partire dal 1930.

3   Cfr. BENIAMINO DI MARTINO, *La Dottrina Sociale della Chiesa. Principi fondamentali*, Nerbini, Firenze 2016, p. 32-35.

4   PIO XI, Lettera enciclica *Quadragesimo anno* sull'instaurazione dell'ordine sociale cristiano, 15.5.1931, in *Enchiridion delle encicliche/5. Pio XI (1922-1939)*, Edizioni Dehoniane, Bologna 1995, n. 583-730.

5   Cfr. DI MARTINO, *La Dottrina Sociale della Chiesa. Principi fondamentali*, cit., p. 33.

6   Cfr. ANTONIO ACERBI, *La Chiesa nel tempo. Sguardi sui progetti di relazioni tra Chiesa e società civile negli ultimi cento anni*, Vita e Pensiero, Milano 1979, p. 132-133; cfr. PATRICK DE LAUBIER, *Il pensiero sociale della Chiesa Cattolica. Una storia di idee da Leone XIII a Giovanni Paolo II*, Massimo, Milano 1986, p. 73-88; cfr. PIETRO SCOPPOLA, *Gli orientamenti di Pio XI e Pio XII sui problemi della società contemporanea*, in AUGUSTINE FLICHE - VICTOR MARTIN (a cura di), *Storia della Chiesa. I cattolici e il mondo contemporaneo (1922-1958)*, Edizioni Paoline, Cinisello Balsamo (Milano) 1991, vol. 23, p. 132-134.

7   Cfr. PIO XI, Lettera enciclica *Ubi arcano* sulla pace di Cristo nel regno di Cristo, 23.12.1922, in *Enchiridion delle encicliche/5. Pio XI (1922-1939)*, Edizioni Dehoniane, Bologna 1995, n. 1-62.

8   Cfr. PIO XI, Lettera enciclica *Quas primas* sull'istituzione della festa di Gesù Cristo re, 11.12.1925, in *Enchiridion delle encicliche/5. Pio XI (1922-1939)*, Edizioni Dehoniane, Bologna 1995, n. 140-163.

Divini illius Magistri)⁹ e l'enciclica sul matrimonio (la *Casti connubi*) nella quale non solo veniva indicato l'ideale cristiano della vita familiare, ma anche il ruolo – ritenuto importantissimo – delle leggi dello Stato[10].

Quattro anni dopo l'ascesa al soglio pontificio, Pio XI aveva scritto il primo documento in relazione alle durissime persecuzioni patite dai cristiani messicani (seguirono ben tre encicliche sulla drammatica situazione della Chiesa in Messico)[11]. Dal 1926 al 1929 la rivolta dei *cristeros*[12], i contadini che impugnarono le armi contro i governi militari, rappresentò una sanguinosa epopea in difesa della fede e della libertà che si inserisce nel clima dei "terribili anni Trenta"[13]. In questa stessa cupissima atmosfera si colloca anche la guerra civile che dilaniò la Spagna dall'estate del 1936 alla primavera del 1939[14]. Il Fronte

---

9   Cfr. Pio XI, Lettera enciclica *Divini illius Magistri* sull'educazione cristiana della gioventù, 31.12.1929, in *Enchiridion delle encicliche/5. Pio XI (1922-1939)*, Edizioni Dehoniane, Bologna 1995, n. 329-412.

10   Cfr. Pio XI, Lettera enciclica *Casti connubi* sul matrimonio cristiano, 31.12.1930, in *Enchiridion delle encicliche/5. Pio XI (1922-1939)*, Edizioni Dehoniane, Bologna 1995, n. 447-582.

11   Cfr. Pio XI, Lettera apostolica *Paterna sane* sull'iniqua condizione dei cattolici in Messico, 2.2.1926, in *Enchiridion delle encicliche/5. Pio XI (1922-1939)*, Edizioni Dehoniane, Bologna 1995, n. 1379-1386; cfr. Pio XI, Lettera enciclica *Iniquis afflictisque* sulla situazione dei cattolici in Messico, 18.11.1926, in *Enchiridion delle encicliche/5. Pio XI (1922-1939)*, Edizioni Dehoniane, Bologna 1995, n. 209-225; cfr. Pio XI, Lettera enciclica *Acerba animi* sulla persecuzione della Chiesa in Messico, 29.9.1932, in *Enchiridion delle encicliche/5. Pio XI (1922-1939)*, Edizioni Dehoniane, Bologna 1995, n. 917-948; cfr. Pio XI, Lettera enciclica *Firmissimam constantiam* sulla situazione religiosa in Messico, 28.3.1937, in *Enchiridion delle encicliche/5. Pio XI (1922-1939)*, Edizioni Dehoniane, Bologna 1995, n. 1281-1326. Cfr. anche Pio XI, Lettera enciclica *Divini Redemptoris* sul comunismo ateo, 19.3.1937, n. 18.19.

12   Cfr. Giovanni Formicola, *Libertà religiosa e diritto di resistenza: il caso della guerra "cristera"*, in «StoriaLibera. Rivista di scienze storiche e sociali», anno 1 (2015), n. 1, p. 9-41; cfr. Mario Arturo Iannaccone, *Cristiada. L'epopea dei Cristeros in Messico*, Lindau, Torino 2013; cfr. Paolo Valvo, *Difendere la fede in Messico. Ragioni delle armi, ragioni della diplomazia (1926-1937)*, in Massimo de Leonardis (a cura di), *Fede e diplomazia. Le relazioni internazionali della Santa Sede nell'età contemporanea*, EDUCatt, Milano 2014, p. 193-218.

13   Cfr. Giovanna Scapinelli, *Lo "spirito degli anni Trenta": attualità e inattualità di una lezione*, in «Civitas», anno 28 (1977), n. 2, p. 27-36; cfr. Henry I. Marrou, *Teologia della storia*, Jaca Book, Milano 2010, p. 142.

14   Cfr. Estanislao Cantero Nuñez, *1936. «L'assalto al cielo»: la guerra civile spagnola. Le cause dell'«alzamiento»*, in «Cristianità», anno 24 (1996), n. 258 (ottobre), p.

Popolare di ispirazione marxista si accanì contro il clero costringendo il papa ad intervenire[15] e a denunciare gli oltraggi «non solo alla religione e alla Chiesa, ma anche a quegli asseriti princìpi di libertà civile sui quali dichiara basarsi il nuovo regime spagnolo»[16].

2.1. Uno Stato corporativo?

Nel maggio del 1931 cadeva la ricorrenza della *Rerum novarum* di Leone XIII[17] e, per celebrare questo quarantesimo anniversario, Pio XI fece approntare la *Quadragesimo anno*[18]. Per incamminarci nell'analisi del più importante documento sociale di papa Ratti dobbiamo, però, considerare – almeno per accenno – alcuni aspetti rivelativi della cultura cattolica di quegli anni.

Nella storia bimillenaria del cattolicesimo, i concordati tra la Chiesa e gli Stati sono qualcosa di abbastanza recente perché rappresentano una prassi tipicamente moderna. Terminata l'era dell'alleanza tra trono ed altare, con i rivolgimenti rivoluzionari, la politica concordataria esprimeva la consapevolezza di una sempre maggiore aggressività dello Stato ed una corrispondente limitazione del ruolo "politico" della Chiesa. Infatti, da Napoleone in avanti[19], la Chiesa si è trovata

---

19-26; cfr. VICENTE CÁRCEL ORTÍ, *Buio sull'altare. 1931-1939: la persecuzione della Chiesa in Spagna*, prefazione di Giorgio Rumi, Città Nuova, Roma 1999; cfr. JOSÉ FRANCISCO GUIJARRO, *Persecución religiosa y guerra civil. La Iglesia en Madrid, 1936-1939*, La Esfera de los Libros, Madrid 2006; cfr. BENIGNO ROBERTO MAURIELLO, *La guerra civile spagnola*, Edizioni Solfanelli, Chieti 2007; cfr. ANTONIO MONTERO MORENO, *Historia de la persecución religiosa en España. 1936-1939*, BAC, Madrid 1999; cfr. ALBERTO ROSSELLI, *La persecuzione dei cattolici nella Spagna repubblicana (1931-1939)*, prefazione di Mario Bozzi Sentieri, Solfanelli, Chieti 2008.

15 Cfr. PIO XI, Lettera enciclica *Dilectissima nobis* sull'ingiusta condizione dei cattolici in Spagna, 3.6.1933, in *Enchiridion delle encicliche/5. Pio XI (1922-1939)*, Edizioni Dehoniane, Bologna 1995, n. 949-995. Cfr. anche PIO XI, Lettera enciclica *Divini Redemptoris* sul comunismo ateo, 19.3.1937, n. 18.20.

16 Cfr. PIO XI, *Dilectissima nobis* cit., n. 952.

17 Cfr. LEONE XIII, Lettera enciclica *Rerum novarum* sulla condizione degli operai, 15.5.1891, in *Enchiridion delle Encicliche/3. Leone XIII (1878-1903)*, Edizioni Dehoniane, Bologna 1999, n. 861-938.

18 Cfr. CONGREGAZIONE PER L'EDUCAZIONE CATTOLICA, Documento *In questi ultimi decenni. Orientamenti per lo studio e l'insegnamento della Dottrina Sociale della Chiesa nella formazione sacerdotale*, 30.12.1988, n. 21.

19 Benché il primo concordato risalga all'anno 1122 (quello di Worms, stipulato tra papa Callisto II ed Enrico V, imperatore del Sacro Romano Impero) e benché altri ve

nella condizione di ricercare un riconoscimento giuridico per poter ottenere dal potere statale margini sufficienti di libertà. L'"epoca dei concordati"[20] è, pertanto, un'adeguata espressione storiografica, utile a identificare la nuova dimensione dei rapporti tra Chiesa e Stato.

Per quanto il pontificato di Pio XI non possa non essere considerato, sotto questo aspetto, come quello più denso di eventi (accordi concordatari furono siglati con la Polonia, nel 1925, con l'Italia, nel 1929, con il Terzo *Reich* tedesco nel 1933, con il Portogallo nel 1940, ma preparato sotto papa Ratti), non sarà possibile, in questa sede, un'analisi dettagliata della politica concordataria, del suo significato e dei suoi risultati[21]. Se un cenno era doveroso, un altro è il motivo che ci introduce a considerare tutto ciò una opportuna premessa a quanto è stato sviluppato nella *Quadragesimo anno* nel 1931.

Com'è noto, il trattato Lateranense (che si componeva di una convenzione finanziaria e del concordato e che poneva finalmente termine alla "questione romana")[22] venne siglato l'11 febbraio 1929 dal cardinale Pietro Gasparri (1852-1934)[23], segretario di Stato di Pio XI, e da Benito Mussolini (1883-1945), capo del governo italiano. Ebbene, in un ben noto intervento, il papa, solo due giorni dopo la firma dei Patti, si espresse con parole che saranno ricordate spesso impropriamente.

---

ne siano stati nel periodo assolutistico, il concordato del 1801 è il più emblematico per rappresentare il "nuovo corso".
20 Cfr. SIDNEY Z. EHLER, *Breve storia dei rapporti tra Stato e Chiesa*, Vita e Pensiero, Milano 1961, p. 52-57; cfr. *Il concordato tra la Chiesa e lo Stato ieri e oggi* (editoriale), in «La Civiltà Cattolica», anno 135 (1984), vol. I, p. 417-434 (quaderno 3209 del 3.3.1984); cfr. PIETRO SCOPPOLA, *La «nuova cristianità» perduta*, Studium, Roma 1986, p. 13; cfr. DANIELE VENERUSO, *Il pontificato di Pio XI*, in AUGUSTINE FLICHE - VICTOR MARTIN (a cura di), *Storia della Chiesa. I cattolici e il mondo contemporaneo (1922-1958)*, Edizioni Paoline, Cinisello Balsamo (Milano) 1991, vol. 23, p. 56-58.
21 Cfr. GIORGIO CAMPANINI, *Cristianesimo e democrazia. Studi sul pensiero politico cattolico del '900*, Morcelliana, Brescia 1980, p. 141.143.154; cfr. YVES CHIRON, *Pio XI. Il papa dei Patti Lateranensi e dell'opposizione ai totalitarismi*, San Paolo, Cinisello Balsamo (Milano) 2006; cfr. PIETRO SCOPPOLA, *Dal neoguelfismo alla democrazia cristiana*, Studium, Roma 1979, p. 175-188; cfr. MARIO TEDESCHI, *Saggi di diritto ecclesiastico*, Giappichelli, Torino 1987.
22 Cfr. PIETRO SCOPPOLA, *La Chiesa e il fascismo. Documenti e interpretazioni*, Laterza, Bari 1973.
23 Cfr. GIOVANNI SPADOLINI, *Il card. P. Gasparri e la questione romana*, Le Monnier, Firenze 1972; cfr. DANILO VENERUSO, *Gasparri Pietro*, in FRANCESCO TRANIELLO - GIORGIO CAMPANINI (diretto da), *Dizionario storico del movimento cattolico in Italia*, Marietti, Casale Monferrato (Alessandria) 1982, vol. II, p. 222-225.

Esclamò Pio XI: «e forse ci voleva anche un uomo come quello che la Provvidenza Ci ha fatto incontrare; un uomo che non avesse le preoccupazioni della scuola liberale, per gli uomini della quale tutte quelle leggi, tutti quegli ordinamenti, o piuttosto disordinamenti, tutte quelle leggi, diciamo, e tutti quei regolamenti erano altrettanti feticci e, proprio come i feticci, tanto più intangibili e venerandi quanto più brutti e deformi»[24]. Le parole del pontefice sono assai rivelative della concezione che il magistero aveva (e continuò a mantenere a lungo) del liberalismo. Questo è il motivo per cui si è riportata la citazione e il motivo per cui riteniamo che la Chiesa non potesse non guardare con simpatia (almeno iniziale) il tentativo d'istaurazione, da parte del regime, del modello di economia corporativa.

Uno dei principali motivi di attenzione che ancora oggi suscita la *Quadragesimo anno* è, infatti, l'apprezzamento che essa esprime nei confronti dell'ordimento corporativo[25]. Si tratta di una questione che – comprensibilmente – non ha mancato di sollevare polemiche. Questo plauso, infatti, rappresenta la più alta forma di legittimazione, da parte cattolica, della filosofia sociale fascista.

Le corporazioni "delle arti e dei mestieri" erano associazioni di origine medievale che – a differenza dei moderni sindacati che sono associazioni di categoria – riunivano tutti i lavoratori di uno stesso settore produttivo[26]. Si qualificavano, perciò, come associazioni di "settore" e non di "categoria". Il sistema corporativo era già stato oggetto di critica da parte degli economisti della scuola fisiocratica che in esso vedevano un ostacolo all'evoluzione economica e sociale dell'attività industriale. Il magistero sociale della Chiesa, però, ha più volte manifestato preferenza per questa forma di associazione dei lavoratori. Già la *Rerum novarum* non escludeva la possibilità della creazione di

---

24 Pio XI, Allocuzione *Vogliamo anzitutto* ai professori e agli studenti dell'Università Cattolica del Sacro Cuore di Milano, 13.2.1929, in *Discorsi di Pio XI*, edizione italiana a cura di Domenico Bertetto, Società Editrice Internazionale, Torino 1960, vol. 2, p. 17-18.
25 Cfr. Di Martino, *La Dottrina Sociale della Chiesa. Principi fondamentali*, cit., p. 33-34.83-84.
26 Per un'introduzione al sistema corporativo, cfr. Ludovico Incisi Di Camerana, *Corporativismo*, in Norberto Bobbio - Nicola Matteucci - Gianfranco Pasquino, *Dizionario di politica*, UTET, Torino 2004, p. 188-193; cfr. Lorenzo Ornaghi, *Corporazione*, in Aa. Vv., *Politica. Enciclopedia tematica aperta*, Jaca Book, Milano 1993, p. 191-192.257-258.

sindacati[27] sebbene la predilezione accordata alle corporazioni[28] sia un tema ricorrente soprattutto a partire da Leone XIII[29] fino a Pio XI[30].

Anzi, esattamente cento anni dopo l'approvazione della legge Le Chapelier che aveva soppresso le corporazioni delle arti e dei mestieri e aveva vietato ogni associazione di lavoratori, operai e artigiani, Leone XIII, nel 1891, attribuirà proprio all'abolizione del sistema delle corporazioni la situazione di proletarizzazione alla quale l'enciclica sulla situazione degli operai voleva proporre rimedi[31]. Nelle primissime battute del documento, il papa faceva riferimento ai danni provocati dall'abrogazione, per via di legge, di quelle unioni di lavoro in cui l'associazione era di ordine "verticale", organizzata, cioè, per unire tutti i lavoratori dello stesso settore, indipendentemente dal ruolo esercitato, e dove la conduzione dell'azienda manteneva un carattere tipicamente familiare (non a caso la parola "padrone" deriva dal sostantivo "padre"). Ebbene, scriveva Leone XIII: «soppresse nel secolo passato le corporazioni di arti e mestieri, senza nulla sostituire in loro vece, nel tempo stesso che le istituzioni e le leggi venivano allontanandosi dallo spirito cristiano, avvenne che poco a poco gli operai rimanessero soli e indifesi in balìa della cupidigia»[32].

Le conclusioni a cui giungevano i pontefici (da Leone XIII a Pio XII, passando per la *Quadragesimo anno* di Pio XI) risultano, però, imprecise. In esse, infatti, la difesa del diritto di associazione veniva impropriamente collegata al recupero del sistema delle antiche corporazioni ed, inoltre, il rigetto tanto del liberalismo quanto del socialismo

---

27   Cfr. Leone XIII, Lettera enciclica *Rerum novarum* sulla condizione degli operai, 15.5.1891, in *Enchiridion delle Encicliche/3. Leone XIII (1878-1903)*, Edizioni Dehoniane, Bologna 1999, n. 927.
28   Cfr. José Miguel Ibanez Langlois, *La dottrina sociale della Chiesa. Itinerario testuale dalla "Rerum novarum" alla "Sollicitudo rei socialis"*, Ares, Milano 1989, p. 138-140.
29   Cfr. Leone XIII, Lettera enciclica *Quod apostolici muneris* su socialismo, comunismo e nichilismo, 28.12.1878, in *Enchiridion delle Encicliche/3. Leone XIII (1878-1903)*, cit., n. 45; Leone XIII, *Rerum novarum*, cit., n. 926.
30   Cfr. Pio XI, *Quadragesimo anno*, cit., n. 610; cfr. Pio XI, Lettera enciclica *Divini Redemptoris* sul comunismo ateo, 19.3.1937, n. 37.
31   Cfr. Massimo Introvigne, *La dottrina sociale di Leone XIII*, Fede & Cultura, Verona 2010, p. 99.
32   Leone XIII, *Rerum novarum*, cit., n. 864.

induceva ad intravedere nell'ordinamento corporativo fascista un'alternativa ai due sistemi che si aborrivano.

Nel controverso passo della *Quadragesimo anno* si legge: «recentemente, come tutti sanno, venne iniziata una speciale organizzazione sindacale e corporativa, la quale, data la materia di questa Nostra Lettera enciclica, richiede da Noi qualche cenno e anche qualche opportuna considerazione»[33]. E, dopo aver descritto la modalità con cui il sistema corporativo si caratterizza, il documento concludeva: «basta poca riflessione per vedere i vantaggi dell'ordinamento per quanto sommariamente indicato; la pacifica collaborazione delle classi, la repressione delle organizzazioni e dei conati socialisti, l'azione moderatrice di una speciale magistratura»[34].

Alcuni commentatori hanno interpretato le parole dell'enciclica diversamente dalla lettura immediata che induce a ritenere il passo come un avallo alle riforme che il fascismo stava realizzando in Italia. L'affermazione pontificia andrebbe intesa solo come un'asserzione del principio dell'associazionismo e non come la propensione ad uno Stato corporativo governato dall'alto[35].

Ora, per quanto il testo aggiungesse una precisazione cautelativa («dobbiamo pur dire che – proseguiva il documento – vediamo non mancare chi teme che lo Stato si sostituisca alle libere attività invece di limitarsi alla necessaria e sufficiente assistenza ed aiuto, che il nuovo ordinamento sindacale e corporativo abbia carattere eccessivamente burocratico e politico, e che, nonostante gli accennati vantaggi generali, possa servire a particolari intenti politici piuttosto che all'avviamento ed inizio di un migliore assetto sociale»[36]) che, come spesso avviene nei documenti della Dottrina Sociale della Chiesa, aveva per scopo quello di non apparire troppo sbilanciato, pur tuttavia il senso del testo pontificio è fin troppo chiaro e non si presta a capovolgimenti interpretativi.

È noto che il papa affidò la stesura dell'enciclica al gesuita tedesco

---

33   Pio XI, *Quadragesimo anno*, cit., n. 673.
34   *Ibidem*, n. 677.
35   Cfr. Michael Novak, *L'etica cattolica e lo spirito del capitalismo*, Edizioni di Comunità, Milano 1999, p. 71; cfr. Flavio Felice, *Capitalismo e cristianesimo. Il personalismo economico di Michael Novak*, prefazione di Michael Novak, Rubbettino, Soveria Mannelli (Catanzaro) 2002, p. 93.
36   Pio XI, *Quadragesimo anno*, cit., n. 677.

Oswald von Nell-Breuning (1890-1991); sarà proprio questi, molti anni dopo, a testimoniare sia che il brano sul corporativismo fu scritto personalmente da Pio XI sia che il papa lasciò scegliere al gesuita come meglio collocare il passo all'interno del documento[37]. Non negando il carattere assai delicato della presa di posizione, il collaboratore del pontefice non poteva che riconoscere come il testo vada preso così com'è, indipendentemente dalla sua problematicità: «per l'esplicazione di un documento del magistero – sembrava ammettere Nell-Breuning – non importa né quello che il redattore dello schema ha *pensato*, né quello che ha *pensato* il titolare del magistero stesso, ma esclusivamente ciò che il *tenore verbale significa* secondo i principi generali d'interpretazione»[38].

In realtà, la convergenza manifestata per lo Stato corporativo non dev'essere considerata un qualcosa di occasionale né tanto meno un mero incidente. Le affermazioni della *Quadragesimo anno* vanno poste in continuità con le summenzionate dichiarazioni circa il concordato, che veniva considerato un accordo che "gli uomini di scuola liberale" non avrebbero concesso. Dietro queste parole non vi è una *indiretta* fede fascista; dietro queste parole vi è l'idea di dover superare sia il capitalismo sia il socialismo e la sostanziale equiparazione tra questi due sistemi. Tutto, in altri termini, esprimeva una *diretta* speranza che il fascismo potesse restaurare l'ordinamento sociale del passato: «se non che, quanto abbiamo detto circa la restaurazione e il perfezionamento dell'ordine sociale, non potrà essere attuato in nessun modo, senza una riforma dei costumi come la storia stessa ce ne dà splendida testimonianza. Vi fu un tempo infatti in cui vigeva un ordinamento sociale che, sebbene non del tutto perfetto e in ogni sua parte irreprensibile, riusciva tuttavia conforme in qualche modo alla retta ragione, secondo le condizioni e la necessità dei tempi»[39].

Una certa nostalgia per i tempi andati ancora accompagnava la mentalità dei cattolici e, accusando similmente liberalismo e socialismo di essere gli artefici del sovvertimento, il fascismo apparve come la forza in grado di restaurare gli antichi pilastri della società e di realizzare

---

37 Cfr. Oswald von Nell-Breuning, *Octogesimo anno*, in «Humanitas», anno 26 (1971), n. 7 (luglio), p. 616.
38 *Ibidem*, p. 618; cfr. anche p. 619 e 620.
39 Pio XI, *Quadragesimo anno*, cit., n. 679.

un ordinamento, finalmente, conforme alla filosofia sociale cristiana, superando il liberalismo e contrastando il socialismo.

Tutto ciò era però possibile solo ad alcune condizioni. Se si vogliono concedere tutte le attenuanti possibili, si può sostenere che il connubio con il regime poteva avvenire a condizione di ignorare la vera identità rivoluzionaria del fascismo e di fraintendere l'autentica vera natura del liberalismo (almeno quello propriamente tale, di stampo sinceramente anglosassone). Più realisticamente, si deve ritenere che questo affratellamento con il corporativismo era frutto di una reale corrispondenza che portava ad abbracciare il carattere profondamente statalista delle politiche sociali del fascismo ed a radicalizzare, contestualmente, la riprovazione delle istanze liberiste.

Così può scorgersi la cifra interpretativa dell'intera *Quadragesimo anno* – il cui tema, espresso dal sottotitolo, è «l'instaurazione dell'ordine sociale cristiano» – ed anche del magistero sociale di Pio XI nel suo complesso: la ricerca di una "terza via"[40] tra il sistema liberista (che, come vedremo, l'enciclica giudicava duramente) e il sistema socialista (a cui il papa non risparmia condanne).

Se questo può essere considerato il tratto caratteristico della *Quadragesimo anno* ed anche il primo aspetto che deve essere posto in evidenza, è anche vero che l'implicita rivendicazione di un «ordine sociale cristiano» è stata successivamente abbandonata[41]. Nonostante ciò, l'idea di una "terza via", che trova nell'enciclica del 1931 il suo punto più alto, accompagnerà costantemente la Dottrina Sociale della Chiesa come interrogativo non risolto[42].

All'aporia costituita dalla pretesa di presentarsi come una strada distante dalle altre storicamente realizzatesi, il magistero sociale non riuscirà a trovare adeguata soluzione. E con esso la gran parte del pensiero cattolico che ha spesso oscillato tra simpatie per il fascismo e

---

40 Cfr. Mario Toso, *Welfare Society. La riforma del welfare: l'apporto dei pontefici*, Libreria Ateneo Salesiano, Roma 2003, p. 163.
41 Cfr. Francesca Duchini, *Insegnamento sociale della Chiesa e problematica economica: da Leone XIII a Pio XII*, in Aa. Vv., *L'insegnamento sociale della Chiesa. Atti del 58° corso aggiornamento dell'Università Cattolica (settembre 1988)*, Vita e Pensiero, Milano 1988, p 55.68.77.79; cfr. Bartolomeo Sorge, *Uscire dal tempio. Intervista autobiografica*, a cura di Paolo Giuntella, Marietti, Genova 1989, p. 52.
42 Cfr. Di Martino, *La Dottrina Sociale della Chiesa. Principi fondamentali*, cit., p. 45-87.

collateralismi col socialismo. E se il secondo atteggiamento sarà tipico a partire dalla metà del secolo, negli anni di Pio XI prevalse la prima inclinazione. Intellettuali come Angelo Mauri (1873-1936), Agostino Gemelli (1878-1959), Francesco Maria Gerardo Vito (1902-1968), Amintore Fanfani (1908-1999), sulle tracce del corporativismo di Giuseppe Toniolo (1845-1918), non potevano che guardare alle politiche sociali fasciste con indiscutibile attenzione[43].

Quanto fosse infida questa strada lo dimostreranno assai presto i fatti. Solo poche settimane dopo l'uscita della *Quadragesimo anno*, il papa fu costretto a scrivere un'altra enciclica, la *Non abbiamo bisogno*, per protestare contro il regime e le sue pretese di monopolizzare l'educazione della gioventù[44].

2.2. La *Nova impendet*

Oltre che nel clima politico del momento, la *Quadragesimo anno* deve essere inquadrata anche nel contesto economico. Da esso contesto, il documento sembra fortemente condizionato[45]. C'è però un paradosso. L'enciclica è molto lunga (quasi il doppio della *Rerum novarum*) e tratta di più temi di quanti non ne avesse trattato Leone XIII, pur tuttavia è probabilmente l'unico importante documento sociale del tempo che alla crisi economica in atto non rivolge neanche un cenno. Eppure dall'ottobre del 1929 – data del crollo della borsa di New York – in ogni circolo e in ogni consesso non si parlava di altro. Ci si sarebbe aspettato molto, in termini interpretativi, sulla depressione economica che da Wall Street si estese rapidamente all'Europa e al mondo intero; invece proprio l'enciclica sull'ordine economico, in modo davvero singolare, rimase silenziosa sulla principale questione sociale dell'intero decennio.

---

43 Cfr. ERNEST MORT, *Corporativismo cristiano*, in «Cultura & Identità», anno 4 (2012), n. 17 (maggio-giugno), p. 48-56; cfr. AMINTORE FANFANI, *Il significato del corporativismo. Testo di economia e diritto per i licei classici e scientifici e per gli Istituti magistrali*, Cavalleri, Como 1937.
44 Cfr. PIO XI, Lettera enciclica *Non abbiamo bisogno* per l'"Azione Cattolica", 29.6.1931, in *Enchiridion delle encicliche/5. Pio XI (1922-1939)*, Edizioni Dehoniane, Bologna 1995, n. 731-809.
45 Cfr. DI MARTINO, *La Dottrina Sociale della Chiesa. Principi fondamentali*, cit., p. 23-24.

Alla correzione di questa clamorosissima lacuna si tentò di provvedere tardivamente e frettolosamente con una nuova enciclica che era destinata ad essere immediatamente dimenticata a causa del suo sbiadito contenuto, ben prima che per la sua ridotta dimensione. La *Nova impendet*[46] – questo il titolo del documento pressoché sconosciuto – si presentava subito come scritta a causa della «gravissima crisi economica» ed era la terza enciclica sociale del 1931 (dopo la *Quadragesimo anno* e la *Non abbiamo bisogno*).

Pio XI si accontentava di osservazioni ovvie («parliamo della grave angustia e della crisi finanziaria che incombe sui popoli e porta in tutti i paesi ad un continuo e pauroso incremento della disoccupazione»[47]) e si limitava ad un generico appello invocando «quasi ad una crociata di carità e di soccorso»[48].

Dopo gli strali contro il capitalismo contenuti nella *Quadragesimo anno* e dopo la ricorrente invocazione alla "giustizia sociale" che emergeva nello stesso testo, la *Nova impendet* è di tutt'altro tenore e, benché il tema posto ad oggetto dell'enciclica lo suggerisse, in essa non vi era alcuna analisi della situazione né veniva indicata la terapia dell'instaurazione dell'ordine sociale cristiano così fermamente espressa nella *Quadragesimo anno* con il suo corollario sia di avversità al capitalismo sia di richiamo ad un nuovo tipo di giustizia qual era, appunto, quella "sociale"[49].

La lacuna presente nella *Quadragesimo anno* non è comprensibile. Tanto più alla luce del precedente discorso di Natale del papa (fine dicembre 1930) nel quale Pio XI parlò della crisi economica. Siamo, quindi, a pochi mesi dalla promulgazione dell'enciclica (metà maggio 1931) e un'integrazione sarebbe stata certamente possibile. Ripercorriamo, per dovere di antologia, le parole del pontefice nell'occasione natalizia: «diciamo questo generale anzi universale disagio finanziario ed economico, il quale è così penosamente risentito nella loro stessa compagine dagli Stati e dai popoli anche i più ricchi e i più forti, come

---

46 Pio XI, Lettera enciclica *Nova impendet* sulla gravissima crisi economica, 2.10.1931, in *Enchiridion delle encicliche/5. Pio XI (1922-1939)*, Edizioni Dehoniane, Bologna 1995, n. 810-819.
47 *Ibidem*, n. 810.
48 *Ibidem*, n. 812.
49 Cfr. Di Martino, *La Dottrina Sociale della Chiesa. Principi fondamentali*, cit., p. 195-196.

dalle più piccole ed umili famiglie, da queste (s'intende) ben più dolorosamente. Diciamo questa così largamente diffusa disoccupazione che toglie lavoro e pane a tanti operai ed alle loro famiglie, e fa sentire sempre più vivamente il bisogno di un più giusto rapporto fra produzione e consumo, fra macchine e mano d'opera, e sovratutto di un migliore assetto sociale ed internazionale ispirato a maggior giustizia e carità cristiana, e che, senza sovvertire l'ordine stabilito dalla divina Provvidenza, renda possibile ed effettiva fra le diverse classi e fra i diversi popoli la collaborazione fraterna utile a tutti, invece della lotta e della concorrenza dura e sfrenata, a tutti nociva ed a più o meno breve andare disastrosa. Benedette tutte le iniziative intese ad alleviare le tante sofferenze del presente ed a preparare un migliore avvenire. Diciamo questi vaghi timori coi quali molti guardano all'avvenire quasi vedendo in più d'un settore dell'orizzonte nubi minacciose, timori (diciamo subito) per Noi eccessivi, e nubi (speriamo sempre) non tutte foriere di tempeste, ma che intanto tengono gli animi sospesi e turbati. E diciamo non tutte, perché universali e spaventevoli tempeste certamente preparano una propaganda sovversiva d'ogni ordine e nemica di ogni religione nonché il dilagare del malcostume, le disastrose ideologie, deplorevoli debolezze e più deplorevoli connivenze, e la ricerca troppo avida dei materiali interessi continueranno a troppo poco tentare per combatterle, anzi a venire in loro favore. Ed a tutti i guai accennati sono venuti ad aggiungersi un po' dappertutto, ma più rovinosi e micidiali in Italia, i tanti disastri tellurici, sismici, marittimi, fluviali, atmosferici. Sempre e dovunque le pene dei figli sono e saranno le pene del Padre, che al generale ricorso ha risposto e risponde prima con la preghiera di ogni giorno e col conforto della parola paterna, poi anche secondo le possibilità sue (accresciute da molte filiali e commoventi generosità) con qualche materiale soccorso; preferita fra tutte, anche da Noi, e fra tutte più insistentemente richiestaci e più volentieri concessa, la carità del lavoro, di molti lavori»[50].

Del brano val la pena sottolineare alcuni passaggi per comprendere almeno indirettamente – così come proposto relativamente alla valutazione sul concordato data da Pio XI – alcune prospettive di

---

50 Pio XI, Discorso *Benedetto il Natale* al Collegio cardinalizio, 24.12.1930, in *Discorsi di Pio XI*, cit., vol. 2, p. 457-458.

fondo, atte a intendere quella cultura economica cattolica da cui provengono i giudizi esternati nella *Quadragesimo anno*.

Il papa, in questa anticipata circostanza natalizia, invocava, sì, «un migliore assetto sociale ed internazionale», ma si rendeva pur velatamente conto che ciò non sarebbe stato possibile senza la limitazione dei diritti di proprietà, giacché precisava che questo assetto si sarebbe dovuto realizzare «senza sovvertire l'ordine stabilito dalla divina Provvidenza».

Impossibilitato a comprendere i benefici della libera competizione, il pontefice, condannando ancora la «[la] lotta e [la] concorrenza dura e sfrenata, a tutti nociva ed a più o meno breve andare disastrosa», non poteva che fare affidamento sull'intervento politico, sebbene, in questo caso, involontariamente e con quel paternalismo tipico di chi ha poca dimestichezza con le modalità con cui si crea sviluppo e crescita. Pio XI, infatti, dicendo «benedette tutte le iniziative intese ad alleviare le tante sofferenze del presente ed a preparare un migliore avvenire» non si rendeva troppo conto di incoraggiare il ricorso all'ampliamento dei poteri dello Stato. L'inconsapevolezza del meccanismo politico posto in essere è ravvisabile nel ritenere «eccessivi» i «timori» di alcuni; ma nel giro di pochissimi anni proprio l'ulteriore accrescimento dei poteri statali getterà l'umanità nell'inferno bellico.

La faciloneria con cui si considera l'economia emergeva anche dalla considerazione dell'offerta lavorativa quale forma di caritatevole assistenza e non quale una conseguenza del buon andamento economico. Il papa parlava di «commoventi generosità» che avevano consentito «qualche materiale soccorso; preferita fra tutte, anche da Noi, e fra tutte più insistentemente richiestaci e più volentieri concessa, la carità del lavoro, di molti lavori».

2.3. Gli «errori della scienza economica individualistica»

In un contesto che va considerato carico di angoscianti germi, giungiamo, così, alla promulgazione della *Quadragesimo anno*. Se è difficile dare torto alle parole dell'enciclica secondo cui «sarebbe errore affermare che l'ordine economico e l'ordine morale siano così disparati ed estranei l'uno all'altro, che il primo in nessun modo dipenda dal secondo»⁵¹, è, però, vero che l'importante documento dimostra di non comprendere appieno la eticità contenuta nelle leggi naturali dell'economia. Queste ultime – secondo quanto emerge dall'enciclica – non andrebbero semplicemente ordinate verso il bene e verso la loro migliore realizzazione, ma andrebbero in qualche modo riformulate e trasformate. In questo modo si proverebbe a delineare un nuovo «principio direttivo»⁵² dell'economia la cui ombra attraversa la *Quadragesimo anno* nella ricerca di un ordine cristiano⁵³. Infatti, l'enciclica descriveva «un modello di "società cristiana" intesa quale *terza via* alternativa tra liberalismo e socialismo»⁵⁴. È, in altri termini, un progetto economico specificamente cattolico⁵⁵ che emergeva come formalmente alternativo a quello capitalista e a quello collettivista e che sembrò specchiarsi nel corporativismo, quale sistema economico idoneo a riorganizzare la società secondo un antico modello. Il richiamo alla "terza via" percorre, quindi, le pagine dell'enciclica⁵⁶.

Dicevamo che se, da un lato, la *Quadragesimo anno* opportunamente sconfessava l'errore della separazione tra l'ordine economico e l'ordine morale, dall'altro si dimostrava incapace di comprendere appieno la connessione tra le leggi economiche e la moralità di questi dinamismi naturali. Nonostante ciò, l'enciclica anticipava rispetto al Vaticano II⁵⁷ il riconoscimento dell'autonomia della scienza economica. Sosteneva, infatti, Pio XI: «certo, le leggi, che si dicono economiche, tratte dalla natura stessa delle cose e dall'indole dell'anima e del corpo umano, stabiliscono quali limiti nel campo economico il potere dell'uomo non possa e quali possa raggiungere, e con quali mezzi; e la

---

51 Pio XI, *Quadragesimo anno*, cit., n. 623.
52 *Ibidem*, 670.
53 Cfr. Michael Novak, *L'etica cattolica e lo spirito del capitalismo*, Edizioni di Comunità, Milano 1999, p. 86; cfr. Toso, *Welfare Society. La riforma del welfare: l'apporto dei pontefici*, cit., p. 68.90s.; cfr. Marie-Dominique Chenu, *La dottrina sociale della Chiesa. Origine e sviluppo (1891-1971)*, Queriniana, Brescia 1982, p. 24.
54 *Dalla "Rerum novarum" ad oggi* (editoriale), in «La Civiltà Cattolica», anno 132 (1981), vol. III, p. 351 (quaderno 3149 del 5.9.1981).
55 Cfr. Guido Verucci, *La Chiesa nella società contemporanea. Dal primo dopoguerra al Concilio Vaticano II*, Laterza, Bari 1988, p. 110-111.
56 Cfr. Rocco Pezzimenti, *La dottrina sociale della Chiesa nel quadro del pensiero sociale e politico moderno*, in «Angelicum», vol. 70 (1993), fasc. 2, p. 184.
57 Cfr. Concilio Vaticano II, Costituzione pastorale *Gaudium et spes* sulla Chiesa nel mondo contemporaneo, 7.12.1965, n. 36.

stessa ragione, dalla natura delle cose e da quella individuale e sociale dell'uomo, chiaramente deduce quale sia il fine da Dio Creatore proposto a tutto l'ordine economico»[58]. È un'accettazione della legittima autonomia dell'economia in quanto scienza[59] senza la piena percezione di cosa comporti riconoscere la mano del Creatore nelle stesse leggi naturali che animano e muovono l'economia (proprietà, profitto, libertà, concorrenza).

Coerentemente, quindi, per la dottrina espressa dalla *Quadragesimo anno* «il retto ordine dell'economia non può essere abbandonato alla libera concorrenza delle forze»[60]. Pio XI faceva risalire l'impostazione liberista agli «errori della scienza economica individualistica»[61] interpretando l'individualismo come il contrario della socialità[62].

La nozione di "individualismo" è un'altra categoria chiave che l'enciclica esplicitamente richiama ben sei volte. Era, tra l'altro, la prima volta che il magistero della Chiesa adottava il termine, seppure per criticarne il concetto.

Innanzitutto Pio XI poneva sullo stesso piano due erronee concezioni sociali: «occorre guardarsi diligentemente dall'urtare contro un doppio scoglio. Giacché, come negando o affievolendo il carattere sociale e pubblico del diritto di proprietà si cade e si rasenta il cosiddetto "individualismo", così respingendo e attenuando il carattere privato e individuale del medesimo diritto, necessariamente si precipita nel

---

58 Pio XI, *Quadragesimo anno*, cit., n. 623.
59 Cfr. Francesca Duchini, *Insegnamento sociale della Chiesa e problematica economica: da Leone XIII a Pio XII*, in Aa. Vv., *L'insegnamento sociale della Chiesa. Atti del 58° corso aggiornamento dell'Università Cattolica (settembre 1988)*, Vita e Pensiero, Milano 1988, p. 62; cfr. Toso, *Welfare Society. La riforma del welfare: l'apporto dei pontefici*, cit., p. 79. La Duchini si è anche chiesta se, a riguardo, possano esservi significative differenze tra la *Rerum novarum* e la *Quadragesimo anno*: cfr. Francesca Duchini, *Insegnamento sociale della Chiesa, scienza economica, attività economica*, in Aa. Vv., *Il Magistero sociale della Chiesa. Principi e nuovi contenuti. Atti del Convegno di Studio. Milano 14-16 aprile 1988*, Vita e Pensiero, Milano 1989, p. 124.
60 Pio XI, *Quadragesimo anno*, cit., n. 670.
61 *Ibidem*.
62 Sosteneva Pio XI: «…come da fonte avvelenata, sono derivati tutti gli errori della scienza economica individualistica, la quale dimenticando o ignorando che l'economia ha un suo carattere sociale, non meno che morale, ritenne che l'autorità pubblica la dovesse stimare e lasciare assolutamente libera a sé» (Pio XI, *Quadragesimo anno*, cit., n. 670).

"collettivismo" o almeno si sconfina verso le sue teorie»[63]. Poi, il papa invocava (sebbene in modo contraddittorio) l'azione dello Stato allo scopo di contrastare «il vizio dell'individualismo»[64]. Ancora, «lo spirito individualistico»[65] veniva denunciato in relazione alla libera concorrenza delle forze (che, contestualmente, veniva definita sia «una forza cieca e una energia violenta» sia una «cosa equa certamente e utile se contenuta nei limiti bene determinati»[66]).

Nella condanna dell'individualismo riecheggiava non solo il consueto significato negativo attribuito al termine, ma soprattutto la distanza dal liberalismo. Nonostante fossero trascorsi decenni dall'avvio di quegli studi delle scienze sociali che rendevano assolutamente ingiustificata l'accezione deleteria, la cultura cattolica dava prova di non comprendere come, dal punto di vista metodologico, l'"individualismo" non ha nulla a che fare né con l'egoismo, né con il rifiuto della socialità; "individualismo", invece, è solo il contrario di "collettivismo" (o "comunitarismo") e comporta il primato della singola persona rispetto ad ogni ente collettivo. Ancor più sotto il profilo economico e politico, l'"individualismo" esprime la posizione di rifiuto del primato della massa e ribadisce la consistenza delle scelte personali e delle azioni individuali come unica vera causa agente di tutti i dinamismi sociali.

Il rigetto da parte cattolica dell'"individualismo" nel nome della natura sociale dell'uomo risulta, allora, non soltanto infondato, ma addirittura paradossale perché la responsabilità dell'erosione dei rapporti interpersonali (e familiari) va, al contrario, attribuita alle spinte collettiviste e alle politiche stataliste, uniche vere nutrici dell'atomismo disgregatore.

---

63 Pio XI, *Quadragesimo anno*, cit., n. 627. Più avanti (a proposito del rapporto tra capitale e lavoro), il papa ripeteva: «...per evitare l'estremo dell'individualismo da una parte, come del socialismo dall'altra, si dovrà soprattutto avere riguardo del pari alla doppia natura, individuale e sociale propria, tanto del capitale o della proprietà, quanto del lavoro» (*Ibidem*, n. 692).
64 «E quando parliamo di riforma delle istituzioni – scriveva Pio XI –, pensiamo primieramente allo Stato, non perché dall'opera sua si debba aspettare tutta la salvezza, ma perché, per il vizio dell'individualismo, come abbiamo detto, le cose si trovano ridotte a tal punto, che abbattuta e quasi estinta l'antica ricca forma di vita sociale, svoltasi un tempo mediante un complesso di associazioni diverse, restano di fronte quasi soli gli individui e lo Stato» (Pio XI, *Quadragesimo anno*, cit., n. 660).
65 Pio XI, *Quadragesimo anno*, cit., n. 670.691.
66 *Ibidem*, n. 670.

Tuttavia proprio questo fraintendimento[67] allargava ulteriormente il distacco tra dottrina sociale pontificia e liberismo economico consolidando non solo il pregiudizio nei confronti di quest'ultimo, ma spingendo sempre più il pensiero cattolico verso l'illusione di trovare un proprio naturale sbocco sia nell'intervento dello Stato[68] sia nelle forme mitigate di socialismo[69].

Si potrebbe sostenere che questo esito è conseguenziale (e non incoerente) al presupposto di ricercare un modello economico alternativo al capitalismo e al collettivismo. Infatti, nell'impossibilità di identificare strade realmente alternative, la pretesa originalità della dottrina sociale cattolica non può che scivolare verso forme di società a forte guida politica, molto simili alla social-democrazia o al corporativismo fascista, entrambi contrassegnati dalla prevalente azione statale.

Anche al di là di questa inclinazione, la *Quadragesimo anno* rivela una preoccupante inabilità in materia economica. Si potrebbe dire anche che la propensione per il corporativismo e per il dirigismo ne rivelano la consistenza. D'altra parte, i limiti dell'enciclica sono stati messi già in evidenza[70] e di questi (anche i più plateali) non si fece scrupolo di riconoscere l'ampiezza lo stesso estensore materiale[71], l'allora appena quarantenne gesuita Oswald von Nell-Breuning che Pio XI aveva incaricato per l'elaborazione del testo.

Sotto l'aspetto propriamente scientifico vi è, infatti, un solo punto dell'enciclica che non si presta ad obiezioni da parte della teoria

---

67 Cfr. Siro Lombardini, *L'economia e il pensiero sociale della Chiesa*, in Aa. Vv., *Il Magistero sociale della Chiesa. Principi e nuovi contenuti. Atti del Convegno di Studio. Milano 14-16 aprile 1988*, Vita e Pensiero, Milano 1989, p. 156.
68 «E in verità si può ben sostenere, a ragione, esservi certe categorie di beni da riservarsi solo ai pubblici poteri, quando portano seco una tale preponderanza economica, che non si possa lasciare in mano ai privati cittadini senza pericolo del bene comune» (Pio XI, *Quadragesimo anno*, cit., n. 696).
69 «Si direbbe quindi che [...] il socialismo si pieghi e in qualche modo si avvicini a quelle verità che la tradizione cristiana ha sempre solennemente insegnate; poiché non si può negare che le sue rivendicazioni si accostino talvolta, e molto da vicino, a quelle che propongono a ragione i riformatori cristiani della società» (Pio XI, *Quadragesimo anno*, cit., n. 695).
70 Cfr. Oreste Bazzichi, *Alle radici del capitalismo. Medioevo e scienza economica*, Effatà, Cantalupa (Torino) 2003, p. 57; cfr. Marie-Dominique Chenu, *La dottrina sociale della Chiesa. Origine e sviluppo (1891-1971)*, Queriniana, Brescia 1982, p. 30.
71 Cfr. Oswald von Nell-Breuning, *Quadragesimo anno*, in «Stimmen der Zeit», anno 106 (1971), n. 187, p. 249.

economica; si tratta del passaggio in cui si descrivono i titoli della proprietà[72]. Ma negli altri aspetti nei quali si provava ad entrare, si rivelava, pesantemente ed inequivocabilmente, l'incompetenza.

2.4. Ruolo dello Stato e *Welfare*

Un altro dei principali temi per i quali la *Quadragesimo anno* viene sovente ricordata è l'esplicita enunciazione del principio di sussidiarietà[73]. Altrove abbiamo dovuto soffermarci su questo argomento, che per la sua ampiezza imporrebbe un notevole ampliamento. A quell'approfondimento rinviamo[74].

Per quanto la sussidiarietà rappresenti uno degli argomenti chiave dell'enciclica, pur tuttavia, *de facto*, il principio che impone il primato della società sulle istituzioni è trattato come una sorta di isola in un mare di continue invocazioni verso l'intervento dei poteri politici.

Com'è noto la *Rerum novarum* non aveva definito la sussidiarietà in modo formale, ma il concetto è molto più presente di quanto non sia avvenuto nella *Quadragesimo anno* ove non manca un'esplicitazione[75],

---

72 «Che la proprietà poi originariamente si acquisti e con l'occupazione di una cosa senza padrone (*res nullius*) e con l'industria e il lavoro, ossia con la "specificazione", come si suol dire, è chiaramente attestato sia dalla tradizione di tutti i tempi, sia dall'insegnamento del pontefice Leone XIII, Nostro Predecessore. Non si reca infatti torto a nessuno, checché alcuni dicano in contrario, quando si prende possesso di una cosa che è in balia del pubblico, ossia non è di nessuno; l'industria poi che da un uomo si eserciti in proprio nome e con la quale si aggiunga una nuova forma o un aumento di valore, basta da sola perché questi frutti si aggiudichino a chi vi ha lavorato attorno» (Pio XI, *Quadragesimo anno*, cit., n. 633).
73 Cfr. Gregoria Cannarozzo, *Il principio di sussidiarietà, la scuola e la famiglia*, Rubbettino, Soveria Mannelli (Catanzaro) 2006, p. 18-21; cfr. Paolo Magagnotti (a cura di), *Il principio di sussidiarietà nella dottrina sociale della Chiesa*, presentazione di padre Raimondo Spiazzi, Edizioni Studio Domenicano, Bologna 1991, p. 21-22; cfr. Robert A. Sirico - Dario Antiseri, *Il principio di sussidiarietà: la difesa della persona umana*, Istituto Acton, Roma 2003, p. 11; cfr. Lorenza Violini, *Il principio di sussidiarietà*, in Giorgio Vittadini (a cura di), *Sussidiarietà. La riforma possibile*, Etas, Milano 1998, p. 54-55.
74 Cfr. Di Martino, *La Dottrina Sociale della Chiesa. Principi fondamentali*, cit., p. 123-150 (specialmente p. 135-141).
75 È nota la lunga definizione che dà l'enciclica e che può trovare sintesi in queste parole: «è necessario che l'autorità suprema dello Stato rimetta ad associazioni minori e inferiori il disbrigo degli affari e delle cure di minor momento» (Pio XI, *Quadragesimo anno*, cit., n. 662).

a fronte, però, di un ridimensionamento effettivo del principio. Si potrebbe dire che nell'enciclica di Leone XIII l'associazionismo e la vitalità civile sono richiamati come i veri pilastri della filosofia sociale, pur senza escludere l'intervento dello Stato mentre nell'enciclica di Pio XI il ruolo dello Stato viene riconosciuto come essenziale, pur senza, comunque, escludere la sussidiarietà.

La *Quadragesimo anno* è l'emblema di questa aporia che attraversa l'intera Dottrina Sociale della Chiesa: da un lato la rivendicazione dell'autonomia dei soggetti sociali e dall'altro la legittimazione dell'intervento dei pubblici poteri.

Se l'esortazione nei confronti dello Stato affinché la sua azione sia molto ampia appartiene alla tradizione cattolica, questo indirizzo è ancor più presente nell'enciclica del 1931. Riteniamo che ciò sia *anche* il risultato del clima politico del momento.

Ormai da decenni la cultura politica aveva abbandonato i postulati del libero scambio. L'esasperazione dei nazionalismi e i provvedimenti protezionistici avevano, poi, condotto alla Grande Guerra che aveva, a sua volta, instaurato un dirigismo governativo che la fine delle ostilità non smantellò se non in parte. La creazione delle banche centrali o il rafforzamento dei loro poteri determinò le bolle finanziarie, vera causa del grande *crack* di Wall Street[76]. Paradossalmente, come in ogni circostanza simile, la crisi non solo non mise in discussione l'interventismo statale, ma lo rese ancor più popolare, inducendo a ritenere l'azione politica il rimedio a disoccupazione ed impoverimento.

La *Quadragesimo anno* va collocata, quindi, in questo clima di invocazione, pressoché generale, di soluzioni governative[77]. Sotto questo aspetto non vi era reale differenza tra le grandi opere pubbliche condotte dal fascismo e il programma del *New Deal* rooseveltiano o tra le nazionalizzazioni tedesche e la pianificazione sovietica[78]. Il

---

76 Questo, in estrema sintesi, non va attribuito al sistema capitalista, ma alle conseguenze del controllo politico della moneta (il cosiddetto Federal Reserve System). Cfr. MURRAY N. ROTHBARD, *America's Great Depression*, fifth edition, Ludwig von Mises Institute, Auburn (Alabama) 2000.

77 È lecito quindi chiedersi se sia vero che «i principi cattolici della sociologia penetrarono a poco a poco nel patrimonio di tutta la società» (PIO XI, *Quadragesimo anno*, cit., n. 602) o, piuttosto, che i modelli economici prevalenti influenzarono la Dottrina Sociale della Chiesa.

78 Tra la vasta letteratura a riguardo, cfr. GUALBERTO GUALERNI, *Industria e fascismo. Per una interpretazione dello sviluppo economico italiano tra le due guerre*, Vita

corporativismo aveva vari volti, ma un'unica anima. A dimostrare questa sostanziale omogeneità il favore con cui le élite guardavano e spronavano l'estensione dei pubblici poteri. Intellettuali europei, giornalisti americani, ingegneri sovietici, tutti sembravano accomunati dall'idea di poter finalmente inaugurare la strada di una nuova economia. Da questa euforia ovviamente non erano esclusi né i grandi industriali (sempre più in connubio con il ceto politico) né le classi più umili (abbagliate dai risultati più immediati).

Come da molte parti non ci si rendeva conto che il rimedio invocato costituiva, in buona misura, la stessa causa della depressione, così anche la dottrina espressa dalla *Quadragesimo anno* finiva col ripetere ciò che ormai rappresentava una teoria condivisa. L'enciclica lanciava la sua condanna contro la concorrenza, senza avvedersi che la fine della concorrenza era dietro l'angolo, causa i monopoli statali destinati ad accrescere il potere dei regimi (dittatoriali e parlamentari) che avrebbero presto creato le condizioni per il tremendo conflitto.

Non dissimilmente da altri documenti magisteriali[79], anche la *Quadragesimo anno* è stata fortemente condizionata dalle idee prevalenti ed anche quando sembrava alzare il tono delle accuse, in realtà, ben più che di "spirito profetico", si trattava di una posizione ampiamente condivisa. La simpatia per il corporativismo va in questa stessa linea.

L'enciclica è, sostanzialmente, allineata al modello teorico dominante che aveva trovato in John Maynard Keynes (1883-1946) il suo più rappresentativo esponente. Dal saggio *The End of Laissez-Faire* (1926)[80] e dall'opera *The General Theory of Employment, Interest and Money* (1936)[81] la politica economica del Ventesimo secolo attingerà ispirazione e motivazioni.

---

e Pensiero, Milano 1976; cfr. Murray N. Rothbard, *Sinistra e Destra: le prospettive della libertà*, introduzione di Roberta Adelaide Modugno, Istituto Acton, Roma 2003; cfr. Lucio Villari, *L'insonnia del Novecento. Le meteore di un secolo*, Bruno Mondadori, Milano 2005, p. 101-122.

79 Cfr. Di Martino, *La Dottrina Sociale della Chiesa. Principi fondamentali*, cit., p. 23-24.

80 John Maynard Keynes, *La fine del lasciar fare*, in Francesco Pulitini (a cura di), *Tra Stato e mercato. Libertà, impresa e politica nella storia del pensiero economico, da Adam Smith a Ronald Coase*, Istituto Bruno Leoni Libri, Torino 2011, p. 221-245.

81 John Maynard Keynes, *Teoria generale dell'occupazione, dell'interesse e della moneta e altri scritti*, a cura di Alberto Campolongo, UTET, Torino 1978.

Per molti il pensiero dell'economista di Cambridge meriterebbe di essere considerato il riferimento conseguenziale della Dottrina Sociale della Chiesa[82]. In ogni caso le somiglianze tra il paradigma keynesiano e il progetto che è delineato anche e soprattutto nella *Quadragesimo anno* sono molte e significative.

L'enciclica, infatti, indicava la strada di un nuovo «principio direttivo»[83] dell'economia e, così facendo, sosteneva la necessità di abbandonare la strada della libera concorrenza (responsabile perché «fonte avvelenata»[84]) per approdare ad un'economia regolata[85]. Se in ciò può ravvisarsi il modello dell'"economia mista" piuttosto che quello dell'"economia pianificata", non di meno, emergeva un ruolo dello Stato ampio e ramificato. Lo Stato, quindi, non sarebbe solo regolatore, ma l'asse intorno a cui dovrebbero svilupparsi società ed economia. Rifiutando di concedere alla libera concorrenza «il timone dell'economia»[86], questa direzione non può che passare nelle mani della politica.

Eppure non dovrebbe essere difficile intravedere quali conseguenze per la civiltà e per l'intera umanità si nascondono dietro l'apparentemente moralizzatrice idea di riduzione o di controllo della libera competizione. È vero infatti, come scriveva Friedrich von Hayek (1899-1992), che «il sistema di concorrenza è il solo sistema adatto a minimizzare, mediante il decentramento, il potere dell'uomo sull'uomo»[87].

---

82   Cfr. ALOYSIUS FONSECA, *Il "welfare state" e la privatizzazione dei servizi sociali*, in «La Civiltà Cattolica», anno 140 (1989), vol. I, p. 232s. (quad. n. 3327 del 4.2.1989); cfr. FLAVIO FELICE, *Economia e persona dalla "Rerum novarum" alla "Caritas in veritate"*, in FLAVIO FELICE - FRANCIS GEORGE - ROBERT W. FOGEL, *Lo spirito della globalizzazione. Pensare l'economia dopo la "Caritas in veritate"*, prefazione di Robert Royal, Rubbettino, Soveria Mannelli (Catanzaro) 2011, p. 13; cfr. NORBERT METTE, *Socialismo e capitalismo nella dottrina sociale dei papi*, in «Concilium», anno 27 (1991), n. 5, p. 56; cfr. ROCCO PEZZIMENTI, *Il pensiero politico del XX secolo. La fine dell'eurocentrismo*, Rubbettino, Soveria Mannelli (Catanzaro) 2013, p. 577; cfr. Toso, *Welfare Society. La riforma del welfare: l'apporto dei pontefici*, cit., p. 35.39.46s.92s.93.95.485.585; cfr. MARIO TOSO, *L'insegnamento sociale dei Pontefici di fronte alla crisi dello "Stato del benessere"*, in «Aggiornamenti Sociali», anno 38 (1987), n. 7/8, p. 513.
83   PIO XI, *Quadragesimo anno*, cit., n. 670.
84   *Ibidem*.
85   *Ibidem*.
86   *Ibidem*.
87   FRIEDRICH A. VON HAYEK, *La via della schiavitù*, prefazione di Raffaele De Mucci, Rubbettino, Soveria Mannelli (Catanzaro) 2011, p. 194.

Il contrario del «sistema di concorrenza» è quello in cui – per ogni tipo di ragioni – l'autorità dello Stato interviene per regolare, dirigere o pianificare il naturale dinamismo economico. In quest'altro modello la *Quadragesimo anno* si riconosceva. Infatti – non solo nello "spirito", ma anche nella "lettera" dell'enciclica («è necessario che la libera concorrenza, confinata in ragionevoli e giusti limiti, e più ancora che la potenza economica siano di fatto soggetti all'autorità pubblica, in ciò che concerne l'ufficio di questa»[88]) – si indicava lo Stato come una realtà a cui guardare con fiducia, come quella realtà, in buona misura, in grado di porre rimedio ai problemi sociali. Ai mali provocati dalle dottrine liberali («i limiti segnati dal liberalismo»[89]), Pio XI contrapponeva la «sapiente provvidenza dei pubblici poteri»[90].

Il ricorso allo Stato, in questa prospettiva, non poteva che essere costante ed esteso (l'autorità governativa non deve lasciare liberi il mercato e la concorrenza)[91] e sebbene «la pubblica autorità [...], come è evidente, non può usare arbitrariamente» il «suo diritto»[92], tuttavia l'azione politica è ritenuta «opera [...] salutare [e] sapiente»[93].

Non è difficile rintracciare in queste affermazioni l'avallo alle politiche sociali del moderno *Welfare State*. D'altra parte, quelli dell'enciclica erano anche gli anni dei grandi piani governativi (uno per tutti, il mastodontico *New Deal* del presidente USA, Roosevelt), piani messi in campo nell'intento di fronteggiare la grave depressione. Come in situazioni analoghe, la crisi economica forniva nuove e apparentemente inconfutabili motivazioni al ceto politico per allargare le competenze dello Stato.

Queste politiche sociali trovarono, quindi, pressoché immediata ricezione nell'insegnamento sociale che ha ritenuto l'azione politica sostanzialmente in linea con la carità cristiana espressa tradizionalmente dall'immagine delle opere di misericordia corporale. La *Quadragesimo anno*, sulla scia del magistero precedente, invitava i governi

---

88 Pio XI, *Quadragesimo anno*, cit., n. 692.
89 *Ibidem*, n. 606.
90 *Ibidem*, n. 655.
91 «La scienza economica individualistica [...] ritenne che l'autorità pubblica la dovesse stimare e lasciare assolutamente libera a sé, come quella che nel mercato o libera concorrenza doveva trovare il suo principio direttivo» (*Ibidem*, n. 670).
92 *Ibidem*, n. 630.
93 *Ibidem*, n. 655.

ad accelerare la marcia, allargando assistenza e assicurazioni. In questo modo, si legittimavano le politiche sociali e si traevano dal loro radicamento conferme per la correttezza di questo orientamento.

L'enciclica di Pio XI non si caratterizzava solo per una convinta e completa adesione alle politiche sociali, ma anche per l'attribuzione della paternità di buona parte di esse direttamente alla Dottrina Sociale della Chiesa ed, in particolare, all'influsso che la *Rerum novarum* aveva saputo esercitare[94]. Il quadro delineato dal testo era, però, alquanto auto-celebrativo e offriva, perciò, «un bilancio abbastanza idealizzato dei felici risultati dell'enciclica leoniana»[95].

Occorrerà mezzo secolo di interventismo per determinare un cambio di valutazione, inducendo, infine, anche i pontefici ad esprimere giudizi di diverso tenore. I fallimenti dell'assistenzialismo e i costi dello Stato del benessere determineranno una ben differente generale consapevolezza che il magistero della Chiesa, benché tardivamente, sarà costretto, almeno in parte, a recepire[96].

Nel clima degli anni Trenta, invece, l'accrescimento dei poteri statali risultava essere un dovere incontrovertibile. L'insegnamento della Chiesa, da una parte, era tendenzialmente consentaneo a tale clima, dall'altro, subiva il condizionamento del contesto politico. La *Quadragesimo anno* esprimeva tutto questo invocando l'intervento regolatore dello Stato in materia economica non solo per ciò che riguarda il sistema previdenziale o la determinazione del livello salariale[97], ma addirittura prefigurando una distribuzione della ricchezza nel nome dell'equità[98].

---

94 Cfr. *Ibidem*, n. 602.607-608.
95 ANTONIO RIMOLDI, *Pio XI*, in FRANCESCO TRANIELLO - GIORGIO CAMPANINI (diretto da), *Dizionario storico del movimento cattolico in Italia*, Marietti, Casale Monferrato (Alessandria) 1982, volume II, p. 497.
96 Cfr. GIOVANNI PAOLO II, Lettera enciclica *Centesimus annus* nel centenario della *Rerum novarum*, 1.5.1991, n. 48; cfr. BENEDETTO XVI, Lettera enciclica *Caritas in veritate* sullo sviluppo umano integrale, 29.6.2009, n. 57.
97 Cfr. PIO XI, *Quadragesimo anno*, cit., n. 645-656.665.
98 Sosteneva Pio XI: «l'economia sociale veramente sussisterà e otterrà i suoi fini, quando a tutti e singoli i soci saranno somministrati tutti i beni che si possono apprestare con le forze e i sussidi della natura, con l'arte tecnica, con la costituzione sociale del fatto economico; i quali beni debbono essere tanti quanti sono necessari sia a soddisfare ai bisogni e alle oneste comodità, sia a promuovere tra gli uomini quella più felice condizione di vita, che, quando la cosa si faccia prudentemente, non solo non è d'ostacolo alla virtù, ma grandemente la favorisce» (*Ibidem*, n. 657). Il brano venne

Un intervento regolatore di questo tipo non può non esserlo anche in materia di proprietà. Ed, infatti, la *Quadragesimo anno*[99] – invocando un'«equa divisione dei beni»[100] – non solo non escludeva alcuni poteri dello Stato sulla proprietà privata, ma ne consacrava l'estensione: «la pubblica autorità può con maggior cura specificare, considerata la vera necessità del bene comune e tenendo sempre innanzi agli occhi la legge naturale e divina, che cosa sia lecito ai possidenti e che cosa no, nell'uso dei propri beni»[101].

Pio XI affermava la destinazione universale dei beni (per il papa, infatti, essi sono «destinati a tutta l'umana famiglia»[102]) certamente con più nettezza rispetto a quanto fatto da Leone XIII[103], aggravando le contraddizioni che, anche in tema, l'insegnamento della Chiesa contiene[104]. Da un lato, infatti, veniva asserita «la delimitazione delle proprietà private»[105] in nome della funzione sociale e della universale destinazione dei beni[106]; dall'altro veniva ribadito il carattere naturale

---

poi citato nell'enciclica contro il comunismo (cfr. Pio XI, Lettera enciclica *Divini Redemptoris* sul comunismo ateo, 19.3.1937, n. 52).

99 Cfr. José María Díez-Alegría, *Proprietà e lavoro: sviluppo dell'insegnamento dei papi*, in «Concilium», anno 27 (1991), n. 5 (settembre-ottobre), p. 40; cfr. Joseph Hoffner, *La dottrina sociale cristiana*, Edizioni Paoline, Roma 1989, p. 55.
100 Pio XI, *Quadragesimo anno*, cit., n. 658.
101 *Ibidem*, n. 630.
102 *Ibidem*, n. 626.
103 Cfr. Leone XIII, *Rerum novarum*, cit., n. 873-874.
104 Prendendo atto dell'attenuazione della lotta alla proprietà privata da parte delle fazioni più moderate del socialismo, Pio XI sembrava ridimensionarne le responsabilità, ritenendo che la posizione mitigata non colpirebbe la proprietà in sé, ma «una certa egemonia sociale, che la proprietà contro ogni diritto si è arrogata e usurpata. E infatti tale supremazia non deve essere propria dei semplici padroni, ma del pubblico potere» (Pio XI, *Quadragesimo anno*, cit. n. 696). Si tratta di un'affermazione carica di conseguenze seguita da un'altra di portata non inferiore. Dopo aver dichiarato che, in questo modo, si può giungere «insensibilmente» sino ad una convergenza tra le aspettative socialiste più moderate e le rivendicazioni di quanti si sforzano di riformare la società mossi dai princìpi cristiani (cfr. *Ibidem*), il papa concludeva: «e in verità si può ben sostenere, a ragione, esservi certe categorie di beni da riservarsi solo ai pubblici poteri, quando portano seco una tale preponderanza economica, che non si possa lasciare in mano ai privati cittadini senza pericolo del bene comune» (*Ibidem*). Quindi per l'insegnamento contenuto nell'enciclica, alcune categorie di beni metterebbero in pericolo il bene comune nel caso venissero amministrati dai privati anziché dai pubblici poteri.
105 Pio XI, *Quadragesimo anno*, cit., n. 630.
106 Cfr. Jacopo Banchi, *Principi dell'ordine sociale cristiano*, AVE, Roma 1944, p. 208.

del diritto di proprietà[107].

Questa forte rivendicazione della necessità di un rinnovato principio direttivo dell'economia può essere spinta da tante buone intenzioni. Ma non potrebbe trovare realizzazione se non instaurando un controllo politico del lavoro e dello sviluppo. In nome del bene comune[108], «il timone dell'economia»[109], allora, non può che passare decisamente nelle mani dello Stato. In questo modo, le speranze dell'abolizione della legge della concorrenza – speranze coltivate anche dall'enciclica – si traducono in un ben più ferreo principio totalitario[110].

---

107   Proclamava, infatti, Pio XI: «rimanga sempre intatto e inviolato il diritto naturale di proprietà privata e di trasmissione ereditaria dei propri beni, diritto che lo Stato non può sopprimere, perché l'uomo è anteriore allo Stato» (Pio XI, *Quadragesimo anno*, cit., n. 630).

108   Scriveva il papa: «le istituzioni dei popoli dovranno venire adattando la società tutta quanta alle esigenze del bene comune cioè alle leggi della giustizia sociale; onde seguirà necessariamente che una sezione così importante della vita sociale, qual è l'attività economica, verrà a sua volta ricondotta ad un ordine sano e bene equilibrato» (Pio XI, *Quadragesimo anno*, cit., n. 692).

109   Pio XI, *Quadragesimo anno*, cit., n. 670.

110   Può essere utile, alla luce di ciò, rileggere nella sua interezza questo paragrafo dell'enciclica (che abbiamo riproposto frammentariamente in alcuni passaggi): «il retto ordine dell'economia non può essere abbandonato alla libera concorrenza delle forze. Da questo capo anzi, come da fonte avvelenata, sono derivati tutti gli errori della scienza economica individualistica, la quale dimenticando o ignorando che l'economia ha un suo carattere sociale, non meno che morale, ritenne che l'autorità pubblica la dovesse stimare e lasciare assolutamente libera a sé, come quella che nel mercato o libera concorrenza doveva trovare il suo principio direttivo o timone proprio, secondo cui si sarebbe diretta molto più perfettamente che per qualsiasi intelligenza creata. Se non che la libera concorrenza, quantunque sia cosa equa certamente e utile se contenuta nei limiti bene determinati; non può essere in alcun modo il timone dell'economia; il che è dimostrato anche troppo dall'esperienza, quando furono applicate nella pratica le norme dello spirito individualistico. È dunque al tutto necessario che l'economia torni a regolarsi secondo un vero ed efficace suo principio direttivo. Ma tale ufficio molto meno può essere preso da quella supremazia economica, che in questi ultimi tempi è andata sostituendosi alla libera concorrenza; poiché, essendo essa una forza cieca e una energia violenta, per diventare utile agli uomini ha bisogno di essere sapientemente frenata e guidata. Si devono quindi ricercare più alti e più nobili principi da cui questa egemonia possa essere vigorosamente e totalmente governata: e tali sono la giustizia e la carità sociali. Perciò è necessario che alla giustizia sociale si ispirino le istituzioni dei popoli, anzi di tutta la vita della società; e più ancora è necessario che questa giustizia sia davvero efficace, ossia costituisca un ordine giuridico e sociale a cui l'economia tutta si conformi. La carità sociale poi deve essere come l'anima di questo ordine, alla cui tutela e rivendicazione efficace deve attendere l'autorità pubblica; e lo potrà fare tanto

Può sembrare allettante abolire la «supremazia economica», ma l'alternativa ai naturali dinamismi del libero mercato non può che essere il controllo statale dei processi di scelta attraverso l'illusione dell'ordine pianificazionista. In modo più o meno avveduto, la *Quadragesimo anno* contribuiva a consolidare il primato della politica a scapito della iniziativa economica e della vitalità della società.

Non può non essere registrata la contraddizione con quella sussidiarietà che rappresenta non solo un principio di riferimento della Dottrina Sociale della Chiesa, ma uno dei temi per i quali l'enciclica viene particolarmente ricordata[111].

La contraddizione – o una sorta di capovolgimento dello stesso principio di sussidiarietà enunciato solennemente nello stesso documento – emergeva assai frequentemente per cui da un lato si invocavano i pubblici poteri per il controllo dell'economia («con tutto il complesso delle leggi e delle politiche istituzioni»[112]), dall'altro si riconoscevano gli spazi dei soggetti sociali («... è bensì vero che si deve lasciare la loro giusta libertà di azione alle famiglie e agli individui»[113]). Da un lato si invocava l'opera dello Stato come insostituibile («tutti adunque [...] siano aiutati in quest'opera tanto salutare dalla sapiente provvidenza dei pubblici poteri...»[114]), dall'altro si ammetteva il rischio che lo Stato si «sostituisse alle libere attività»[115].

È, questa, l'aporia in cui incorre l'insegnamento cattolico che cerca rimedio al «vizio dell'individualismo»[116] nel ricorso allo Stato che lascia gli individui soli dinanzi al crescente rafforzamento del potere

---

più facilmente se si sbrigherà da quei pesi che non le sono propri, come abbiamo sopra dichiarato» (Pio XI, *Quadragesimo anno*, cit., n. 670).

111 In nome della sussidiarietà, l'enciclica si presta ad essere interpretata secondo un'altra linea ermeneutica, quella dell'antistatalismo, del diritto naturale, del proprietarismo e dell'associazionismo. Per quanto non manchino spunti di questo genere, riteniamo che i passi che la sostengono (uno per tutti: «bisogna che rimanga sempre intatto e inviolato il diritto naturale di proprietà privata e di trasmissione ereditaria dei propri beni, diritto che lo Stato non può sopprimere, perché l'uomo è anteriore allo Stato», Pio XI, *Quadragesimo anno*, cit., n. 629) possono essere assolutizzati solo a condizione di essere estrapolati da un contesto che, sostanzialmente, rimane di differente connotazione.
112 Pio XI, *Quadragesimo anno*, cit., n. 606.
113 *Ibidem*.
114 *Ibidem*, n. 655.
115 *Ibidem*, n. 677.
116 *Ibidem*.

politico proprio perché massimo responsabile di estinzione dell'«antica ricca forma di vita sociale»[117].

2.5. La *Quadragesimo anno* nell'intera Dottrina Sociale della Chiesa

Oltre al principio di sussidiarietà[118] ora accennato, la *Quadragesimo anno* dovrebbe essere commentata anche in relazione ad altri importanti temi.

Il primo tra questi è, senz'altro, la "giustizia sociale" che nel documento è così tanto sottolineata da far ricordare la *Quadragesimo anno* come l'enciclica della giustizia sociale[119]. Con il testo di Pio XI, questo principio fa il suo ingresso nel lessico della Dottrina Sociale della Chiesa, ma si tratta di una nozione controversa la cui spiegazione è tutt'altro che pacifica[120].

La *Quadragesimo anno* tornava sui termini di "giustizia/ingiustizia" quasi ottanta volte, ma non è un caso che, in essa, la parola "libertà" sia adoperata solo dieci volte (neanche sempre con accezione positiva).

È, questo, un segnale dell'atteggiamento che il documento rivela nei confronti del liberalismo. E qui veniamo ad un altro importante argomento che è connesso con il giudizio circa l'economia di mercato, la proprietà e il socialismo[121].

È vero che la *Quadragesimo anno* prendeva formalmente le distanze dal «doppio scoglio»[122] per essa costituito dall'"individualismo" e dal "collettivismo". Ma è anche vero che la condanna contro «gli idoli del liberalismo»[123] sembra molto più ferma e più diretta che non quella contro il socialismo[124]. Per la sua prevenzione nei confronti della

---

117   *Ibidem*.
118   Per evitare di dilungarci, siamo indotti a rinviare a quanto già sviluppato altrove in merito alla sussidiarietà. Cfr. Di Martino, *La Dottrina Sociale della Chiesa. Principi fondamentali*, cit., p. 123-150 (specialmente p. 135-141).
119   Cfr. Höffner, *La dottrina sociale cristiana*, cit., p. 62.
120   Cfr. Di Martino, *La Dottrina Sociale della Chiesa. Principi fondamentali*, cit., p. 181-206 (specialmente p. 191-197).
121   Anche in questo caso, siamo costretti a rinviare a *Ibidem*, p. 45-87 (specialmente p. 47-48.55-60.66-69).
122   Pio XI, *Quadragesimo anno*, cit., n. 627.
123   *Ibidem*, cit., n. 595.
124   Cfr. Chenu, *La dottrina sociale della Chiesa. Origine e sviluppo (1891-1971)*, cit., p. 30.

«sfrenata cupidigia della concorrenza»[125] il documento potrebbe essere classificato (oltre che come l'enciclica sulla "giustizia sociale") anche come l'enciclica contro il capitalismo. Si ha, infatti, l'impressione che quella libertà di competizione che caratterizza l'economia di mercato non venisse condannata solo qualora divenga perversa, ma in quanto negativa in se stessa. In altri termini: la concorrenza veniva condannata non solo quando «sfrenata», ma in quanto essa non può che divenire sfrenata per sua propria natura[126].

Questa critica al capitalismo suscitò l'entusiasmo di molti sul fronte progressista: Henry Agard Wallace (1888-1965) non risparmiò lodi al pontefice («quel gran radicale che è Pio XI», disse[127]) ed elogi non mancarono da parte di Roosevelt, Sombart e Schumpeter. D'altra parte, questo pregiudizio verso la libera economia non poteva che provocare il biasimo di grandi economisti quali Ludwig von Mises (1881-1973)[128], Wilhelm Röpke (1899-1966)[129] e Murray Newton Rothbard (1926-1995)[130] per i quali il corporativismo non era da intendersi se non come la "via cattolica" allo statalismo.

È vero che per la *Quadragesimo anno* l'economia liberista andava letteralmente «rovesciata»[131] e ciò non avrebbe potuto realizzarsi altrimenti che con un'economia regolata ove l'intervento dello Stato non è né minimale né di mera supplenza[132], ma positivo ed esteso.

Ciò giustifica delle ragioni di una qualche affinità con il socialismo[133] che, se coerenti con il paradigma economico, nondimeno, contrastano apertamente non solo con le successive dichiarazioni

---

125 Pio XI, *Quadragesimo anno*, cit., n. 591.
126 Ciò, nonostante qualche timido correttivo compensativo (cfr. *Ibidem*, n. 670).
127 Henry Agard Wallace, *Nuove Frontiere*, in AA. VV., *Il pensiero politico nell'età di Roosevelt*, Il Mulino, Bologna 1962, p. 100.
128 Cfr. Ludwig von Mises, *L'azione umana. Trattato di economia*, prefazione di Lorenzo Infantino, Rubbettino, Soveria Mannelli (Catanzaro) 2016, p. 860.
129 Cfr. Wilhelm Röpke, *Umanesimo liberale*, a cura di Massimo Baldini, Rubbettino, Soveria Mannelli (Catanzaro) 2000, p. 187.
130 Cfr. Murray N. Rothbard, *Readings on Ethics and Capitalism. Part I: Catholicism, Unpublished Memo to the Volker Fund*, May 1960, p. 2.
131 Pio XI, *Quadragesimo anno*, cit., n. 595.
132 Cfr. Toso, *Welfare Society. La riforma del welfare: l'apporto dei pontefici*, cit., p. 84.89.
133 Cfr. Pio XI, *Quadragesimo anno*, cit., n. 695.

contenute nella *Divini Redemptoris*[134], ma anche con altri passi dello stesso documento secondo i quali «il socialismo [...] non può conciliarsi con gli insegnamenti della Chiesa cattolica»[135].

Analizzando questa impostazione e riflettendo su queste ambiguità, il grande economista austriaco Mises traeva le sue conclusioni ritenendo l'evoluzione del cattolicesimo sociale verso il socialismo una deriva ineluttabile: «nel 1891, nell'enciclica *Rerum Novarum* di Leone XIII, il cattolicesimo ha riconosciuto che la proprietà privata dipende dal diritto naturale; ma simultaneamente la Chiesa ha posto una serie di principi etici fondamentali per la distribuzione dei redditi, che non possono essere messi in pratica che in un socialismo di Stato. Sulla stessa base si pone l'enciclica di Pio XI *Quadragesimo anno* del 1931»[136].

Se questa lettura si rivelasse fondata, allora la *Quadragesimo anno* costituirebbe un documento che la prospettiva di Pio XI imporrebbe di porre accanto alle altre tre encicliche scritte contro le rispettive forme che l'ideologia aveva assunto (la *Non abbiamo bisogno* contro il social-fascismo, la *Mit Brennender Sorge* contro il nazional-socialismo, la *Divini Redemptoris* contro il comunismo). Ma in questo modo l'insegnamento sociale di Pio XI si dimostrerebbe assai impreciso nella questione determinante per comprendere la storia moderna, confondendo lo statalismo di ogni estrazione con l'unica posizione non ideologica contraria ad ogni forma di mitizzazione e di assolutizzazione del potere politico.

Se questa tara è presente nella *Quadragesimo anno*, essa non poteva che replicarsi e trasmettersi in quella "Dottrina Sociale della Chiesa" che proprio l'enciclica del 1931 definisce per la prima volta con questo nome[137].

---

134   Cfr. Pio XI, Lettera enciclica *Divini Redemptoris* sul comunismo ateo, 19.3.1937, n. 58. Cfr. Di Martino, *La Dottrina Sociale della Chiesa. Principi fondamentali*, cit., p. 69.
135   Cfr. Pio XI, *Quadragesimo anno*, cit., n. 699 (cfr. anche n. 693).
136   Ludwig von Mises, *Socialismo. Analisi economica e sociologica*, Rusconi, Milano 1990, p. 288.
137   Cfr. Pio XI, *Quadragesimo anno*, cit., n. 590.

3

Società e Stato nel magistero di Pio XII

Il conclave che portò il cardinale Pacelli[1] al soglio pontificio fu assai breve e si concluse nel giorno in cui il nuovo successore di Pietro compiva il 63° compleanno. In quel 2 marzo 1939, a molti osservatori sembrò quasi scontata l'elezione di Pacelli che, assumendo lo stesso nome del suo predecessore, dava prova di continuità in un momento di grande angoscia per l'umanità. Infatti, l'inizio del pontificato fu segnato dai lugubri bagliori di guerra nella frenetica rincorsa degli ultimi tentativi messi in essere per provare a scongiurare l'imminente catastrofe.

Il ministero di Pio XII è stato intenso e fecondo e la sua figura, pure a distanza di decenni, rimane indimenticabile anche come *defensor civitatis*[2]. Il suo magistero è stato commentato a partire da molte

---

1 Eugenio Pacelli era nato a Roma nel 1876 in una famiglia che da lungo tempo si segnalava per aver offerto alcuni dei suoi membri quali alti amministratori delle istituzioni pontificie. Completati brillantemente gli studi, il giovane Eugenio fu ordinato sacerdote mettendosi in luce per le sue competenze di canonista ed iniziando presto a collaborare con il cardinale Pietro Gasparri. Consacrato vescovo (nel maggio 1917) per l'incarico di Nunzio Apostolico in Baviera, rimase in Germania (tra Monaco e Berlino) per una dozzina di anni, facendosi stimare e imparando a conoscere profondamente il mondo tedesco. Lì fu testimone dei sussulti rivoluzionari (la repubblica sovietica di Monaco) e dei rivolgimenti politici (la repubblica di Weimar) ed artefice degli accordi concordatari che siglò, qualche anno dopo, in qualità di cardinale Segretario di Stato. Infatti, in questo nuovo incarico, sostituì, nel 1930, Gasparri. Da quel momento, tutti gli atti di Pio XI (la redazione delle encicliche politiche, le trattative con gli Stati) ebbero il cardinale Pacelli come protagonista. Da ricordare che, a guerra finita, i concordati della Santa Sede con l'Italia fascista (nel 1929) e con la Germania nazional-socialista (nel 1933) sopravvissero alla rovina di quei regimi.
2 Della assai vasta bibliografia su Pio XII, ci limiteremo, nel corso del presente saggio, a proporre e a citare testi di diretta attinenza ai temi trattati.

angolature ed anche il suo insegnamento sociale è noto e conosciuto. Tuttavia c'è qualche aspetto che merita ancora di essere investigato perché rimane in penombra per il fatto stesso di apparire pacifico ed ovvio. Intendiamo riferirci alle considerazioni che possono essere ancora sviluppate in merito alla concezione della società e dello Stato che Pio XII recepiva dall'intera Dottrina Sociale della Chiesa e che approfondiva ulteriormente.

Nei quasi vent'anni di pontificato, papa Pacelli ha firmato ben 41 encicliche; nonostante ciò, tra esse non ve n'è alcuna interamente dedicata alle questioni sociali[3]. Si tratta certamente di un dato singolare, ma sarebbe un grossolano errore ritenere il magistero di Pio XII scarno di riflessioni socio-politiche. Esso, al contrario, fu – anche sotto questo aspetto – particolarmente abbondante e profondo[4], con la particolarità di affidare alle numerose allocuzioni e ad alcuni lunghi radiomessaggi i suoi insegnamenti a carattere sociale e politico[5].

3.1. Gli interventi di Pio XII

Proprio perché non facilmente riconducibili ad encicliche, può essere utile presentare brevemente i principali interventi di papa Pacelli prima di passare ad analizzarne diacronicamente il contenuto; sono gli interventi a cui, in seguito, attingeremo per commentare ciò che riguarda la natura dello Stato e l'entità della società.

L'unica enciclica che deve senz'altro essere annoverata in questa selezione – in quanto direttamente attinente ai nostri temi – è la *Summi pontificatus*[6]. Il documento intendeva tracciare una sorta di programma del pontificato, ma teneva innanzitutto conto dello scoppio

---

3   La ragione di questa scelta può essere ricercata nel convincimento di dover limitarsi ad attualizzare i contenuti delle due encicliche sociali – la *Rerum novarum* e la *Quadragesimo anno* – senza fare ombra ad esse, dando luogo a qualcosa di simile.
4   Cfr. CONGREGAZIONE PER L'EDUCAZIONE CATTOLICA, Documento *In questi ultimi decenni. Orientamenti per lo studio e l'insegnamento della Dottrina Sociale della Chiesa nella formazione sacerdotale*, 30.12.1988, n. 22.
5   Cfr. BENIAMINO DI MARTINO, *La Dottrina Sociale della Chiesa. Principi fondamentali*, Nerbini, Firenze 2016, p. 35-36.
6   PIO XII, Lettera enciclica *Summi pontificatus* sul programma del pontificato, 20.10.1939, in *Enchiridion delle encicliche/6. Pio XII (1939-1958)*, Edizioni Dehoniane, Bologna 1995, n. 1-84 (seguiamo la numerazione di questa raccolta in assenza di una suddivisione dei paragrafi nella versione originale dell'enciclica e di altri documenti).

della guerra e delle atrocità che essa avrebbe comportato. A poche settimane dall'inizio delle ostilità, il neo pontefice richiamava l'attenzione del mondo su quelle che per lui costituivano le cause "ultime" della catastrofe nella quale l'umanità s'immergeva: il rifiuto della moralità come distacco da Cristo; la laicizzazione della società, pervasa da «un paganesimo corrotto e corruttore»[7]; la pretesa di autonomia del potere degli Stati[8].

Ben si comprendeva anche la scelta del motto episcopale – *Opus iustitiae pax*[9] – il cui significato traspariva dalle pagine dell'enciclica, rappresentando l'auspicio di Pio XII e il compito da lui perseguito affinché la Chiesa e le comunità nazionali potessero vivere «secondo i princìpi della giustizia e della pace»[10].

Il testo di papa Pacelli più citato in chiave sociale è il radiomessaggio emesso in occasione del cinquantesimo anniversario della *Rerum novarum*[11]. Il 1° giugno 1941, domenica di Pentecoste, Pio XII si rivolgeva ai fedeli «per attirare l'attenzione del mondo cattolico sopra una ricorrenza, meritevole di essere a caratteri d'oro segnata nei fasti della Chiesa»[12]. Dopo l'enciclica *Quadragesimo anno* di dieci anni prima, il radiomessaggio era il secondo atto magisteriale teso a ricordare il documento di Leone XIII sulla "questione operaia". Le parole di Pio XII riprendevano i temi contenuti nell'enciclica del 1891 sottolineando il diritto naturale di proprietà («tale diritto individuale non può essere in nessun modo soppresso, neppure da altri diritti certi e pacifici

---

7   *Ibidem*, n. 23.
8   «Affievolitasi la fede in Dio e in Gesù Cristo – affermava il papa –, e oscuratasi negli animi la luce dei princìpi morali, venne scalzato l'unico e insostituibile fondamento di quella stabilità e tranquillità, di quell'ordine interno ed esterno, privato e pubblico, che solo può generare e salvaguardare la prosperità degli Stati» (*Ibidem*, n. 25).
9   Cfr. Pio XII, Radiomessaggio *Con sempre nuova freschezza* alla vigilia del Natale, 24.12.1942, in *Enchiridion delle encicliche/6. Pio XII (1939-1958)*, Edizioni Dehoniane, Bologna 1995, n. 1686; cfr. Renzo Gerardi, *Il magistero morale di Pio XII*, in Philippe Chenaux (a cura di), *L'eredità del magistero di Pio XII*, Lateran University Press, Città del Vaticano 2010, p. 305-307; cfr. Giovanni Paolo II, Lettera enciclica *Sollicitudo rei socialis* nel ventesimo anniversario della *Populorum progressio*, 30.12.1987, n. 39.
10   Pio XII, Lettera enciclica *Summi pontificatus*, cit., 20.10.1939, n. 65.
11   Pio XII, Radiomessaggio in occasione del cinquantesimo anniversario della *Rerum novarum*, 1.6.1941, in *Enchiridion delle encicliche/6. Pio XII (1939-1958)*, Edizioni Dehoniane, Bologna 1995, n. 1610-1636.
12   *Ibidem*, n. 1612.

sui beni materiali»[13]) – sebbene, contestualmente, si riproponeva l'assai problematica "equa distribuzione dei beni" «secondo i principi della giustizia e della carità»[14]. Ciò ha, con ogni evidenza, relazione con il ruolo da attribuire ai pubblici poteri, che Pio XII riteneva non dover troppo estendersi[15] per non «menomare lo svolgimento dell'azione individuale»[16].

A partire dal 1941, il radiomessaggio della vigilia di Natale costituì uno dei grandi appuntamenti del magistero di papa Pacelli. La guerra infuriava e questo primo radiomessaggio[17] non poteva non tenerne conto (ed infatti il tema che ricorreva era quello della pace giusta e duratura), ma, al tempo stesso, in esso non mancava una riflessione sulle aberrazioni direttamente riconducibili allo Stato («in alcuni Paesi, una concezione dello Stato atea o anticristiana con i suoi vasti tentacoli avvinse a sé talmente l'individuo da quasi spogliarlo d'indipendenza, non meno nella vita privata che nella pubblica»[18]).

Un anno dopo, mediante un analogo radiomessaggio natalizio[19], Pio XII, pur tornando sulle afflizioni che la guerra provocava, affrontava una tematica decisamente nuova per l'insegnamento sociale della Chiesa: quella dei diritti dell'uomo[20]. In realtà, sia la *Rerum novarum* (in modo assai cauto) sia la *Quadragesimo anno* (in modo più deciso) avevano posto le basi di questa acquisizione, ma il radiomessaggio del Natale del 1942 formulava, per la prima volta, una elencazione dei diritti fondamentali (elenco destinato ad allungarsi sempre più, già a partire da Giovanni XXIII[21]). Da alcuni considerato la «*Magna Charta*

---

13   *Ibidem*, n. 1622.
14   *Ibidem*, n. 1621.
15   Cfr. *Ibidem*, n. 1624.
16   *Ibidem*.
17   Pio XII, Radiomessaggio *Nell'alba e nella luce* alla vigilia del Natale, 24.12.1941, in *Enchiridion delle encicliche/6. Pio XII (1939-1958)*, Edizioni Dehoniane, Bologna 1995, n. 1637-1667.
18   *Ibidem*, n. 1645.
19   Pio XII, Radiomessaggio *Con sempre nuova freschezza* alla vigilia del Natale, 24.12.1942, in *Enchiridion delle encicliche/6. Pio XII (1939-1958)*, Edizioni Dehoniane, Bologna 1995, n. 1668-1730.
20   Cfr. Beniamino Di Martino, *Diritti dell'uomo e Dottrina Sociale della Chiesa. Un approccio critico*, in «Rivista di Studi Politici», anno 25 (2013), n. 4 (ottobre-dicembre), p. 128.
21   Cfr. Giovanni XXIII, Lettera enciclica *Pacem in terris* sulla pace fra tutte le genti fondata sulla verità, la giustizia, l'amore, la libertà, 11.4.1963, in *Enchiridion delle*

del personalismo comunitario di ispirazione cristiana»[22], il radiomessaggio esprimeva anche un chiaro apprezzamento per lo "Stato di diritto" inteso – con qualche ingenuità[23] – quale protezione della persona «contro ogni arbitrario attacco»[24].

Il 13 giugno 1943, domenica di Pentecoste, Pio XII tenne un discorso dinanzi ad una folta rappresentanza di lavoratori italiani[25]. Il testo merita di essere considerato tra i più importati documenti dell'insegnamento sociale di papa Pecci a causa dei temi trattati e per l'ampiezza con cui ciò è avvenuto. Ad un paio di settimane dalla pubblicazione della *Mystici corporis*[26] – tra le più importanti encicliche teologiche –, il pontefice si rivolgeva ai lavoratori e contrapponeva «una concorde e benefica evoluzione sociale» alla rivoluzione che «si vanta di innalzare al potere la classe operaia»[27]. In più, il papa coglieva anche l'occasione sia per contrastare le accuse rivoltegli in ordine all'impegno per il perseguimento della pace[28], sia per tornare sulla questione dei diritti quali «fondamentali esigenze di concordia sociale»[29], sia per incoraggiare i pubblici poteri a proseguire nel campo delle riforme sociali[30].

Il radiomessaggio del Natale di quello stesso anno 1943[31] andava a coincidere con il consolidamento della posizione di vantaggio degli

---

encicliche/7. Giovanni XXIII, Paolo VI (1958-1978), Edizioni Dehoniane, Bologna 1994, n. 548-585 (cfr. n. 683-684).
22 Mario Toso, *Welfare Society. La riforma del welfare: l'apporto dei pontefici*, Libreria Ateneo Salesiano, Roma 2003, p. 116 (cfr. p. 121s.).
23 Cfr. Beniamino Di Martino, *Stato di diritto. Un confronto tra dottrina cattolica e pensiero libertario*, «L'Ircocervo. Rivista di metodologia giuridica, teoria generale del diritto e dottrina dello Stato», anno 15 (2016), n. 1, p. 21-50.
24 Pio XII, Radiomessaggio alla vigilia del Natale, 24.12.1942, cit., n. 1715-1716.
25 Pio XII, Discorso ad una imponente rappresentanza dei lavoratori d'Italia, 13.6.1943, in *Discorsi e radiomessaggi di Sua Santità Pio XII. V (1943-1944)*, Tipografia Poliglotta Vaticana, Città del Vaticano 1955, p. 83-93.
26 Pio XII, Lettera enciclica *Mystici corporis* sul corpo mistico di Gesù Cristo, 29.6.1943, in *Enchiridion delle encicliche/6. Pio XII (1939-1958)*, Edizioni Dehoniane, Bologna 1995, n. 151-260.
27 Pio XII, Discorso ad una imponente rappresentanza dei lavoratori d'Italia, 13.6.1943, cit., p. 86-87.
28 Cfr. *ibidem*, p. 89-91.
29 *Ibidem*, p. 84-85.
30 *Ibidem*, p. 85.
31 Pio XII, Radiomessaggio natalizio ai popoli del mondo intero, 24.12.1943, in *Discorsi e radiomessaggi di Sua Santità Pio XII. V (1943-1944)*, Tipografia Poliglotta Vaticana, Città del Vaticano 1955, p. 149-165.

eserciti alleati su quelli dell'asse. L'Italia era ormai divisa in due e, a partire da quell'anno, il papa non avrebbe fatto mancare i suoi radiomessaggi nell'anniversario dell'inizio della guerra[32]. Nel testo natalizio, Pio XII si rivolgeva «ai delusi» (cioè «coloro che posero la loro fiducia nella espansione mondiale della vita economica» e «coloro che riposero la felicità nella scienza senza Dio») e «ai desolati senza speranza» (cioè coloro il cui «scopo della vita era il lavoro» e coloro «che posero la loro speranza nel godimento della vita terrena»)[33]. Ma, al di là di questo accorato appello, nel radiomessaggio erano contenuti aspetti che riguardano la concezione dello Stato che ci riserviamo di analizzare in seguito.

Nel quinto anniversario dell'inizio della guerra, il 1° settembre 1944, Pio XII diramò uno dei più noti radiomessaggi che è stato, poi, ricordato come quello sulla civiltà cristiana[34]. «Quali saranno gli architetti che disegneranno le linee essenziali del nuovo edificio, quali i pensatori che daranno ad esso l'impronta definitiva?», si interrogava il papa, che poi aggiungeva: «il quadrante della storia segna oggi un'ora grave, decisiva, per tutta l'umanità. Un mondo antico giace in frantumi. Veder sorgere al più presto da quelle rovine un nuovo mondo, più sano, giuridicamente meglio ordinato, più in armonia con le esigenze della natura umana: tale è l'anelito dei popoli martoriati»[35]. Per il nostro tema, è bene ricordare che il pontefice, da un lato, rammentava il diritto della proprietà privata quale «fondamento inconcusso»[36] di ogni retto ordine economico e sociale, dall'altro, però, concedeva allo Stato – in linea con la *Quadragesimo anno* del suo predecessore – la facoltà di intervenire per regolarne l'uso[37].

Il 1944 è anche l'anno del noto radiomessaggio sulla democrazia. In realtà l'intervento pontificio era ideato per il Natale, ma il tema non poteva non imporsi all'attenzione di tutti (la parola democrazia ricorre

---

32   Pio XII, Radiomessaggio nel IV anniversario dell'inizio della guerra mondiale, 1.9.1943, in *Discorsi e radiomessaggi di Sua Santità Pio XII. V (1943-1944)*, Tipografia Poliglotta Vaticana, Città del Vaticano 1955, p. 117-122.
33   Pio XII, Radiomessaggio natalizio, 24.12.1943, cit., p. 151-156.
34   Pio XII, Radiomessaggio nel V anniversario dall'inizio della guerra mondiale, 1.9.1944, in *Discorsi e radiomessaggi di Sua Santità Pio XII. VI (1944-1945)*, Tipografia Poliglotta Vaticana, Città del Vaticano 1955, p. 121-132.
35   *Ibidem*, p. 121-122.
36   *Ibidem*, p. 124.
37   Cfr. *Ibidem*, p. 127.

quasi quaranta volte)³⁸: «la tendenza democratica investe i popoli e ottiene largamente il suffragio e il consenso di coloro che aspirano a collaborare più efficacemente ai destini degli individui e della società»³⁹. Questo intervento di Pio XII avrà grande rilievo nel pensiero politico cattolico perché considerato l'avallo definitivo da parte del magistero alle moderne concezioni democratiche⁴⁰. Ma, anche su questo così importante punto, occorrerebbe una disamina più critica, se non altro per evitare ovvietà e banalizzazioni⁴¹. Prescinderemo da questa analisi, ma sul testo natalizio di papa Pacelli avremo necessità di tornare perché esso contiene cenni al tema della dottrina dello Stato.

La sospirata fine della guerra diede al pontefice l'occasione di elaborare alcune importanti riflessioni che furono comunicate nel corso di un incontro con i cardinali⁴². Pio XII volle ricostruire il tormentato rapporto tra la Chiesa e il nazionalsocialismo, sin dalla repubblica di Weimar e il concordato del 1933 con il *Reich*. Sintesi di questo insanabile conflitto era stata l'enciclica *Mit brennender Sorge* (alla cui stesura

---

38 PIO XII, Radiomessaggio *Benignitas et humanitas* alla vigilia del Natale, 24.12.1944, in *Discorsi e radiomessaggi di Sua Santità Pio XII. VI (1944-1945)*, Tipografia Poliglotta Vaticana, Città del Vaticano 1955, p. 233-251.
39 *Ibidem*, p. 237.
40 Cfr. ANTONIO ACERBI, *Chiesa e democrazia. Da Leone XIII al Vaticano II*, Vita e Pensiero, Milano 1991, p. 199-250; cfr. GIORGIO CAMPANINI, *Cristianesimo e democrazia. Studi sul pensiero politico cattolico del '900*, Morcelliana, Brescia 1980; cfr. GIANCARLO GALEAZZI (a cura di), *Valori morali e democrazia*, Massimo, Milano 1986; cfr. ANGELO MACCHI, *I problemi della democrazia*, in «Aggiornamenti Sociali», anno 28 (1977), n. 9-10 (settembre-ottobre), p. 523-542; cfr. PIETRO SCOPPOLA, *Gli orientamenti di Pio XI e Pio XII sui problemi della società contemporanea*, in AUGUSTINE FLICHE - VICTOR MARTIN (a cura di), *Storia della Chiesa. I cattolici e il mondo contemporaneo (1922-1958)*, Edizioni Paoline, Cinisello Balsamo (Milano) 1991, vol. 23, p. 149-154.
41 Cfr. ESTANISLAO CANTERO NÙÑEZ, *Evoluzione del concetto di democrazia*, in «Quaderni di Cristianità», anno 1 (1985), n. 3, p. 14-33; cfr. NICOLÁS GÓMEZ DÁVILA, *Breve critica filosofico-religiosa della democrazia moderna*, in «Cultura & Identità», anno 4 (2012), n. 18 (luglio-agosto), p. 63-80; cfr. ERIK-MARIA VON KUEHNELT-LEDDIHN, *L'errore democratico. Il problema del destino dell'Occidente*, Volpe, Roma 1966; cfr. HANS-HERMANN HOPPE, *Democrazia: il dio che ha fallito*, prefazione di Raimondo Cubeddu, Liberilibri, Macerata 2008; cfr. MURRAY N. ROTHBARD, *L'etica della libertà*, Liberilibri, Macerata 2000, p. 268.
42 PIO XII, Discorso agli Eminentissimi Cardinali in occasione della festa di sant'Eugenio, 2.6.1945, in *Discorsi e radiomessaggi di Sua Santità Pio XII. VII (1945-1946)*, Tipografia Poliglotta Vaticana, Città del Vaticano 1955, p. 67-78.

il cardinale Pacelli, Segretario di Stato, aveva largamente contribuito) che ora, nel radiomessaggio, veniva ripresa e commentata.

Il Natale del 1945 fu finalmente festeggiato senza l'angoscia della guerra e l'allocuzione pontificia[43] non avrebbe potuto non considerare le devastazioni e le rovine di ogni genere prodotte dall'odio; esse, come un «marchio di Caino»[44], sarebbero rimaste ancora a lungo impresse sulla fronte del Ventesimo secolo. Pio XII, cogliendo l'occasione del previsto concistoro cardinalizio, descrisse il carattere universale e sovranazionale della Chiesa e, in una non chiara contrapposizione a questo carattere, parlò di «vieto liberalismo»[45]. Il testo natalizio si soffermava, inoltre, sulla potenza del denaro, sullo "Stato forte", sullo Stato totalitario e sulla democrazia.

Poco più di due mesi dopo, ai nuovi cardinali[46], il papa tornò a proporre la sovranazionalità della Chiesa cattolica mettendo questa peculiarità in opposizione all'«imperialismo moderno»[47]. Il discorso ai neo-porporati ha rilevanza sociale perché Pio XII volle descrivere l'influsso che la Chiesa poteva esercitare sulla società umana. Tale influenza si sarebbe fatta sentire sia per arginare la massificazione popolare[48] sia per evitare che lo Stato si tramutasse «in quel Leviathan dell'Antico Testamento, che tutto domina»[49].

Un mese dopo la promulgazione dell'enciclica *Mediator Dei* sulla liturgia[50], Pio XII si rivolgeva alla cattolicità in imminenza del Natale mediante un altro radiomessaggio[51]. In esso il papa parlava della

---

43 Pio XII, Discorso alla vigilia del Natale, 24.12.1945, in *Discorsi e radiomessaggi di Sua Santità Pio XII. VII (1945-1946)*, Tipografia Poliglotta Vaticana, Città del Vaticano 1955, p. 303-314.
44 *Ibidem*, p. 303.
45 *Ibidem*, p. 308.
46 Pio XII, Discorso ai nuovi Cardinali, 20.2.1946, in *Discorsi e radiomessaggi di Sua Santità Pio XII. VII (1945-1946)*, Tipografia Poliglotta Vaticana, Città del Vaticano 1955, p. 385-398.
47 *Ibidem*, p. 387.
48 *Ibidem*, p. 392.
49 *Ibidem*, p. 394.
50 Pio XII, Lettera enciclica *Mediator Dei* sulla sacra liturgia, 20.11.1947, in *Enchiridion delle encicliche/6. Pio XII (1939-1958)*, Edizioni Dehoniane, Bologna 1995, n. 430-632.
51 Pio XII, Radiomessaggio ai popoli di tutto il mondo in occasione del Natale, 24.12.1947, in *Discorsi e radiomessaggi di Sua Santità Pio XII. IX (1947-1948)*, Tipografia Poliglotta Vaticana, Città del Vaticano 1955, p. 391-401.

menzogna (anche se in un'accezione più spirituale che teoretica) e della «scissione della umanità in potenti e contrastanti gruppi»[52]. Il testo faceva riferimento alla contrapposizione tra i blocchi politici («la Chiesa, il cui cuore materno abbraccia tutti i popoli con eguale sollecitudine, segue con angoscia questa evoluzione nei conflitti nazionali e internazionali»[53]), ma ribadiva la neutralità della Chiesa («la Nostra posizione fra i due campi opposti è scevra di ogni preconcetto, di ogni preferenza verso l'uno o l'altro popolo, verso l'uno o l'altro blocco di nazioni, come è aliena da qualsiasi considerazione di ordine temporale»[54]).

Sulla questione della neutralità, Pio XII tornerà anche successivamente. Tuttavia la mobilitazione anticomunista sarà uno dei principali elementi della vita ecclesiale di quegli anni[55]; oltretutto di lì a poco – nell'estate del 1949 – la gravità della situazione indusse il papa a decretare la scomunica agli aderenti al comunismo[56].

Alla neutralità della Chiesa e alla necessaria distinzione da ogni regime politico il pontefice diede ampio spazio nel radiomessaggio natalizio del 1951[57]. Pio XII rivendicava, in nome della missione soprannaturale della Chiesa, un'alterità rispetto ad ogni posizione temporale[58].

---

52 *Ibidem*, p. 394.
53 *Ibidem*, p. 397.
54 *Ibidem*, p. 394.
55 Molto vasta la letteratura circa questo aspetto della presenza della Chiesa nella società e in quella italiana in particolare. Ci limitiamo solo richiamare la figura di Luigi Gedda (1902-2000), il genetista a cui Pio XII affidò l'organizzazione elettorale. Cfr. LUIGI GEDDA, *18 aprile. Memorie inedite dell'artefice della sconfitta del Fronte Popolare*, Mondadori, Milano 1998; cfr. GIULIO ALFANO, *Luigi Gedda. Protagonista di un secolo. Biografia e spiritualità*, Solfanelli, Chieti 2012; cfr. MARCO INVERNIZZI, *Luigi Gedda e il movimento cattolico in Italia*, prefazione di Giovanni Cantoni, Sugarco, Milano 2012.
56 Cfr. HENRICUS DENZINGER - ADOLFUS SCHÖNMETZER, *Enchiridion symbolorum definizionum et declarationum de rebus fidei et morum*, Herder, Barcellona-Friburgo-Roma 1976 n. 3865. Per i commenti: cfr. GINO CONCETTI, *Chiesa e politica*, Piemme, Casale Monferrato (Alessandria) 1989, p. 64-65; cfr. DI MARTINO, *La Dottrina Sociale della Chiesa. Principi fondamentali*, cit., p. 69; cfr. JOSÉ MIGUEL IBAÑEZ LANGLOIS, *La dottrina sociale della Chiesa. Itinerario testuale dalla "Rerum novarum" alla "Sollicitudo rei socialis"*, Ares, Milano 1989, p. 264-265.
57 PIO XII, Radiomessaggio in occasione del santo Natale, 24.12.1951, in *Discorsi e radiomessaggi di Sua Santità Pio XII. XIII (1951-1952)*, Tipografia Poliglotta Vaticana, Città del Vaticano 1955, p. 421-433.
58 Affermava Pio XII: «chi dunque volesse staccare la Chiesa dalla sua supposta neutralità, o premere su di lei nella questione della pace, o menomare il suo diritto di determinare liberamente se e quando e come voglia prendere partito nei vari conflitti,

La natura stessa della Chiesa veniva, in questo modo, richiamata nei suoi stessi fondamenti teologici. Questi ultimi erano stati fortemente confermati, l'anno prima, nelle pagine dell'enciclica *Humani generis*[59], un autentico fortilizio del pontificato pacelliano. Altri due importanti temi del radiomessaggio natalizio erano costituiti dall'appello alla pace (secondo la definizione agostiniana di *tranquillitas ordinis*) e dalla descrizione dei rapporti della Chiesa con gli Stati (su cui dovremo opportunamente soffermarci).

Nel radiomessaggio del successivo Natale[60], Pio XII spiegò come le leggi generali che governano il mondo e la natura dell'uomo, da un lato, e il mistero dell'Incarnazione, dall'altro, sono i «due concetti fondamentali dell'opera salvatrice di Dio»[61]. Per il papa, l'incapacità moderna ad armonizzare queste due vie è fonte anche di errori sociali e politici che si ripercuotono negativamente sull'uomo in un processo di spersonalizzazione.

Temi simili vennero riproposti dal pontefice alla vigilia di Natale del 1953[62]. Pio XII, dissertando sul progresso e sullo "spirito tecnico", riconosceva «le meraviglie della tecnica ed il suo legittimo impiego»[63], ma metteva soprattutto in luce «una errata concezione della vita e del mondo» che restringe «lo sguardo dell'uomo alla sola materia»[64]. Da qui il papa estendeva, con qualche imprecisione, la trattazione alla vita economica e all'autorità dello Stato.

All'inizio di novembre del 1954, Pio XII tenne un rilevante

---

non faciliterebbe la sua cooperazione all'opera della pace, perché una tale presa di partito da parte della Chiesa, anche nelle cose politiche, non può mai essere puramente politica, ma deve essere sempre *sub specie aeternitatis*, nella luce della legge divina, del suo ordine, dei suoi valori, delle sue norme» (*Ibidem*, p. 423).

59   Pio XII, Lettera enciclica *Humani generis* circa alcune false opinioni che minacciano di sovvertire i fondamenti della dottrina cattolica, 12.8.1950, in *Enchiridion delle encicliche/6. Pio XII (1939-1958)*, Edizioni Dehoniane, Bologna 1995, n. 701-743.

60   Pio XII, Radiomessaggio in occasione del santo Natale, 24.12.1952, in *Discorsi e radiomessaggi di Sua Santità Pio XII. XIV (1952-1953)*, Tipografia Poliglotta Vaticana, Città del Vaticano 1955, p. 421-437.

61   *Ibidem*, p. 423.

62   Pio XII, Radiomessaggio natalizio ai popoli di tutto il mondo, 24.12.1953, in *Discorsi e radiomessaggi di Sua Santità Pio XII. XV (1953-1954)*, Tipografia Poliglotta Vaticana, Città del Vaticano 1954, p. 519-532.

63   *Ibidem*, p. 520.

64   *Ibidem*, p. 522.

discorso dinanzi a cardinali e vescovi[65]. Muovendo dal considerare alcune «correnti di pensiero e tendenze che tentano di impedire e limitare la potestà»[66] dei pastori della Chiesa, il papa sconfessava l'opinione secondo cui la Chiesa dovrebbe tenersi lontano dalle questioni temporali. Scorgendo in tali questioni motivi squisitamente morali, Pio XII ribadiva la competenza della gerarchia e condannava la laicizzazione dello Stato e della vita pubblica.

Anche il radiomessaggio del Natale di quello stesso 1954 ci offre motivi di attenzione[67]. Il papa trattò della guerra fredda e, nel farlo, invitava a «considerare la guerra come oggetto dell'ordine morale»[68] che obbliga i responsabili a ritenersi «personalmente soggetti alle eterne leggi morali»[69]. Ma l'intervento pontificio si presta a riflessione particolarmente per ciò che riguarda il giudizio sul libero commercio (sorprendentemente veniva citato il liberista Richard Cobden) e per ciò che riguarda la contrapposizione tra Stato nazionalistico e vita nazionale.

Ancor più interessante è il radiomessaggio del Natale del 1955[70]. In esso Pio XII parlava dell'uomo moderno nell'epoca tecnica e industriale e presentava i rischi dell'abbandono dell'ordine naturale della società fondato sulla famiglia, sulla proprietà e sullo Stato. L'ordine naturale veniva richiamato più volte (anche in relazione al comunismo), ma in modo da suggerire una obiezione allo sviluppo economico. Si tratta, però, di un punto debole dell'insegnamento pontificio su cui dovremo tornare a causa dei suoi risvolti in rapporto al ruolo dello Stato.

Oltre i discorsi più famosi e i celebri radiomessaggi, tra le pagine magisteriali più alte vanno annoverati anche altri interventi,

---

65 Pio XII, Discorso sul sacerdozio e il governo pastorale rivolto ai Cardinali e ai Vescovi convenuti a Roma per i solenni riti in onore di Maria Regina, 2.11.1954, in *Discorsi e radiomessaggi di Sua Santità Pio XII. XVI (1954-1955)*, Tipografia Poliglotta Vaticana, Città del Vaticano 1955, p. 245-256.
66 *Ibidem*, p. 250.
67 Pio XII, Radiomessaggio *Ecce ego declinabo* in occasione del Natale, 24.12.1954, in *Discorsi e radiomessaggi di Sua Santità Pio XII. XVI (1954-1955)*, Tipografia Poliglotta Vaticana, Città del Vaticano 1955, p. 329-345.
68 *Ibidem*, p. 335.
69 *Ibidem*.
70 Pio XII, Radiomessaggio *Col cuore aperto* in occasione del Natale, 24.12.1955, in *Discorsi e radiomessaggi di Sua Santità Pio XII. XVII (1955-1956)*, Tipografia Poliglotta Vaticana, Città del Vaticano 1956, p. 433-449.

generalmente poco noti. Tra questi, il discorso dinanzi ai giudici del tribunale della Sacra Romana Rota, tenuto nel novembre 1949[71]; in quella circostanza Pio XII riconduceva la crisi della giustizia al positivismo giuridico e all'assolutismo di Stato. In ordine alla concezione dello Stato, vanno, poi, tenuti presenti alcuni passaggi all'interno di un discorso agli operatori cinematografici nell'autunno del 1955[72]. Né vanno trascurate due allocuzioni in cui Pio XII – nell'ottobre del 1948[73] e nell'ottobre del 1956[74] –, rivolgendosi ad esperti del settore tributario e finanziario, parlò di tassazione e di imposizione fiscale.

Quelli richiamati rappresentano i più significativi interventi di Pio XII in chiave socio-politica; è ora necessario analizzarne il contenuto nella prospettiva di una valutazione critica dell'insegnamento di papa Pacelli in merito alla società ed allo Stato.

3.2. Società e socialità umana

Sin dai primi atti del pontificato, Pio XII mostrò alcune preoccupazioni che costituiscono aspetti ricorrenti, quasi delle costanti che hanno accompagnato, con linearità e coerenza, il suo magistero sociale. La prima di queste è il richiamo alla dimensione naturale su cui deve poggiare ogni ordinamento che lega gli uomini tra loro.

Una delle grandi categorie che attraversano l'insegnamento di papa Pacelli è quella di "ordine"[75]. Non si tratta di un concetto

---

71   Pio XII, Discorso al tribunale della Sacra Romana Rota, 13.11.1949, in *Discorsi e radiomessaggi di Sua Santità Pio XII. XII (1949-1950)*, Tipografia Poliglotta Vaticana, Città del Vaticano 1955, p. 269-273.
72   Pio XII, Discorso agli operatori cinematografici che hanno partecipato al Congresso internazionale svoltosi a Roma, 28.10.1955, in *Discorsi e radiomessaggi di Sua Santità Pio XII. XVII (1955-1956)*, Tipografia Poliglotta Vaticana, Città del Vaticano 1956, p. 354-355.
73   Pio XII, discorso ai partecipanti al Congresso dell'Istituto Internazionale delle Finanze Pubbliche, 2.10.1948, *Discorsi e radiomessaggi di Sua Santità Pio XII. X (1948-1949)*, Tipografia Poliglotta Vaticana, Città del Vaticano 1955, p. 239-240.
74   Pio XII, Discorso ai partecipanti al X Congresso dell'Associazione Fiscale Internazionale (I.F.A.), 2.10.1956, in *Discorsi e radiomessaggi di Sua Santità Pio XII. XVIII (1956-1957)*, Tipografia Poliglotta Vaticana, Città del Vaticano 1957, p. 508-509.
75   Parlando della convivenza nell'ordine, Pio XII spiegava: «l'ordine, base della vita consociata di uomini, di esseri cioè, intellettuali e morali, che tendono ad attuare uno scopo consentaneo alla loro natura, non è una mera estrinseca connessione di parti numericamente diverse; è piuttosto, e ha da essere, tendenza e attuazione sempre più

immediatamente politico, ma essenzialmente metafisico (e "politico" solo di conseguenza) perché esso è congiunto all'idea di una legge naturale[76] che presiede e governa l'universo umano ancor prima che il cosmo materiale[77]. I mali sociali provengono, quindi, dal sovvertimento di questo ordine naturale[78].

Infatti, sin dalla *Summi pontificatus* – l'enciclica di inizio del ministero petrino –, Pio XII riconduceva «la radice profonda e ultima dei mali che deploriamo nella società moderna» alla «negazione e [al] rifiuto di una norma di moralità universale, sia della vita individuale, sia della vita sociale e delle relazioni internazionali»[79]. Perciò la crisi dell'Europa ed anche il «terribile uragano della guerra»[80] non potevano che essere relazionati al misconoscimento e all'«oblio della stessa legge naturale»[81].

La dottrina di un ordine sociale – che non può essere alterato senza produrre drammatici effetti – è l'espressione di una vera e propria

---

perfetta di una unità interiore, ciò che non esclude le differenze, realmente fondate, e sanzionate dalla volontà del Creatore o da norme soprannaturali» (Pio XII, Radiomessaggio *Con sempre nuova freschezza* alla vigilia del Natale, 24.12.1942, cit., n. 1673). In un'altra circostanza, il papa descriveva l'ordine sociale semplicemente come «organizzazione di pace» (Pio XII, Radiomessaggio in occasione del santo Natale, 24.12.1951, cit., p. 413).

76   Richiamando i più alti princìpi etici, il papa faceva riferimento alla legge naturale e al diritto naturale: «la legge morale scritta dal Creatore nei cuori degli uomini (cfr. Rm 2,15), il diritto di natura derivante da Dio, i diritti fondamentali e la intangibile dignità della persona umana» (Pio XII, Radiomessaggio nel V anniversario dall'inizio della guerra mondiale, 1.9.1944, cit., p. 122).

77   «L'ordine è l'unità che risulta dall'opportuna disposizione di molte cose» (Pio XI, Lettera enciclica *Quadragesimo anno* sull'instaurazione dell'ordine sociale cristiano, 15.5.1931, in *Enchiridion delle encicliche/5. Pio XI (1922-1939)*, Edizioni Dehoniane, Bologna 1995, n. 666). La frase viene attribuita a san Tommaso (cfr. Tommaso [san] d'Aquino, *Somma contro i Gentili*, a cura di Tito S. Centi, UTET, Torino 1975, libro III, cap. 71 [p. 720-722]; cfr. Tommaso [san] d'Aquino, *La Somma Teologica*, a cura dei domenicani italiani, testo latino dell'edizione leonina, Edizioni Studio Domenicano, Bologna 1984, q. 65, a. 2 [vol. 5, p. 32]).

78   «Una delle caratteristiche degli interventi di Pio XII sta nel rilievo dato al rapporto tra morale e diritto. Il papa insiste sulla nozione di diritto naturale, come anima dell'ordinamento che va instaurato sul piano sia nazionale sia internazionale» (Pontificio Consiglio della Giustizia e della Pace, *Compendio della Dottrina Sociale della Chiesa*, Libreria Editrice Vaticana, Città del Vaticano 2004, n. 93).

79   Pio XII, Lettera enciclica *Summi pontificatus*, 20.10.1939, cit., n. 20.

80   *Ibidem*, n. 16.

81   *Ibidem*, n. 20.

"metafisica sociale"[82]. Questa metafisica, poi, altro non rappresenta che un diverso modo per definire il sempre rinascente diritto naturale[83]. Un ordine naturale, oggettivo ed immutabile, rimanda ultimamente a Dio, per cui la sovversione degli ordinamenti naturali non può che essere intesa come un rifiuto della stessa idea di Dio[84].

D'altra parte, Pio XII intendeva mettere in guardia teologi e fedeli anche dalla tentazione di ridurre il cristianesimo al solo ordine morale naturale. Di questa preoccupazione è prova la *Humani generis*[85], probabilmente l'enciclica di maggiore peso teologico dell'intero pontificato. L'ordine soprannaturale non è meramente accessorio, ma anche quello naturale è «voluto da Dio» e costituisce parte di un unico progetto[86]. Legge naturale e dottrina di Cristo[87] sono, quindi, i due cardini

---

82 Cfr. ANTONIO ACERBI, *La Chiesa nel tempo. Sguardi sui progetti di relazioni tra Chiesa e società civile negli ultimi cento anni*, Vita e Pensiero, Milano 1979, p. 136.149; cfr. FRANCESCO TRANIELLO, *Pio XII*, in FRANCESCO TRANIELLO - GIORGIO CAMPANINI (diretto da), *Dizionario storico del movimento cattolico in Italia*, Marietti, Casale Monferrato (Alessandria) 1982, vol. II, p. 504.

83 Cfr. MANLIO PAGANELLA, *La dottrina sociale della Chiesa e il diritto naturale*, Ares, Milano 2009, p. 33.38.42.45.

84 Scriveva ancora Pio XII: «questa legge naturale trova il suo fondamento in Dio, creatore onnipotente e padre di tutti, supremo e assoluto legislatore, onnisciente e giusto vindice delle azioni umane. Quando Dio viene rinnegato, rimane anche scossa ogni base di moralità, si soffoca, o almeno si affievolisce di molto, la voce della natura, che insegna, persino agli indotti e alle tribù non pervenute a civiltà, ciò che è bene e ciò che è male, il lecito e l'illecito, e fa sentire la responsabilità delle proprie azioni davanti a un Giudice supremo» (PIO XII, Lettera enciclica *Summi pontificatus*, 20.10.1939, cit., n. 21).

85 PIO XII, Lettera enciclica *Humani generis* circa alcune false opinioni che minacciano di sovvertire i fondamenti della dottrina cattolica, 12.8.1950, cit.

86 Nella vigilia natalizia del 1952, il papa diceva: «Iddio mantiene saldo tutto il vigore di quelle leggi generali che governano il mondo e la natura dell'uomo, anche se infirmata dalle contratte debolezze. In quell'ordinamento, costituito anch'esso a salute della creatura, Egli nulla sconvolge e ritira, ma inserisce un nuovo elemento, destinato a integrarlo e superarlo: la Grazia, per il cui lume soprannaturale la creatura potrà meglio conoscerlo, e per la cui forza sovrumana potrà meglio osservarlo» (PIO XII, Radiomessaggio in occasione del santo Natale, 24.12.1952, cit., p. 423).

87 «I dettami del diritto naturale e le verità della rivelazione promanano per diversa via, come due rivi d'acque non contrarie, ma concordi, dalla medesima fonte divina; [...] la Chiesa, custode dell'ordine soprannaturale cristiano, in cui convergono natura e grazia, ha da formare le coscienze, anche le coscienze di coloro che sono chiamati a trovare soluzioni per i problemi e i doveri imposti dalla vita sociale» (PIO XII,

su cui ruotavano gli insegnamenti pacelliani e i due pilastri attraverso cui continuare a leggerne il magistero[88]. Il richiamo tanto al diritto di natura quanto alla rivelazione cristiana sarà utilizzato da Pio XII sia per dimostrare a quali conseguenze porta l'oblio di questi fondamenti, sia per indicare in essi i postulati della ricostruzione dell'ordine sociale[89]. «Il nuovo ordine del mondo – proclamava il papa –, la vita nazionale e internazionale, una volta cessate le amarezze e le crudeli lotte presenti, non dovrà più riposare sulla infida sabbia di norme mutabili ed effimere, lasciate all'arbitrio dell'egoismo collettivo e individuale. Esse devono piuttosto appoggiarsi sull'inconcusso fondamento, sulla roccia incrollabile del diritto naturale e della divina rivelazione»[90].

Ma come spiegava Pio XII questo ordine naturale da cui la vita dell'uomo non deve prescindere per assicurare la pace e la coesistenza? Ebbene, nell'insegnamento del pontefice era frequente l'affermazione in base alla quale un ordinamento confacente alla natura dell'uomo non può edificarsi che sulla famiglia, sulla proprietà privata e sullo Stato. La solidità della vita sociale deve poggiare sulla consapevolezza della natura umana che è immutabile nonostante tutti i possibili adattamenti storici. Ecco come il pontefice si esprimeva: «in quale direzione allora si deve cercare la sicurezza e la intima saldezza della convivenza, se non riconducendo le menti a conservare e risvegliare i principî della vera natura umana voluta da Dio? Vi è, cioè, un ordine naturale, anche se le sue forme mutano con gli sviluppi storici e sociali; ma le linee essenziali furono e sono tuttora le medesime: la famiglia e la proprietà, come base di provvedimento personale; poi, come fattori complementari di sicurezza, gli enti locali e le unioni professionali, e finalmente

---

Radiomessaggio in occasione del cinquantesimo anniversario della *Rerum novarum*, 1.6.1941, cit., n. 1614).
88   Cfr. GIANFRANCO RAVASI, *Il mondo culturale di papa Pacelli*, in PHILIPPE CHENAUX (a cura di), *L'eredità del magistero di Pio XII*, Lateran University Press, Città del Vaticano 2010, p. 34-36.
89   Il pontificato di Pio XII, nei suoi primi anni, è stato segnato dagli «orrori [della] conflagrazione mondiale» (PIO XII, Lettera enciclica *Summi pontificatus*, 20.10.1939, cit., n. 74) e, subito dopo, dalle speranze per una rinascita della civiltà (cfr. PIO XII, Radiomessaggio nel V anniversario dall'inizio della guerra mondiale, 1.9.1944, cit.). Il mondo, però, si trovò presto sull'orlo di un nuovo e anomalo scontro, la "guerra fredda" (cfr. PIO XII, Radiomessaggio ai popoli di tutto il mondo in occasione del Natale, 24.12.1947, cit.).
90   PIO XII, Lettera enciclica *Summi pontificatus*, 20.10.1939, cit., n. 60.

lo Stato»[91]. Sicuramente la famiglia e la proprietà privata costituiscono elementi indispensabili all'uomo e, perciò, debbono essere considerati intimamente legati alla sua natura. Su ciò che, invece, riguarda lo Stato dobbiamo riservarci una disamina più articolata che consenta di mettere in luce i punti deboli della dottrina sociale della Chiesa.

Anche per preparare quella disamina, è bene osservare come anche per Pio XII (nella più vasta tradizione del pensiero sociale cristiano) la convivenza umana rappresenti un dato naturale perché l'individuo non è destinato a vivere solitariamente. In una delle sue più importanti encicliche, Leone XIII aveva, infatti, scritto: «il vivere in una società civile è insito nella natura stessa dell'uomo: e poiché egli non può, nell'isolamento, procurarsi né il vitto né il vestiario necessario alla vita, né raggiungere la perfezione intellettuale e morale, per disposizione provvidenziale nasce atto a congiungersi e a riunirsi con gli altri uomini, tanto nella società domestica quanto nella società civile, la quale sola può fornirgli tutto quanto basta perfettamente alla vita»[92]. E Pio XII faceva eco affermando: «origine e scopo essenziale della vita sociale vuol essere la conservazione, lo sviluppo e il perfezionamento della persona umana, aiutandola ad attuare rettamente le norme e i valori della religione e della cultura, segnati dal Creatore a ciascun uomo e a tutta l'umanità, sia nel suo insieme, sia nelle sue naturali ramificazioni»[93].

Se, dunque, risulta pienamente condivisibile porre l'unione tra gli individui e tra le famiglie come qualcosa richiesto dal bisogno di sicurezza ed, ancor prima, come qualcosa richiesto dalla stessa indole naturale dell'essere umano, non perciò sono comprensibili le conseguenze che l'insegnamento della Chiesa, in generale, e quello di Pio XII, in particolare, fanno discendere da questo dato antropologicamente e sociologicamente evidente.

Ci riferiamo alla concezione organica della società, alla elaborazione di una nozione di bene comune dai contorni sempre più ampi, ad

---

91 Pio XII, Radiomessaggio *Col cuore aperto* in occasione del Natale, 24.12.1955, cit., p. 437.
92 Leone XIII, Lettera enciclica *Immortale Dei* sulla costituzione cristiana degli Stati, 1.11.1885, in *Enchiridion delle encicliche/3. Leone XIII (1878-1903)*, Edizioni Dehoniane, Bologna 1999, n. 451.
93 Pio XII, Radiomessaggio *Con sempre nuova freschezza* alla vigilia del Natale, 24.12.1942, cit., n. 1676.

una tendenziale "socializzazione" dell'individuo e, infine, ad una coincidenza tra Stato e società.

L'uomo è, senz'altro, un essere sociale; ma ciò non comporta affatto ritenere l'individuo una mera parte di un tutto a lui superiore. A Pio XII non possono essere certo attribuite idee olistiche (un'accentuazione in chiave comunitaristica sarà caratteristica del magistero successivo), ma è anche vero che una certa propensione a considerare la società come un "corpo" appartiene al pensiero sociale cattolico. Infatti, pur prendendo le distanze dalla tendenza a "cosificare" la dimensione sociale, a papa Pacelli non era del tutto estranea una concezione organica della compagine sociale. Scriveva nell'enciclica del 1939: «al lume di questa unità di diritto e di fatto dell'umanità intera gli individui non ci appaiono slegati tra loro, quali granelli di sabbia, bensì uniti in organiche, armoniche e mutue relazioni, varie con il variar dei tempi, per naturale e soprannaturale destinazione e impulso. E le genti, evolvendosi e differenziandosi secondo condizioni diverse di vita e di cultura, non sono destinate a spezzare l'unità del genere umano, ma ad arricchirlo e abbellirlo con la comunicazione delle loro peculiari doti e con quel reciproco scambio dei beni, che può essere possibile e insieme efficace, solo quando un amore mutuo e una carità vivamente sentita unisce tutti i figli dello stesso Padre e tutti i redenti dal medesimo sangue divino»[94].

Pio XII, pur essendo il pontefice meno tentato da ogni forma di organicismo e di collettivismo, nel suo insegnamento, lasciava emergere l'idea di considerare la società un vero e proprio "corpo"[95]. Ciò avveniva, ad esempio, ove, pur contrapponendo la massa alla società, i membri di quest'ultima venivano, sì, dichiarati «distinti fra loro», ma essi – per il papa – «costituiscono, ciascuno secondo la sua [propria, *ndr*] funzione, l'unità di un solo corpo»[96]. O lì dove descriveva il modo con cui l'uomo è spinto ad unirsi ai suoi simili «a organicamente disporsi in un corpo, secondo le diversità delle disposizioni e delle azioni

---

94 Pio XII, Lettera enciclica *Summi pontificatus*, 20.10.1939, cit., n. 34.
95 Cfr. Plinio Correa de Oliveira, *Nobiltà ed élites tradizionali analoghe nelle allocuzioni di Pio XII al Patriziato ed alla Nobiltà romana*, Marzorati, Milano 1993, p. 97s.
96 Pio XII, Discorso ai componenti il consiglio nazionale della U.C.I.D. - Unione Cristiana Imprenditori Dirigenti, 31.1.1952, in *Discorsi e radiomessaggi di Sua Santità Pio XII. XIII (1951-1952)*, Tipografia Poliglotta Vaticana, Città del Vaticano 1955, p. 465.

dei singoli, a tendere al comune scopo, che consiste nella creazione e nella conservazione del vero bene generale col concorso delle singole attività»[97].

Nella concezione magisteriale della società rischiano di essere introdotte suggestioni che appartengono al soprannaturale "corpo mistico". Si nota, cioè, l'attitudine ad assimilare la società umana e i suoi dinamismi alla "Città di Dio" (come direbbe Agostino), i fenomeni sociali alla vita di grazia, la comunità degli uomini a quella degli eletti e, quasi in modo ovvio, lo Stato al "corpo mistico"[98]. In altri termini, si riteneva che come all'interno della Chiesa non c'è alcuna parte che possa sorreggersi da sola, così ogni parte della società umana sarebbe incomprensibile senza il tutto[99].

Contraria alle teorie organicistiche – ma anche a quelle comunitaristiche – è la posizione classicamente liberale che ribadisce la scorrettezza di ogni tipo di sostituzione dell'individuo da parte di qualsiasi entità collettiva[100]. Scriveva Friedrich A. von Hayek (1899-1992): «la società non è una persona in grado di agire, ma una struttura ordinata di azioni che risultano dall'osservanza da parte dei suoi membri»[101].

Un'altra considerazione riguarda la problematica definizione di

---

97   Pio XII, *Discorso agli operatori cinematografici che hanno partecipato al Congresso internazionale svoltosi a Roma*, 28.10.1955, cit., p. 354.
98   Cfr. Jacques Maritain, *La persona umana e il bene comune*, Morcelliana, Brescia 1948, p. 18.
99   La vita teologale del singolo fedele non sussiste senza la comunità della Chiesa, pur tuttavia, l'enciclica *Mystici corporis* sosteneva: «mentre infatti nel corpo naturale il principio della unità congiunge le parti in modo che le singole manchino completamente della propria sussistenza, invece nel corpo mistico la forza di mutua congiunzione, sebbene intima, unisce le membra tra loro in modo che le singole godano del tutto di una propria personalità. Se poi consideriamo il mutuo rapporto del tutto e delle singole membra, esse in ogni corpo fisico vivente sono in ultima istanza destinate soltanto a profitto di tutto il composto; mentre, in una compagine sociale di uomini, nell'ordine della finalità dell'utilità, l'ultimo scopo è il bene di tutti e di ciascun membro, essendo essi persone» (Pio XII, Lettera enciclica *Mystici corporis* sul corpo mistico di Gesù Cristo, 29.6.1943, cit., n. 209).
100 Cfr. Carlo Lottieri - Emanuele Castrucci, *Lezioni di filosofia del diritto*, Aracne, Roma 2006, p. 61; cfr. Karl Popper, *La società aperta e i suoi nemici. 1. Platone totalitario*, Armando, Roma 1996, p. 216; cfr. Murray N. Rothbard, *Individualismo e filosofia delle scienze sociali*, prefazione di Friedrich A. von Hayek, a cura di Roberta A. Modugno Crocetta, Luiss University Press, Roma 2001, p. 30-31.
101 Friedrich A. von Hayek, *Legge, legislazione e libertà*, Il Saggiatore, Milano 2010, p. 300.

bene comune[102]. A differenza anche del suo predecessore (Pio XI)[103] e del suo successore (Giovanni XXIII)[104], Pio XII dimostrò di pensare al bene comune in modo più realistico, adottando una concezione meno "estesa" e, perciò, meno ideologica[105]. Pur tuttavia, anche nei testi di Pio XII – per quanto in misura assai minore rispetto agli altri pontefici, soprattutto nel periodo conciliare – non può non essere riscontrata quella tipica tendenza che concede il primato al bene comune rispetto ai beni individuali.

È presente, anche nell'insegnamento di papa Pacelli, quella cronica contraddizione della contemporanea affermazione tanto della centralità della persona rispetto allo Stato quanto della maggiore dignità del bene comune nei confronti dell'interesse individuale. Se il principio «*civitas propter cives, non cives propter civitatem*»[106] ristabilisce il giusto rapporto, pur tuttavia, proprio in forza di una persistente ambiguità, sovente si passa dal piano concreto (o semplicemente "reale")

---

102 Cfr. Di Martino, *La Dottrina Sociale della Chiesa. Principi fondamentali*, cit., p. 159-180.
103 Cfr. il capitolo su Pio XI in questo testo.
104 Cfr. il capitolo su Giovanni XXIII in questo testo.
105 Cfr. Di Martino, *La Dottrina Sociale della Chiesa. Principi fondamentali*, cit., p. 164-165.
106 Pio XII, Radiomessaggio ai partecipanti al VII Congresso Internazionale dei Medici Cattolici, 11.9.1956, in *Discorsi e radiomessaggi di Sua Santità Pio XII. XVIII (1956-1957)*, Tipografia Poliglotta Vaticana, Città del Vaticano 1957, p. 427 («Le principe "civitas propter cives, non cives propter civitatem" est un héritage antique de la tradition catholique et fut repris dans l'enseignement des Papes Léon XIII, Pie X, Pie XI, non de manière occasionnelle, mais en termes explicites, forts et précis. L'individu n'est pas seulement antérieur à la société par son origine, mais le lui est aussi supérieur par sa destinée. La société, à la formation et au développement de laquelle les individus sont ordonnés, n'est que le moyen universel voulu par la nature pour mettre les personnes en rapport avec d'autres personnes. Cette relation de la partie au tout est ici entièrement différente de celle qui existe dans l'organisme physique. Quand l'homme entre par la naissance dans la société, il est déjà pourvu par le Créateur de droits indépendants; il déploie son activité en donnant et en recevant et, par sa collaboration avec les autres hommes, il crée des valeurs et obtient des résultats que seul il ne serait pas capable d'obtenir et dont il ne peut même, comme personne individuelle, être le porteur. Ces nouvelles valeurs manifestent que la société possède une prééminence et une dignité propre; mais ceci n'entraîne pas une transformation de la relation, que Nous esquissions plus haut, car ces mêmes valeurs supérieures (comme la société elle-même) sont rapportées à leur tour par la nature à l'individu et aux personnes»).

a quello ideale (o, forse, "ideologico"), ribaltando l'ordine delle cose, ritenendo che «l'individuo per sua natura [sia] ordinato alla società»[107].

Una delle principali modalità con cui la dimensione collettiva prevarica sulla persona è la negazione o la riduzione di ciò che è proprio di ciascun individuo. Papa Pacelli è stato certamente tra i più convinti assertori della proprietà privata in quanto diritto naturale (e su ciò sarà bene spendere qualche parola in più); ma spesso il principio della destinazione universale dei beni è stato considerato come uno dei «punti sui quali la dottrina sociale è stata da lui meglio concretizzata»[108].

Non è facile armonizzare l'intangibilità della proprietà privata con il riconoscimento delle prerogative del potere politico di limitare questo diritto della persona e di interferire in esso. È, questa, una delle grandi aporie dell'insegnamento della Chiesa che ha avuto oscillazioni proprio a causa di una notevole intrinseca nebulosità[109]. Se dopo Pio XII si insisterà soprattutto sulla funzione collettiva dei beni, papa Pacelli rappresenta ancora quella fase del magistero che, invece, accentuava il significato umano, naturale e religioso della proprietà individuale. Pur tuttavia, come dicevamo, non sono assenti nei discorsi di questo pontefice "di crinale", indicazioni che inducono a relativizzare tale baluardo in difesa della persona.

Ad esempio, nel radiomessaggio in occasione dei cinquant'anni della *Rerum novarum*, il papa parlava di lavoratori «uniti nella comunità statale»[110]. Un'espressione strana, dal tono collettivistico, quasi ad indicare la scomparsa della società a favore dell'entità statuale. Poi il pontefice proseguiva affermando sia un poco precisato «diritto personale di tutti all'uso dei beni terreni [...] voluto dal Creatore»[111] sia una «giusta distribuzione dei beni» come «vero scopo dell'economia nazionale»[112].

In un altro famoso radiomessaggio, quello del settembre 1944,

---

107 Jacopo Banchi, *Principi dell'ordine sociale cristiano*, AVE, Roma 1944, p. 262.
108 Congregazione per l'Educazione Cattolica, Documento *In questi ultimi decenni*. Orientamenti per lo studio e l'insegnamento della Dottrina Sociale della Chiesa nella formazione sacerdotale, 30.12.1988, n. 22.
109 Cfr. Di Martino, *La Dottrina Sociale della Chiesa. Principi fondamentali*, cit., p. 115-121.
110 Pio XII, Radiomessaggio in occasione del cinquantesimo anniversario della *Rerum novarum*, 1.6.1941, cit., n. 1625.
111 *Ibidem*.
112 *Ibidem*, n. 1626.

Pio XII, pur accanto ad una vigorosa difesa della proprietà privata, sosteneva che «un diritto illimitato [...è] contrario al diritto di natura»[113]. Qui è presente un capovolgimento del diritto naturale ove esso viene invocato non a difesa della persona contro i ricorrenti e costanti assalti del potere politico, ma in una dimensione comunitarista che, inesorabilmente, diviene legittimazione dell'operato dello Stato[114].

È similmente vero che l'intangibilità della persona («i diritti fondamentali e la intangibile dignità della persona umana»[115]) è al centro del pensiero sociale di Pio XII che l'ha ripetutamente fondata sulla «legge morale scritta dal Creatore nei cuori degli uomini (cfr. Rm 2,15) [...e sul] diritto di natura derivante da Dio»[116].

A buon motivo, il pensiero sociale di papa Pacelli, all'interno della dottrina sociale della Chiesa, può essere considerato quello più esplicitamente teso alla difesa dell'individuo contro i poteri politici. D'altronde, dopo le esperienze totalitarie vi erano tutte le ragioni per indurre il papa ad affermare che «in alcuni Paesi, una concezione dello Stato atea o anticristiana con i suoi vasti tentacoli avvinse a sé talmente l'individuo da quasi spogliarlo d'indipendenza, non meno nella vita privata che nella pubblica»[117].

La vera difesa contro questa "spoliazione" è costituita dalla proprietà privata quale «diritto fondamentale» che l'uomo riceve dalla natura e, quindi, in ultima istanza da Dio. Dichiarava, infatti, Pio XII: «tale diritto individuale non può essere in nessun modo soppresso, neppure da altri diritti certi e pacifici sui beni materiali»[118]. Ed ancora: «difendendo dunque il principio della proprietà privata, la Chiesa persegue un alto fine etico-sociale. Essa non intende già di sostenere puramente e semplicemente il presente stato di cose [...;] la Chiesa

---

113 Pio XII, Radiomessaggio nel V anniversario dall'inizio della guerra mondiale, 1.9.1944, cit., p. 125.
114 Cfr. Jörg Guido Hülsmann, *Diritto naturale e liberalismo*, in Dario Antiseri - Enzo Di Nuoscio - Francesco Di Iorio (a cura di), *Liberalismo e Anarcocapitalismo. La Scuola austriaca di economia*, in *Nuova Civiltà delle Macchine*, anno 29 (2011), n. 1-2 (gennaio-giugno), p. 464.
115 Pio XII, Radiomessaggio nel V anniversario dall'inizio della guerra mondiale, 1.9.1944, cit., p. 122.
116 *Ibidem*.
117 Pio XII, Radiomessaggio in occasione del cinquantesimo anniversario della *Rerum novarum*, 1.6.1941, cit., n. 1645.
118 *Ibidem*, n. 1622.

mira piuttosto a far sì che l'istituto della proprietà privata sia tale quale deve essere secondo i disegni della sapienza divina e le disposizioni della natura: un elemento dell'ordine sociale, un necessario presupposto delle iniziative umane, un impulso al lavoro a vantaggio dei fini temporali e trascendenti della vita, e quindi della libertà e della dignità dell'uomo, creato ad immagine di Dio, che fin dal principio gli assegnò a sua utilità un dominio sulle cose materiali»[119].

L'energica riproposizione del carattere naturale del diritto di proprietà rappresenta la migliore strada per dare consistenza e spessore al primato della persona. Ben più che il pensiero cosiddetto personalista (o il "personalismo comunitario"), è quanto contenuto nella difesa dei diritti di proprietà ad assicurare la migliore protezione degli individui e delle famiglie nei confronti dello Stato.

Pio XII ribadiva la centralità della persona, riaffermando la necessità di guardare «all'uomo, come tale, che, lungi dall'essere l'oggetto e un elemento passivo della vita sociale, invece, deve esserne e rimanerne il soggetto, il fondamento e il fine»[120]. Ed affinché ciò possa essere sempre solidamente confermato è necessario ancorare in modo immutabile l'inviolabilità della proprietà quale diritto naturale al pari dell'intangibilità della persona. Questi – sosteneva Pio XII – «sono diritti che l'individuo riceve direttamente dal Creatore, non da un altro uomo, né da gruppi umani, non dallo Stato, né da gruppi di Stati, né da alcuna autorità politica»[121].

Altri interessanti elementi di riflessione circa il «disconoscimento della persona umana»[122] e circa la necessità di porre l'essere umano «al centro di tutto l'ordine sociale»[123], il papa seppe offrirli a proposito

---

[119] Pio XII, Radiomessaggio nel V anniversario dall'inizio della guerra mondiale, 1.9.1944, cit., p. 126.
[120] Pio XII, Radiomessaggio *Benignitas et humanitas* alla vigilia del Natale, 24.12.1944, cit., p. 237-238.
[121] Pio XII, Radiomessaggio ai partecipanti al VII Congresso Internazionale dei Medici Cattolici, 11.9.1956, cit., p. 426 («le droit à être protégé des dangers qui les menacent, l'individu le reçoit immédiatement du Créateur, non d'un autre homme, ni de groupes d'hommes, non de l'État ou de groupes d'États, ni d'aucune autorité politique. Ce droit, l'individu le reçoit d'abord en lui-même et pour lui-même, puis en relation avec les autres hommes et avec la société, et cela non seulement dans l'ordre de l'action présente, mais aussi dans celui de la finalité»).
[122] Pio XII, Radiomessaggio in occasione del santo Natale, 24.12.1952, cit., p. 426.
[123] Pio XII, Discorso ai nuovi Cardinali, 20.2.1946, cit., p. 390.

della "spersonalizzazione" dell'uomo moderno[124] e della differenza che intercorre tra "popolo" e "massa"[125]. Accanto a questo, la denuncia di ciò che realmente rappresenta la socializzazione e i pericoli in essa contenuti: «bisogna impedire – affermava il pontefice – che la persona e la famiglia si lascino trascinare nell'abisso in cui tende a gettarle la socializzazione di tutti i beni, socializzazione al termine della quale la terribile immagine del Leviathan diventerebbe un'orribile realtà. È con estrema energia che la Chiesa condurrà questa battaglia dove sono in gioco i valori supremi: dignità della persona e salvezza eterna delle anime. Così si spiega l'insistenza della dottrina sociale cattolica, soprattutto sul diritto alla proprietà privata»[126]. Un'analoga posizione, che potremmo definire di contrasto verso ogni forma di socializzazione è riscontrabile nel radiomessaggio del Natale del 1951: «[coloro] che nel campo economico o sociale vorrebbero tutto riversare sulla società, anche la direzione e la sicurezza della loro esistenza; o che attendono oggi il loro unico nutrimento spirituale quotidiano, sempre meno da loro stessi, vale a dire dalle loro proprie convinzioni e conoscenze»[127].

Se l'insegnamento sul carattere disumano del collettivismo appare piuttosto chiaro, meno si comprendono i motivi di diffidenza verso la posizione opposta e verso l'economia di mercato.

Anche se molto attenuata rispetto alla *Quadragesimo anno* di Pio XI[128], permaneva una formale equidistanza nei confronti dell'individualismo e del collettivismo[129]. In questo modo, però, si dimostrava di non percepire[130] come, in materia sociologica, l'"individualismo" non è altro che la posizione in base alla quale i fenomeni sociali debbono

---

124 Cfr. Pio XII, Radiomessaggio in occasione del santo Natale, 24.12.1952, cit., p. 426.
125 Cfr. Pio XII, Radiomessaggio *Benignitas et humanitas* alla vigilia del Natale, 24.12.1944, cit., p. 238-240; cfr. anche Pio XII, Discorso ai nuovi Cardinali, 20.2.1946, cit., p. 392 e Pio XII, Discorso ai componenti il consiglio nazionale della U.C.I.D. - Unione Cristiana Imprenditori Dirigenti, 31.1.1952, cit., p. 465.
126 Pio XII, Radiomessaggio al Katholikentag (Congresso dei cattolici austriaci) di Vienna, 14.9.1952, in *Discorsi e radiomessaggi di Sua Santità Pio XII. XIV (1952-1953)*, Tipografia Poliglotta Vaticana, Città del Vaticano 1955, p. 314.
127 Pio XII, Radiomessaggio in occasione del santo Natale, 24.12.1951, cit., p. 430.
128 Cfr. il corrispondente capitolo in questo testo.
129 Cfr. Acerbi, *La Chiesa nel tempo. Sguardi sui progetti di relazioni tra Chiesa e società civile negli ultimi cento anni*, cit., p. 138.
130 Cfr. Pio XII, Discorso alla vigilia del Natale, 24.12.1945, cit., p. 308.

essere sempre e comunque ricondotti alle scelte dei singoli soggetti piuttosto che ad astratte entità collettive. Il pregiudizio nei confronti dell'individualismo[131] impediva, ancora una volta, di comprendere come proprio questo metodo delle scienze sociali dovrebbe essere considerato pienamente consono al principio cattolico del primato della persona sulla società. La dottrina sociale della Chiesa ha espresso ciò con il principio di sussidiarietà[132] che ha avuto in Pio XII uno dei principali assertori[133]. Per il papa, infatti, «[...] bisogna, nella organizzazione della produzione, assicurare tutto il suo valore direttivo a questo principio, sempre sostenuto dall'insegnamento sociale della Chiesa: le attività e i servizi della società devono avere un carattere "sussidiario", soltanto aiutare o completare l'attività dell'individuo, della famiglia, della professione»[134].

L'altra grande incongruenza è una certa sottile avversione nei confronti dell'economia di mercato[135] che, sebbene manchi di fondamento, attraversa tutta la dottrina sociale della Chiesa. In questa stessa linea, Pio XII parlava di «vieto liberalismo»[136] senza preoccuparsi di distinguere tra filosofia relativista e liberalismo economico[137].

Se consideriamo le premesse, questa diffidenza appare ancor meno giustificata. A riguardo, esaminiamo ciò che è inerente alla proprietà privata, allo scambio dei beni ed alla socialità dell'uomo.

Già nel radiomessaggio sulla *Rerum novarum*, papa Pacelli aveva

---

131   Cfr. Pio XII, Radiomessaggio in occasione del santo Natale, 24.12.1951, cit., p. 431.
132   Cfr. Di Martino, *La Dottrina Sociale della Chiesa. Principi fondamentali*, cit., p. 123-145; cfr. Hugo Tagle Martinez, *Il principio di sussidiarietà*, in «Cristianità», anno 10 (1982), n. 81 (gennaio), p. 3-10.
133   Cfr. Paolo Magagnotti (a cura di), *Il principio di sussidiarietà nella dottrina sociale della Chiesa*, presentazione di padre Raimondo Spiazzi, Edizioni Studio Domenicano, Bologna 1991, p. 23-27.
134   Pio XII, Lettera al prof. Carlo Flory, presidente delle Semaines Sociales de France, in occasione della 34^ Settimana Sociale, 18.7.1947, in *Discorsi e radiomessaggi di Sua Santità Pio XII. IX (1947-1948)*, Tipografia Poliglotta Vaticana, Città del Vaticano 1949, p. 592.
135   Altrove abbiamo provato a rintracciare motivi e origini culturali di questo atteggiamento. Cfr. Di Martino, *La Dottrina Sociale della Chiesa. Principi fondamentali*, cit., p. 45-87.
136   Pio XII, Discorso alla vigilia del Natale, 24.12.1945, cit., p. 308.
137   Cfr. Pio XII, Radiomessaggio *Ecce ego declinabo* in occasione del Natale, 24.12.1954, cit., p. 336.

ribadito come proprietà privata e libero scambio sono dimensioni naturali della persona umana: «senza dubbio –sosteneva il pontefice – l'ordine naturale, derivante da Dio, richiede anche la proprietà privata e il libero reciproco commercio dei beni con scambi e donazioni»[138]. Anche se ciò era attenuato dal richiamo alla «funzione regolatrice del potere pubblico su entrambi questi istituti»[139], pur tuttavia non si comprende quale difficoltà vi sia a legittimare quel sistema economico che si fonda esattamente sulla necessità tanto della proprietà individuale quanto degli scambi volontari.

In modo simile, Pio XII si espresse nell'autunno del 1955: «dalla natura, infatti, e quindi dal suo Fattore, l'uomo è spinto ad unirsi in società, a collaborare per il mutuo integramento con lo scambio reciproco di servizi e di beni, a organicamente disporsi in un corpo, secondo le diversità delle disposizioni e delle azioni dei singoli, a tendere al comune scopo, che consiste nella creazione e nella conservazione del vero bene generale col concorso delle singole attività»[140].

Impropriamente, il liberalismo è stato ritenuto ostile e nocivo al carattere sociale dell'essere umano. In realtà, è esattamente il contrario. L'economia libera si fonda sul presupposto che ciascun uomo ha bisogno del lavoro di tutti gli altri e che ogni limitazione a questa *cooperazione sociale* comporta danni gravi alla vita dei singoli e seri pericoli nei rapporti tra i popoli. È, invero, l'economia di Stato ad erodere i rapporti interpersonali e a creare contenziosi tra le nazioni.

Questo insieme di considerazioni che hanno ad oggetto il magistero di Pio XII sulla società non può, però, non tener conto di come sia proprio l'intervento dello Stato a rovinare i vincoli sociali e a disarticolare i naturali rapporti umani, iniziando da quelli familiari. Così, alla vigilia del Natale del 1952, il papa, a proposito dei «segni del falso e anormale orientamento dello sviluppo sociale», dichiarava: «in non pochi paesi lo Stato moderno va divenendo una gigantesca macchina amministrativa. Esso stende la sua mano su quasi tutta la vita: l'intera scala dei settori politico, economico, sociale, intellettuale, fino alla nascita e alla morte, vuol farsi materia della sua amministrazione.

---

138   Pio XII, Radiomessaggio in occasione del cinquantesimo anniversario della *Rerum novarum*, 1.6.1941, cit., n. 1622.
139   *Ibidem*.
140   Pio XII, Discorso agli operatori cinematografici che hanno partecipato al Congresso internazionale svoltosi a Roma, 28.10.1955, cit., p. 354.

Nessuna meraviglia quindi se in questo clima dell'impersonale, che tutta la vita tende a penetrare ed avvolgere, il senso del bene comune si attutisce nelle coscienze dei singoli, e lo Stato perde sempre più il primordiale carattere di una comunità morale dei cittadini»[141]. Occorrerà tornare sulla concezione di Stato, ma, al momento, è bene registrare come anche per Pio XII questo interventismo statale è causa della "spersonalizzazione" dell'uomo moderno. «In tal guisa – continuava il pontefice – si rivela l'origine e il punto di partenza della corrente, che travolge in stato di angoscia l'uomo moderno: la sua "spersonalizzazione". Gli si è tolto in larga misura il suo volto e il suo nome; in molte delle più importanti attività della vita è stato ridotto a puro oggetto della società, poiché questa, alla sua volta, viene trasformata in sistema impersonale, in una fredda organizzazione di forze»[142].

Spesso l'economia di mercato è stata vista negativamente dai pensatori religiosi perché su di essa viene caricata la responsabilità di essere portatrice di istanze di incontrollata libertà. Si tratta, in realtà, di un pregiudizio, perché della vera libertà non ci sia alcun motivo di aver paura. Perciò è assai interessante che, nel Natale 1951, Pio XII abbia voluto definire l'ordine sociale cristiano in diretta relazione alla libertà: «l'ordine cristiano, in quanto ordinamento di pace, è essenzialmente ordine di libertà»[143]. Per il papa, la giusta concezione di libertà è quella del «concorso solidale di uomini e di popoli liberi per la progressiva attuazione, in tutti i campi della vita, degli scopi assegnati da Dio all'umanità»[144]. Ma, anche in questa circostanza, il pontefice, riguardo alla libertà, presentava le riserve nei confronti della cultura del "mondo libero" non meno di quelle nei confronti della cultura del «campo opposto»[145].

Ed a proposito di quest'ultimo, pochi anni dopo, Pio XII poneva in contrapposizione il collettivismo e l'ordine naturale con queste parole: «noi respingiamo il comunismo come sistema sociale in virtù della dottrina cristiana, e dobbiamo affermare particolarmente i fondamenti del diritto naturale. Per la medesima ragione rigettiamo altresì

---

141 Pio XII, Radiomessaggio in occasione del santo Natale, 24.12.1952, cit., p. 426.
142 *Ibidem*.
143 Pio XII, Radiomessaggio in occasione del santo Natale, 24.12.1951, cit., p. 430.
144 *Ibidem*.
145 Cfr. Pio XII, Radiomessaggio in occasione del santo Natale, 24.12.1951, cit., p. 430.

l'opinione che il cristiano debba oggi vedere il comunismo come un fenomeno o una tappa nel corso della storia, quasi necessario "momento" evolutivo di essa, e quindi accettarlo quasi come decretato dalla Provvidenza divina»[146].

Ciò che non si comprende è il permanente sospetto nei confronti dell'unico sistema economico che, essendo radicalmente alternativo al comunismo, non può che risultare conforme al diritto naturale. Tale sistema è quello dell'economia basata sulla proprietà privata e sulla libertà individuale nello scambio volontario. Stando così le cose, non si comprendono le successive affermazioni tese ad addensare sospetti sul libero scambio. Nel radiomessaggio del Natale 1954, il papa descriveva la cultura dei «seguaci del sistema del libero commercio» come caratterizzata da una tal «fiducia riposta nella moderna economia» da perseguire «una sorta di autoredenzione»[147]. È in questo contesto che veniva citato il liberista inglese Richard Cobden (1804-1865) – una citazione singolare in un testo pontificio – in quanto "colpevole" di paragonare il principio del libero scambio alle leggi naturali. Si trattava, però, di un'accusa alquanto incoerente, soprattutto nell'ambito di un magistero così fortemente ancorato all'ordine naturale. Piuttosto, non sarebbe stato opportuno cogliere il legame tra principi economici, leggi naturali e ordine morale? E non era esattamente questa la connessione alla base del principio dell'intangibilità della persona applicato in campo lavorativo ed economico che lo stesso pontefice aveva enunciato difendendo il diritto di proprietà privata quale compito che la Chiesa persegue come «un alto fine etico-sociale»[148]? Seguendo le orme del suo predecessore[149], Pio XII rinunciava a confrontarsi sul carattere naturale delle leggi economiche e sulla loro dimensione, di fatto, etica ed anche pedagogica.

Oltretutto, il papa banalizzava la soluzione liberale al problema dello scontro tra gli Stati. Per il pontefice, infatti «il corso degli avvenimenti ha dimostrato quanto sia ingannevole l'illusione di confidare la

---

146 Pio XII, Radiomessaggio *Col cuore aperto* in occasione del Natale, 24.12.1955, cit., p. 440.
147 Pio XII, Radiomessaggio *Ecce ego declinabo* in occasione del Natale, 24.12.1954, cit., p. 336.
148 Pio XII, Radiomessaggio nel V anniversario dall'inizio della guerra mondiale, 1.9.1944, cit., p. 126.
149 Cfr. Pio XI, *Quadragesimo anno*, cit., ad esempio, n. 670.689.692.

pace al solo libero scambio»[150]. Ma perché qualificare come «fede cieca che conferisce all'economia una immaginaria forza mistica»[151] la consapevolezza del carattere riconciliatorio del pacifico scambio che mette al bando la violenza, la sopraffazione e la guerra? Il grande economista austriaco Ludwig von Mises (1881-1973) sintetizzava la dottrina libero-scambista con queste semplici parole: la pace «è *la* teoria sociale del liberalismo»[152]. Infatti, se le politiche protezionistiche e l'imperialismo statale conducono inesorabilmente alla guerra, il libero scambio garantisce la pace perché il commercio ha bisogno di essa come suo *habitat*. Pio XII, invece, perseguiva un'altra prospettiva («mancano i fondamenti di fatto che potrebbero garantire in qualche modo le troppo rosee speranze, nutrite anche oggi dai successori di quella dottrina»[153]) e, perciò stesso, pur nel nome di idealità spirituali, non poteva che far nuovamente appello ai pur screditati propositi politici. Per la soluzione dei problemi sociali, la Chiesa, scegliendo la via della politica, confermava la predilezione per questa (più avanti daremo seguito a questo accenno), piuttosto che la via dell'economia[154]. Al momento ci limitiamo a far presente che ciò è in qualche contrasto con il principio della centralità della persona, ma non con quello della prevalenza del bene comune su quello individuale. La preferenza per la via politica indica che all'individuo si riconosce un primato solo formale, un primato che viene, di fatto, ribaltato a favore del superiore interesse collettivo.

La modalità della ricerca della pace mondiale è, quindi, molto significativa innanzitutto perché rivela la concezione della società. E su questa importante questione, l'insegnamento di Pio XII dimostrava che, pur potendo coincidere in via di possibilità, dottrina sociale della Chiesa e pensiero liberale rimangono distanti a causa di un radicato pregiudizio magisteriale. Infatti solo ad una idealità che disdegna le

---

150   Pio XII, Radiomessaggio *Ecce ego declinabo* in occasione del Natale, 24.12.1954, cit., p. 336.
151   *Ibidem*, p. 337.
152   von Mises, *Socialismo. Analisi economica e sociologica*, cit., p. 92.
153   Pio XII, Radiomessaggio *Ecce ego declinabo* in occasione del Natale, 24.12.1954, cit., p. 337.
154   Fu il filosofo della politica Leo Strauss (1899-1973) a definire il liberalismo classico come «la soluzione del problema politico tramite mezzi economici» (Leo Strauss, *Che cos'è la filosofia politica? Scritti su Hobbes e altri saggi*, a cura di Pier Franco Taboni, Argalìa Editore, Urbino 1977, p. 81).

«relazioni economiche tra le nazioni» quali «fattori di pace»[155] si può attribuire la mancata convergenza con ciò che ha sostenuto un fervente fedele, nonché brillante economista, Frédéric Bastiat (1801-1850): «se su di un confine non passano le merci, attraverso di esso passeranno i cannoni»[156].

L'intensificazione degli scambi e la ricerca della prosperità come rimedio all'egoismo, alla prepotenza e alla tirannia venivano, però, sconfessate da Pio XII che, alla vigilia del Natale del 1953, si esprimeva con parole antitetiche a quelle di Bastiat: «questa concezione materialistica della vita minaccia di divenire la regola di condotta di affaccendati agenti di pace e la ricetta della loro politica pacifista. Essi stimano che il segreto della soluzione stia nel dare a tutti i popoli la prosperità materiale mediante il costante incremento della produttività del lavoro e del tenore di vita così come, cento anni or sono, un'altra simile formula riscoteva l'assoluta fiducia degli statisti: col libero commercio la eterna pace»[157].

Ovviamente la pace non poteva non rimanere costantemente nei pensieri del pontefice che si era prodigato durante il secondo conflitto mondiale come pochi altri[158] e che ora si fronteggiava con una «pace fredda»[159]. Pur tuttavia, c'è da chiedersi perché i pontefici, e Pio XII in particolare, non hanno colto la coincidenza tra la pace ricercata attraverso il libero mercato e quella pace quale «tranquillità nell'ordine» [160]

---

155   Pio XII, Radiomessaggio *Ecce ego declinabo* in occasione del Natale, 24.12.1954, cit., p. 337.
156   Cit. in Dario Antiseri, *Princìpi liberali*, Rubbettino, Soveria Mannelli (Catanzaro) 2003, p. 58.
157   Pio XII, Radiomessaggio natalizio ai popoli di tutto il mondo, 24.12.1953, cit., p. 527.
158   Cfr. *Actes et documents du Saint Siège relatifs à la seconde guerre mondiale*, Libreria Editrice Vaticana, Città del Vaticano 1970-1981, 11 voll.; cfr. Pierre Blet, *Pio XII e la Seconda Guerra mondiale negli archivi vaticani*, San Paolo, Cinisello Balsamo (Milano) 1999; cfr. Francesco Traniello, *Pio XII, la seconda guerra mondiale e l'ordine postbellico*, in Augustine Fliche - Victor Martin (a cura di), *Storia della Chiesa. I cattolici e il mondo contemporaneo (1922-1958)*, Edizioni Paoline, Cinisello Balsamo (Milano) 1991, vol. 23, p. 72-87.
159   Nel corso del radiomessaggio natalizio del 1954, il papa utilizzò ben 11 volte questo neologismo. Cfr. Pio XII, Radiomessaggio *Ecce ego declinabo* in occasione del Natale, 24.12.1954, cit.
160   Agostino (sant'), *La Città di Dio*, Città Nuova, Roma 1978, volume 3, p. 51 (libro XIX, cap. 13).

che, tra l'altro, papa Pacelli amava così spesso citare[161].

Il radiomessaggio natalizio del 1953 viene ricordato anche per le riflessioni sul progresso tecnico. Al tema, Pio XII dedicò ampio spazio anche nel Natale del 1955[162] e nell'ultimo dei suoi grandi radiomessaggi (il papa morirà il 9 ottobre 1958 nella residenza di Castel Gandolfo), quello del Natale del 1957[163]. Ma le parole del 1953 ci riguardano più da vicino per la stretta connessione con l'economia. Ebbene, il papa non disdegnava di riconoscere «le meraviglie della tecnica ed il suo legittimo impiego»[164]. Certo il pontefice richiamava abbondantemente i pericoli racchiusi in quell'«errata concezione della vita e del mondo, designata col nome di "spirito tecnico"»[165], pur tuttavia, come lui stesso precisava, questa condanna non poteva attribuirsi al progresso in quanto tale, ma unicamente alle sole sue "deformazioni". Si tratta di dichiarazioni importanti che, però, avrebbero dovuto applicarsi, coerentemente, anche al libero mercato che, tra l'altro, era e rimane l'unico sistema economico che ha garantito il progresso scientifico e tecnico, favorendo, in questo modo, il miglioramento delle condizioni di vita dell'umanità.

Nondimeno, le affermazioni del 1953 non si dimostreranno

---

161 Cit. in Pio XII, Radiomessaggio *Con sempre nuova freschezza* alla vigilia del Natale, 24.12.1942, cit., n. 1672; cit. in Pio XII, Radiomessaggio in occasione del santo Natale, 24.12.1951, cit., p. 427; cit. in Pio XII, Radiomessaggio *Ecce ego declinabo* in occasione del Natale, 24.12.1954, cit., p. 332.
162 Cfr. Pio XII, *Col cuore aperto* in occasione del Natale, 24.12.1955, cit.
163 Cfr. Pio XII, Radiomessaggio ai fedeli e ai popoli del mondo intero per il Natale, 22.12.1957, in *Discorsi e radiomessaggi di Sua Santità Pio XII. XIX (1957-1958)*, Tipografia Poliglotta Vaticana, Città del Vaticano 1958, p. 665-685.
164 Pio XII, Radiomessaggio natalizio ai popoli di tutto il mondo, 24.12.1953, cit., p. 520. Il papa così proseguiva: «la tecnica infatti conduce l'uomo odierno verso una perfezione non mai raggiunta nella dominazione del mondo materiale. La macchina moderna permette un modo di produzione, che sostituisce ed ingigantisce l'energia umana di lavoro, che si libera interamente dall'apporto delle forze organiche ed assicura un massimo di potenziale estensivo e intensivo e al tempo stesso di precisione. Abbracciando con uno sguardo i risultati di questa evoluzione, par di cogliere nella natura stessa il consenso di soddisfazione per quanto l'uomo ha in essa operato e l'incitamento a procedere ulteriormente nella indagine e nella utilizzazione delle sue straordinarie possibilità. Ora, è chiaro che ogni ricerca e scoperta delle forze della natura, effettuate dalla tecnica, si risolvono in ricerca e scoperta della grandezza, della sapienza, dell'armonia di Dio. Considerata in tal modo la tecnica, chi potrebbe disapprovarla e condannarla?».
165 *Ibidem*, p. 522.

coerenti con le allocuzioni direttamente riguardanti l'economia. Ad esempio, tre anni dopo, rivolgendosi ad esperti del settore, Pio XII esprimeva giudizi molto affrettati: «la scienza economica cominciò ad edificarsi, come le altre scienze dell'epoca moderna, a partire dall'osservazione dei fatti. Ma se i fisiocratici e gli esponenti dell'economia classica credettero di fare un'opera solida, trattando i fatti economici come se fossero dei fenomeni fisici e chimici, sottomessi al determinismo della legge naturale, la falsità di una tale concezione si rivela nella stridente contraddizione all'armonia teorica delle loro conclusioni e le terribili miserie sociali che esse lasciano sussistere nella realtà. Il rigore delle loro deduzioni non può rimediare alla debolezza del punto di partenza»[166]. In questo modo, non solo si dava prova di non aver compreso l'armonia che soggiace ai processi economici[167], ma di legittimare un relativismo che, essendo anti-scientifico, finiva con l'essere anche anti-metafisico.

La contrapposizione tra l'economia e la fede non risulta giustificata; tuttavia il pontefice – non dissimilmente rispetto ai suoi predecessori – preferiva insistere su questa linea: «la grande miseria dell'ordine sociale è che esso non è profondamente cristiano né realmente umano, ma unicamente tecnico ed economico, e che non riposa punto su ciò che dovrebbe essere la sua base e il fondamento solido della sua unità, vale a dire il carattere comune di uomini per la natura e di figli di Dio per la grazia dell'adozione divina»[168]. Così facendo, si relegava

---

166 PIO XII, Discorso ai partecipanti al I Congresso dell'Associazione Internazionale degli Economisti, 9.9.1956, in *Discorsi e radiomessaggi di Sua Santità Pio XII. XVIII (1956-1957)*, Tipografia Poliglotta Vaticana, Città del Vaticano 1957, p. 412-413 («La science de l'économie commença à s'édifier, comme les autres sciences de l'époque moderne, à partir de l'observation des faits. Mais si les physiocrates et les représentants de l'économie classique crurent faire une œuvre solide, en traitant les faits économiques comme s'ils eussent été des phénomènes physiques et chimiques, soumis au déterminisme des lois de la nature, la fausseté d'une telle conception se révéla dans la contradiction criante entre l'harmonie théorique de leurs conclusions et les misères sociales terribles, qu'elles laissaient subsister dans la réalité. La rigueur de leurs déductions ne pouvait remédier aux faiblesses du point de départ»).
167 Perspicacemente, il cattolico Bastiat parlerà di *Harmonies économiques*; cfr. FRÉDÉRIC BASTIAT, *Armonie economiche*, premessa di Agostino Canonica, introduzione di Francesco Ferrara, UTET, Torino 1949.
168 PIO XII, Discorso ai componenti il consiglio nazionale della U.C.I.D. - Unione Cristiana Imprenditori Dirigenti, 31.1.1952, cit., p. 465.

l'ambito «tecnico ed economico» al di fuori della morale cristiana e della stessa legge naturale.

Sebbene in forma sicuramente più sobria di quanto avesse fatto, ad esempio, Pio XI e di come faranno i suoi successori, anche Pio XII esprimeva, quindi, una concezione tendenzialmente negativa dell'economia. Una visione che si traduceva in una concezione dicotomica del profitto e della prosperità. Si deve certamente essere d'accordo nel ritenere la ricchezza un dato più che meramente quantitativo[169], pur tuttavia gli interventi di papa Pacelli mostravano un'incomprensione di fondo dei dinamismi economici e dei processi imprenditoriali, un'incomprensione che contribuiva a mantenere ampia la distanza tra la dottrina sociale della Chiesa e le migliori teorie economiche[170].

3.3. Uno "Stato cristiano"?

Nel radiomessaggio trasmesso in occasione dell'anniversario della *Rerum novarum*, Pio XII, tratteggiando i caratteri di un'economia nazionale, aveva definito questa non solo quale «frutto dell'attività di uomini»[171], ma anche quale lavoro di coloro che sono «uniti nella comunità statale»[172]. Già facevamo notare che si tratta di un'affermazione dal sapore collettivistico che fa da contrasto ai frequenti appelli di papa Pacelli contro l'assolutizzazione dei poteri dello Stato[173]. Sin dai

---

169 «Dal che, diletti figli, vi tornerà agevole scorgere che la ricchezza economica di un popolo non consiste propriamente nell'abbondanza dei beni, misurata secondo un computo puro e pretto materiale del loro valore, bensì in ciò che tale abbondanza rappresenti e porga realmente ed efficacemente la base materiale bastevole al debito sviluppo personale dei suoi membri» (Pio XII, Radiomessaggio in occasione del cinquantesimo anniversario della *Rerum novarum*, 1.6.1941, cit., n. 1626).
170 Cfr. ALEJANDRO A. CHAFUEN, *Cristiani per la libertà. Radici cattoliche dell'economia di mercato*, prologo di Michael Novak, introduzione di Dario Antiseri, Liberilibri, Macerata 2007; cfr. ANGELO TOSATO, *Vangelo e ricchezza. Nuove prospettive esegetiche*, a cura di Dario Antiseri, Francesco D'Agostino e Angelo Petroni, Rubbettino, Soveria Mannelli (Catanzaro) 2002, p. 493 e passim; p. 505.512.525; cfr. THOMAS E. WOODS jr., *La Chiesa e il mercato. Una difesa cattolica della libera economia*, Liberilibri, Macerata 2008.
171 Pio XII, Radiomessaggio in occasione del cinquantesimo anniversario della *Rerum novarum*, 1.6.1941, cit., n. 1625.
172 *Ibidem*.
173 Cfr. CORREA DE OLIVEIRA, *Nobiltà ed élites tradizionali analoghe nelle allocuzioni di Pio XII al Patriziato ed alla Nobiltà romana*, cit., p. 99s.107s.

primi atti, il suo magistero sociale ha costantemente riservato allo Stato molta attenzione. Infatti, dall'enciclica *Summi pontificatus* sino agli ultimi interventi, l'idea dello Stato è assai presente nell'insegnamento pacelliano[174]. Lo conferma il fatto che tra i "cinque punti fondamentali" che il papa indicava in vista dell'ordine e della pacificazione della società umana, nel radiomessaggio del Natale 1942 (quindi in pieno conflitto) veniva richiamata la «concezione dello Stato secondo lo spirito cristiano» tesa a «ricondurre lo Stato e il suo potere al servizio della società, al pieno rispetto della persona umana e della sua operosità per il conseguimento dei suoi scopi eterni»[175]. La tendenza ad assolutizzare la figura dello Stato, quasi investendolo di un compito salvifico traspare anche dal radiomessaggio del Natale 1952: «in un ordinamento da stabilirsi, in un sistema che tutto abbraccerà e che, senza pregiudizio essenziale alla libertà, condurrà uomini e cose ad una più unita e crescente forza di azione»[176].

Una definizione compiuta dello Stato, il papa la fornì in una lettera inviata ai cattolici francesi nel 1954. In essa si diceva che «la vera nozione di Stato [è] quella di un organismo fondato sull'ordine morale del mondo»[177]. Qualcosa di assai simile era stato affermato sia a Natale del 1944, allorquando il pontefice sosteneva che «la dignità dello Stato è la dignità della comunità morale voluta da Dio»[178], sia a Natale del 1952, quando si presentava lo Stato nel suo «primordiale carattere di una comunità morale dei cittadini»[179]. L'analogia tra i due passi è nel considerare lo Stato come "corpo morale". Si tratta, però, di una definizione abbastanza problematica non solo perché parlare di "corpo morale" per un'entità collettiva stimola pur sempre suggestioni

---

174 Cfr. Di Martino, *La Dottrina Sociale della Chiesa. Principi fondamentali*, cit., p. 96-97.
175 Pio XII, Radiomessaggio *Con sempre nuova freschezza* alla vigilia del Natale, 24.12.1942, cit., n. 1718.
176 Pio XII, Radiomessaggio in occasione del santo Natale, 24.12.1952, cit., p. 427.
177 Pio XII, Lettera alla 41^ sessione delle Settimane sociali di Francia, 14.7.1954, in *Discorsi e radiomessaggi di Sua Santità Pio XII. XVI (1954-1955)*, Tipografia Poliglotta Vaticana, Città del Vaticano 1955, p. 463 («la vraie notion de l'État est celle d'un organisme fondé sur l'ordre moral du monde»).
178 Pio XII, Radiomessaggio *Benignitas et humanitas* alla vigilia del Natale, 24.12.1944, cit., p. 241.
179 Pio XII, Radiomessaggio in occasione del santo Natale, 24.12.1952, cit., p. 426.

organicistiche, ma anche perché si attribuisce allo Stato una natura non meramente strumentale.

Nei confronti dello Stato, in Pio XII - ed in sintonia con l'intera dottrina della Chiesa - emergevano due principali giudizi: da un lato, esso era ritenuto una realtà naturale, dall'altro, esso costituiva un pericolo perché tentato ad assolutizzarsi a danno delle altre realtà sociali. Sono giudizi non facilmente conciliabili che rappresentano un'aporia all'interno dell'intero insegnamento cattolico. Proviamo a spiegarci meglio.

Già nella *Summi pontificatus* si affermava che «la sovranità civile è stata voluta dal Creatore»[180]. Il testo ricorreva alla conferma offerta da Leone XIII con l'enciclica *Immortale Dei* («alla convivenza civile è necessaria un'autorità che la governi: e questa, non diversamente dalla società, proviene dalla natura e perciò da Dio stesso»[181]) e proseguiva ritenendo questa stessa sovranità indispensabile a regolare «la vita sociale secondo le prescrizioni di un ordine immutabile nei suoi princìpi universali», per rendere «più agevole alla persona umana, nell'ordine temporale, il conseguimento della perfezione fisica, intellettuale e morale» aiutandola «a raggiungere il fine soprannaturale»[182]. Se è vero che il termine utilizzato è quello di "sovranità civile" (al pari di "potestà"[183] o, semplicemente "autorità"[184]) è anche vero che esso è considerato come inappellabilmente indicativo della «missione dello Stato»[185].

In modo ancor più chiaro, Pio XII si espresse nel 1955: «lo Stato è di origine naturale, non meno della famiglia; ciò significa che nel suo nucleo è una istituzione voluta e data dal Creatore. Lo stesso vale per i suoi elementi essenziali, quali il potere e l'autorità che promanano dalla natura e da Dio»[186].

Come in questo testo, anche in varie altre circostanze papa Pacelli

---

180 Pio XII, Lettera enciclica *Summi pontificatus*, 20.10.1939, cit., n. 44.
181 Leone XIII, Lettera enciclica *Immortale Dei* sulla costituzione cristiana degli Stati, 1.11.1885, in *Enchiridion delle encicliche/3. Leone XIII (1878-1903)*, Edizioni Dehoniane, Bologna 1999, n. 451.
182 Pio XII, Lettera enciclica *Summi pontificatus*, 20.10.1939, cit., n. 44.
183 Cfr. *ibidem*, n. 43.
184 Cfr. *ibidem*.
185 *Ibidem*, n. 45.
186 Pio XII, Discorso agli operatori cinematografici che hanno partecipato al Congresso internazionale svoltosi a Roma, 28.10.1955, cit., p. 354-355.

poneva sullo stesso piano la naturalità della famiglia e della proprietà e quella dello Stato.

Ad esempio, nel radiomessaggio del Natale 1952, il pontefice, parlando della società e delle forme della moderna impresa industriale, citava «le istituzioni essenziali» e identificava queste con «la famiglia, lo Stato, la proprietà privata»[187]. E, poco dopo, a proposito di come le istituzioni che «il Creatore ha dato alla umana società» non abbiano «carattere impersonale», Pio XII ancora precisava come «il matrimonio e la famiglia, lo Stato, la proprietà privata, tendono per natura loro a formare e a sviluppare l'uomo come persona, a proteggerlo e a renderlo capace di contribuire, con la sua volontaria collaborazione e personale responsabilità, al mantenimento e allo sviluppo, altresì personale, della vita sociale»[188]. Una prima osservazione è suscitata dallo stridore che crea l'abbinamento tra Stato e "istituzioni a carattere personale" (al pari della famiglia e della proprietà), tanto più che lo stesso Stato apparirebbe come forza di argine al «sistema impersonale»[189] rappresentato dalle forme della moderna economia.

Un altro esempio è offerto dal radiomessaggio del Natale 1955[190]. Descrivendo «i principî della vera natura umana voluta da Dio», Pio XII così delineava «le linee essenziali» dell'ordine naturale: «la famiglia e la proprietà, come base di provvedimento personale; poi, come fattori complementari di sicurezza, gli enti locali e le unioni professionali, e finalmente lo Stato»[191]. Continuando, poi, a parlare «dell'essenza dei rapporti naturali dell'uomo coi propri simili, col lavoro, con la società», il papa contrapponeva ad un «artificiale sistema di sicurezza» la famiglia e la proprietà che «debbono restare tra i fondamenti della libera sistemazione personale. In qualche modo le comunità minori e lo Stato debbono poter intervenire come fattori complementari di sicurezza»[192].

Considerando lo Stato quale realtà naturale, si comprende il

---

187 Pio XII, Radiomessaggio in occasione del santo Natale, 24.12.1952, cit., p. 425.
188 *Ibidem.*
189 *Ibidem*, p. 426.
190 Pio XII, Radiomessaggio *Col cuore aperto* in occasione del Natale, 24.12.1955, in *Discorsi e radiomessaggi di Sua Santità Pio XII. XVII (1955-1956)*, Tipografia Poliglotta Vaticana, Città del Vaticano 1956, p. 433-449.
191 Pio XII, Radiomessaggio *Col cuore aperto* in occasione del Natale, 24.12.1955, cit., p. 437.
192 *Ibidem*, p. 438.

tradizionale orientamento con cui la Chiesa concepisce i propri rapporti con l'autorità politica. A tal proposito, Pio XII, nel Natale del 1951, ricordava che la Chiesa, pur non essendo una società politica, mantiene rapporti con gli Stati in quanto fondata da Cristo come "società visibile" e, come tale, concorre con gli Stati sullo stesso terreno. A questo tipo di «rapporti esterni», se ne aggiungono altri, «interni e vitali»[193]. Questi ultimi sono fondati sulla condivisione del perfezionamento della vita umana. Anche in questa dichiarazione, lo Stato – come la famiglia – appariva come società naturale «secondo l'indole sociale dell'uomo» perché lo Stato, «nonostante tutte le ombre, come attesta l'esperienza storica», è necessario alla vita umana che richiede «la tranquillità nell'ordine, quella *tranquillitas ordinis*, che è la definizione che s. Agostino dà della pace»[194]. Le ombre erano, però, troppo cupe per non tener conto della tragica lezione della storia. Dopo ciò che gli Stati avevano prodotto nel Novecento e dopo ciò che lo "Stato perfetto" comunista continuava a realizzare oltrecortina, sembrava quanto meno azzardato presentare tale istituzione quale «essenzialmente un ordinamento di pace».

All'origine della debolezza della dottrina cattolica dello Stato vi è la confusione tra società e Stato e tra autorità naturale e autorità politica[195]. Non è questa la sede per analizzare i presupposti e le conseguenze di questo esiziale equivoco, ma è impossibile non evocare tale fraintendimento anche in relazione al magistero di Pio XII. Rendendo impropriamente equivalenti la società e lo Stato, a quest'ultimo sono stati attribuiti i caratteri di naturalità. In senso proprio, lo Stato non è né la società né il governo. La società è la realtà naturale di cui l'uomo ha bisogno; il governo può essere qualcosa di naturale (ad esempio quello dei genitori sui figli o quello dell'autorità che agisce per perseguire la difesa della proprietà e dell'ordine) o di innaturale (quando sconfessa il compito di tutelare la proprietà e si trasforma in Stato). Ciò che, invece, chiamiamo Stato non soltanto non contiene alcuna caratteristica naturale, ma si caratterizza *essenzialmente* per il

---

193 Pio XII, Radiomessaggio in occasione del santo Natale, 24.12.1951, cit., p. 426-427.
194 *Ibidem*, p. 427.
195 Cfr. Di Martino, *La Dottrina Sociale della Chiesa. Principi fondamentali*, cit., p. 94-98.

tendenziale sovvertimento dell'ordine naturale (famiglia, proprietà) attraverso le molteplici modalità di azione politica.

La confusione è innanzitutto concettuale, ma quella semantica ha svolto un ruolo non secondario. La confusione terminologica è stata frequente anche nei testi di papa Pacelli. Esempi sono locuzioni di questo tipo: «operosità degli uomini e degli Stati»[196], «la salute degli Stati»[197], «la intera famiglia degli Stati»[198]. Esse indicano funzioni della società (non dello Stato), con quell'inclinazione atta a reificare realtà collettive a cui abbiamo fatto già cenno.

L'altro contestuale atteggiamento nei confronti dello Stato è la condanna del suo tendenziale assolutismo. In Pio XII questa preoccupazione era anche più marcata rispetto ai suoi successori, pur senza mettere in ombra il riconoscimento della naturalità dello Stato. In nome del diritto naturale (quello stesso diritto naturale che veniva invocato per legittimare il ruolo dello Stato) si biasimava l'auto-fondazione della legge in forza della volontà dello Stato (forza e volontà, quindi, tendenzialmente tiranniche). «Staccare il diritto delle genti dall'àncora del diritto divino – si legge nella *Summi pontificatus* –, per fondarlo sulla volontà autonoma degli Stati, significa detronizzare quello stesso diritto e togliergli i titoli più nobili e più validi, abbandonandolo all'infausta dinamica dell'interesse privato e dell'egoismo collettivo tutto intento a far valere i propri diritti e a disconoscere quelli degli altri»[199].

Non può non essere registrata una contraddizione tra la supposta indispensabilità dello Stato e i rischi contenuti nell'azione *essenziale* dello stesso Stato. Tanto più che entrambi questi atteggiamenti sono fondati sul medesimo diritto naturale. Da un lato, si presume che senza lo Stato non vi sia convivenza ordinata (confondendo lo Stato con l'esercizio della giustizia che proprio lo Stato ha costantemente conculcato) e, dall'altro, si rigettano le conseguenze dell'aver preso troppo sul serio la centralità dello Stato nella vita sociale. Soffermiamoci meglio su questo secondo aspetto.

Nonostante la guerra avesse mostrato tutte le responsabilità

---

196 Pio XII, Radiomessaggio *Nell'alba e nella luce* alla vigilia del Natale, 24.12.1941, cit., n. 1654.
197 Pio XII, Radiomessaggio natalizio, 24.12.1943, cit., p. 162.
198 *Ibidem*, p. 164.
199 Pio XII, Lettera enciclica *Summi pontificatus*, 20.10.1939, cit., n. 57.

politiche, anche negli ultimi mesi del conflitto, Pio XII, pur accentuando la critica allo Stato, non ricusava di considerare «lo Stato come società necessaria, rivestita dell'autorità»[200]. Tuttavia, nel radiomessaggio del Natale 1944 (quello ricordato per aver trattato della democrazia), il papa descrisse una nuova disposizione che era sopravvenuta nei popoli: «essi hanno preso di fronte allo Stato, di fronte ai governanti, un contegno nuovo, interrogativo, critico, diffidente. Edotti da un'amara esperienza, si oppongono con maggior impeto ai monopoli di un potere dittatoriale, insindacabile e intangibile, e richieggono [richiedono, *ndr*] un sistema di governo, che sia più compatibile con la dignità e la libertà dei cittadini»[201]. Al di là delle imprecisioni circa la democrazia ingenuamente ritenuta rimedio al totalitarismo[202], ciò che preme ora sottolineare è la disillusione nei confronti dell'opera pacificatrice dello Stato[203].

Nel radiomessaggio erano contenute importanti affermazioni circa la dottrina sullo Stato, ad iniziare dal richiamo agli «immutabili principi della legge naturale»[204] che impedisce «alla legislazione dello Stato un potere senza freni né limiti». Pio XII condannava quell'«assolutismo di Stato» coincidente «nell'erroneo principio che l'autorità dello Stato è illimitata, e che di fronte ad essa – anche quando dà libero corso alle sue mire dispotiche, oltrepassando i confini del bene e del male – non è ammesso alcun appello ad una legge superiore e moralmente obbligante»[205].

A proposito dell'assolutismo di Stato vanno almeno menzionati alcuni interessanti passaggi in cui Pio XII univa a questo concetto la teoria del positivismo giuridico. Un primo cenno è ravvisabile già nelle parole della *Summi pontificatus*. Nell'enciclica il papa sosteneva che «rinnegata […] l'autorità di Dio e l'impero della sua legge, il potere civile, per conseguenza ineluttabile, tende ad attribuirsi quell'assoluta

---

200 Pio XII, Radiomessaggio *Benignitas et humanitas* alla vigilia del Natale, 24.12.1944, cit., p. 240.
201 *Ibidem*, p. 237.
202 Cfr. Jacob Talmon, *Le origini della democrazia totalitaria*, Il Mulino, Bologna 1967.
203 Cfr. Pio XII, Radiomessaggio in occasione del santo Natale, 24.12.1951, cit., p. 427.
204 Pio XII, Radiomessaggio *Benignitas et humanitas* alla vigilia del Natale, 24.12.1944, cit., p. 243.
205 *Ibidem*.

autonomia, che solo compete al Supremo Fattore, e a sostituirsi all'Onnipotente, elevando lo Stato o la collettività a fine ultimo della vita, a criterio sommo dell'ordine morale e giuridico, e interdicendo, perciò, ogni appello ai princìpi della ragione naturale e della coscienza cristiana»[206]. Ma è soprattutto in un discorso ai giudici rotali che Pio XII espose con ampiezza il suo insegnamento riconducendo la crisi della giustizia al positivismo giuridico e all'assolutismo di Stato, due manifestazioni strettamente correlate tanto da costituire più che due, un'unica causa: «sottratta infatti al diritto la sua base costituita dalla legge divina naturale e positiva, e per ciò stesso immutabile, altro non resta che fondarlo sulla legge dello Stato come sua norma suprema, ed ecco posto il principio dello Stato assoluto. Viceversa questo Stato assoluto cercherà necessariamente di sottomettere tutte le cose al suo arbitrio, e specialmente di far servire il diritto stesso ai suoi propri fini»[207].

Pur coltivando questi timori nei confronti del potere politico che nel Novecento era divenuto tanto esteso, il progetto storico di Pio XII non può essere compreso prescindendo dal significato positivo che il magistero cattolico ha sempre attribuito allo Stato.

È ben noto quanto sia complesso parlare di "progetto storico", soprattutto se applicato ad un pontificato. Tuttavia, non mancano motivi per ritenere che questa categoria sia adeguata in rapporto ai propositi e alle speranze coltivate da Pio XII[208] per ciò che riguardava la ricostruzione dell'ordine sociale dopo le immani distruzioni della

---

206 Pio XII, Lettera enciclica *Summi pontificatus*, 20.10.1939, cit., n. 40.
207 Pio XII, Discorso al tribunale della Sacra Romana Rota, 13.11.1949, cit., p. 269.
208 Cfr. Acerbi, *La Chiesa nel tempo. Sguardi sui progetti di relazioni tra Chiesa e società civile negli ultimi cento anni*, cit., p. 130-181; cfr. Patrick De Laubier, *Il pensiero sociale della Chiesa Cattolica. Una storia di idee da Leone XIII a Giovanni Paolo II*, Massimo, Milano 1986, p. 88-107; cfr. Beniamino Di Martino, *Il primo decennio della Democrazia Cristiana. I progetti di De Gasperi, Dossetti e Pio XII*, Solfanelli, Chieti 2014; cfr. Andrea Riccardi (a cura di), *Pio XII*, Laterza, Bari 1984; cfr. Andrea Riccardi, *Pio XII. Un decennio difficile (1948-1958)*, in Augustine Fliche - Victor Martin (a cura di), *Storia della Chiesa. I cattolici e il mondo contemporaneo (1922-1958)*, Edizioni Paoline, Cinisello Balsamo (Milano) 1991, vol. 23, p. 104-127; cfr. Pietro Scoppola, *Il progetto degli anni '30 fra realizzazioni e contraddizioni nel secondo dopoguerra*, in Aa. Vv., *L'idea di un progetto storico. Dagli anni '30 agli anni '80*, Studium, Roma 1982, p. 73-109; cfr. Guido Verucci, *La Chiesa nella società contemporanea. Dal primo dopoguerra al Concilio Vaticano II*, Laterza, Bari 1988, p. 204-263.

guerra e per ciò che riguardava la rinascita della civiltà cristiana in Europa e in Occidente[209].

La speranza di papa Pacelli per una svolta cristiana, resasi quasi tangibile dopo la terribile esperienza nella quale era piombata l'umanità, aveva nello Stato un suo particolare momento di forza. Alla luce del costante insegnamento pontificio sulla natura dell'autorità politica, l'idea di uno "Stato cristiano", quale strumento di elevazione spirituale di una nazione, sembra, perciò, perfettamente coerente. Furono poi sia le circostanze storiche sia il temperamento personale del pontefice a far sì che l'attesa dell'edificazione di uno Stato confessionale raggiungesse, nei tempi moderni, il suo vertice negli anni del pontificato di papa Pacelli[210].

La questione ha sollevato appassionati dibattiti, soprattutto nel confronto interno alla teologia post-conciliare così poco incline a sostenere progetti e scelte confessionali. La nuova impostazione che avrebbe preso piede immediatamente dopo gli anni di Pio XII, infatti, mostrò una notevole distanza dall'impostazione precedente che in papa Pacelli aveva il suo rappresentante più emblematico (anche se non certo unico o isolato). Il pontificato di Pio XII si è, dunque, sostanzialmente mosso in un solco consueto (almeno sino a quel periodo), un indirizzo "politico" che ha accomunato i papi precedenti, da Leone XIII a Pio XI, tutti – anche se con sfumature diverse – uniti dalla coscienza di poter meglio riconquistare alla fede la moderna società attraverso la via delle istituzioni civili e delle autorità politiche[211].

Per queste ragioni, negli ultimi decenni, storici e teologi non sono stati teneri nei confronti di Pio XII (benché, più recentemente, stia prevalendo un ben diverso giudizio, più obiettivo e più fondato). La dottrina del papa è stata oggetto di più interpretazioni: ora come culmine della tensione teocratica nell'epoca contemporanea, ora come

---

209 Cfr. ANTONIO ACERBI, *Pio XII e l'ideologia dell'Occidente*, in ANDREA RICCARDI (a cura di), *Pio XII* (a cura di), *Pio XII*, Laterza, Bari 1984, p. 149-178; cfr. RAIMONDO SPIAZZI, *Pio XII. Mezzo secolo dopo*, Edizioni Studio Domenicano, Bologna 1991, p. 99s.; cfr. ORNELLA CONFESSORE, *L'americanismo cattolico in Italia*, Studium, Roma 1984.
210 Cfr. DI MARTINO, *Il primo decennio della Democrazia Cristiana. I progetti di De Gasperi, Dossetti e Pio XII*, cit., p. 86-91.
211 Al proposito, lo storico Pietro Scoppola (1926-2007) ha parlato di progetto "leonino-pacelliano"; cfr. PIETRO SCOPPOLA, *La «nuova cristianità» perduta*, Studium, Roma 1986, p. 57.

conciliazione con la moderna democrazia, ora come rilancio del ruolo e del prestigio internazionale della Chiesa, ora come spinta ad una nuova lettura del rapporto tra fede e storia.

Per quanto il giudizio degli studiosi sul pontificato pacelliano abbia prodotto discussioni teologiche e dispute storiche, pur tuttavia ciò che ha diviso non è stato il ruolo da riconoscere allo Stato, ma solo la sua funzionalità ad un disegno di ri-cristianizzazione della società. Poco ci si rende conto che vi è un elemento che unisce la gran parte di teologi e di politologi – sia progressisti sia tradizionalisti – e questo elemento è costituito dalla supposizione dell'indispensabilità dello Stato.

Nella dottrina sociale, in genere, e nel magistero di Pio XII, in particolare, lo Stato rappresenta una realtà originaria in quanto legata alla natura dell'essere umano («la persona, lo Stato, il pubblico potere, con i loro rispettivi diritti, sono stretti e connessi in tal modo che o stanno o rovinano insieme»[212]) e, perciò stesso, la sua azione viene legittimata perché semplicemente insostituibile («tutta l'attività dello Stato, politica ed economica[,] serve per l'attuazione duratura del bene comune»[213]).

In questo modo, lo Stato, in quanto realtà naturale, è indiscutibile e, in quanto condizione per la pace, è necessario. Ma né la dottrina sociale della Chiesa, in genere, né il magistero di Pio XII, in particolare, sono stati in grado di cogliere alcuni aspetti tanto elementari quanto basilari. Innanzitutto non sono stati in grado di distinguere sufficientemente la società – che è la vera realtà originaria legata alla natura dell'essere umano – dallo Stato che è antitetico alla società perché fondato sul predominio su di essa. Poi non si è stati in grado di comprendere che lo Stato non solo non è necessario alla pace e alla giustizia, ma – in quanto sostanzialmente differente dal puro governo – è causa prima dei contrasti internazionali e causa del sovvertimento ideologico del diritto naturale.

Come dicevamo, con queste premesse dottrinali, lo Stato non solo non sarebbe potuto essere estraneo all'idea di un ordine cristiano quale fu in Pio XII (idea che era stata già esplicitata da Pio XI), ma

---

212 Pio XII, Radiomessaggio *Benignitas et humanitas* alla vigilia del Natale, 24.12.1944, cit., p. 241.
213 Pio XII, Radiomessaggio *Con sempre nuova freschezza* alla vigilia del Natale, 24.12.1942, cit., n. 1680.

doveva necessariamente essere strumento centrale per la riconquista spirituale delle moltitudini. Allo "Stato laico", artefice della scristianizzazione, sarebbe dovuto subentrare uno "Stato cristiano", strumento di evangelizzazione[214].

Per quanto oggi si cerchi di attenuare la prospettiva pacelliana della confessionalizzazione delle istituzioni politiche[215] a causa di una forma di disagio nei confronti di un apostolato politicamente militante, l'istaurazione di uno "Stato cristiano" trapela nell'insegnamento di Pio XII (non meno di come era stato affermato dal suo predecessore). Non ci riferiamo solo ai numerosi appelli elettorali[216] che caratterizzarono la fase della mobilitazione anticomunista, ma anche – in positivo – i non meno incisivi richiami alla «concezione dello Stato secondo lo spirito cristiano»[217].

Ma la costruzione di uno «Stato cattolico»[218] rappresentava un'illusione. Lo era non perché esprimeva il proposito della riconquista cristiana della società, ma perché lo Stato (che – ripetiamo – non solo non ha nulla a che fare con le *naturali autorità*, ma si qualifica essenzialmente come sostituzione delle stesse con *autorità innaturali*) non avrebbe mai potuto realmente realizzare quel proposito. Puntare sullo Stato – per la moralizzazione pubblica[219] o per le politiche di assistenza sociale[220] – significa cooperare ad allargare il potere politico ed affidarsi

---

214 Cfr. Pio XII, Discorso sul sacerdozio e il governo pastorale rivolto ai Cardinali e ai Vescovi, 2.11.1954, cit., p. 251-252.
215 Così, ad esempio, Toso, *Welfare Society. La riforma del welfare: l'apporto dei pontefici*, cit., p. 100-101.122.
216 Cfr. Gino Concetti, *Chiesa e politica*, Piemme, Casale Monferrato (Alessandria) 1989, p. 59-63; cfr. Di Martino, *Il primo decennio della Democrazia Cristiana. I progetti di De Gasperi, Dossetti e Pio XII*, cit.; cfr. Giacomo Martina, *La Chiesa in Italia negli ultimi trent'anni*, prefazione di Clemente Riva, Studium, Roma 1977, p. 32s.
217 Pio XII, Radiomessaggio *Con sempre nuova freschezza* alla vigilia del Natale, 24.12.1942, cit., n. 1717.
218 Pio XII, Discorso ai giuristi cattolici italiani, 6.12.1953, in *Discorsi e radiomessaggi di Sua Santità Pio XII. XV (1953-1954)*, Tipografia Poliglotta Vaticana, Città del Vaticano 1954, p. 487.
219 Cfr. Pio XII, Radiomessaggio *Benignitas et humanitas* alla vigilia del Natale, 24.12.1944, cit., p. 240; cfr. Pio XII, Discorso ai giuristi cattolici italiani, 6.12.1953, cit., p. 483-492.
220 Cfr. Pio XII, Discorso ad una imponente rappresentanza dei lavoratori d'Italia, 13.6.1943, cit., p. 85.

ad uno strumento idoneo, piuttosto, a conculcare la *libertas ecclesiae*[221] e non certo a garantire quel primato della persona, della società e della famiglia che rappresenta le «esterne condizioni, le quali sono necessarie all'insieme dei cittadini per lo sviluppo delle loro qualità e dei loro uffici, della loro vita materiale, intellettuale e religiosa»[222].

Conseguenza del modo positivo con cui si considera il potere statuale è stata la fiducia con cui si accarezzò il progetto di un'autorità sovranazionale tesa a creare «un ordine internazionale, che, – diceva il papa – assicurando a tutti i popoli una pace giusta e duratura, sia feconda di benessere e di prosperità»[223]. Ma una siffatta autorità, essendo fondamentalmente una promanazione della politica dei singoli Stati (soprattutto di quelli più irruenti), non può risolversi se non in un accrescimento del controllo politico sui popoli che, se liberi, sarebbero indotti a moltiplicare gli scambi, non certo a ricorrere alle armi.

In particolare, Pio XII incoraggiò l'avvio del processo di unificazione europea[224], ritenendo che esso non potesse che essere garanzia di quella pacificazione che «fu sempre un impegno del Cristianesimo»[225] custodire ed assecondare. La «nobile idea» di «unificare fortemente l'Europa» in «un grande anelito di spirituale rinnovamento»[226] avrebbe, però, dovuto fare assai presto i conti con una forma quanto mai

---

221 Scrive Lottieri: «è davvero triste dover constatare come di fronte allo Stato moderno, che è stato il *nemico principale* della cristianità e l'attore fondamentale della secolarizzazione che ha dominato l'Europa degli ultimi secoli, numerosi cattolici abbiano adottato una sorta di machiavellismo ammantato di buone intenzioni. Si accetta di fare ricorso a *mezzi* intimamente perversi per conseguire *fini* buoni o ritenuti tali» (CARLO LOTTIERI, *Prefazione* a THOMAS E. WOODS jr., *La Chiesa e il mercato. Una difesa cattolica della libera economia*, Liberilibri, Macerata 2008, p. XLV).
222 PIO XII, Radiomessaggio *Con sempre nuova freschezza* alla vigilia del Natale, 24.12.1942, cit., n. 1680.
223 PIO XII, Radiomessaggio *Nell'alba e nella luce* alla vigilia del Natale, 24.12.1941, cit., n. 1654.
224 Cfr. MASSIMILIANO VALENTE, *La Santa Sede e l'Europa unita, dalla Conferenza dell'Aja al Trattato di Maastricht (1948-1992)*, in MASSIMO DE LEONARDIS (a cura di), *Fede e diplomazia. Le relazioni internazionali della Santa Sede nell'età contemporanea*, EDUCatt, Milano 2014, p. 384-390.
225 PIO XII, Radiomessaggio natalizio ai popoli di tutto il mondo, 24.12.1953, cit., p. 529.
226 PIO XII, Radiomessaggio *Ecce ego declinabo* in occasione del Natale, 24.12.1954, p. 338.

compiuta di accentramento burocratico i cui rischi, nonostante le idealità della prima ora, già allora potevano intravedersi[227].

L'ingenuità era contenuta nel ritenere che una unione prodotta dagli Stati coincidesse con «una Europa risanata, rinvigorita, nuovamente cosciente della sua missione, cristianamente ispirata»[228] e non con uno tra gli «esperimenti sull'ordine sociale»[229] per il quale nutrire sospetto ed apprensione. Pio XII metteva, sì, in guardia dal pericolo di lasciarsi «facilmente sedurre dalle illusioni di un inattuabile Stato ideale»[230] piuttosto che edificare «una Europa sana e chiaroveggente»[231], ma è anche vero che un'Europa guidata dall'alto, tanto più con la pretesa di essere condotta in modo «sano e chiaroveggente», assomiglia molto ad uno «Stato ideale» dove ben poco spazio viene ormai concesso alle concrete libertà della persona.

3.4. Un insegnamento vasto ed uniforme

Chiunque voglia accostarsi ad analizzare scrupolosamente il magistero sociale di Pio XII s'imbatte in un duplice ostacolo. Il primo è offerto – nonostante l'assenza di encicliche specifiche – dalla copiosità dei testi. Il secondo è costituito – proprio causa l'assenza di encicliche sociali – dalla necessità di compulsare tra tante allocuzioni il materiale che di solito si trova concentrato nelle encicliche.

---

227 Queste erano le riflessioni del papa: «perché ancora esitare? Il fine è chiaro; i bisogni dei popoli sono sotto gli occhi di tutti. A chi chiedesse in anticipazione l'assoluta garanzia del felice successo, dovrebbe rispondersi che si tratta, bensì, di un'alea, ma necessaria; di un'alea, ma adatta alle possibilità presenti; di un'alea ragionevole. Occorre senza dubbio procedere cautamente; avanzare con ben calcolati passi; ma perché diffidare proprio ora dell'alto grado conseguito dalla scienza e dalla prassi politica, le quali sanno bastevolmente prevedere gli ostacoli e approntare i rimedi? Induca soprattutto all'azione il grave momento in cui l'Europa si dibatte: per essa non vi è sicurezza senza rischio. Chi esige un'assoluta certezza, non dimostra buona volontà verso l'Europa» (Pio XII, Radiomessaggio natalizio ai popoli di tutto il mondo, 24.12.1953, cit., p. 529).
228 Pio XII, Radiomessaggio ai popoli di tutto il mondo in occasione del Natale, 24.12.1947, cit., p. 398.
229 Pio XII, Radiomessaggio natalizio ai popoli di tutto il mondo, 24.12.1953, cit., p. 530.
230 Pio XII, Radiomessaggio ai popoli di tutto il mondo in occasione del Natale, 24.12.1947, cit., p. 398.
231 *Ibidem.*

Abbiamo già espresso un'ipotesi circa la possibile ragione per cui Pio XII abbia deciso di non scrivere encicliche a carattere sociale ed abbiamo anche sottolineato come ciò non ha minimamente impedito a papa Pacelli di sviluppare un magistero sociale quanto mai ampio e dettagliato, più ampio e più dettagliato di quello dei suoi predecessori e dei suoi successori (eccezion fatta, forse, per Giovanni Paolo II[232]).

Un insegnamento così esteso, per l'abbondanza quantitativa e per la durata temporale, facilmente incorrerebbe in alcune incoerenze e in qualche contraddizione (così è accaduto, invece, in Giovanni Paolo II). Ciò, però, non è avvenuto nei pronunciamenti di Pio XII che, invece, si presentano sviluppati – considerati i presupposti – con singolare linearità e coerenza. Pensiamo che la notevole compattezza di questo *corpus* sia da attribuire prevalentemente a due motivi.

Il primo è dato dalla grande scrupolosità di papa Pacelli che lo portava ad occuparsi personalmente dei suoi discorsi la cui l'elaborazione raramente delegava ai collaboratori. Il secondo motivo è individuabile nell'avere avuto nel gesuita tedesco Gustav Gundlach (1892-1963) il principale ispiratore e costante consigliere circa le questioni sociali[233]. Forte impronta personale e riferimenti costanti saranno stati, quindi, alla base della compattezza e della coesione dell'insegnamento di papa Pacelli.

La dottrina sociale della Chiesa trova senz'altro in Pio XII un suo grande e autorevolissimo enunciatore. Pregi e limiti della prima si sono, perciò, inesorabilmente riversati nel secondo e, se tra i pregi vi è senz'altro quello di aver intuito il rischio di uno Stato dalle funzioni sempre più estese, tra i limiti vi è innanzitutto quello di non riuscire a comprendere la socialità umana al di fuori dell'orizzonte statale.

---

232   Tuttavia il magistero sociale di papa Wojtyla non gode della stessa organicità di quella di Pio XII.
233   Cfr. Marie-Dominique Chenu, *La dottrina sociale della Chiesa. Origine e sviluppo (1891-1971)*, Queriniana, Brescia 1982, p. 34; cfr. Jean-Marie Mayeur, *Pio XII e i movimenti cattolici in Europa*, in Andrea Riccardi (a cura di), *Pio XII*, Laterza, Bari 1984, p. 279.

4

La *Pacem in terris* di Giovanni XXIII

Ultima delle otto encicliche firmate da papa Roncalli[1], la *Pacem in terris* porta la data del giovedì santo del 1963, l'11 aprile, solo poche settimane prima della morte del pontefice. Giovanni XXIII, infatti, si spegnerà il 3 giugno a causa di un tumore allo stomaco che aveva iniziato a manifestarsi nel corso dell'estate precedente[2].

---

1 Nell'ultima parte del primo anno di pontificato, Giovanni XXIII aveva promulgato ben quattro encicliche. Infatti, in pochi mesi, apparvero la *Ad Petri cathedram* «sulla conoscenza della verità, sulla restaurazione dell'unità e della pace nella carità» (29 giugno 1959), la *Sacerdotii nostri primordia* nel I centenario del transito di san Giovanni Vianney (1° agosto 1959), la *Grata recordatio* per la recita del rosario a favore delle missioni e della pace (26 settembre 1959) e la *Princeps pastorum* sulle missioni cattoliche (28 novembre 1959). Dopo un anno e mezzo venne alla luce la *Mater et magistra* nel LXX anniversario della *Rerum novarum* (15 maggio 1961) e sul finire dello stesso 1961 venne firmata la *Aeterna Dei sapientia* a 1500 anni dalla morte di san Leone I Magno (11 novembre 1961). Gli ultimi due anni di pontificato, infine, furono scanditi da altrettante encicliche: la *Paenitentiam agere* nella quale si invitava a fare penitenza per il buon esito del Concilio (1° luglio 1962) e la *Pacem in terris* sulla pace fra le genti (11 aprile 1963).
2 Angelo Giuseppe Roncalli era nato in un paesino della provincia di Bergamo il 25 novembre 1881. Quarto di ben tredici figli, Angelo Giuseppe apparteneva ad una famiglia contadina piuttosto povera ed umile che presto lasciò per entrare in seminario. Venne poi mandato a Roma per completare gli studi teologici e dove, nell'estate del 1904, venne ordinato sacerdote. Il nuovo vescovo di Bergamo, mons. Giacomo Maria Radini Tedeschi (1857-1914), lo chiamò accanto a sé come suo segretario. Allo scoppio della Grande Guerra, don Angelo Roncalli vestì l'uniforme e prestò servizio sia nella sanità militare sia come cappellano. Dal 1921 fu nuovamente a Roma, nominato presidente in Italia dell'Opera per la Propagazione della Fede. L'incarico romano gli fece guadagnare la stima di Pio XI (1922-1939) che lo nominò, nel 1925, visitatore apostolico in Bulgaria ordinandolo vescovo. In questo modo ebbe inizio la

Il motivo del documento è chiaro sin dal titolo – *Pacem in terris*, la pace sulla terra –, motivo ribadito ulteriormente dal sottotitolo («*de pace omnium gentium in veritate, iustitia, caritate, libertate constituenda*», sulla pace fra tutte le genti fondata sulla verità, la giustizia, l'amore, la libertà). Fu il tema della pace, infatti, a spingere il pontefice ad elaborare l'enciclica che non solo sarà la più famosa tra quelle da lui firmate, ma sarà anche annoverata tra i documenti più noti della Chiesa: una tra le poche encicliche che viene citata o richiamata nei manuali di storia contemporanea.

Il documento, difatti, sarà presto considerato – eccezion fatta per l'indizione del Concilio Vaticano II – l'atto magisteriale più significativo degli anni di Giovanni XXIII. I commentatori, infatti, sono unanimi nel considerare la *Pacem in terris* «l'enciclica più significativa del papato di Roncalli, la più alta del suo pontificato»[3].

Se gli storici hanno richiamato (e continuano a richiamare) del documento soprattutto la vasta eco che suscitò e la notorietà che da subito l'accompagnò[4], i teologi hanno sottolineato la forte carica innovatrice che la *Pacem in terris* conteneva e volle esprimere[5]. L'enciclica del 1963 rappresenta, infatti, una specie di svolta per non pochi aspetti (e nessuno di questi può essere considerato trascurabile) anche se si trattava di cambiamenti già introdotti e, in qualche modo, preannunciati dalla precedente *Mater et magistra*[6].

Il tempo è certamente il miglior consigliere dello storico e molto

---

quasi trentennale attività diplomatica di mons. Roncalli che, dopo la missione in Bulgaria (1925-1934), fu delegato apostolico in Turchia e Grecia (1935-1944) ed, infine, nunzio in Francia (1944-1953). Poco prima di lasciare Parigi, Pio XII (1939-1958) lo volle cardinale e nel marzo del 1953 iniziò il suo nuovo ministero pastorale alla guida della diocesi patriarcale di Venezia. Lasciò la città lagunare per entrare nel conclave seguito alla morte di papa Pacelli e da quel conclave, sorprendendo molti, emerse la bonaria figura di Giovanni XXIII che guidò la Chiesa con un pontificato breve ed innovatore (1958-1963).

3 Guido Verucci, *La Chiesa nella società contemporanea. Dal primo dopoguerra al Concilio Vaticano II*, Laterza, Bari 1988, p. 345.

4 Ad esempio, cfr. Francesco Traniello, *Giovanni XXIII*, in Francesco Traniello - Giorgio Campanini (diretto da), *Dizionario storico del movimento cattolico in Italia*, Marietti, Casale Monferrato (Alessandria) 1982, vol. II, p. 249.

5 Ad esempio, cfr. Marie-Dominique Chenu, *La dottrina sociale della Chiesa. Origine e sviluppo (1891-1971)*, Queriniana, Brescia 1982, p. 30.

6 Giovanni XXIII, Lettera enciclica *Mater et magistra* sugli sviluppi della questione sociale nella luce della dottrina cristiana, 15.5.1961, in *Enchiridion delle encicliche/7*.

dovrebbe insegnare anche ai teologi. Ecco perché a distanza di mezzo secolo si può guardare meglio la *Pacem in terris*. Se lo sguardo è privo di ogni pregiudizio l'analisi diviene possibile senza atteggiamenti preconcetti: né di ostinata opposizione né, tanto meno, di acritica adesione. Per studiare l'enciclica di cinquanta anni fa, occorre guardare la *Pacem in terris* senza più quella scontata esaltazione che ha impedito un approccio serio e un giudizio sereno. Il clima di euforia ha, per lungo tempo e spesso involontariamente, bloccato – magari proprio con il pretesto di un approccio non più dogmatico – riletture critiche (riletture indispensabili sotto la dimensione scientifica) o anche valutazioni alla luce della storia successiva (valutazioni necessarie per giudicare meglio la lungimiranza delle prospettive). Uno sguardo distaccato e oggettivo è sempre il miglior armamentario di ogni studioso, soprattutto quando alcuni temi hanno subito una, seppure incolpevole, "mitizzazione"[7].

4.1. Il documento

Le novità contenute nel documento non possono certo essere sintetizzate solo dal modo con cui il documento si rivolgeva ai suoi destinatari. Tuttavia ebbe subito effetto la scelta di indirizzare il testo, oltre che alla gerarchia cattolica, al clero ed ai fedeli, anche «a tutti gli uomini di buona volontà»[8]. Com'è noto, era quella la prima volta che un'enciclica si dirigeva in modo formale al mondo intero benché

Giovanni XXIII, Paolo VI (1958-1978), Edizioni Dehoniane, Bologna 1994, n. 222-481.

7 Non è privo di significato che siano stati proprio studiosi al di sopra di ogni sospetto, perché tutt'altro che avversi al nuovo corso inaugurato dalla svolta roncalliana, ad essersi fatti carico di aver avviato il chiarimento storiografico distinguendo, per ciò che concerne il giudizio sul pontificato di Giovanni XXIII, il "mito" dalla "storia". Cfr. GIACOMO MARTINA, *La Chiesa in Italia negli ultimi trent'anni*, Studium, Roma 1977, p. 71s.; cfr. PIETRO SCOPPOLA, *La «nuova cristianità» perduta*, Studium, Roma 1986, p. 111s.; cfr. MARIO TOSO, *Welfare Society. La riforma del welfare: l'apporto dei pontefici*, Libreria Ateneo Salesiano, Roma 2003, p. 151.152; cfr. GIANCARLO ZIZOLA, *L'utopia di papa Giovanni*, Cittadella, Assisi 1973.

8 Il richiamo «agli uomini di buona volontà» era già presente nel testo dell'enciclica *Mater et magistra* sia a proposito del movimento di iniziative sociali scaturito dalla *Rerum novarum* di Leone XIII, sia a riguardo alla diffusione e alla concretizzazione della dottrina sociale della Chiesa (cfr. *Enchiridion delle encicliche/7. Giovanni XXIII, Paolo VI (1958-1978)*, Edizioni Dehoniane, Bologna 1994, n. 246.439).

attraverso «gli uomini di buona volontà» riconoscendo ad essi «un compito immenso: il compito di ricomporre i rapporti della convivenza nella verità, nella giustizia, nell'amore, nella libertà»[9].

Il carattere innovativo della *Pacem in terris* si coglieva a più livelli ed andò a costituire una sorta di "nuovo clima" nel quale affrontare problemi e questioni. In un ampio documento del 1988 sulla Dottrina Sociale della Chiesa, stilato dalla Congregazione per l'Educazione Cattolica, il magistero di Giovanni XXIII – ed in particolare la *Pacem in terris* – è presentato come uno sforzo per «aggiornare»[10] l'insegnamento precedente, sottolineando la novità «di stile e di linguaggio»[11]. Un decennio prima di questa attestazione, nel 1978, era stato il cardinale Karol Wojtyla (poche settimane prima di salire sulla cattedra di Pietro) a commentare autorevolmente i cambiamenti dell'enciclica di Giovanni XXIII rispetto al magistero sociale precedente. Il futuro Giovanni Paolo II, pur riconoscendo una svolta rispetto all'insegnamento che si era prodotto da Leone XIII a Pio XII, riteneva, tuttavia, che questa svolta non costituisse «*una frattura della continuità e dell'unità*»[12]. Certamente quando si parla del carattere innovativo della *Pacem in terris* non si intende dare all'insegnamento contenuto nell'enciclica giovannea una connotazione rivoluzionaria rispetto agli orientamenti o ai principi dell'insegnamento ad essa precedente. Neanche, tuttavia, si può restringere la risposta riducendola ai meri ed inevitabili adattamenti del Magistero in risposta alle nuove questioni che la situazione storica presenta (mondializzazione dei fenomeni, armamenti

---

9 Giovanni XXIII, Lettera enciclica *Pacem in terris* sulla pace fra tutte le genti fondata sulla verità, la giustizia, l'amore, la libertà, 11.4.1963, in *Enchiridion delle encicliche/7. Giovanni XXIII, Paolo VI (1958-1978)*, Edizioni Dehoniane, Bologna 1994, n. 703. Mancando la *Pacem in terris* di una numerazione ufficiale e dovendo comunque scegliere tra diverse in uso, preferiamo adottare quella seguita dalla collana *Enchiridion delle encicliche*, collana presente in tutte le biblioteche ed ormai largamente diffusa le cui citazioni si ritrovano a volte anche nei testi ufficiali.
10 Congregazione per l'Educazione Cattolica, Documento *In questi ultimi decenni*. Orientamenti per lo studio e l'insegnamento della Dottrina Sociale della Chiesa nella formazione sacerdotale, 30.12.1988, n. 23a, in *Enchiridion Vaticanum. Documenti ufficiali della Santa Sede/11 (1988-1989)*, Edizioni Dehoniane, Bologna 1991, n. 1946.
11 *Ibidem*.
12 Karol Wojtyla, *La dottrina sociale della Chiesa*, intervista di Vittorio Possenti, commento di Sergio Lanza, Lateran University Press, Città del Vaticano 2007, p. 44 (corsivo nel testo originale).

atomici, divisione mondiale in blocchi, nuove modalità di socialismo e capitalismo, complessità, pluralismo, interdipendenza, ecc.). Come si espresse l'allora cardinale Wojtyla, «questa svolta non consiste nell'interruzione di una certa continuità unitaria, ma in un chiaro *spostamento di accenti*»[13].

Il primo di questi è quello già implicitamente segnalato nel modo con cui Giovanni XXIII si rivolgeva ai destinatari dell'enciclica. Da una prospettiva interna (o prevalentemente tale), mossa soprattutto dal tentativo di modificare e correggere gli squilibri della vita interna alle società occidentali, si passava ad un'ottica *ad extra* che si manifestava in una sorta di abbandono di propri modelli e criteri rigidi[14] per favorire un ascolto delle situazioni contingenti e una lettura dei "segni dei tempi".

Ben oltre le novità «di stile e di linguaggio», quindi, occorre tener presente anche altro. Per quanto un cambiamento epistemologico non venga riconosciuto ufficialmente, tuttavia, l'accentuazione di una sorta di nuova ermeneutica attraversava il testo nel segno di un discernimento anche a contenuto empirico che valorizzasse sia contributi provenienti dalla sociologia sia stimoli derivanti da ogni altro campo[15]. Come esempio di questo metodo dinamico, già nella *Mater et magistra*, significativamente si richiamava l'*esperienza* («l'esperienza attesta...», diceva il papa)[16], aprendo una strada sulla quale si ritroverà l'insegnamento successivo. Due anni dopo, infatti, nella *Pacem in terris*, Giovanni XXIII ribadiva la verifica empirica attraverso la viva esperienza («l'esperienza attesta...», ripeteva il papa)[17]. Una metodologia

---

13 *Ibidem*.
14 Cfr. Francesca Duchini, *Insegnamento sociale della Chiesa e problematica economica: da Leone XIII a Pio XII*, in Aa. Vv., *L'insegnamento sociale della Chiesa. Atti del 58° corso aggiornamento dell'Università Cattolica (settembre 1988)*, Vita e Pensiero, Milano 1988, p. 77-79.
15 Cfr. Mario Toso, *Umanesimo sociale. Viaggio nella dottrina sociale della Chiesa e dintorni*, Libreria Ateneo Salesiano, Roma 2002, p. 152.181.
16 «L'esperienza attesta che dove manca l'iniziativa personale dei singoli vi è tirannide politica; ma vi è pure ristagno dei settori economici» (Giovanni XXIII, *Mater et magistra*, cit., n. 278).
17 «L'esperienza attesta che qualora manchi una appropriata azione dei poteri pubblici, gli squilibri economici, sociali e culturali tra gli esseri umani tendono, soprattutto nell'epoca nostra, ad accentuarsi...» (Giovanni XXIII, *Pacem in terris*, cit., n. 603).

esperienziale, questa, che sarà poi confermata nel magistero seguente[18].

In stretta relazione con questo aspetto vi è l'altra caratteristica epistemologica che distingue l'enciclica dai documenti che l'hanno preceduta. Si tratta di un sintomatico passaggio da un metodo di approccio prevalentemente deduttivo ad un altro più induttivo[19]. Anche il cardinale Wojtyla, nella richiamata lunga intervista rilasciata alla vigilia dell'assunzione del ministero petrino, aveva sottolineato come l'enciclica di Giovanni XXIII avesse determinato una mutazione nel metodo seguito dall'insegnamento sociale della Chiesa, assumendo una modalità «meno deduttiva, meno focalizzata sui princìpi» e divenendo «più induttiva, descrittiva, più concentrata sui fatti»[20]. Per quanto questa variazione sia stata interpretata all'interno dell'unitarietà del *corpus* del Magistero sociale – così, ad esempio, è stata presentata dal documento del 1988 sulla Dottrina Sociale della Chiesa compilato dalla Congregazione per l'Educazione Cattolica che esclude una vera e propria «svolta epistemologica»[21] – pur tuttavia questa percepita

---

18 E quando più tardi (esattamente dieci anni dopo la *Mater et magistra*), Paolo VI scrisse la *Octogesima adveniens*, papa Montini invocò più volte il «discernimento» (cfr. Paolo VI, Lettera apostolica *Octogesima adveniens*, 14.5.1971, n. 15.31.35.36) come scelta e come metodo. Anche Giovanni Paolo II confermerà l'importanza dell'esperienza empirica come fonte di discernimento nelle valutazioni sociali. Sia nella *Sollecitudo rei socialis* (dove papa Wojtyla, soffermandosi sul diritto di iniziativa economica, scriveva che «l'esperienza ci dimostra che...»; Giovanni Paolo II, Lettera enciclica *Sollicitudo rei socialis* nel ventesimo anniversario della *Populorum progressio*, 30.12.1987, n. 15), sia nella *Centesimus annus* (ove riferendosi alla critica marxista rivolta alle società capitalistiche, il papa osservava che «l'esperienza storica dei Paesi socialisti ha tristemente dimostrato che...»; Giovanni Paolo II, Lettera enciclica *Centesimus annus* nel centenario della *Rerum novarum*, 1.5.1991, n. 41), il dato che emerge dalla costatazione empirica dimostra di essere ormai un elemento metodologico della Dottrina Sociale.
19 Cfr. Beniamino Di Martino, *La Dottrina Sociale della Chiesa. Princìpi fondamentali*, Nerbini, Firenze 2016, p. 40.
20 Wojtyla, *La dottrina sociale della Chiesa*, cit., p. 45.
21 «Lo stile e il linguaggio delle encicliche di papa Giovanni XXIII conferiscono alla dottrina sociale nuova capacità di approccio e di incidenza nelle nuove situazioni, senza con questo venir meno alla legge della continuità con la tradizione precedente. Non si può dunque parlare di "svolta epistemologica". È certo che affiora la tendenza a valorizzare l'empirico e il sociologico, però nello stesso tempo si accentua la motivazione teologica nella dottrina sociale. Ciò è tanto più evidente se si fa un confronto con i documenti precedenti, in cui predomina la riflessione filosofica e l'argomentazione basata sui princìpi del diritto naturale. A dare origine alle encicliche sociali di Giovanni XXIII sono state senz'altro le trasformazioni radicali tanto all'interno degli stati

differente prospettiva ha infiammato il dibattito in seno alla teologia morale, offrendo non pochi pretesti alla ormai convenzionale abitudine di criticare duramente ogni impostazione che non prediliga la prospettiva induttiva. L'abbandono del metodo deduttivo e aprioristico si accompagnava ad un certa insofferenza: l'approccio epistemologico deduttivo veniva archiviato perché ritenuto inadatto e superato, oltre che responsabile di aver ingessato «il magistero sociale facendolo assomigliare a un codice di astratti principi»[22].

Un articolo de «La Civiltà Cattolica», in occasione dell'anniversario dell'enciclica, attingendo ai documenti del gesuita napoletano Roberto Tucci (1921-2015) – poi cardinale, ma direttore della rivista all'epoca del pontificato di papa Roncalli[23] – ha messo in luce molte ed importanti informazioni circa le fasi redazionali della *Pacem in terris*[24]. Incrociando questi nuovi elementi con il ben più ampio studio sul processo di formazione dell'enciclica dello storico Alberto Melloni (1959-viv.)[25] si può giungere ad un quadro ben delineato dell'iter che si concluse con la firma del pontefice che, come ricordavamo, venne posta l'11 aprile 1963, nel giorno del giovedì santo.

Il percorso della stesura non fu affatto lungo, a differenza di altri casi simili. Il papa aveva evitato di affidare la redazione delle bozze al personale della curia vaticana e, allo scopo di garantirsi un testo che esprimesse una teologia sufficientemente sensibile alle attese dei tempi, incaricò Pietro Pavan (1903-1994)[26]. Mons. Pavan – che diventerà rettore della Pontificia Università Lateranense, nel 1969, e cardinale,

---

come nelle loro relazioni reciproche, sia "nel campo scientifico, tecnico ed economico", sia in quello "sociale e politico"» (CONGREGAZIONE PER L'EDUCAZIONE CATTOLICA, Documento *In questi ultimi decenni*, cit., n. 23c).

22 GIUSEPPE ALBERIGO (diretta da), *Storia del Concilio Vaticano II*, Il Mulino, Bologna 1999, vol. 1, p. 406.

23 Cfr. BARTOLOMEO SORGE, *Uscire dal tempio. Intervista autobiografica*, a cura di Paolo Giuntella, Marietti, Genova 1989, p. 30-32.

24 Cfr. GIOVANNI SALE, *Il cinquantesimo della "Pacem in terris"*, in «La Civiltà Cattolica», anno 164 (2013), vol. II, p. 10s. (quad. n. 3907 del 6.4.2013).

25 Cfr. ALBERTO MELLONI, *Pacem in terris. Storia dell'ultima enciclica di papa Giovanni*, Laterza, Bari 2010.

26 Cfr. ROGER ETCHEGARY, *Preface*, in FRANCO BIFFI, *Prophet of our Times. The Social Thought of Cardinal Pietro Pavan*, New City Press, New York (N. Y.) 1992, p. VII-VIII; cfr. LUCA SANDONÀ, *Communitarian Personalism and Social Economics. The Contribution of Cardinal Pietro Pavan and Francesco Vito to the Development of Catholic Social Doctrine in Sixties*, in AA. VV., *Subsidiarity and Institutional Polyarchy. Studies of*

nel 1985 – aveva già largamente contribuito alla stesura della *Mater et magistra* e la sua impronta costituirà un elemento di indubbia continuità tra i due documenti. Dalla fine del novembre 1962 alla primavera del 1963 il progetto venne chiarito e approvato; il testo venne abbozzato, letto e apprezzato da Giovanni XXIII; venne poi fatto revisionare da alcuni teologi (le cui obiezioni furono solo in parte accolte); infine il testo venne fatto tradurre in latino per essere finalmente reso ufficialmente noto.

In questo modo venne alla luce l'enciclica sulla pace che tanta risonanza avrebbe avuto nella Chiesa e nel mondo. Sin dalla prima bozza, il tema si legava chiaramente all'ordine tra gli uomini stabilito da Dio. Spesso l'enciclica, nelle sintesi che vengono offerte, viene presentata (e non in modo arbitrario) come avente a tema la pace tra i popoli nel rispetto dell'ordine stabilito da Dio e sarebbe stato appunto questo il sottotitolo che ci si sarebbe potuto immaginare. Il sottotitolo ufficiale, invece, è sensibilmente differente ed è stato espresso così: «la pace fra tutte le genti fondata sulla verità, la giustizia, l'amore, la libertà».

Il richiamo all'ordine stabilito da Dio è, però, presente immediatamente, nell'esordio stesso dell'enciclica che si apriva con queste parole: «la pace in terra, anelito profondo degli esseri umani di tutti i tempi, può venire instaurata e consolidata solo nel pieno rispetto dell'ordine stabilito da Dio»[27]. Quest'ordine – l'ordine nell'universo e l'ordine negli esseri umani – costituisce, quindi, sin da subito, oltre che l'argomento dell'introduzione, anche una delle principali chiavi interpretative dell'intero documento.

Molte, in realtà, sono le questioni affrontate dall'enciclica, sebbene a partire dal grande e cogente tema della pace. E tutte queste sono tematiche che rientrano in quella dimensione sociale del Magistero che è stata definita "Dottrina Sociale della Chiesa". Questi numerosi argomenti venivano trattati suddividendo la *Pacem in terris* in quattro ampie parti più una quinta sezione dal carattere dichiaratamente pastorale.

La prima parte del documento affrontava il tema dell'ordine tra

---

Social Market Economy in contemporary democracies. Yearbook 2011, Centro Studi Tocqueville-Acton, Milano 2011, p. 39-44.
27 Giovanni XXIII, *Pacem in terris*, cit., n. 541.

gli esseri umani dichiarando subito che quest'ordine deve fondarsi sul riconoscimento di ogni essere umano quale *persona* e, pertanto, soggetto di diritti e di doveri. Rapidamente l'enciclica passava, quindi, a formulare una lunga e dettagliata tavola dei diritti e dei doveri[28] considerati propri di ogni uomo in nome di «un ordine morale che ha per fondamento oggettivo il vero Dio»[29].

Ai rapporti tra gli esseri umani e i poteri pubblici all'interno delle singole comunità politiche è dedicata la seconda parte del documento che spazia dal richiamo tradizionale della necessità dell'autorità e della sua origine divina all'accettazione del regime democratico, dagli elementi del bene comune ai compiti dei pubblici poteri, dal dovere da parte dello Stato di promuovere i diritti della persona al funzionamento dei poteri pubblici[30]. È in questo contesto che il papa sollecitava la partecipazione dei cittadini alla vita pubblica.

Nella terza parte Giovanni XXIII descriveva i rapporti fra le comunità politiche dichiarando che anche queste, come le singole persone, sono soggetti di diritti e di doveri perché «la stessa legge morale, che regola i rapporti fra i singoli esseri umani, regola pure i rapporti tra le rispettive comunità politiche»[31]. Per questo motivo, i rapporti fra gli Stati devono essere regolati «nella verità» e «secondo giustizia» per evitare che alcune comunità nazionali perseguano i propri interessi «comprimendo od opprimendo le altre»[32]. Il bene comune universale a cui si era già fatto cenno nei passaggi introduttivi dell'enciclica, in questa parte, veniva più volte richiamato e messo in relazione con la necessità del disarmo. Era a questo punto che Giovanni XXIII si soffermava

---

28 Riguardo la questione, cfr. BENIAMINO DI MARTINO, *Diritti dell'uomo e Dottrina Sociale della Chiesa. Un approccio critico*, in «Rivista di Studi Politici», anno 25 (2013), n. 4 (ottobre-dicembre), p. 117-137; cfr. MARTIN RHONHEIMER, *John XXIII's Pacem in terris. The First Human Rights Encyclical*, in VITTORIO V. ALBERTI (a cura di), *Il concetto di pace. Attualità della Pacem in Terris nel 50° anniversario (1963-2013)*, Libreria Editrice Vaticana, Città del Vaticano 2013, p. 103-136.

29 GIOVANNI XXIII, *Pacem in terris*, cit., n. 577.

30 Cfr. BENIAMINO DI MARTINO, *Diritti "positivi" e diritti "negativi". I limiti dell'insegnamento sociale della Chiesa*, in «Annali del Dipartimento Giuridico dell'Università del Molise», anno 13/14 (2011/2012), p. 511-533 (l'articolo è disponibile anche in lingua inglese: *"Positive" and "Negative" Rights: Shortcomings of the Church's Social Teaching*, in «International Journal of Humanities and Social Science Research», vol. 2 (2016), p. 11-22).

31 GIOVANNI XXIII, *Pacem in terris*, cit., n. 620.

32 *Ibidem*, n. 632.

sulla paura di un devastante conflitto: «gli esseri umani vivono sotto l'incubo di un uragano che potrebbe scatenarsi ad ogni istante»[33]. La conseguente condanna della corsa agli armamenti rappresentava, poi, il punto dell'enciclica che ha inevitabilmente attirato la maggiore attenzione da parte dei commentatori di cronaca.

I rapporti degli esseri umani e delle comunità politiche con la comunità internazionale costituiva il tema della quarta parte del documento. Anticipando la definizione del fenomeno della "globalizzazione", il papa descriveva l'interdipendenza tra le comunità politiche come ineluttabile e positiva. Pur tuttavia, l'enciclica insisteva sull'«insufficienza dell'attuale organizzazione dell'autorità pubblica nei confronti del bene comune universale»[34] spingendosi azzardatamente ad auspicare una più forte autorità pubblica mondiale pur in una qualche conciliazione con il principio di sussidiarietà.

A conclusione di ciascuna di queste quattro parti in cui l'enciclica si suddivideva, il papa poneva sempre, a corollario, la identificazione di alcuni "segni dei tempi" ai quali «la Chiesa deve prestare speciale attenzione»[35] e che per molti commentatori rappresentavano i «passaggi più importanti dell'enciclica, in cui è più evidente lo spirito giovanneo e lo slancio profetico del documento papale»[36].

Alle quattro grandi sezioni, il documento aggiungeva una quinta parte, di natura ancora più marcatamente "pastorale", che si esprimeva in una serie di *richiami* («richiami pastorali» appunto) quali, ad esempio, il dovere di partecipazione alla vita pubblica da parte dei cristiani e la necessità delle competenze scientifiche e delle capacità tecniche per una migliore sintesi con i valori spirituali. È in questa ultima parte che Giovanni XXIII offriva nuovi criteri per orientare i rapporti fra cattolici e non cattolici in campo economico, sociale e politico prendendo le distanze da quelle vie che diffidano della indispensabile gradualità per migliorare le situazioni umane.

4.2. L'enciclica e la "Dottrina Sociale"

Dicevamo, quindi, che i tanti temi a sfondo sociale trattati, a

---

33 *Ibidem*, n. 651.
34 *Ibidem*, n. 672.
35 Sale, *Il cinquantesimo della "Pacem in terris"*, cit., p. 16.
36 *Ibidem*.

partire da quello della pace nel mondo, fanno della *Pacem in terris* uno dei documenti su cui si poggia e si elabora la Dottrina Sociale della Chiesa. Tuttavia, occorre registrare un paradosso: uno dei documenti più noti dell'insegnamento sociale del Magistero eclissa la formula "Dottrina Sociale". Nella *Pacem in terris*, infatti, quasi scompare questa espressione che, da Pio XI in avanti[37], aveva designato non solo un modo generico di definire le problematiche sociali, ma il *corpus* di insegnamenti della Chiesa. L'enciclica del 1963 in un unico passaggio (a proposito delle decisioni che i cattolici impegnati nei settori politici devono prendere[38]) richiamava l'espressione "dottrina sociale", ma lo faceva suggerendo l'intenzione di non voler impegnarsi in una definizione specifica: «*doctrinae etiam de rebus socialibus, quam tradit Ecclesia*»[39].

Eppure, solo due anni prima, la *Mater et magistra* aveva contemplato numerosi ed espliciti riferimenti alla "Dottrina Sociale della Chiesa" tanto che l'intero documento può essere considerato come un'apologia del *corpus* dottrinale cattolico nella materia sociale. A partire dal richiamo espresso nel sottotitolo («gli sviluppi della questione sociale nella luce della dottrina cristiana»), il testo del 1961, infatti, tornava sovente a sottolineare – sia implicitamente, sia palesemente

---

37 Cfr. Pio XI, Lettera enciclica *Quadragesimo anno* sull'instaurazione dell'ordine sociale cristiano, 15.5.1931, in *Enchiridion delle encicliche/5. Pio XI (1922-1939)*, Edizioni Dehoniane, Bologna 1995, n. 590.599.600.
38 La precisazione che imponeva che le modalità della collaborazione con i non cattolici fossero conformi alla dottrina sociale della Chiesa ed alle direttive della autorità ecclesiastica («Perciò, da parte dei cattolici tale decisione spetta in primo luogo a coloro che vivono od operano nei settori specifici della convivenza, in cui quei problemi si pongono, sempre tuttavia in accordo con i principi del diritto naturale, con la dottrina sociale della Chiesa e con le direttive della autorità ecclesiastica. Non si deve, infatti, dimenticare che compete alla Chiesa il diritto e il dovere non solo di tutelare i principi dell'ordine etico e religioso, ma anche di intervenire autoritativamente presso i suoi figli nella sfera dell'ordine temporale, quando si tratta di giudicare dell'applicazione di quei principi ai casi concreti», *Pacem in terris*, cit., n. 700) furono "prescritte" dai teologi revisori ed in particolare dal domenicano Luigi Ciappi (1909-1996, cardinale dal 1977). Cfr. Zizola, *L'utopia di papa Giovanni*, cit., p. 33-34.
39 «...da parte dei cattolici tale decisione spetta in primo luogo a coloro che vivono od operano nei settori specifici della convivenza, in cui quei problemi si pongono, sempre tuttavia in accordo con i principi del diritto naturale, con la dottrina sociale della Chiesa [*doctrinae etiam de rebus socialibus, quam tradit Ecclesia*] e con le direttive della autorità ecclesiastica» (*Pacem in terris*, cit., n. 700).

– l'esistenza di una vera e propria dottrina della Chiesa per le questioni sociali. Com'è noto, la *Mater et magistra* ricordava la *Rerum novarum* di Leone XIII[40] nel settantesimo anniversario dalla sua promulgazione e, proprio il richiamo alla famosa enciclica sulla «questione operaia», consentiva a Giovanni XXIII di affermare, sin dalle prime battute del testo, l'esistenza di principi con i quali risolvere cristianamente le questioni sociali[41]. Ancor di più, nella quarta parte del documento, papa Roncalli ribadiva, con una singolare fermezza, l'esistenza di una vera e propria "dottrina" e l'importanza di questo aspetto del Magistero: «riaffermiamo anzitutto che la dottrina sociale cristiana è parte integrante della concezione cristiana della vita»[42]. Anche chi si è posto in maniera critica nei confronti dell'esistenza di uno specifico magistero sociale cattolico non ha potuto non segnalare una particolare insistenza di Giovanni XXIII che, nelle righe dell'enciclica del 1961, riaffermava chiaramente anche l'utilità dello studio della dottrina sociale e la necessità della sua diffusione[43]. Scriveva, infatti, il papa: «è [...] indispensabile, oggi più che mai, che quella dottrina sia conosciuta, assimilata, tradotta nella realtà sociale in quelle forme e in quei gradi che le varie situazioni acconsentono o reclamano»[44]. Ed a riguardo dell'esigenza di applicare nel concreto gli insegnamenti magisteriali, veniva anche detto: «una dottrina sociale non va solo enunciata, ma anche tradotta in termini concreti nella realtà. Ciò tanto è più vero della dottrina sociale cristiana, la cui luce è la verità, il cui obiettivo è la giustizia e la cui forza propulsiva è l'amore»[45]. Poi, dato che «il passaggio dalla teoria alla pratica è, per sua natura, arduo»[46] – e quanto più lo è «quando si tratta di tradurre in termini di concretezza una dottrina sociale quale è quella

---

40   Leone XIII, Lettera enciclica *Rerum novarum* sulla condizione degli operai, 15.5.1891, in *Enchiridion delle Encicliche/3. Leone XIII (1878-1903)*, Edizioni Dehoniane, Bologna 1999, n. 861-938Leo.
41   Cfr. Giovanni XXIII, *Mater et magistra*, cit., n. 228.
42   *Ibidem*, n. 440.
43   Cfr. Chenu, *La dottrina sociale della Chiesa*, cit., p. 37.
44   Giovanni XXIII, *Mater et magistra*, cit., n. 439. Tra gli auspici espressi dall'enciclica vi era quello di vedere esteso l'insegnamento della dottrina sociale in modo ordinario e sistematico «a tutti i seminari e a tutte le scuole cattoliche di ogni grado» (*Ibidem*, n. 441).
45   *Ibidem*, n. 444.
46   *Ibidem*, n. 447.

cristiana»⁴⁷ –, Giovanni XXIII rimarcava l'importanza dell'educazione (che fa nascere «la coscienza del dovere» e fa sviluppare la coscienza «di agire cristianamente in campo economico e sociale») e la necessità che si proponga e si apprenda «il metodo che rende idonei a compiere quel dovere»⁴⁸.

La «teoria dell'insegnamento sociale della Chiesa»⁴⁹ espressa dalla *Mater et magistra* entrò presto in crisi. Segno di questo cambiamento di atteggiamento non fu solo la diffidenza con cui si guardò all'espressione "Dottrina Sociale della Chiesa"⁵⁰, ma la complessiva messa in discussione dello stesso insegnamento magisteriale. Rapidamente si estendeva il sospetto verso quel vero e proprio *corpus* dottrinale, chiaro e riconoscibile, di principi deduttivamente applicabili, ritenendo ormai superata la stessa domanda circa l'esistenza di una Dottrina Sociale della Chiesa⁵¹.

Tra i richiami a questa Dottrina Sociale nella *Mater et magistra* e l'impostazione che la *Pacem in terris* fa propria, il mutamento è abbastanza netto. Si può dire che la *Mater et magistra* risentiva ancora delle preoccupazioni tradizionali ed era rivolta prevalentemente all'interno della Chiesa, mentre la *Pacem in terris*, pur non mancando di orientare i cattolici su questioni quali l'impegno in politica e le condizioni di cooperazione con i non cattolici, intendendo rivolgersi anche all'esterno della Chiesa, esprimeva un nuovo clima teologico volto al superamento di quanto poteva apparire retaggio dei vari dottrinarismi.

Tra la *Mater et magistra* (promulgata il 15 maggio 1961) e la *Pacem in terris* (che reca la data dell'11 aprile 1963), infatti, era intervenuto un evento destinato ad incidere profondamente nella vita della Chiesa: il Concilio Vaticano II (1962-1965). I padri conciliari si sentirono «chiamati ad aggiornare la dottrina della Chiesa nei suoi punti fondamentali»⁵² determinando, per alcuni aspetti, e recependo,

---

47 *Ibidem*.
48 *Ibidem*.
49 Patrick De Laubier, *Il pensiero sociale della Chiesa Cattolica. Una storia di idee da Leone XIII a Giovanni Paolo II*, Massimo, Milano 1986, p. 112.
50 Cfr. Roger Etchegaray, *Esiste una «dottrina sociale» della Chiesa?*, in Aa. Vv., *Il Magistero sociale della Chiesa. Principi e nuovi contenuti. Atti del Convegno di Studio. Milano 14-16 aprile 1988*, Vita e Pensiero, Milano 1989, p. 11.
51 Cfr. *ibidem*, p. 11s.
52 Sale, *Il cinquantesimo della "Pacem in terris"*, cit., p. 11.

per qualche altro aspetto, quei cambiamenti di orizzonte che la *Pacem in terris* conteneva.

Nei due anni intercorsi tra le due encicliche era stata indetta l'assise conciliare caratterizzata da un nuovo ottimismo espresso da Giovanni XXIII, e non solo simbolicamente, sia nella presa di distanza dai «profeti di sventura»[53], sia in un atteggiamento che interpretava i "segni dei tempi" premonitori «di un'epoca migliore per la Chiesa e per l'umanità»[54]. Anche questa attesa indicava una trasformazione non solo rispetto ad un'epoca della vita della Chiesa che sembrava alle spalle, ma anche rispetto ad espressioni usuali fino a poco tempo prima. Sembrano, infatti, molto distanti dalle speranze poste nel futuro – speranze apertesi con il clima conciliare – parole come quelle che seguono che lo stesso Giovanni XXIII aveva pronunciato all'inizio del pontificato: «in quest'ora tremenda in cui lo spirito del male adopera ogni mezzo per distruggere il Regno di Dio, debbono essere impegnate tutte le energie per difenderlo [...]. Quanto più arduo sarebbe allora riedificare le anime, una volta che fossero staccate dalla Chiesa e rese schiave delle false ideologie del nostro tempo»[55].

Tornando all'enciclica del 1963 e per quanto possa apparire paradossale, quindi, la *Pacem in terris* è uno dei documenti più importanti della Dottrina Sociale e, al tempo stesso, quella a cui meglio si sono appellati non pochi teologi per giustificare il tramonto definitivo di un insegnamento ufficiale della Chiesa in materia sociale. Sotto queste spinte, nonostante le indicazioni della *Mater et magistra*, la dottrina sociale si eclissava ed entrava in crisi la stessa idea di un pensiero sociale specificamente cristiano[56].

---

53 Giovanni XXIII, Discorso nella solenne apertura del Concilio, 11.10.1962, in *Enchiridion Vaticanum. Documenti ufficiali del Concilio Vaticano II (1962-1965)*, Edizioni Dehoniane, Bologna 1981, n. 41*.
54 Giovanni XXIII, Costituzione apostolica *Humanae salutis* con la quale viene indetto il Concilio Vaticano II, 25.12.1961, in *Enchiridion Vaticanum. Documenti ufficiali del Concilio Vaticano II (1962-1965)*, Edizioni Dehoniane, Bologna 1981, n. 4*.
55 Giovanni XXIII, Radiomessaggio nel 50° anniversario del terremoto di Messina, 28.12.1958, in *Discorsi, Messaggi, Colloqui del Santo Padre Giovanni XXIII*, Tipografia Poliglotta Vaticana, Città del Vaticano 1960, vol. I, p. 110.
56 Cfr. Francesco Botturi, *La dottrina sociale cristiana: ragioni di una crisi*, in «Communio», anno 9 (1981), n. 56, p. 48-58; cfr. Flavio Felice - Paolo Asolan, *Appunti di dottrina sociale della Chiesa. I cantieri aperti della pastorale sociale*, prefazione di Ettore Gotti Tedeschi, Rubbettino, Soveria Mannelli (Catanzaro) 2008, p. 22-23.

4.3. Il contesto politico mondiale

Se questo clima di rinnovamento teologico costituiva il contesto ecclesiale, la *Pacem in terris* andava a calarsi in un contesto politico non meno problematico. Quando si descrive il contesto storico dell'enciclica sempre si fa riferimento alle tensioni politico-militari tra i due blocchi. È inevitabile che l'enciclica dedicata alla pace susciti considerazioni sullo scenario mondiale dei primi anni Sessanta.

In quegli anni in URSS, Nikita Kruscev (1894-1971), che aveva avviato, sin dal famoso Congresso del PCUS del febbraio 1956, un ambiguo processo di "destalinizzazione", era all'apice della sua *leadership*. Il comunismo nel mondo sembrava tradurre l'idea di un progresso che non poteva essere contrastato; questa percezione si traduceva nella politica delle cancellerie occidentali che optavano per la cauta formula del "contenimento", modalità di ripiego che indicava un crescente senso di timore militare e di inferiorità culturale. Negli USA, John F. Kennedy (1917-1963), che all'inizio del 1961 si era insediato alla Casa Bianca, aveva dovuto presto coinvolgere la sua amministrazione in uno dei momenti più delicati dell'intera storia della cosiddetta "Guerra Fredda". Il punto di massima tensione tra le due super-potenze si raggiunse con la crisi di Berlino nell'agosto 1961 e, ancor più, con la crisi di Cuba nell'ottobre 1962.

L'esistenza di installazioni missilistiche nell'isola caraibica che era passata sotto l'influenza sovietica indusse Kennedy, il 20 ottobre, a decretare il blocco navale per impedire alle navi di Mosca lo sbarco di altro materiale bellico. Forzare il blocco, da parte sovietica, o arrestare, da parte americana, la navigazione dei convogli avrebbe costituito un atto di guerra dalle conseguenze tanto prevedibili quanto disastrose. In quei drammatici frangenti, Giovanni XXIII, a mezzogiorno del 25 ottobre, lanciò un radiomessaggio in favore della pace in cui affermava che «alla Chiesa nulla sta più a cuore della pace e della fraternità fra gli uomini e per questo lavora instancabilmente»[57]. Il testo, che era stato anticipato al presidente Kennedy e al segretario Kruscev, era molto breve ed era stato preparato nottetempo dal pontefice, ma impose la

---

57 GIOVANNI XXIII, Radiomessaggio per l'intesa e la concordia dei popoli, 25.10.1962, in *Discorsi, Messaggi, Colloqui del Santo Padre Giovanni XXIII*, Tipografia Poliglotta Vaticana, Città del Vaticano 1963, vol. IV, p. 614.

figura di Giovanni XXIII tra i protagonisti della "distensione" per gli effetti che produsse: tre giorni dopo i sovietici e gli americani, infatti, si accordarono allontanando il rischio dello scontro.

Al di là della visione epica che ha circondato l'intervento del pontefice, oggi sappiamo che il messaggio papale non era stato prontamente concepito in Vaticano, ma era stato riservatamente sollecitato dai governi delle due potenze, nessuno dei quali era intenzionato a far precipitare la situazione essendo entrambi fortemente interessati a trovare una via di uscita onorevole per poter tornare sui propri passi[58]. In altri termini, sia Kennedy sia Kruscev avevano bisogno di un'occasione che consentisse loro di compiere un passo indietro senza apparire perdenti e furono ben lieti di aver trovato questa occasione nelle parole di Giovanni XXIII. Anche in questa nuova luce va intesa la immediata pubblicazione sulla «Pravda», l'organo di stampa del Partito Comunista dell'Unione Sovietica, del messaggio di papa Roncalli. Più che un gesto di sincera attenzione alle parole di Giovanni XXIII, il rilancio del testo doveva offrire un motivo diplomatico per giustificare i negoziati. Ad ogni buon conto, il conflitto era stata scongiurato e l'intervento del papa aveva svolto un ruolo assai importante in una situazione resasi pericolosissima per la salvaguardia della pace, tema che univa in quell'ottobre del 1962 eventi politici ed eventi ecclesiali (solo quindici giorni prima, l'11 ottobre, il Concilio ecumenico Vaticano II aveva avuto la sua solenne apertura).

4.4. Il tema della pace e dell'ordine divino

Per quanto, quindi, le urgenze determinate dai pericoli di un'*escalation* della proliferazione degli arsenali siano all'origine della seconda enciclica sociale di Giovanni XXIII, la *Pacem in terris* affrontava molti altri temi seppure a partire da quello della «pace fra tutte le genti fondata sulla verità, la giustizia, l'amore, la libertà». Qualche commentatore ha inteso anche decontestualizzare i contenuti del documento giovanneo nel tentativo di non appiattire l'enciclica in chiave monotematica. Così, ad esempio, Santo Quadri (1919-2008) per il quale se la pace rappresenta, nella *Pacem in terris*, il tema più importante (o

---

58 Cfr. GABRIELE SABATINI, *Dalla crisi di Cuba alla "Pacem in terris". Giovanni XXIII e la pace attraverso la stampa italiana*, Uni Service, Trento 2007, p. 14s.

semplicemente il più evidente) non per questo debba essere considerato l'unico[59]. Anzi, sotto questo aspetto, il posto principale dovrebbe essere concesso, piuttosto, all'ordine posto da Dio[60]. È dal rispetto di quest'ordine stabilito da Dio, sia nell'intero universo sia negli esseri umani, che scaturisce il modo di regolare i rapporti di convivenza tra gli uomini e tra i popoli, riconoscendo la pace quale «il risultato vivente della compresenza armonica di questi ordini»[61].

Se la pace è una conseguenza del rispetto dell'ordine naturale, si comprende come la *Pacem in terris* giungeva a trattare il tema del disarmo e della deterrenza atomica solo dopo aver, prima, esposto i diritti (e i doveri) che la persona possiede in quanto essere umano (l'enciclica presentava i diritti quali condizioni per il rispetto dell'ordine tra gli uomini), poi, delineato la natura e gli scopi dell'autorità (cogliendo i rapporti tra gli uomini e i poteri pubblici), infine, descritto le relazioni fra le comunità politiche, specificamente identificate con il moderno "Stato"[62].

Sono certamente state le affermazioni in merito all'angoscia provocata dalla corsa agli armamenti a dare grande ed immediato richiamo giornalistico all'enciclica. Accanto alla bonomia della figura di Roncalli e all'accentuato carattere pastorale del pontificato, questo afflato per la pace tra i popoli è uno degli elementi che ha maggiormente contribuito a consolidare il "mito" giovanneo. Lo "spirito" dell'enciclica sembrava condurre verso ipotesi di disarmo unilaterale e verso la rinuncia alle armi per una pace a tutti i costi ("senza se e senza ma" come si sarebbe detto più tardi). La "lettera" dell'enciclica, però, si muoveva su un'imprescindibile condizione che la pace fra i popoli e le nazioni

---

59 Cfr. Santo Quadri, *Rileggiamo insieme la "Pacem in terris"*, in «La Società», anno 4 (1994), n. 13, p. 144.
60 Uno spazio a parte richiederebbe l'approfondimento del concetto di "ordine" che non può semplicemente essere risolto come contrapposto a quel caos da cui la pace non può mai nascere. Per quanto si propenda nel dare alla nozione di "ordine" un'interpretazione meno statica possibile, tuttavia essa impone il richiamo ad una legge naturale che rivela la legge eterna di Dio. Cfr. card. Maurice Roy, *Riflessioni nel X anniversario della "Pacem in terris"*, 7.4.1973, in Raimondo Spiazzi (a cura di), *I documenti sociali della Chiesa*, Massimo, Milano 1988, vol. II, p. 1120.1146; cfr. Toso, *Welfare Society. La riforma del welfare: l'apporto dei pontefici*, cit., p. 200.
61 Quadri, *Rileggiamo insieme la "Pacem in terris"*, cit., p. 144.
62 Cfr. Pietro Pavan (a cura di), *L'enciclica "Pacem in terris". A venticinque anni dalla pubblicazione*, Editiones Academiae Alphonsianae Edacalf, Roma 1988, p. 115.

non può che essere fondata «sulla verità e la giustizia», oltre che sull'amore e la libertà.

L'utopia di bandire la guerra dalla storia accompagnò particolarmente le spinte culturali degli anni Sessanta, ma non furono pochi, dentro e fuori la Chiesa, coloro che intesero indicare la strada del pacifismo come quella che avrebbe prodotto lo sgretolamento delle contrapposizioni. L'enciclica non sosteneva ciò, ma, al tempo stesso, rifiutava la logica della deterrenza: «gli armamenti, come è noto, si sogliono giustificare adducendo il motivo che se una pace oggi è possibile, non può essere che la pace fondata sull'equilibrio delle forze. Quindi se una comunità politica si arma, le altre comunità politiche devono tenere il passo ed armarsi esse pure. E se una comunità politica produce armi atomiche, le altre devono pure produrre armi atomiche di potenza distruttiva pari»[63].

Le parole di Giovanni XXIII sembravano decretare il superamento della dottrina della "guerra giusta"[64]: «giustizia, saggezza ed umanità domandano che venga arrestata la corsa agli armamenti, si riducano simultaneamente e reciprocamente gli armamenti già esistenti; si mettano al bando le armi nucleari; e si pervenga finalmente al disarmo integrato da controlli efficaci»[65]. Il superamento della dottrina della "guerra giusta", tuttavia, comporta rendere molto più sottile il confine tra ricerca della giustizia possibile e disarmo assoluto, tra armamenti accumulati per difendersi e armamenti ammassati per conquistare, tra guerra difensiva e operazioni militari aggressive.

Nell'enciclica, però, emergeva l'idea che fosse proprio il carattere dei nuovi dispositivi atomici ad impedire la riproposizione delle vecchie distinzioni e la condanna assoluta degli armamenti comportava la condanna di principio della guerra. Scriveva, perciò, il papa: «riesce quasi impossibile pensare che nell'era atomica la guerra possa essere utilizzata come strumento di giustizia»[66]. Anche sotto questo aspetto, quindi, in nome delle nuove circostanze che renderebbero un conflitto non più convenzionale, l'enciclica, non distinguendo tra le

---

63   Giovanni XXIII, *Pacem in terris*, cit., n. 650.
64   Cfr. Joseph Höffner, *La dottrina sociale cristiana*, Paoline, Roma 1989, p. 237s.; cfr. José Miguel Ibanez Langlois, *La dottrina sociale della Chiesa. Itinerario testuale dalla "Rerum novarum" alla "Sollecitudo rei socialis"*, Ares, Milano 1989, p. 236s.
65   Giovanni XXIII, *Pacem in terris*, cit., n. 652.
66   *Ibidem*, n. 667.

responsabilità che causano i conflitti e tra i motivi che possano determinarli, dimostrava di allontanarsi dai principi deduttivi e di applicare, anche al caso della guerra, un approccio induttivo[67]. Ancora una volta, più che attingere al bagaglio classico dell'impostazione della teologia morale convenzionale, si dava spazio ad una lettura delle dinamiche storiche e ad un'interpretazione che privilegiava i fatti nelle loro novità.

In materia di perseguimento della pace tra i popoli sarebbe assai interessante mettere a confronto la strada della dottrina della Chiesa e la via liberale. A differenza tanto della *Mater et magistra* quanto dell'insegnamento magisteriale precedente, la *Pacem in terris* dimostrava una qualche attenzione al mercato considerato come strumento di cooperazione e, quindi, di pacificazione tra gli uomini. Parlando del bene comune universale, infatti, Giovanni XXIII affermava, tra le altre cose, che questo – il bene comune universale – «esige che le comunità politiche favoriscano gli scambi, in ogni settore, fra i rispettivi cittadini e i rispettivi corpi intermedi»[68]. Poi, più avanti, a riguardo della cooperazione verso «le comunità politiche in fase di sviluppo economico», il papa esprimeva quasi un auspicio: «è lecito [...] sperare che gli uomini, incontrandosi e negoziando, abbiano a scoprire meglio i vincoli che li legano»[69]. Si tratta di dichiarazioni interessanti che dimostrano una qualche apertura nei confronti del commercio inteso quale possibilità e quale condizione di cooperazione. I passi dell'enciclica non rappresentano, certo, una coincidenza con la posizione libero-scambista, ma sono un significativo punto di contatto. I teorici del *laissez-faire* hanno sempre ritenuto che la strada per scongiurare l'uso delle armi non abbia migliore modo per affermarsi che la diffusione del libero mercato. Gli scambi non sono occasione di contesa e di divisione, ma, al contrario, costituiscono le più ordinarie e le più solide opportunità di cooperazione sociale e di collaborazione anche internazionale. Da qui, il rifiuto di ogni politica protezionistica che, però, il magistero, in più occasioni, ha dimostrato, al contrario, di suggerire[70]. La prospettiva liberista è stata espressa da due lapidarie frasi di altrettanti campioni

---

67 Cfr. SALE, *Il cinquantesimo della "Pacem in terris"*, cit., p. 18-19.
68 GIOVANNI XXIII, *Pacem in terris*, cit., n. 640.
69 *Ibidem*, n. 669.
70 Cfr. PAOLO VI, Lettera apostolica *Octogesima adveniens* per l'LXXX anniversario della *Rerum novarum*, 14.5.1971, n. 44; cfr. BENEDETTO XVI, Lettera enciclica *Caritas in veritate* sullo sviluppo umano integrale, 29.6.2009, n. 40.

di quel filone di pensiero economico quali sono stati Bastiat nel secolo XIX e Mises nel secolo XX. Se, infatti, l'austriaco Ludwig von Mises (1881-1973) si chiedeva «se uomini e merci sono impediti di passare le frontiere, perché le armate non dovrebbero preparare loro la via?»[71], il francese Frédéric Bastiat (1801-1850) non perdeva occasione per ricordare che «se su di un confine non passano le merci, attraverso di esso passeranno i cannoni»[72].

Altro punto di confronto tra la dottrina sociale della Chiesa e la visione liberale è, ovviamente, il ruolo dello Stato. La *Pacem in terris*, in sostanziale continuità con la tradizione precedente, guardava all'azione dei governi ritenendo questi i primi artefici del bene comune[73], mentre la prospettiva antistatalista non dimentica come siano proprio i poteri politici ad essere la causa prima delle contrapposizioni tra le nazioni. Guardando con circospetta cautela i pubblici poteri, i liberali consideravano e considerano lo Stato non il rimedio alla guerra, ma la sua causa storica. Un giudizio questo che, richiamando la crisi che attraversano le istituzioni tipiche dello Stato moderno, travalica i confini del pensiero liberale se è vero che anche Luigi Bonanate (1943-viv.), ad un recente convegno sull'enciclica di Giovanni XXIII, proprio mettendo a confronto l'insegnamento della *Pacem in terris* con la pace e la guerra, ha affermato che «le guerre nel mondo non sono una conseguenza dell'assenza di governo, ma del malgoverno che lo domina»[74]. Tuttavia, un commento di Pavan nel venticinquesimo anniversario dell'enciclica sulla pace sottolineava esattamente la centralità dello Stato a cui il documento di Giovanni XXIII dava ulteriore impulso all'interno della dottrina sociale cattolica: «l'elemento di maggiore novità nell'enciclica *Pacem in terris* è costituito dal fatto che in essa si recepisce il modello di Stato elaborato nell'epoca moderna e che perciò si suol denominare *Stato moderno*: il quale, nella fase finale della sua elaborazione, si

---

71 LUDWIG VON MISES, *L'azione umana. Trattato di economia*, prefazione di Lorenzo Infantino, Rubbettino, Soveria Mannelli (Catanzaro) 2016, p. 876.
72 Cit. in DARIO ANTISERI, *Cattolici a difesa del mercato*, a cura di Flavio Felice, Rubbettino, Soveria Mannelli (Catanzaro) 2005, p. 7.
73 Cfr. GIOVANNI XXIII, *Pacem in terris*, cit., n. 593-594.
74 Cit. in GIANPAOLO SALVINI, «Pace e guerra tra le nazioni a 50 anni dalla "Pacem in terris"», in «La Civiltà Cattolica», anno 164 (2013), vol. II, p. 270 (quad. n. 3909 del 4.5.2013).

presenta come Stato di diritto sociale democratico, laico, pluralista»[75]. D'altra parte se, nelle parole di papa Roncalli, «il bene comune esige che i poteri pubblici» svolgano un ruolo particolarmente attivo[76], è anche vero che – menzionando il principio di sussidiarietà[77] e citando la *Mater et magistra* – «dev'essere sempre riaffermato il principio che la presenza dello Stato in campo economico non va attuata per ridurre sempre più la sfera di libertà della iniziativa personale dei singoli cittadini, ma per garantire a quella sfera la maggiore ampiezza possibile, nell'effettiva tutela, per tutti e per ciascuno, dei diritti essenziali della persona»[78].

4.5. Una teologia dei "segni dei tempi"

Un tema che non può essere tralasciato, anche in una breve introduzione all'enciclica come il presente articolo vuol essere, è senz'altro quello relativo ai "segni dei tempi". Il richiamo a questa categoria è, infatti, un elemento talmente caratteristico dell'enciclica tanto che risulterebbe difficile accostarsi al documento prescindendo da qualche considerazione sulla nota espressione.

Il Concilio era stato annunciato il 25 gennaio 1959 e, dopo due anni, nel Natale del 1961, venne definitivamente indetto mediante la costituzione apostolica *Humanae salutis*. In essa, in riferimento alle gravi calamità, il papa aveva scritto: «queste dolorose cause di ansietà si configurano alla nostra considerazione come un motivo per richiamare la necessità di vigilare e rendere ognuno cosciente dei suoi doveri. Sappiamo che la visione di questi mali deprime talmente gli animi di alcuni al punto che non scorgono altro che tenebre, dalle quali pensano che il mondo sia interamente avvolto. Noi invece amiamo riaffermare la Nostra incrollabile fiducia nel divin Salvatore del genere umano, che non ha affatto abbandonato i mortali da lui redenti. Anzi, seguendo gli

---

75 Pavan (a cura di), *L'enciclica "Pacem in terris". A venticinque anni dalla pubblicazione*, cit., p. 115.
76 Cfr. Giovanni XXIII, *Pacem in terris*, cit., n. 605.
77 Cfr. Beniamino Di Martino, *La Dottrina Sociale della Chiesa. Principi fondamentali*, Nerbini, Firenze 2016, p. 142; cfr. Paolo Magagnotti (a cura di), *Il principio di sussidiarietà nella dottrina sociale della Chiesa*, presentazione di Raimondo Spiazzi, Edizioni Studio Domenicano, Bologna 1991, p. 29s.
78 Giovanni XXIII, *Pacem in terris*, cit., n. 605.

ammonimenti di Cristo Signore che ci esorta ad interpretare i "segni dei tempi" (Mt 16,3), fra tanta tenebrosa caligine scorgiamo indizi non pochi che sembrano offrire auspici di un'epoca migliore per la Chiesa e per l'umanità»[79].

Già l'indizione del Concilio, quindi, appariva segnata da questa categoria teologica che veniva interpretata come un'apertura ad una maggiore speranza e ad una più solida fiducia. Il papa mutuava l'espressione dal racconto che l'evangelista Matteo riporta circa il rimprovero che Gesù rivolse ai farisei e ai sadducei i quali, per metterlo alla prova, gli chiesero un segno dal cielo. Dinanzi alla cecità dei suoi accusatori in ordine ai segni indicatori dell'avvento della salvezza, Gesù disse: «quando si fa sera, voi dite: "bel tempo, perché il cielo rosseggia"; e al mattino: "oggi burrasca, perché il cielo è rosso cupo". Sapete dunque interpretare l'aspetto del cielo e non sapete distinguere i segni dei tempi?» (Matteo 16,2-3).

Dalle parole di convocazione del Concilio, l'invito a saper leggere i "segni dei tempi" rimbalzava nel testo della *Pacem in terris* quasi ad attraversare carsicamente il pontificato per manifestarsi appieno dell'enciclica conclusiva. A causa dell'insistenza con cui la categoria veniva richiamata nella *Pacem in terris*, i "segni dei tempi" indicavano molto più che l'adozione di una suggestiva immagine. L'espressione rappresentava, piuttosto, una «novità imprevista» – così si è espresso il noto teologo domenicano Marie-Dominique Chenu (1895-1990) – che «ebbe uno stupefacente destino, perché provocò non solo un arricchimento dottrinale, ma addirittura un rinnovamento degli abiti mentali»[80].

Ovviamente il pericolo di enfatizzare a tal misura la lettura dei "segni dei tempi" non solo può dar corso ad una sorta di storicismo teologico, ma ha anche indotto molte scivolate. Unilateralismi ed esasperazioni in chiave ideologica, ben lontani da quell'"ermeneutica della continuità" tanto raccomandata da Benedetto XVI anche nella *Caritas in veritate*[81], hanno, infatti, prodotto una concezione partigiana e

---

79 Giovanni XXIII, Costituzione apostolica *Humanae salutis* con la quale viene indetto il Concilio Vaticano II, 25.12.1961, in *Enchiridion Vaticanum. Documenti ufficiali del Concilio Vaticano II (1962-1965)*, Edizioni Dehoniane, Bologna 1981, n. 4*.
80 Chenu, *La dottrina sociale della Chiesa*, cit., p. 37.
81 Cfr. Benedetto XVI, Lettera enciclica *Caritas in veritate* sullo sviluppo umano integrale, 29.6.2009, n. 22.

limitata del modo di intendere l'attenzione ai "segni dei tempi". Non certo senza motivi, perciò, alcuni teologi hanno auspicato l'abbandono dell'espressione "segni dei tempi" considerandola oramai inflazionata per il continuo magniloquente ricorso ad essa[82].

Se un'"assolutizzazione ideologica" è stata causa di fraintendimenti[83], ben altra cosa è scrutare la fattualità storica ed interpretarne le vicende alla luce della verità del Vangelo[84]. Spesso, però, al paradigma dei "segni dei tempi" è stato dato il ruolo di una non sempre chiara «lettura critico-profetica»[85] che ha condotto a contrapporre la nuova dimensione alla precedente impostazione e a dare unicamente alla prima i contorni di «un messaggio di coraggio, di tolleranza, di ottimismo, di fiducia nella vita e negli uomini, dopo tanti anatemi contro movimenti e dottrine...»[86].

Tornando alla *Pacem in terris* e a quello sguardo dei "segni dei tempi" che, come diceva il cardinale Wojtyla, scaturisce dalla sapienza e dalla prudenza[87], è indubitabile che il richiamo all'espressione evangelica costituisca un elemento fortemente caratterizzante dell'enciclica. Se volessimo cercare una definizione, potremmo trovarla nelle parole di Chenu che descriveva i "segni dei tempi" come quei «mezzi per discernere i valori evangelici anche all'interno delle trasformazioni sociali e politiche dell'umanità»[88].

Il teologo domenicano ebbe un ruolo rilevante nel contesto conciliare di cui fu un esponente di punta. In un suo noto intervento, a meno di due anni dall'enciclica e in fase di elaborazione della *Gaudium et spes*, Chenu esprimeva la convinzione che «il discernimento dei

---

82   Cfr. GIUSEPPE ANGELINI, *I problemi della «dottrina sociale»*, saggio introduttivo a THEODOR HERR, *La dottrina sociale della Chiesa. Manuale di base*, Piemme, Casale Monferrato (Alessandria) 1988, p. IX.XI.XXIXs.
83   Cfr. GIORGIO ZANNONI, *Oltre il cattolicesimo democratico*, EDIT, Milano 1986, p. 25.
84   Cfr. GEORGES COTTIER, *Persona e società*, in AA. VV., *L'insegnamento sociale della Chiesa. Atti del 58° corso aggiornamento dell'Università Cattolica (settembre 1988)*, Vita e Pensiero, Milano 1988, p. 39.
85   GIUSEPPE MATTAI, *Problemi etici delle vita economica*, in TULLO GOFFI - GIANNINO PIANA (a cura di), *Corso di morale. III. Koinonia (Etica della vita sociale)*, Queriniana, Brescia 1990, p. 351.
86   VERUCCI, *La Chiesa nella società contemporanea*, cit., p. 348.
87   Cfr. WOJTYLA, *La dottrina sociale della Chiesa*, cit., p. 46.50.
88   CHENU, *La dottrina sociale della Chiesa*, cit., p. 37.

"segni dei tempi" è il mezzo proprio dell'*aggiornamento* della Chiesa, in vista della sua presenza nel mondo e del suo dialogo con gli uomini»[89]. Tuttavia – e nonostante una certa euforia che accompagnava quei momenti – anche lo stesso Chenu non nascondeva un «uso retorico troppo facile» della categoria dei "segni dei tempi"[90].

A dieci anni di distanza dalla promulgazione dell'enciclica, e per celebrarne l'anniversario, il cardinale canadese Maurice Roy (1905-1985), primo presidente della Pontificia Commissione Justitia et Pax, preparò una lunga riflessione su esplicita richiesta di Paolo VI. Tra i vari aspetti evocati in questa lettera indirizzata al papa, il cardinale Roy faceva notare come «l'innovazione più rilevante del suo [della *Pacem in terris*, ndr] metodo è il ricorso ai "segni dei tempi"»[91]. Questo nuovo metodo dei "segni dei tempi"[92] che ricercava negli indirizzi sociali, politici e culturali i criteri per l'impegno dei cristiani nel mondo e che esprimeva in un certo superamento del deduttivismo dottrinalistico[93] dava luogo, secondo l'autorevole rilettura del presidente di Justitia et Pax, ad una vera e propria «teologia dei "segni dei tempi"»[94] che «ricavata dal vangelo», poi, «è stata ripresa e sintetizzata [...] dalla *Gaudium et spes* che le ha conferito una importanza spirituale e metodologica determinante»[95].

Ma quali erano i "segni dei tempi" che la *Pacem in terris* presentava? Per indicarli, Giovanni XXIII identificava innanzitutto tre fenomeni che caratterizzano l'epoca moderna: l'ascesa delle classi lavoratrici, l'emancipazione femminile e i processi di indipendenza e di autodeterminazione dei popoli. Poi richiamava la coscienza più viva della dignità che l'uomo contemporaneo ha di sé e, ancora, come altro "segno dei tempi", veniva suggerito il desiderio sempre più diffuso di vedere risolte le controversie tra i popoli in modo pacifico attraverso il negoziato. Infine, e in linea con ciò, anche gli ideali alla base dell'istituzione dell'ONU e la successiva Dichiarazione dei diritti dell'uomo

---

89   Marie-Dominique Chenu, *La Chiesa nel mondo. I segni dei tempi*, Vita e Pensiero, Milano 1965, p. 7.
90   *Ibidem*.
91   Roy, *Riflessioni nel X anniversario della "Pacem in terris"*, cit., p. 1151.
92   Cfr. Toso, *Welfare Society. La riforma del welfare: l'apporto dei pontefici*, cit., p. 182.
93   Cfr. Angelini, *I problemi della «dottrina sociale»*, cit., p. IX.
94   Roy, *Riflessioni nel X anniversario della "Pacem in terris"*, cit., p. 1121.
95   *Ibidem*.

andavano annoverati tra i più grandi segnali di speranza. Ciascuno di questi "segni" veniva ad essere indicato a conclusione e in corrispondenza delle quattro parti in cui si articolava il *corpus* dell'enciclica. Vediamo meglio in dettaglio.

La prima grande sezione dell'enciclica indicava nel riconoscimento dei diritti e dei corrispondenti doveri la condizione dell'ordine naturale tra gli esseri umani. A corollario di questo ordine che è morale e che ha in Dio (nel «vero Dio, trascendente e personale» precisava il papa) il proprio fondamento oggettivo venivano rappresentati alcuni "segni dei tempi" correlati all'ordine che deve regnare tra gli uomini. Giovanni XXIII distingueva tre fenomeni che caratterizzavano l'epoca. Il primo ad essere menzionato e spiegato era l'ascesa economico-sociale delle classi lavoratrici: se i lavoratori erano passati a rivendicare prima i diritti economici, poi quelli politici ed infine i diritti culturali e sociali, «oggi, in tutte le comunità nazionali, nei lavoratori è vividamente operante l'esigenza di essere considerati e trattati non mai come esseri privi di intelligenza e di libertà, in balia dell'altrui arbitrio, ma sempre come soggetti o persone in tutti i settori della convivenza, e cioè nei settori economico-sociali, in quelli della cultura e in quelli della vita pubblica»[96]. Il papa, poi, richiamava un secondo fenomeno paradigmatico: l'ingresso della donna nella vita pubblica in Occidente e via via anche nelle altre zone del mondo. «Nella donna, infatti, diviene sempre più chiara e operante la coscienza della propria dignità. Sa di non poter permettere di essere considerata e trattata come strumento; esige di essere considerata come persona, tanto nell'ambito della vita domestica che in quello della vita pubblica»[97]. In terzo luogo, l'enciclica plaudiva alla decolonizzazione in atto: «la famiglia umana, nei confronti di un passato recente, presenta una configurazione sociale-politica profondamente trasformata. Non più popoli dominatori e popoli dominati: tutti i popoli si sono costituiti o si stanno costituendo in comunità politiche indipendenti»[98].

La seconda parte dell'enciclica, che enunciava il retto rapporto tra la società e le istituzioni pubbliche e, innanzitutto, il rapporto tra autorità e bene comune, si concludeva riscontrando la tendenza a garantire,

---

96 Giovanni XXIII, *Pacem in terris*, cit., n. 580.
97 *Ibidem*, n. 581.
98 *Ibidem*, n. 582.

da parte di tutti gli Stati, i diritti civili, politici e sociali inserendo questi nelle leggi fondamentali di ciascuna istituzione politica nazionale. In relazione all'ordine tra gli uomini e le autorità legittime, quindi, Giovanni XXIII coglieva una duplice modalità di "segni dei tempi": da un lato «si stabiliscono [...] in termini di diritti e di doveri i rapporti tra i cittadini e i poteri pubblici; e si ascrive ai poteri pubblici il compito preminente di riconoscere, rispettare, comporre armonicamente, tutelare e promuovere i diritti e i doveri dei cittadini»[99], dall'altro queste tendenze «sono pure un segno indubbio che gli esseri umani, nell'epoca moderna, hanno acquistato una coscienza più viva della propria dignità: coscienza che, mentre li sospinge a prendere parte attiva alla vita pubblica, esige pure che i diritti della persona – diritti inalienabili e inviolabili – siano riaffermati negli ordinamenti giuridici positivi»[100].

La terza parte del documento era dedicata ai rapporti tra i singoli Stati; queste singole comunità politiche venivano considerate dal papa anch'esse soggetti di diritti e di doveri. In tale sezione Giovanni XXIII invitava al disarmo e condannava la corsa agli armamenti. In relazione a questi temi l'enciclica considerava un incoraggiante "segno dei tempi" il desiderio di affrontare con strumenti pacifici le contese fra gli Stati. Scriveva, perciò, il papa: «si diffonde sempre più tra gli esseri umani la persuasione che le eventuali controversie tra i popoli non debbono essere risolte con il ricorso alle armi; ma invece attraverso il negoziato»[101]. Era il sentimento universale di ansia per la pace ad offrire a Giovanni XXIII nuovi motivi di fiducia, senza comunque negarsi che questa ansia era spinta dalla «legge del timore»[102] in «rapporto con la forza terribilmente distruttiva delle armi moderne»[103].

Nella quarta parte dell'enciclica che si occupava dei rapporti dei singoli uomini e dei singoli Stati con la comunità mondiale, Giovanni XXIII delineò i contorni di una concezione di bene comune che si allargava a livello universale. Come "segno dei tempi" di questa estensione delle funzioni dell'autorità, il documento individuava la costituzione dell'Organizzazione delle Nazioni Unite («le Nazioni Unite si proposero come fine essenziale di mantenere e consolidare la pace fra i

---

99   *Ibidem*, n. 617.
100 *Ibidem*, n. 619.
101 *Ibidem*, n. 666.
102 *Ibidem*, n. 668.
103 *Ibidem*, n. 667.

popoli, sviluppando fra essi le amichevoli relazioni, fondate sui principi della uguaglianza, del vicendevole rispetto, della multiforme cooperazione in tutti i settori della convivenza»[104]) e la successiva Dichiarazione dei diritti dell'uomo («un ideale da perseguirsi da tutti i popoli e da tutte le nazioni [è] l'effettivo riconoscimento e rispetto di quei diritti e delle rispettive libertà»[105]).

È probabilmente vero che le parole della *Pacem in terris* risentano del clima culturale degli anni Sessanta contrassegnato da una grande volontà di cambiamento e da un forte anelito critico. A sufficiente distanza oggi, però, è possibile distinguere ciò che appare determinato da quel contesto e ciò che lo travalica rappresentando uno sguardo veramente "profetico". A tal proposito, alcuni interrogativi si pongono riguardo a ciò che l'enciclica trascura: manca, ad esempio, la preoccupazione per il rischio di una sempre più massiccia statalizzazione della vita dell'uomo e di una sempre più invasiva politicizzazione della società. Eppure ciò che si realizzava negli anni Sessanta era esattamente questa crescita degli apparati pubblici che, per quanto rappresenti una fase di un processo da lungo tempo in atto, trovava, in quel periodo, una radicalizzazione tutta particolare. A fronte di ciò, nella *Pacem in terris* lo "Stato moderno" viene considerato come uno tra i "segni dei tempi"[106] con un chiaro giudizio positivo su di esso[107]. L'enciclica sembra, quindi, condizionata da una concezione idealizzata e nobilitata dello Stato, una visione che scorge nei pubblici poteri la garanzia dei diritti (cfr. la II parte della *Pacem in terris*)[108], pur riconoscendo che spesso è proprio lo Stato il massimo contraffattore della legge naturale[109]. In linea con una certa coincidenza tra bene comune e pubblici poteri[110], il documento, delineando l'allargamento del bene comune al piano universale[111], coerentemente ai presupposti, auspicava – in una

---

104 *Ibidem*, n. 682.
105 *Ibidem*, n. 683.
106 Cfr. *ibidem*, n. 615-619.
107 Cfr. Pietro Pavan, *La Dichiarazione "Dignitatis humanae" a 20 anni dalla pubblicazione*, Piemme, Casale Monferrato (Alessandria) 1986, p. 47.
108 Cfr. Di Martino, *Diritti "positivi" e diritti "negativi". I limiti dell'insegnamento sociale della Chiesa*, cit.
109 Cfr. Giovanni XXIII, *Pacem in terris*, cit., n. 601.
110 Cfr. *ibidem*, n. 593.
111 Cfr. *ibidem*, n. 547.640.677.679.

non facile complementarietà con il principio di sussidiarietà[112] – la costituzione «di poteri pubblici [...] che siano in grado di operare in modo efficiente su piano mondiale»[113]. L'ONU, come abbiamo visto, veniva considerata uno dei "segni dei tempi", ma l'enciclica era carente nel mettere in guardia dai rischi di accentramento di potere tipico di una sorta di governo mondiale i cui risvolti di peso burocratico si sperimentano ove iniziative sovranazionali hanno spesso esautorato le migliori aspettative popolari[114].

La costituzione pastorale *Gaudium et spes* del Concilio Vaticano II, promulgata a conclusione delle sedute conciliari[115], due anni e mezzo dopo la *Pacem in terris*, sarà il frutto e l'esito di questa «teologia dei "segni dei tempi"» quale «espressione adeguata per significare lo sforzo nuovo dei cristiani nella loro ermeneutica della società e per qualificare la nuova coscienza della chiesa nello svolgimento della storia attuale»[116].

Molto è stato scritto e detto circa la relazione tra i contenuti della *Pacem in terris* e le istanze della *Gaudium et spes*[117] e non sarebbe sufficiente ridurre questo rapporto ai passi in cui la lunga costituzione conciliare fa, più o meno esplicitamente, richiamo alla categoria dei "segni dei tempi"[118]. Per dare il senso di questo legame tra i due documenti

---

112 Cfr. Di Martino, *La Dottrina Sociale della Chiesa. Principi fondamentali*, cit., p. 165.
113 Giovanni XXIII, *Pacem in terris*, cit., n. 677.
114 Cfr. *ibidem*, n. 583.
115 Concilio Vaticano II, Costituzione pastorale *Gaudium et spes* sulla Chiesa nel mondo contemporaneo, 7.12.1965.
116 Chenu, *La dottrina sociale della Chiesa*, cit., p. 53.
117 Solo a mo' di esempio: cfr. Enrico Chiavacci, *La teologia della "Gaudium et Spes"*, in Nunzio Galantino (a cura di), *Il Concilio venti anni dopo. Il rapporto chiesa-mondo*, AVE, Roma 1986, p. 34; cfr. Roy, *Riflessioni nel X anniversario della "Pacem in terris"*, cit., p. 1114; cfr. Toso, *Welfare Society. La riforma del welfare: l'apporto dei pontefici*, cit., p. 180-181.182.229.262.282.
118 A proposito delle speranze e delle angosce proprie della condizione dell'uomo nel mondo contemporaneo, viene detto: «per svolgere questo compito, è dovere permanente della Chiesa di scrutare i segni dei tempi e di interpretarli alla luce del Vangelo, così che, in modo adatto a ciascuna generazione, possa rispondere ai perenni interrogativi degli uomini sul senso della vita presente e futura e sulle loro relazioni reciproche. Bisogna infatti conoscere e comprendere il mondo in cui viviamo, le sue attese, le sue aspirazioni e il suo carattere spesso drammatico» (n. 4). Più avanti, ove si presenta la risposta della Chiesa e dell'uomo agli impulsi dello Spirito, la Costituzione riporta: «il popolo di Dio, mosso dalla fede con cui crede di essere condotto dallo

occorre considerare come l'apporto di «una importanza spirituale e metodologica determinante»[119], tipico e proprio dell'enciclica, sia stato pienamente recepito e sintetizzato dalla *Gaudium et spes*, secondo le richiamate parole del cardinale Roy.

Abbiamo detto che l'adozione della categoria dei "segni dei tempi" è talmente caratteristica della *Pacem in terris* tanto da non poter avvicinarsi all'enciclica senza comprendere la scelta di Giovanni XXIII di evocare questa espressione evangelica. In realtà questa scelta travalica il documento del 1963 e rende quella singolare categoria, probabilmente, la modalità più emblematica attraverso cui leggere l'intero magistero di Giovanni XXIII. Se sono molte le ragioni per le quali la *Pacem in terris* può essere considerata il testamento di papa Roncalli, la categoria dei "segni dei tempi", trascendendo l'enciclica, farà della stessa *Pacem in terris* una sorta di eredità che il pontificato giovanneo affidò ai successivi decenni.

4.6. Trionfalismo giustificato?

Sin dal suo apparire, l'enciclica ebbe una vastissima risonanza e un larghissimo apprezzamento. Molto più che non la *Mater et magistra* che pur era stata accolta favorevolmente, la *Pacem in terris* si impose all'attenzione mondiale. L'enciclica ebbe il singolare apprezzamento congiunto dei *leader* delle due super-potenze: sia il governo degli USA sia gli organi di partito dell'URSS plaudirono ufficialmente al messaggio di Giovanni XXIII. Kennedy anticipò gli altri *leader* nel progettare una visita in Vaticano che non si realizzò a causa del peggioramento delle condizioni di salute del pontefice. Kruscev in persona ebbe parole

---

Spirito del Signore che riempie l'universo, cerca di discernere negli avvenimenti, nelle richieste e nelle aspirazioni, cui prende parte insieme con gli altri uomini del nostro tempo, quali siano i veri segni della presenza o del disegno di Dio. La fede infatti tutto rischiara di una luce nuova, e svela le intenzioni di Dio sulla vocazione integrale dell'uomo, orientando così lo spirito verso soluzioni pienamente umane» (*Gaudium et spes*, n. 11). Infine presentando l'aiuto che la Chiesa riceve dal mondo contemporaneo viene affermato che «è dovere di tutto il popolo di Dio, soprattutto dei pastori e dei teologi, con l'aiuto dello Spirito Santo, ascoltare attentamente, discernere e interpretare i vari linguaggi del nostro tempo, e saperli giudicare alla luce della parola di Dio, perché la verità rivelata sia capita sempre più a fondo, sia meglio compresa e possa venir presentata in forma più adatta» (*Gaudium et spes*, n. 44).

119 Roy, *Riflessioni nel X anniversario della "Pacem in terris"*, cit., p. 1121.

di stima per lo sforzo del papa anche se oggi sappiamo che questa presa di posizione era strategicamente strumentale a creare divisione tra i cattolici circa la scelta tra i due blocchi[120]. Ad ogni modo, la *Pacem in terris* collocava la figura di Giovanni XXIII accanto a quella di Kennedy e di Kruscev e consolidava il ruolo del papa tra i protagonisti della pace[121]. Quasi a coronamento di quest'affermazione universale, due anni dopo, nell'inverno del 1965, l'ONU volle dedicare, nella stessa sala dell'Assemblea Generale, un simposio sui "problemi mondiali della pace alla luce dell'insegnamento di Giovanni XXIII attraverso l'enciclica *Pacem in terris*".

Anche oltre il vero e proprio successo riscontrato in ambito internazionale, la *Pacem in terris* fu, all'interno della Chiesa, da molti salutata come la definitiva prova di «una "svolta", una "revisione dolorosa", una "nuova tappa", se non "una nuova era" nel rapporto Chiesa-mondo»[122]. Questi toni ridondanti, tuttavia, poco si adattano ad una rilettura serena e priva di forzature da cui, invece, lo storico non può esimersi soprattutto quando, a distanza di mezzo secolo, la decantazione di molte passioni consente di guardare con pacatezza i risultati e i risvolti della cultura, della politica e della teologia degli anni Sessanta.

---

120 Cfr. Victor Zaslavsky, *Lo stalinismo e la sinistra italiana. Dal mito dell'URSS alla fine del comunismo 1945-1991*, Mondadori, Milano 2004, p. 9.
121 In realtà si trattava di un'immagine, per quanto persistente, assai distante dalla realtà. Per quanto «il binomio Kruscev-Kennedy divenne all'epoca per l'opinione pubblica l'emblema delle speranze di pace di un mondo...» (Giuseppe Boffa, *Storia dell'Unione Sovietica*, L'Unità, Roma 1990, vol. 4, p. 273), tuttavia solo una rappresentazione edulcorata può nascondere le responsabilità di quelle *leadership*.
122 Roy, *Riflessioni nel X anniversario della "Pacem in terris"*, cit., p. 1112.

5

La dottrina sociale nella *Gaudium et spes* e nel Concilio

5.1. «Le gioie e le speranze...»

L'8 dicembre 1965, Paolo VI si accomiatò dai partecipanti al Concilio Vaticano II salutandoli con queste solenni parole: «l'ora della partenza e della dispersione è suonata. Fra qualche istante, voi lascerete l'assemblea conciliare per andare incontro all'umanità e portarle la buona novella del Vangelo di Cristo e del rinnovamento della sua Chiesa, al quale lavoriamo insieme da quattro anni»[1]. L'assise, infatti, si chiudeva dopo un iter ben più lungo del previsto e dopo quattro sessioni di lavoro assembleare. Il Concilio promulgò ben 16 documenti di differente connotazione (due costituzioni dogmatiche, una costituzione sulla liturgia, una costituzione pastorale, nove decreti e tre dichiarazioni). Quattro di essi vennero approvati alla vigilia della cerimonia di chiusura; tra questi, la costituzione pastorale *Gaudium et spes* sulla Chiesa nel mondo contemporaneo[2].

Oltre vent'anni più tardi, Giovanni Paolo II, cogliendo nell'enciclica di Paolo VI *Populorum progressio* la risposta all'appello sociale del Concilio, volle sintetizzare questo stesso richiamo con le parole da

---

1 Paolo vi, Messaggio ai padri conciliari, 8.12.1965, in *Enchiridion Vaticanum. Documenti ufficiali del Concilio Vaticano II (1962-1965)*, Dehoniane, Bologna 1981, n. 476*.
2 A far compagnia alla *Gaudium et spes*, il 7 dicembre, vi furono la dichiarazione *Dignitatis humanae* sulla libertà religiosa, il decreto *Ad gentes* sull'attività missionaria della Chiesa e il decreto *Presbyterorum ordinis* sul ministero e la vita sacerdotale.

cui la *Gaudium et spes*[3] traeva il titolo e con cui aveva inizio: «le gioie e le speranze, le tristezze e le angosce degli uomini d'oggi, dei poveri soprattutto e di tutti coloro che soffrono, sono pure le gioie e le speranze, le tristezze e le angosce dei discepoli di Cristo, e nulla vi è di genuinamente umano che non trovi eco nel loro cuore»[4]. Papa Wojtyla proseguiva, poi, il suo commento: «queste parole esprimono il motivo fondamentale che ispirò il grande documento del Concilio...»[5].

Su questo documento molto è stato scritto; ancor di più è stato scritto sull'intero Concilio. Si può, infatti, dire che non c'è aspetto della teologia e della storia del Vaticano II[6] che non sia stato abbondantemente affrontato ed accuratamente esaminato.

Con i suoi documenti, il Concilio ha preso in considerazione tanti temi legati alla vita della Chiesa e alla sua missione; i già numerosi argomenti sui quali si erano sviluppate le riflessioni conciliari vennero, poi, notevolmente allargati con la *Gaudium et spes*[7] che, per il suo carattere specifico, spaziò sugli aspetti che riguardavano l'ampio e

---

3   CONCILIUM OECUMENICUM VATICANUM SECUNDUM, Costitutio pastoralis *Gaudium et spes*, 7.12.1965, in *Acta Apostolicae Sedis*, anno 58 (1966), p. 1025-1120.
4   CONCILIO VATICANO II, Costituzione pastorale *Gaudium et spes* sulla Chiesa nel mondo contemporaneo, 7.12.1965.
5   GIOVANNI PAOLO II, Lettera enciclica *Sollecitudo rei socialis* nel ventesimo anniversario della *Populorum progressio*, 30.12.1987, n. 6.
6   Quanto alla storia: cfr. GIUSEPPE ALBERIGO (diretta da), *Storia del Concilio Vaticano II*, Il Mulino, Bologna 1999, 4 volumi; cfr. ROBERTO DE MATTEI, *Il Concilio Vaticano II. Una storia mai scritta*, Lindau, Torino 2010. Questi due testi sono espressivi delle due scuole di pensiero che si sono delineate in relazione alla narrazione della vicenda conciliare. Cfr. anche GIOVANNI CAPRILE, *Il Concilio Vaticano II*, La Civiltà Cattolica, Roma 1966-1969, 5 volumi, e GIORGIO CAMPANINI (a cura di), *Gaudium et spes*, Piemme, Casale Monferrato (Alessandria) 1986. Accanto ai lavori degli storici, vanno anche segnalati alcuni diari particolarmente significativi: HÉLDER CÂMARA, *Roma, due del mattino. Lettere dal Concilio Vaticano II*, prefazione di Luigi Bettazzi, San Paolo, Cinisello Balsamo (Milano) 2008; MARIE-DOMINIQUE CHENU, *Diario del Vaticano II. Note quotidiane al Concilio 1962-1963*, Il Mulino, Bologna 1996; YVES CONGAR, *Diario del Concilio*, San Paolo, Cinisello Balsamo (Milano) 2005, 2 voll.; HENRI FESQUET, *Diario del Concilio. Tutto il concilio giorno per giorno*, a cura di Ettore Masina, Mursia, Milano 1967 e BERNARD HÄRING, *La mia partecipazione al Concilio Vaticano II*, in «Cristianesimo nella storia», anno 15 (1994), p. 161-181.
7   Cfr. ALCEU AMOROSO LIMA, *Visione panoramica della Costituzione*, in GUILHERME BARAÚNA (a cura di), *La Chiesa nel mondo di oggi. Studi e commenti intorno alla Costituzione pastorale "Gaudium et spes"*, Vallecchi, Firenze 1966, p. 157-171.

problematico campo del rapporto con il mondo e con il mondo moderno in particolare.

Infatti, dopo una prima parte («La Chiesa e la vocazione dell'uomo»)[8] che abbracciava le fondamentali dimensioni proprie della condizione dell'essere umano alla luce dell'antropologia cristiana, nella seconda parte («Alcuni problemi più urgenti»)[9] venivano sollevate, con un approccio teologico, una serie di questioni attinenti alla contemporaneità.

Tutti questi aspetti sono stati poi oggetto di lunghe discussioni, a partire da quelli più carichi di conseguenze. Pensiamo, innanzitutto, alla relazione tra la Chiesa e il mondo o al concetto della laicità e a quello dell'autonomia delle realtà terrene o al rapporto tra Chiesa e comunità politica, ma anche al rapporto tra ordine naturale e dimensione soprannaturale, tra cultura e fede, tra natura e grazia, tra promozione umana e evangelizzazione, tra storia profana e Regno di Dio, tra liberazione sociale e annuncio del Vangelo, tra progresso civile e salvezza trascendente, tra valori umani e vita teologale. Stando alla gran quantità di studi, sembrerebbe che sul Concilio sia stato detto tutto ciò che c'era da dire[10]. Eppure ci può essere ancora spazio per altri approfondimenti, soprattutto se mirati.

Tra i possibili approfondimenti, il presente contributo si prefigge di esaminare la ricaduta che il Concilio e, in particolare, la *Gaudium et spes* hanno avuto sull'insegnamento sociale della Chiesa. In modo ancor più specifico, volendo restringere ulteriormente il campo di analisi, saremo prevalentemente orientati a valutare il modo con cui la costituzione conciliare si avvicina alle questioni economiche. Ciò, ovviamente, non ci esimerà dal considerare lo sfondo teologico ed ecclesiologico in cui vengono a situarsi i testi del Vaticano II[11].

---

8   La prima parte è suddivisa in 4 capitoli: «La dignità della persona umana», «La comunità degli uomini», «L'attività umana nell'universo», «La missione della Chiesa nel mondo contemporaneo».
9   La seconda parte è ripartita in 5 capitoli: «Dignità del matrimonio e della famiglia e sua valorizzazione», «La promozione della cultura», «Vita economico-sociale», «La vita della comunità politica», «La promozione della pace e la comunità delle nazioni».
10 La letteratura è assai vasta; ma non è compito di questo lavoro dare riferimenti bibliografici delle principali linee interpretative.
11 Cfr. GIUSEPPE ALBERIGO, *La Costituzione in rapporto al magistero globale del Concilio*, in GUILHERME BARAÚNA (a cura di), *La Chiesa nel mondo di oggi. Studi e*

Per quanto il Concilio non abbia espresso un documento specifico sulla dottrina sociale (anzi, come vedremo, difficilmente ciò sarebbe potuto avvenire), tuttavia la nostra analisi è tutt'altro che inconsistente. Innanzitutto perché i cosiddetti temi sociali sono decisamente presenti nella produzione del Vaticano II: accanto al decreto sui mass media[12] o alla dichiarazione in merito all'educazione[13], come non pensare al documento sull'apostolato laicale[14] o a quello sulla libertà religiosa[15]? È ovvio che quando si richiamano i problemi sociali nell'ambito del Concilio, il riferimento obbligato è alla *Gaudium et spes*; nondimeno, però, i testi ora citati non andrebbero sottovalutati[16].

«Anche se il Concilio Vaticano II offre un apporto apparentemente modesto alla dottrina sociale della Chiesa, si può però senza esagerazione stabilire che la costituzione pastorale *Gaudium et spes* contiene affermazioni assai fondamentali e soprattutto assai decisive per lo sviluppo della dottrina sociale della Chiesa»[17]. È, questa, l'affermazione di un esperto, il gesuita austriaco Johannes Schasching (1917-2013). Se non si può non condividere la seconda parte della attestazione, non nascondiamo di nutrire serie perplessità in ordine alla prima. Non solo perché la testimonianza dello studioso appare contraddittoria, ma perché è francamente difficile sopravvalutare l'apporto fornito dal Vaticano II alla dottrina sociale della Chiesa[18].

Si può e si deve discutere sulla qualità di questo apporto. Così

---

commenti intorno alla Costituzione pastorale "Gaudium et spes", Vallecchi, Firenze 1966, p. 172-195.
12 Concilio Vaticano II, Decreto *Inter mirifica* sui mezzi di comunicazione sociale, 4.12.1963.
13 Concilio Vaticano II, Dichiarazione *Gravissimum educationis* sull'educazione cristiana, 28.10.1965.
14 Concilio Vaticano II, Decreto *Apostolicam actuositatem* sull'apostolato dei laici, 18.11.1965.
15 Concilio Vaticano II, Dichiarazione *Dignitatis humanae* sulla libertà religiosa, 7.12.1965.
16 Cfr. Pontificio Consiglio della Giustizia e della Pace, *Compendio della Dottrina Sociale della Chiesa*, Libreria Editrice Vaticana, Città del Vaticano 2004, n. 96-97.
17 Johannes Schasching, *La dottrina sociale del Concilio Vaticano II*, in «Communio», anno 19 (1991), n. 117 (maggio-giugno), p. 18.
18 Cfr. Congregazione per l'Educazione Cattolica, Documento *In questi ultimi decenni. Orientamenti per lo studio e l'insegnamento della Dottrina Sociale della Chiesa nella formazione sacerdotale*, 30.12.1988, n. 24.

come si deve comprendere se si sia trattato di una spinta rivolta ad incrementare la coscienza della Chiesa verso la propria dottrina sociale oppure di una spinta rivolta ad offrire la consapevolezza teologica di un'inesorabile superamento di questa dottrina. Ma è innegabile che il Vaticano II ha esercitato una potente influenza anche sulla dimensione sociale della cattolicità e sulla riflessione teologica di questa stessa dimensione sociale.

Per quanto ciò sia potuto avvenire in modo indiretto, l'insegnamento sociale cattolico ne è risultato fortemente condizionato. Da qui la singolarità: pur non richiamando esplicitamente la dottrina sociale della Chiesa, il Concilio ha dato ad essa una svolta. Prima di entrare a dettagliare questo cambiamento (importante, ma non rivoluzionario, a nostro avviso), soffermiamoci sui motivi per i quali il Vaticano II non intese interessarsi esplicitamente alla dottrina sociale.

La scelta del Concilio può essere intesa alla luce di almeno due motivazioni. La prima è certamente più "ufficiale" ed è tesa a cogliere un principio di continuità magisteriale. La costituzione pastorale, infatti, in due passaggi (al n. 23 e al n. 63) precisava la sintonia con l'insegnamento precedente, una sintonia che avrebbe reso superflua una nuova trattazione: «la Chiesa, lungo lo svolgersi della storia, ha formulato nella luce del Vangelo e, soprattutto in questi ultimi tempi, ha largamente insegnato i principi di giustizia e di equità richiesti dalla retta ragione umana e validi sia per la vita individuale o sociale che per la vita internazionale. Il sacro Concilio, tenuto conto delle caratteristiche del tempo presente, intende riconfermare tali principi e formulare alcuni orientamenti, con particolare riguardo alle esigenze dello sviluppo economico»[19]. Come dire: la dottrina sociale era un dato acquisito che, all'interno della Chiesa, non occorreva né discutere né aggiornare (come invece non era avvenuto per la costituzione dogmatica sulla Chiesa[20] e per quella sulla Rivelazione[21]). Pertanto «il Concilio considera il suo contributo alla realizzazione di un mondo migliore

---

19 CONCILIO VATICANO II, *Gaudium et spes*, cit., n. 63e
20 CONCILIO VATICANO II, Costituzione dommatica *Lumen gentium* sulla Chiesa, 21.11.1964.
21 CONCILIO VATICANO II, Costituzione dogmatica *Dei verbum*, sulla divina Rivelazione, 18.11.1965.

come la continuazione della dottrina degli ultimi papi»[22].

La seconda ragione, in qualche difformità rispetto alla prima, esprimeva (o avrebbe espresso) l'indisponibilità da parte dell'orientamento prevalente all'interno dell'assemblea a presentare la Chiesa, ancora una volta, forte di una propria "dottrina" anche in materia sociale. È, questa, una motivazione meno ufficiale e più teologica che può essere intesa come un segnale di discontinuità. Non trattando esplicitamente di *dottrina* sociale, il Concilio avrebbe dichiarato il proprio interesse a lasciar prevalere un approccio tipicamente *pastorale*, così come *pastorale* l'intero Vaticano II amò presentarsi.

5.2. La costituzione pastorale e la svolta ecclesiologica

La *Gaudium et spes* è un documento vasto (quasi 37.000 parole) che, com'è noto, ha avuto un iter redazionale assai complesso[23]. Le stesse fasi redazionali sono state oggetto di non pochi studi che hanno portato in luce le differenze esistenti tra le varie stesure a cui il documento fu sottoposto.

Gli "schemi" provvisori furono a lungo discussi e vennero più volte ritoccati; il testo finale (opera a più mani) fu, quindi, il frutto di accorgimenti e limature, precisazioni e aggiunte, tanto che non pochi vi ravvisano incoerenze redazionali accanto alla percezione di improvvisazioni e di esitazioni. Non da ultimo, vanno ricordati i problemi che si crearono con la traduzione italiana ufficiale preparata in grande fretta. Tutti questi limiti furono manifestati autorevolmente dalle parole di Henri de Lubac (1896-1991): «non sarà mancare di rispetto né

---

22 Theodoor Mulder, *La vita economico-sociale: le idee centrali del capitolo*, in Guilherme Baraúna (a cura di), *La Chiesa nel mondo di oggi. Studi e commenti intorno alla Costituzione pastorale "Gaudium et spes"*, Vallecchi, Firenze 1966, p. 432.
23 Cfr. Mark G. McGrath, *Note storiche sulla Costituzione*, in Guilherme Baraúna (a cura di), *La Chiesa nel mondo di oggi. Studi e commenti intorno alla Costituzione pastorale "Gaudium et spes"*, Vallecchi, Firenze 1966, p. 141-155; cfr. Emilia Palladino, *"Gaudium et spes". Storia, commento, recezione*, Studium Roma 2013; cfr. Giovanni Turbanti, *Un Concilio per il mondo moderno. La redazione della costituzione pastorale "Gaudium et spes" del Vaticano II*, Il Mulino, Bologna 2000; cfr. Antonio Acerbi, *La Chiesa nel tempo. Sguardi sui progetti di relazioni tra Chiesa e società civile negli ultimi cento anni*, Vita e Pensiero, Milano 1979, p. 182-232; cfr. Antonio Acerbi, *Chiesa e democrazia. Da Leone XIII al Vaticano II*, Vita e Pensiero, Milano 1991, p. 283-332.

di entusiasmo per l'opera del Concilio riconoscere delle imperfezioni in un testo così ampio che tratta per la prima volta una materia tanto complessa e di tale mordente»[24].

Pur con tanti disguidi formali e con non minori tentennamenti di contenuto, la *Gaudium et spes* non può non essere considerata un testo con una sua interna coesione[25]. Ed anche se molti commentatori insistono nel non ritenerla sistematica, la costituzione, invero, si presenta con una sufficiente organicità e compattezza.

Al di là di questi aspetti redazionali, la costituzione conciliare è particolare soprattutto per una caratteristica che la rende una sorta di *unicum*. Enrico Chiavacci (1926-2013), tra i migliori conoscitori del documento, ha, infatti, affermato che «nella storia dei concili, la *Gaudium et spes* è il primo testo, e perciò stesso un *unicum*, in cui la Chiesa si confronta col mondo in cui è inserita, e cioè con i grandi temi e si confronta col mondo in cui l'umanità vive e su cui discute»[26].

Questo *status* ha certamente contribuito a creare intorno al documento un'aura tutta particolare di intangibilità. Per analizzare un testo, invece, occorre rinunciare a qualsiasi atteggiamento glorificativo, così come, ovviamente, ad ogni pregiudizio demolitorio. L'atteggiamento acritico (al pari della diffidenza preconcetta) non sarebbe un buon bagaglio (neanche) per la nostra investigazione.

Se da queste predisposizioni bisogna guardarsi, viceversa, per comprendere la *Gaudium et spes* occorre prestare bene attenzione ad alcuni elementi.

Il primo è quello che abbiamo già sollevato delineando il modo composto e frammentario con cui venne compilata la costituzione, un aspetto che ora richiamiamo con le parole di un altro protagonista, Peter Smulders, il gesuita olandese che partecipò al Concilio in qualità di perito: «tutto questo dovrà essere tenuto presente per un giudizio e per l'uso di questo testo, che fu sempre compilato e discusso nella fretta»[27].

---

24   Henri de Lubac, *La Rivelazione divina e il senso dell'uomo*, Jaca Book, Milano 1985, p. 276.
25   Cfr. Enrico Chiavacci, *La Costituzione pastorale sulla Chiesa nel mondo contemporaneo "Gaudium et spes"*, Studium, Roma 1967.
26   Enrico Chiavacci, *La teologia della "Gaudium et spes"*, in Nunzio Galantino (a cura di), *Il Concilio venti anni dopo. Il rapporto chiesa-mondo*, AVE, Roma 1986, p. 15.
27   Peter Smulders, *L'attività umana nel mondo*, in Guilherme Baraúna (a cura di), *La Chiesa nel mondo di oggi. Studi e commenti intorno alla Costituzione pastorale*

Accanto alla consapevolezza delle inevitabili carenze formali, per avvicinarsi alla *Gaudium et spes* – anche limitatamente a ciò che è relativo alla dottrina sociale – è, ancor più, necessario fare riferimento al contesto ecclesiologico[28].

Il Vaticano II è stato essenzialmente un concilio sulla Chiesa. Come il Concilio Vaticano I venne definito il Concilio sulle prerogative del primato del Pontefice, così il Vaticano II è stato descritto come il Concilio sulla Chiesa e della Chiesa. Si potrebbe, infatti, dire che in esso, tutto – dalla cristologia alla sacramentaria – è stato studiato e trattato col "filtro" ecclesiologico (nettissimo è il caso della mariologia)[29]. La stessa svolta teologica va considerata essenzialmente una svolta ecclesiologica: tutte le problematiche post-conciliari sono problematiche riconducibili fondamentalmente a questioni ecclesiologiche[30]. L'intero dibattito teologico post-conciliare può essere compreso come una ripresa dei vecchi problemi dell'ecclesiologia in termini decisamente innovativi.

La Chiesa, con il Concilio, è divenuta il "luogo teologico" per eccellenza, la categoria a cui si è dato maggiore spazio e la questione a cui si è prestata maggiore attenzione, il fulcro attorno al quale l'intera riflessione sulla fede ha ruotato. In fondo, la novità nella storia dei concili può essere ravvisata nel modo con cui il Vaticano II ha considerato se stesso un concilio ecclesiologico. Non a caso, alla chiusura

---

"Gaudium et spes", Vallecchi, Firenze 1966, p. 311.
28 Cfr. ANGEL ANTON, *Lo sviluppo della dottrina sulla Chiesa nella teologia dal Vaticano I al Vaticano II*, in AA. Vv., *L'ecclesiologia dal Vaticano I al Vaticano II*, La Scuola, Brescia 1973, p. 27-86; cfr. SEVERINO DIANICH, *L'ecclesiologia in Italia dal Vaticano I al Vaticano II*, in FRANCESCO TRANIELLO - GIORGIO CAMPANINI (diretto da), *Dizionario storico del movimento cattolico in Italia*, Marietti, Casale Monferrato (Alessandria) 1981, vol. I/1, p. 162-180; cfr. G. BATTISTA MONDIN, *La chiesa primizia del regno*, Edizioni Dehoniane, Bologna 1986, p. 132-140.
29 Cfr. JOSEPH RATZINGER, *L'ecclesiologia del Vaticano II*, in AA. Vv., *La Chiesa del Concilio. Studi e contributi*, EDIT, Milano 1985, p. 9-24; cfr. GÉRARD PHILIPS, *La Chiesa ed il suo mistero*, Jaca Book, Milano 1969.
30 Cfr. WALTER KASPER, *Chiesa dove vai?*, Piemme, Casale Monferrato (Alessandria) 1990. Per una riproposizione divulgativa della grande questione cfr. JOSEPH RATZINGER, *Rapporto sulla fede*, intervista di Vittorio Messori, Edizioni Paoline, Cinisello Balsamo (Milano) 1983, p. 45-54.

dell'assemblea, Karl Rahner (1904-1984), che partecipò in qualità di perito, affermò: «questo concilio è stato un concilio della chiesa sulla chiesa»[31].

In merito all'orizzonte ecclesiologico nel quale il Vaticano II si pone, occorre fare almeno tre considerazioni, sebbene in forma assai sintetica. Esse fungono anche da premesse che dovrebbero consentire di comprendere più facilmente il contributo del Concilio alla riflessione sociale del Magistero.

Innanzitutto questo stesso orizzonte impone di considerare anche un documento come la *Gaudium et spes* non in un'ottica sociologica, ma in una prospettiva teologica e, specificamente, ecclesiologica. I commentatori hanno, perciò, spesso messo in evidenza il legame esistente tra la *Gaudium et spes* e la *Lumen gentium*. Ciò significa che la costituzione pastorale non può sussistere senza la costituzione dogmatica e quest'ultima deve essere, in qualche modo, la chiave interpretativa di quella. Quindi la *Gaudium et spes* (pastorale) e la *Lumen gentium* (dottrinale) – insieme magari al decreto sull'apostolato dei laici, *Apostolicam actuositatem* – vanno interpretate in connessione e non in dissociazione.

Se ciò può giustificarsi sotto un profilo ermeneutico, non da meno ciò si legittima, immediatamente, anche sotto un profilo redazionale: la *Gaudium et spes* può essere considerata come un capitolo della *Lumen gentium* tanto che il noto teologo domenicano Marie-Dominique Chenu (1895-1990) ha voluto parlare dei due documenti come di un'unica costituzione, «una Costituzione totale unica»[32].

In questo modo troverebbero composizione quelle sbavature che si rintracciano nella *Gaudium et spes*[33] e che mettono la costituzione pastorale in una qualche problematica dialettica con le due costituzioni dogmatiche (*Lumen gentium* e *Dei verbum*). Il gesuita olandese Peter Smulders, anch'egli al Concilio in veste di perito, scrisse a riguardo

---

31   Cit. in RENATO MARANGONI, *La Chiesa mistero di comunione. Il contributo di Paolo VI nell'elaborazione dell'ecclesiologia di comunione (1963-1978)*, Editrice Pontificia Università Gregoriana, Roma 2001, p. 118.
32   MARIE-DOMINIQUE CHENU, *La missione della Chiesa nel mondo contemporaneo*, in GUILHERME BARAÚNA (a cura di), *La Chiesa nel mondo di oggi. Studi e commenti intorno alla Costituzione pastorale "Gaudium et spes"*, Vallecchi, Firenze 1966, p. 333.
33   Cfr. VINCENZO CAPORALE, *"Gaudium et spes": luci ed ombre*, in «Rassegna di Teologia», anno 30 (1989), n. 5 (settembre-ottobre), p. 462-463.464.

della *Gaudium et spes*: «questo documento non può certamente essere messo sullo stesso piano di autorità delle grandi Costituzioni dogmatiche sulla Chiesa (*Lumen gentium*) e sulla Divina Rivelazione (*Dei verbum*). Il testo non è stato certamente redatto e studiato con quella cura scrupolosa che la Chiesa docente suole adoperare nei suoi documenti dogmatici. Inoltre qui si tratta di soggetti che nella riflessione cattolica sono ancora talmente nuovi, che è difficile parlare di un'esposizione ben matura di questa visione di fede»[34].

La seconda considerazione riguarda specificamente il rapporto della Chiesa con il mondo[35]. È, d'altra parte, questo il sottotitolo della *Gaudium et spes*: «la Chiesa nel mondo contemporaneo». A nessuno sfugge che sia stata preferita la preposizione "in" anziché la congiunzione "e". Era il segnale che dal consueto confronto tra la Chiesa "*e* il mondo" si passava a concepire la Chiesa come immersa "*nel* mondo"[36].

Non c'è commento alla costituzione (e, in generale, al Concilio) che non si soffermi a sottolineare la innovativa prospettiva con cui la *Gaudium et spes* pone la Chiesa in relazione al mondo. È superfluo, quindi, ripetere ciò che è facilmente reperibile altrove. Può essere, invece, interessante cogliere un altro aspetto, solitamente sottovalutato a proposito del nuovo rapporto tra le due realtà.

Molto si è detto riguardo al nuovo orizzonte che segnerebbe la definitiva trasformazione di una Chiesa prima chiusa in se stessa, poi finalmente capace di dialogo. Uno dei teologi più rappresentativi, il domenicano Yves Congar (1904-1995), all'epoca anch'egli partecipante al Concilio in qualità di esperto, parlò di passaggio «da una Chiesa per sé a una Chiesa per gli uomini»[37]. È certamente vero che molte delle grettezze del passato andavano riformate, ma è pur vero che è inadeguato procedere per puri slogan. Soprattutto quando questi impediscono di cogliere la natura dei cambiamenti.

---

34 SMULDERS, *L'attività umana nel mondo*, in BARAÚNA (a cura di), *La Chiesa nel mondo di oggi. Studi e commenti intorno alla Costituzione pastorale "Gaudium et spes"*, cit., p. 328.
35 Cfr. ACERBI, *La Chiesa nel tempo. Sguardi sui progetti di relazioni tra Chiesa e società civile negli ultimi cento anni*, cit., p. 232-272.
36 Cfr. GÉRARD PHILIPS, *La Chiesa nel mondo contemporaneo*, in «Concilium», anno 1 (1965), n. 3, p. 15-33.
37 YVES CONGAR, *Diario del Concilio*, San Paolo, Cinisello Balsamo (Milano) 2005, p. 41; cfr. ACERBI, *Chiesa e democrazia. Da Leone XIII al Vaticano II*, cit., p. 328-331.

Vorremmo, infatti, avanzare qualche osservazione circa questa "apertura" che sarebbe intervenuta. In realtà il nucleo teologico della *Gaudium et spes* non è tanto il rapporto con il mondo (o la consapevolezza di non poter non essere immersi nel mondo) quanto, piuttosto, la riflessione della Chiesa su se stessa. Questa prospettiva – soggiacente o esplicita – ha, invero, determinato una sorta di "ecclesiologia assoluta", cioè un ripiegamento dell'intera riflessione teologica sulla Chiesa in sé.

Questo rischio fu indirettamente richiamato già dalle parole di Paolo VI che, in chiusura dell'assise, affermò: «si dirà che il Concilio più che delle divine verità si è occupato principalmente della Chiesa, della sua natura, della sua composizione, della sua vocazione ecumenica, della sua attività apostolica e missionaria. Questa secolare società religiosa, che è la Chiesa, ha cercato di compiere un atto riflesso su se stessa, per conoscersi meglio, per meglio definirsi, e per disporre di conseguenza i suoi sentimenti ed i suoi precetti. È vero. Ma questa introspezione non è stata fine a se stessa, non è stata atto di pura sapienza umana, di sola cultura terrena; la Chiesa si è raccolta nella sua intima coscienza spirituale, non per compiacersi di erudite analisi di psicologia religiosa o di storia delle sue esperienze, ovvero per dedicarsi a riaffermare i suoi diritti e a descrivere le sue leggi, ma per ritrovare in se stessa vivente ed operante, nello Spirito Santo, la parola di Cristo, e per scrutare più a fondo il mistero, cioè il disegno e la presenza di Dio sopra e dentro di sé, e per ravvivare in sé quella fede, ch'è il segreto della sua sicurezza e della sapienza»[38].

Tuttavia, gli anni che seguiranno saranno caratterizzati da una crescente e costante riflessione interiore della Chiesa: più che il confronto con il mondo, il centro della discussione sarà spesso costituito proprio dalla Chiesa che, talmente impegnata a studiarsi, diviene problema a se stessa. Paradossalmente il nuovo rapporto tra la Chiesa e il mondo si è spesso tradotto in una sorta di auto-contemplazione accompagnata da una moltiplicazione delle proprie strutture. Nonostante i propositi, la Chiesa più che impegnata per la missione si è spesso ripiegata su di sé con uno sguardo quasi introspettivo. «Ma uno

---

38 PAOLO VI, Omelia nella IX sessione del Concilio, 7.12.1965, in *Enchiridion Vaticanum. Documenti ufficiali del Concilio Vaticano II (1962-1965)*, Edizioni Dehoniane, Bologna 1981, n. 453*.

specchio che riflette solamente se stesso non è più uno specchio»[39], dirà poi il cardinale Joseph Ratzinger (1927-viv.) commentando il fenomeno dell'"auto occupazione", cioè della Chiesa che si occupa prevalentemente di sé e della propria immagine.

5.3. Un nuovo metodo anche per le questioni sociali

Il contesto ecclesiologico è utile per comprendere meglio anche il modo con cui, nella *Gaudium et spes*, vengono affrontate le questioni sociali. Questa modalità non potrebbe non essere la conseguenza di precisi orientamenti teologici[40].

All'interno di questi orientamenti non può essere certo trascurata l'antropologia che costituisce una parte così significativa del testo conciliare e che si presenta come fondamento della disamina delle problematiche sociali.

Non è questa la sede per analizzare l'antropologia teologica che la *Gaudium et spes* contiene ed esprime. Sarebbero troppe le considerazioni da svolgere. Pensiamo solo al cosiddetto umanesimo cristiano che la costituzione inaugura[41] o al contesto segnato dalla "svolta antropologica" di Karl Rahner[42] o all'influenza esercitata dal modello dell'umanesimo integrale di Jacques Maritain (1892-1973)[43]. Il cenno che rivolgiamo alla "antropologia cristocentrica" della *Gaudium et spes* è, nel nostro caso, tutto funzionale ad introdurci agli aspetti sociali

---

39 Joseph Ratzinger, *La Chiesa, una comunità sempre in cammino*, Edizioni Paoline, Roma 1991, p. 104 (intervento all'XI edizione del Meeting per l'amicizia dei popoli, Rimini, 1.9.1990).
40 Cfr. Gustave Martelet, *La Chiesa e il temporale: verso una nuova concezione*, in Guilherme Baraúna (a cura di), *La Chiesa del Vaticano II. Studi e commenti intorno alla Costituzione dommatica Lumen Gentium*, Vallecchi, Firenze 1965, p. 541-560; cfr. Antonio Acerbi, *Due ecclesiologie. Ecclesiologia giuridica ed ecclesiologia di comunione nella "Lumen gentium"*, Edizioni Dehoniane, Bologna 1975.
41 Cfr. Karol Wojtyla, *La dottrina sociale della Chiesa*, intervista di Vittorio Possenti, commento di Sergio Lanza, Lateran University Press, Città del Vaticano 2007, p. 24.
42 Cfr. Karl Rahner, *Uditori della Parola*, Borla, Torino 1967. Per una critica alla posizione di Rahner, cfr. Cornelio Fabro, *La svolta antropologica di Karl Rahner*, Edizioni EDIVI, Segni (Roma) 2011.
43 Cfr. Duilio Bonifazi, *L'umanesimo integrale in Maritain e nella "Gaudium et spes"*, in Giancarlo Galeazzi (a cura di), *Il pensiero politico di Jacques Maritain*, Massimo, Milano 1978, p. 131-144.

largamente presenti nella costituzione. Questi, infatti, sono strettamente e giustamente congiunti ad un fondamento antropologico a cui la costituzione dedica la gran parte della prima metà del documento («Parte I. La Chiesa e la vocazione dell'uomo»).

Nella coetanea dichiarazione *Dignitatis humanae* si legge: «per volontà di Cristo la Chiesa Cattolica è maestra di verità e il suo compito è di annunziare in modo autentico la verità che è Cristo, e di dichiarare e di confermare con la sua autorità i principi dell'ordine morale che scaturiscono dalla stessa natura umana»[44]. Alla natura dell'uomo anche la *Gaudium et spes* si dimostrava attenta, pur tuttavia nessun accenno esplicito veniva rivolto al tema del diritto naturale.

Per incamminarci nella valutazione del nuovo approccio alle questioni sociali che caratterizza la *Gaudium et spes* intendiamo innanzitutto cogliere questo aspetto (quello del diritto naturale), generalmente poco sottolineato. Si tratta, invero, a nostro avviso, di uno degli elementi più importanti e più carichi di conseguenze. L'avversione al diritto naturale, propria dell'epoca conciliare[45], è da ricondurre all'abbandono di una teologia statica: il richiamo ad una natura oggettiva ed immutabile venne, infatti, considerato espressione tanto del diritto naturale quanto della vecchia teologia[46].

Iniziava, quindi, ad essere guardata con insofferenza una concezione dell'uomo fortemente dipendente da una natura fissa ed intrinseca[47] e si avviava a prendere quota la ricerca di soluzioni riscontrabili sul piano immediato e pratico[48]. L'idea classica del deduttivismo

---

44   Concilio Vaticano II, Dichiarazione *Dignitatis humanae* sulla libertà religiosa, 7.12.1965, n. 14.
45   Cfr. Manlio Paganella, *La dottrina sociale della Chiesa e il diritto naturale*, Ares, Milano 2009, p. 34-35.
46   L'impossibilità a rinunciare non solo ad alcune categorie concettuali, ma innanzitutto alle modalità con cui esprimere la realtà emerge negli stessi testi della costituzione (la sottolineatura è nostra): «la Chiesa, lungo lo svolgersi della storia, ha formulato nella luce del Vangelo e, soprattutto in questi ultimi tempi, ha largamente insegnato i *principi di giustizia* e di equità richiesti dalla *retta ragione umana* e *validi sia per la vita individuale o sociale* che per la vita internazionale» (*Gaudium et spes*, n. 63e).
47   Cfr. Marie-Dominique Chenu, *La dottrina sociale della Chiesa. Origine e sviluppo (1891-1971)*, Queriniana, Brescia 1982, p. 47.50.
48   Cfr. Giuseppe Colombo, *Il compito della teologia nella elaborazione dell'insegnamento sociale della Chiesa*, in Aa. Vv., *Il Magistero sociale della Chiesa. Principi e nuovi*

dottrinale veniva accantonata a vantaggio dell'induttivismo esperienziale, così come il diritto naturale veniva posto in secondo piano rispetto al divenire sociale.

Prima, però, di soffermarci sulla questione metodologica (e per meglio inquadrarla e capirla) facciamo qualche considerazione in merito all'uso della locuzione "dottrina sociale"[49].

Già dicevamo che in due passi la *Gaudium et spes* riaffermava la propria continuità con il magistero sociale precedente. Citavamo sopra quello al n. 63. Queste sono, invece, le parole al n. 23: «siccome documenti recenti del magistero della Chiesa hanno esposto diffusamente la dottrina cristiana circa l'umana società[50], il Concilio ricorda solo alcune verità più importanti e ne espone i fondamenti alla luce della Rivelazione. Insiste poi su certe conseguenze che sono particolarmente importanti per il nostro tempo».

A differenza dell'altro punto (al n. 63), in questa circostanza (al n. 23 siamo nella prima parte della costituzione, all'esordio del capitolo II dal titolo «La comunità degli uomini»), il testo utilizzò il termine "dottrina" («quoniam autem recentiora Ecclesiae Magisterii documenta christianam de societate humana doctrinam fusius exposuerunt»).

Nella costituzione il ricorso alla parola "dottrina" è frequente perché applicato a vari contesti[51]. Ma solo in due casi è riconducibile alla nozione di "dottrina sociale della Chiesa". Oltre al menzionato n. 23, nella seconda parte della costituzione (siamo sul finire del capitolo IV su «La vita della comunità politica»), al n. 76 troviamo l'altra affermazione che è anche la più interessante sotto il profilo epistemologico. In tale punto veniva, dunque, detto: «sempre e dovunque, e con vera libertà, è suo [della Chiesa, *ndr*] diritto predicare la fede e insegnare la propria dottrina sociale, esercitare senza ostacoli la propria missione tra gli

---

contenuti. Atti del Convegno di Studio. Milano 14-16 aprile 1988, Vita e Pensiero, Milano 1989, p. 23-34.
49   Cfr. ROGER ETCHEGARAY, *Esiste una «dottrina sociale» della Chiesa?*, in AA. VV., *Il Magistero sociale della Chiesa. Principi e nuovi contenuti. Atti del Convegno di Studio. Milano 14-16 aprile 1988,* Vita e Pensiero, Milano 1989, p. 11-12.
50   Nella nota della costituzione vengono menzionate le encicliche *Mater et magistra* (1961), *Pacem in terris* (1963) ed *Ecclesiam suam* (1964).
51   Così, ad esempio, la si ritrova in relazione all'ateismo (cfr. n. 20) o alla «dottrina del Cristo» (n. 28) o alla «dottrina del Magistero» (n. 43) o alla «dottrina della Chiesa» (n. 47) o alla «dottrina del Nuovo Testamento» (in nota al n. 72).

uomini e dare il proprio giudizio morale, anche su cose che riguardano l'ordine politico, quando ciò sia richiesto dai diritti fondamentali della persona e dalla salvezza delle anime»[52].

Sebbene, quindi, in almeno due passaggi la *Gaudium et spes* abbia menzionato l'esistenza di una dottrina cristiana sulla società, è anche vero che l'interpretazione più diffusa ritiene che, per averlo fatto con tale parsimonia, l'intenzione dei padri conciliari sia stata quella di ridimensionarne la portata[53]. Molti, pertanto, si sono meravigliati non della moderazione con cui si è fatto cenno alla continuità con il magistero sociale precedente, ma alla persistenza di tracce di questo all'interno della costituzione. Ad esempio, Chenu ha considerato la definizione presente nel n. 76 «un disgraziato malinteso [che ... ha ristabilito, *ndr*] l'espressione ("dottrina sociale") dopo la promulgazione del testo»[54].

In altri termini, ai commentatori più autorevoli l'omissione della locuzione "dottrina sociale della Chiesa" in un testo come la *Gaudium et spes* è sembrata una precisa scelta, tanto più per il fatto che in altri documenti conciliari l'espressione venne comunque adottata.

In chiusura della seconda sessione dei lavori conciliari, esattamente due anni prima della *Gaudium et spes*, era stato promulgato il decreto sull'uso dei mass media che, a differenza della successiva costituzione pastorale, non si era fatto alcuno scrupolo di richiamare la dottrina sociale della Chiesa quale base di formazione dei laici: «possano acquistare una formazione completa, permeata di spirito cristiano, specialmente nel campo della dottrina sociale della Chiesa [praesertim quoad doctrinam socialem Ecclesiae...]»[55].

Affermazione simile troviamo nel decreto sull'ecumenismo dove si dichiaravano «la dottrina e l'attività della Chiesa in campo sociale

---

52 L'affermazione conciliare sarà poi ripresa in Congregazione per l'Educazione Cattolica, Documento *In questi ultimi decenni*. Orientamenti per lo studio e l'insegnamento della Dottrina Sociale della Chiesa nella formazione sacerdotale, 30.12.1988, n. 13.
53 Cfr. Giuseppe Angelini, *I problemi della «dottrina sociale»*, saggio introduttivo a Theodor Herr, *La dottrina sociale della Chiesa. Manuale di base*, Piemme, Casale Monferrato (Alessandria) 1988, p. IX.
54 Chenu, *La dottrina sociale della Chiesa. Origine e sviluppo (1891-1971)*, cit., p. 49.
55 Concilio Vaticano II, Decreto *Inter mirifica* sui mezzi di comunicazione sociale, 4.12.1963, n. 15.

[doctrina et activitas Ecclesiae in re sociali]»[56] tra i modi con cui avrebbe potuto meglio progredire il movimento ecumenico.

Ancor più significativa la menzione all'interno del documento relativo all'apostolato dei fedeli laici ai quali veniva chiesto di avere «sempre di mira il bene comune secondo i principi della dottrina morale e sociale della Chiesa [iuxta principia doctrinae moralis et socialis Ecclesiae]» e di assimilare «i principi della dottrina sociale e le sue applicazioni, affinché si rendano capaci sia di collaborare, per quanto loro spetta, al progresso della dottrina stessa, sia di applicarla correttamente ai singoli casi»[57].

Accanto a queste tre definizioni esplicite, il Concilio, in diversi altri passi, *indirettamente* richiamava l'esistenza della dottrina sociale della Chiesa e la utilità di un'azione sociale religiosamente ispirata. Rimane, quindi, di difficile interpretazione l'omissione di inequivoci riferimenti all'interno del documento che più esponeva la Chiesa sul piano sociale. Come dicevamo poc'anzi, questa omissione è stata letta come il tentativo di superare una visione monolitica a vantaggio di un'impostazione pastorale. Scriveva, al proposito, Chenu: «al Concilio Vaticano II, l'espressione sarà contestata e sarà ufficialmente eliminata dal testo fondamentale della costituzione *Gaudium et spes*»[58]. E se la così netta opinione del teologo domenicano non appare sufficientemente fondata – almeno nei termini sbrigativi da lui fatti propri[59] – è, tuttavia, anche vero che, a riguardo, il testo conciliare si presta a differenti commenti.

---

56 Concilio Vaticano II, Decreto *Unitatis redintegratio* sull'ecumenismo, 21.11.1964, n. 6.
57 Concilio Vaticano II, Decreto *Apostolicam actuositatem* sull'apostolato dei laici, 18.11.1965, n. 31.
58 Chenu, *La dottrina sociale della Chiesa. Origine e sviluppo (1891-1971)*, cit., p. 9.
59 Questa la ricostruzione di Chenu: «a proposito del vocabolario del concilio, durante l'elaborazione dei testi e nel corso della redazione, sono avvenuti incidenti rivelatori. In diverse occasioni "dottrina sociale" è stata usata in senso globale; ma, a più riprese, l'espressione fu contestata. Nel decreto sull'ufficio pastorale dei vescovi durante la discussione fu proposto e accettato un emendamento che chiedeva l'eliminazione di una espressione ambigua e soggetta a contestazione; e infatti fu eliminata dalla redazione finale. È soprattutto nella *Gaudium et spes* che i responsabili chiesero di sostituire "dottrina sociale" con "dottrina cristiana sulla società, minuscola variante per evitare la formula stereotipa» (Chenu, *La dottrina sociale della Chiesa. Origine e sviluppo (1891-1971)*, cit., p. 48-49).

La questione intorno all'espressione che definiva l'insegnamento in materia sociale rimane «chiaro indice di un cambiamento, oltre che nella concezione dei contenuti, anche del nome di ciò che veniva comunemente chiamato dottrina»[60]. E che la disputa non fosse solo terminologica lo si comprende cercando di capire meglio ciò che le parole intendevano, di volta in volta, manifestare o celare.

Il ridimensionamento della portata di una vera e propria "dottrina sociale della Chiesa", d'altra parte, era in linea con l'indirizzo già instradato da Giovanni XXIII con l'enciclica *Pacem in terris* di due anni e mezzo prima[61]. Con la *Gaudium et spes* il nuovo orientamento veniva, però, suggellato e perfezionato; per questo motivo, riferendosi alla costituzione conciliare, Chenu ancora scriveva: «in verità fu quella la prima sconfitta di questo concetto [cioè "dottrina sociale della Chiesa", *ndr*]: esso accomuna categorie socio-culturali che sono il riflesso di una situazione storica e geografica determinata e che, di conseguenza, offendono le realtà che non hanno integrato. Tale nozione destoricizza nozioni che sono il prodotto del tempo determinato in cui furono elaborate»[62].

Queste parole di Chenu sembrano offrire la sensazione che la distanza con il precedente concilio sia ben maggiore dei novant'anni intercorsi. Concilio dottrinale il Vaticano I, concilio pastorale il Vaticano II; il primo forte nel ribadire i principi, il secondo volutamente accondiscendente nell'abbattere le barriere. Ma oltre questi aspetti propriamente teologici, non sarebbe superfluo mettere a confronto i due concili in ordine al contributo offerto in materia specificamente sociale[63]. Sebbene la prematura conclusione del Concilio del 1870 abbia fatto ricordare l'assise solo per le costituzioni dogmatiche promulgate, tuttavia i programmi dell'assemblea contemplavano la discussione di questioni sociali e politiche, anche se nella forma di "errori" da contrastare[64].

---

60 Mario Toso, *Welfare Society. La riforma del welfare: l'apporto dei pontefici*, Libreria Ateneo Salesiano, Roma 2003, p. 247.
61 Cfr. il capitolo su Giovanni XXIII di questo testo.
62 Chenu, *La dottrina sociale della Chiesa. Origine e sviluppo (1891-1971)*, cit., p. 49.
63 Cfr. Henri Rondet, *Vatican I*, Lethielleux, Paris 1962, p. 209-215 (*La question sociale au premier Concile du Vatican*).
64 Cfr. Constant Van Gestel, *La dottrina sociale della Chiesa*, Città Nuova, Roma 1965, p. 90-91.

Per quanto al Vaticano I avessero partecipato esponenti della gerarchia di notevole sensibilità sociale[65], il concilio era ancora distante dal taglio che vent'anni più tardi sarà espresso dalla *Rerum novarum*; ancora maggiore sarà la lontananza tra gli ultimi due Concili Ecumenici della Chiesa cattolica convocati nella medesima basilica vaticana con una distanza teologica e metodologica che non può certo essere ridimensionata.

Da un metodo prevalentemente deduttivo, con il solido riferimento a verità e principi, si passava, quindi, ad un metodo principalmente induttivo con la preferenza a leggere ed imparare dalle situazioni concrete e dalle circostanze mutevoli. Anche in questo caso, l'orientamento si era già imposto nel 1963 con la *Pacem in terris* di Giovanni XXIII[66], ma la *Gaudium et spes* ratificava e spingeva oltre, determinando un nuovo approccio che dal campo sociale avrebbe finito con l'influenzare l'intera teologia[67].

Ciò giustificava l'accantonamento della *dottrina* ("la dottrina sociale della Chiesa") e la preferenza per l'*insegnamento* ("l'insegnamento sociale della Chiesa") secondo quanto sembra inscritto nel proposito del testo che intendeva attingere «sub luce evangelii et humanae experientiae»[68].

Un modo per considerare l'importanza dell'esperienza è quello di riconoscere di avere bisogno di imparare. E il Concilio aveva, appunto, dichiarato che la Chiesa ha avuto molto da imparare dal mondo e dalla scienza[69], in più «la Chiesa sa bene quanto essa debba continuamente maturare imparando dall'esperienza di secoli, nel modo di realizzare i suoi rapporti col mondo»[70].

Certamente è interessante ripercorrere i ricordi del cardinale Wojtyla che, in qualità di padre conciliare, prese diretta parte alla elaborazione del documento: «durante il Concilio, soprattutto durante la

---

65   Cfr. Tommaso Sorgi, *La "questione sociale" al Concilio Vaticano I*, in «Res Publica. Rivista di studi storico-politici internazionali», anno 4 (2014), n. 9, p. 39-57.
66   Cfr. il capitolo su Giovanni XXIII di questo testo.
67   Cfr. Stefano Cavallotto, *La "Gaudium et spes": conferme e prospettive*, in Nunzio Galantino (a cura di), *Il Concilio venti anni dopo. Il rapporto chiesa-mondo*, AVE, Roma 1986, p. 139.
68   Concilio Vaticano II, *Gaudium et spes*, cit., n. 46a.
69   Ivi, n. 44a.
70   Ivi, n. 43f.

fase di preparazione della costituzione pastorale, più volte ci si occupò del bisogno di far uso di un metodo induttivo, della assoluta necessità di assicurargli un posto soprattutto nella mentalità del mondo contemporaneo. Io stesso appartenevo a quel gruppo di vescovi che doveva preparare questa "descrizione". Ci incontrammo durante la sessione e in riunioni specifiche nel periodo fra le sessioni del Concilio. È chiaro che una descrizione non può essere condotta con il metodo deduttivo né con il linguaggio dell'astrazione che generalizza. Era necessario dar voce alle cosiddette "scienze particolari" ed a tutta l'umana esperienza. Quindi "*empirismo e induzione*"»[71].

La *Gaudium et spes* descrisse questo metodo nel proemio della seconda parte del documento, quella in cui si affrontavano «alcuni problemi più urgenti». Troviamo scritto in quel punto: «dopo aver esposto di quale dignità è insignita la persona dell'uomo e quale compito, individuale e sociale, egli è chiamato ad adempiere sulla terra, il Concilio, *alla luce del Vangelo e dell'esperienza umana* [nostra sottolineatura, *ndr*], attira ora l'attenzione di tutti su alcuni problemi contemporanei particolarmente urgenti, che toccano in modo specialissimo il genere umano. Tra le numerose questioni che oggi destano l'interesse generale, queste meritano particolare menzione: il matrimonio e la famiglia, la cultura umana, la vita economico-sociale, la vita politica, la solidarietà tra le nazioni e la pace. Sopra ciascuna di esse risplendano i principi e la luce che provengono da Cristo; così i cristiani avranno una guida e tutti gli uomini potranno essere illuminati nella ricerca delle soluzioni di problemi tanto numerosi e complessi»[72].

5.4. La vita economico-sociale

Non è ovviamente pensabile soffermarsi su ciascuno dei capitoli che costituiscono la seconda parte della *Gaudium et spes*. Anche passare in rassegna i soli temi principali dei «problemi più urgenti»[73] enumerati dalla costituzione richiederebbe troppo lavoro. Dovendo operare una inevitabile selezione, ci limiteremo ad una sottolineatura di alcune questioni della vita economico-sociale esposte nel capitolo terzo.

---

71 Wojtyla, *La dottrina sociale della Chiesa*, cit., p. 58.
72 Concilio Vaticano II, *Gaudium et spes*, cit., n. 46.
73 Ivi, n. 46.

Quasi come un'obbligata premessa, è necessario richiamare quel terzo capitolo della prima parte della costituzione che s'intitola «l'attività umana nell'universo»[74]. Capitolo noto innanzitutto per il paragrafo che descrive la legittima autonomia delle realtà terrene[75]; il suo richiamo ci torna ora congeniale per lo sguardo che intendiamo dare alle tematiche economiche contenute nella costituzione. Nel capitolo su «l'attività umana nell'universo»[76] emerge una concezione finalmente pienamente affermativa dell'azione lavoratrice: «per i credenti una cosa è certa: considerata in se stessa, l'attività umana individuale e collettiva, ossia quell'ingente sforzo col quale gli uomini nel corso dei secoli cercano di migliorare le proprie condizioni di vita, corrisponde alle intenzioni di Dio»[77]. Quindi: «i cristiani [...] non si sognano nemmeno di contrapporre i prodotti dell'ingegno e del coraggio dell'uomo alla potenza di Dio, quasi che la creatura razionale sia rivale del Creatore; al contrario, sono persuasi piuttosto che le vittorie dell'umanità sono segno della grandezza di Dio e frutto del suo ineffabile disegno»[78].

Non è questa la sede per approfondire il rapporto tra regno di Dio e progresso umano; ma l'esaltazione delle attività umane presente nella costituzione è certamente segno del riconoscimento che la trasformazione del mondo – sebbene tutt'altro che indenne da pericoli – è il compito che Dio ha affidato al lavoro dell'uomo[79]. «Il Concilio interpreta ogni sforzo per umanizzare la vita umana e il mondo in cui l'uomo vive non come l'espressione del mito pagano di Prometeo (anche se talvolta il mito è presente negli uomini del nostro tempo), ma come l'espressione del comando biblico di soggiogare la terra e di farla servire al bene dell'umanità»[80].

Non senza motivo, è stato sostenuto che la *Gaudium et spes* abbandonava quella "paura del nuovo" che, per certi versi, aveva

---

74 Ivi, n. 33-39.
75 Cfr. ivi, n. 36.
76 Cfr. Peter Smulders, *L'attività umana nel mondo*, in Guilherme Baraúna (a cura di), *La Chiesa nel mondo di oggi. Studi e commenti intorno alla Costituzione pastorale "Gaudium et spes"*, Vallecchi, Firenze 1966, p. 308-329.
77 Concilio Vaticano II, *Gaudium et spes*, cit., n. 34a.
78 Ivi, n. 34c.
79 Cfr. Giovanni Paolo II, Esortazione apostolica postsinodale *Christifideles laici* sulla vocazione e missione dei laici nella Chiesa e nel mondo, 30.12.1988, n. 4.
80 *Il Concilio è stato troppo "ottimista"? La "Gaudium et spes" e il mondo moderno*, in «La Civiltà Cattolica», anno 136 (1985), vol. II, p. 219 (quad. n. 3237 del 4.5.1985).

accompagnato la Chiesa nel suo confronto con il mondo moderno e che ha attraversato documenti assai importanti come la stessa *Rerum novarum* (1891) o la *Quadragesimo anno* (1931)[81]. Pur tuttavia, scendendo più in profondità, non sono certo irrilevanti alcune contraddizioni che vanno segnalate.

Partiamo dal contrasto che emerge tra le affermazioni appena citate, relative all'elogio delle attività umane, e un certo stratificato pregiudizio nei confronti dei meccanismi dell'economia. È vero che viene riconosciuto come «il progresso nella efficienza produttiva e nella migliore organizzazione degli scambi e servizi ha reso l'economia strumento adatto a meglio soddisfare i bisogni accresciuti della famiglia umana»[82]. Ma è anche vero che sembra non comprendersi che le «esigenze dell'economia», giudicate negativamente quale sinonimo di «mentalità economicistica»[83], ad altro non corrispondono che a quel lavoro che l'uomo deve svolgere e al quale quotidianamente è chiamato da Dio e dalla natura del suo essere.

Anche per ciò che riguarda gli squilibri denunciati[84], gli estensori del testo dimostrarono di non capire che il lavoro, lo scambio, l'economia rappresentano l'unico modo per estinguere il sottosviluppo, non certo la causa degli scompensi tra le nazioni o tra le classi. La costituzione mostra, pertanto, un'«insufficiente esperienza dei problemi»[85] sollevati.

L'imprescindibile richiamo al fondamento antropologico («l'uomo infatti è l'autore, il centro e il fine di tutta la vita economico-sociale»[86]) non aggira il dovere della conoscenza delle leggi economiche. Anzi: è esattamente la fedeltà al principio della centralità della persona

---

81 Cfr. Giorgio Campanini, *Il contesto storico-culturale del Concilio Vaticano II*, in «Rassegna di Teologia», anno 28 (1987), n. 3 (maggio-giugno), p. 234-235.
82 Concilio Vaticano II, *Gaudium et spes*, cit., n. 63b.
83 *Ibidem*.
84 «In un tempo in cui lo sviluppo della vita economica, orientata e coordinata in una maniera razionale e umana, potrebbe permettere una attenuazione delle disparità sociali, troppo spesso essa si tramuta in una causa del loro aggravamento o, in alcuni luoghi, perfino nel regresso delle condizioni sociali dei deboli e nel disprezzo dei poveri. Mentre folle immense mancano dello stretto necessario, alcuni, anche nei paesi meno sviluppati, vivono nell'opulenza o dissipano i beni» (*Gaudium et spes*, n. 63c).
85 Guido Verucci, *La Chiesa nella società contemporanea. Dal primo dopoguerra al Concilio Vaticano II*, Laterza, Bari 1988, p. 415.
86 Concilio Vaticano II, *Gaudium et spes*, cit., n. 64.

a postulare l'ancoraggio a quel realismo senza il quale la persona è illusa dalle utopie e schiacciata dalle ideologie[87].

Sarebbe stato di grande vantaggio per la morale sociale cattolica accogliere la lezione della cosiddetta scuola "marginalista" i cui postulati scientifici conferiscono pieno riconoscimento all'uomo come unico artefice dell'economia e alle sue azioni come unici elementi per poter comprendere anche le più grandi impostazioni economiche[88].

Nella scia della *Quadragesimo anno* di Pio XI[89] ed anche della *Pacem in terris* di Giovanni XXIII[90], che avevano implicitamente riconosciuto il carattere proprio della scienza economica[91], la costituzione conciliare dimostrava formalmente apprezzamento e stima per il valore scientifico dell'economia non solo nel generale principio della «legittima autonomia delle realtà terrene»[92], ma, specificamente, sia riconoscendo che «il progresso nella efficienza produttiva e nella migliore organizzazione degli scambi e servizi ha reso l'economia strumento

---

87 «Il fine ultimo e fondamentale di tale sviluppo non consiste nel solo aumento dei beni prodotti, né nella sola ricerca del profitto o del predominio economico, bensì nel servizio dell'uomo: dell'uomo integralmente considerato, tenendo cioè conto della gerarchia dei suoi bisogni materiali e delle esigenze della sua vita intellettuale, morale, spirituale e religiosa; di ogni uomo, diciamo, e di ogni gruppo umano, di qualsiasi razza o continente» (*Gaudium et spes*, n. 64).
88 Cfr. Carl Menger, *Principi fondamentali di economia*, a cura di Raimondo Cubeddu, introduzione di Karl Milford, Rubbettino, Soveria Mannelli (Catanzaro) 2001; cfr. Murray N. Rothbard, *Man, Economy, and State. A Treatise on Economic Principles* with *Power and Market. Government and the Economy*, Ludwig von Mises Institute, Auburn (Alabama) 2009.
89 Cfr. Pio xi, Lettera enciclica *Quadragesimo anno* sull'instaurazione dell'ordine sociale cristiano, 15.5.1931, in *Enchiridion delle encicliche/5. Pio XI (1922-1939)*, Edizioni Dehoniane, Bologna 1995, n. 623.
90 Cfr. Giovanni xxiii, Lettera enciclica *Pacem in terris* sulla pace fra tutte le genti fondata sulla verità, la giustizia, l'amore, la libertà, 11.4.1963, in *Enchiridion delle encicliche/7. Giovanni XXIII, Paolo VI (1958-1978)*, Edizioni Dehoniane, Bologna 1994, n. 697s.
91 Cfr. Francesca Duchini, *Insegnamento sociale della Chiesa e problematica economica: da Leone XIII a Pio XII*, in Aa. Vv., *L'insegnamento sociale della Chiesa. Atti del 58° corso aggiornamento dell'Università Cattolica (settembre 1988)*, Vita e Pensiero, Milano 1988, p. 62; cfr. Francesca Duchini, *Insegnamento sociale della Chiesa, scienza economica, attività economica*, in Aa. Vv., *Il Magistero sociale della Chiesa. Principi e nuovi contenuti. Atti del Convegno di Studio. Milano 14-16 aprile 1988*, Vita e Pensiero, Milano 1989, p. 129.
92 Concilio Vaticano ii, *Gaudium et spes*, cit., n. 36.

adatto a meglio soddisfare i bisogni accresciuti della famiglia umana»[93], sia ribadendo che «l'attività economica deve essere condotta secondo le leggi e i metodi propri dell'economia» seppur, ovviamente, «nell'ambito dell'ordine morale»[94].

A queste affermazioni, però, non si dava adeguato seguito quando si dichiarava che «lo sviluppo economico non può essere abbandonato né al solo gioco quasi meccanico della attività economica dei singoli, né alla sola decisione della pubblica autorità»[95]. E ciò non perché si voglia rivendicare l'autonomia della sfera scientifica da quella morale, ma perché non si comprende cosa possa esservi di più etico che lasciare l'economia nell'ambito del primato della persona (e delle sue libere azioni) piuttosto che affidarla all'arbitrio (più o meno moderato) della direzione politica[96].

«È facile indicare problemi e proporre ideali, ma senza l'analisi economica non si è in grado di giungere ad una soluzione pratica»[97], scriveva il gesuita olandese Mulder commentando la *Gaudium et spes*. La riaffermazione del primato dell'uomo non esime, infatti, dalla consapevolezza di inderogabili leggi economiche. Anzi, impone la migliore conoscenza di queste proprio per non tradire quel primato.

Si nota, però, una latente duplice contraddizione nel testo conciliare.

La prima riguarda una sorta di ritrattazione del metodo induttivista che la *Gaudium et spes* aveva pur salutato ed accolto. Quel criterio, alquanto nuovo, di voler valutare gli urgenti problemi contemporanei

---

93 Ivi, n. 63b.
94 Ivi, n. 64.
95 Ivi, n. 65a.
96 D'altra parte il principio veniva anche immediatamente affermato: «lo sviluppo economico deve rimanere sotto il controllo dell'uomo. Non deve essere abbandonato all'arbitrio di pochi uomini o gruppi che abbiano in mano un eccessivo potere economico, né della sola comunità politica, né di alcune nazioni più potenti. Conviene, al contrario, che il maggior numero possibile di uomini, a tutti i livelli e, quando si tratta dei rapporti internazionali, tutte le nazioni possano partecipare attivamente al suo orientamento. È necessario egualmente che le iniziative spontanee dei singoli e delle loro libere associazioni siano coordinate e armonizzate in modo conveniente ed organico con la molteplice azione delle pubbliche autorità» (*Gaudium et spes*, n. 64).
97 THEODOOR MULDER, *La vita economico-sociale: le idee centrali del capitolo*, in GUILHERME BARAÚNA (a cura di), *La Chiesa nel mondo di oggi. Studi e commenti intorno alla Costituzione pastorale "Gaudium et spes"*, Vallecchi, Firenze 1966, p. 456.

(e, per ciò che ora ci riguarda, quelli economici in particolare) «*sub luce humanae experientiae*» (oltre che, ovviamente, *sub luce evangelii*[98]) veniva in qualche modo ridimensionato, se non addirittura smentito, da affermazioni e posizioni che calavano dall'alto e che avevano poco riscontro nella abituale prassi economica. Sotto questo aspetto, il testo è ben lontano dalla concretezza degli ordinari rapporti di scambio che danno luogo all'economia e che consentono il vero sviluppo dei popoli.

La costituzione, che pur aveva sottolineato come la Chiesa avesse avuto molto da imparare dalla storia e dalla scienza[99], sembrava poi rendere la stessa Chiesa autosufficiente nei confronti del sistema economico che aveva consentito a molti popoli di uscire dallo stato di necessità.

La seconda antinomia riguarda una certa sconfessione dell'ottimismo con cui la *Gaudium et spes* aveva guardato alle realtà terrene e all'apporto della scienza e della tecnica. La costituzione, infatti, affermava che «sono da favorire il progresso tecnico, lo spirito di innovazione, la creazione di nuove imprese e il loro ampliamento, l'adattamento nei metodi dell'attività produttiva e dello sforzo sostenuto da tutti quelli che partecipano alla produzione, in una parola tutto ciò che possa contribuire a questo sviluppo»[100]. Inoltre dimostrava, con queste parole, di sposare una concezione positiva del lavoro: «con il lavoro, l'uomo provvede abitualmente al sostentamento proprio e dei suoi familiari, comunica con gli altri, rende un servizio agli uomini suoi fratelli e può praticare una vera carità e collaborare attivamente al completamento della divina creazione. Ancor più: sappiamo per fede che l'uomo, offrendo a Dio il proprio lavoro, si associa all'opera stessa redentiva di Cristo, il quale ha conferito al lavoro una elevatissima dignità, lavorando con le proprie mani a Nazaret»[101].

Pur tuttavia questo ottimismo nei confronti delle realtà terrene non si riscontra nei confronti del naturale dinamismo del mercato, per il mancato riconoscimento della moralità dei processi economici. Se

---

98 Cfr. Concilio Vaticano II, *Gaudium et spes*, cit., n. 46.
99 Come già riportato: «la Chiesa non ignora quanto essa abbia ricevuto dalla storia e dall'evoluzione del genere umano» (*Gaudium et spes*, n. 44a); «la Chiesa sa bene quanto essa debba continuamente maturare imparando dall'esperienza di secoli, nel modo di realizzare i suoi rapporti col mondo» (*Gaudium et spes*, n. 43f).
100 Concilio Vaticano II, *Gaudium et spes*, cit., n. 64.
101 Ivi, n. 67b.

il lavoro dell'uomo è visto in tutta la sua positività, perché un analogo giudizio non si trasferisce sul naturale meccanismo elementare dell'economia che nasce spontaneamente dal bisogno dell'uomo di soddisfare le proprie insopprimibili necessità materiali?

Da una lettura critica del documento, emerge che alla formale umiltà dinanzi al mondo corrisponde, poi, una non giustificata fermezza nei confronti dell'economia libera. Questo atteggiamento può, forse, essere spiegato anche con l'accantonamento del diritto naturale. Come dicevamo, il tramonto di categorie collegate al diritto naturale coincideva con l'abbandono del richiamo ai principi primi e all'impostazione deduttivistica. È singolare, però, cogliere, simultaneamente, un ottimismo verso la natura e una diffidenza verso il diritto naturale che, più che essere espressione di una teologia statica, è semplicemente il riconoscimento di un'insopprimibile ordine che governa il cosmo, un ordine che si riflette tanto nella natura umana quanto nelle leggi economiche.

Sarebbe interessante comprendere anche a quali prospettive la *Gaudium et spes* apra in ordine al rapporto tra potere politico e potere economico, alla sussidiarietà internazionale ed, innanzitutto, in ordine al modello economico. Lasciamo sullo sfondo queste domande e proseguiamo limitandoci ad alcune considerazioni.

Con le gravi lacune in materia economica che abbiamo indicato, la *Gaudium et spes* incorre, quindi, nel fraintendimento circa la natura del libero mercato riproponendo il sospetto in materia che è proprio della cultura cattolica. Anche in ciò si nota un paradosso: la costituzione pastorale – e in generale il Concilio – ha dimostrato grande attenzione al mondo moderno, alle sue aspirazioni e alle sue conquiste. Ma, non di meno, questa sensibilità non solo sembra essersi attivata in modo selettivo, ma ha trascurato proprio ciò che meglio poteva onorare il mondo moderno: il miglioramento delle condizioni di gran parte dell'umanità dovuto all'economia d'impresa[102].

---

102 Scriveva il grande economista Ludwig von Mises (1881-1973): «anche coloro che considerano deplorevole la diseguaglianza della ricchezza e dei redditi, non possono negare che essa contribuisce a far progredire l'accumulazione di capitale. Ed è solo l'accumulazione di capitale addizionale che realizza il miglioramento tecnologico, l'aumento dei saggi salariali e un più elevato tenore di vita» (LUDWIG VON MISES, *L'azione umana. Trattato di economia*, prefazione di Lorenzo Infantino, Rubbettino, Soveria Mannelli (Catanzaro) 2016, p. 895).

La positività tesa a comprendere tanti aspetti della modernità, sembrerebbe essere stata poco applicata a ciò che riguarda il buon uso della libertà nel campo economico. A proposito dell'aiuto che si riceve dal mondo contemporaneo, la costituzione ricorda che «la Chiesa non ignora quanto essa abbia ricevuto dalla storia e dall'evoluzione del genere umano»[103], pur tuttavia nei confronti della libera impresa («bisogna denunciare gli errori tanto delle dottrine che, in nome di un falso concetto di libertà, si oppongono alle riforme necessarie...»[104]) la denuncia si ripresenta inalterata[105].

Per quanto non si guardasse più lo sviluppo con sospetto («sono da favorire il progresso tecnico, lo spirito di innovazione, la creazione di nuove imprese e il loro ampliamento, l'adattamento nei metodi dell'attività produttiva e dello sforzo sostenuto da tutti quelli che partecipano alla produzione, in una parola tutto ciò che possa contribuire a questo sviluppo...»[106]), tuttavia il sistema che l'assicura veniva irreparabilmente considerato sullo stesso piano materialistico del collettivismo.

Gravava su questa percezione la diffidenza nei confronti dei processi di industrializzazione e una certa nostalgia nei confronti della società agricola[107], rimanendo sullo sfondo il difficile rapporto tra Chiesa e società industriale[108]. Per quanto si giungesse a comprendere il dovere, da parte dell'uomo, di trasformare il mondo attraverso la scienza e la tecnica, permaneva il rifiuto di quell'economia di mercato che ha consentito, agli strati più larghi della popolazione, l'accesso ai benefici del progresso.

Una diffidenza, questa, che si rivela nell'assenza di una riflessione sulla figura dell'imprenditore e sull'indispensabile ruolo di promozione

---

103 Concilio Vaticano II, *Gaudium et spes*, cit., n. 44a.
104 Ivi, n. 65c.
105 Cfr. Giorgio Campanini, *La fatica del cammello. Il cristiano tra ricchezza e povertà*, Edizioni Paoline, Milano 2002, p. 42.105.
106 Concilio Vaticano II, *Gaudium et spes*, cit., n. 64.
107 Cfr. ivi, n. 6b.54.63d.66c.
108 Cfr. Jean-Marie Aubert, *Teologia dell'epoca industriale*, Cittadella Editrice, Assisi (Perugia) 1971; cfr. Josè Arthur Rios, *La vita economico-sociale: persona, struttura sociale e civiltà*, in Guilherme Baraúna (a cura di), *La Chiesa nel mondo di oggi. Studi e commenti intorno alla Costituzione pastorale "Gaudium et spes"*, Vallecchi, Firenze 1966, p. 462-463.

dello sviluppo che questi innesca all'interno della società[109]. Il gesuita Oswald von Nell-Breuning (1890-1991), che era stato il vero estensore dell'enciclica di Pio XI *Quadragesimo anno*, pur su posizioni solidariste, ebbe a lamentare il modo con cui il Concilio aveva trascurato la funzione imprenditoriale, ruolo chiave della economia[110].

Ben altra attenzione, invece, veniva riservata alla funzione della politica che, come usualmente avviene nel pensiero cattolico, veniva ritenuta elemento centrale del bene comune[111] e dello sviluppo economico[112]: «i capi di Stato, infatti, [...] sono mallevadori del bene comune delle proprie nazioni e fautori insieme del bene della umanità intera»[113].

L'idea soggiacente è quella tradizionale: senza lo Stato non potrebbe essere assicurato alcun sviluppo economico ordinato. Gli squilibri e i ritardi nello sviluppo non solo non andrebbero attribuiti al ceto politico, ma andrebbero a questo affidati per essere sanati. Ritorna una concezione riduttiva dell'economia e una concezione amplificata della politica: l'idea, cioè, che le disparità si possano correggere con interventi "dall'alto" e che la via politica sia l'unica adatta («è necessario egualmente che le iniziative spontanee dei singoli e delle loro libere associazioni siano coordinate e armonizzate in modo conveniente ed organico con la molteplice azione delle pubbliche autorità»[114]). Ciò, ovviamente, postulerebbe che a fronte di maggiori squilibri, tanto più forte debba essere la regolamentazione statale.

Tuttavia, l'enfasi posta sul ruolo delle istituzioni (soprattutto internazionali[115]) non fa venire meno la cautela nei confronti della sempre minacciosa invadenza politica nella vita dei singoli soggetti sociali. In modo classico, anche la costituzione fa ricorso al principio di

---

109 Cfr. MULDER, *La vita economico-sociale: le idee centrali del capitolo*, in BARAÚNA (a cura di), *La Chiesa nel mondo di oggi. Studi e commenti intorno alla Costituzione pastorale "Gaudium et spes"*, cit., p. 458.
110 Cit. in MICHAEL NOVAK, *Spezzare le catene della povertà. Saggi sul personalismo economico*, a cura di Flavio Felice, Liberilibri, Macerata 2001, p. 31.
111 Cfr. CONCILIO VATICANO II, *Gaudium et spes*, cit., n. 74a.
112 Cfr. ivi, n. 75b.
113 Ivi, n. 82c.
114 Ivi, n. 65a.
115 Cfr., ad esempio, ivi, n. 8d.60a.65a.86c.

sussidiarietà che, sebbene menzionato espressamente solo una volta[116], appare spesso implicitamente richiamato tra le sue pagine[117].

Anche qui emerge l'idea tradizionale: senza lo Stato non potrebbe essere assicurata la coesione sociale, ma lo Stato non può travalicare alcuni inderogabili confini («l'ordine sociale pertanto e il suo progresso debbono sempre lasciar prevalere il bene delle persone, poiché l'ordine delle cose deve essere subordinato all'ordine delle persone e non l'inverso»[118]).

Lo Stato non era considerato il responsabile della disgregazione della socialità, ma, anche per la costituzione pastorale, occorre vigilare perché esso non attenti alla vitalità della società: «si guardino i governanti dall'ostacolare i gruppi familiari, sociali o culturali, i corpi o istituti intermedi, né li privino delle loro legittime ed efficaci attività, che al contrario devono volentieri e ordinatamente favorire. Quanto ai cittadini, individualmente o in gruppo, evitino di attribuire un potere eccessivo all'autorità pubblica, né chiedano inopportunamente ad essa troppi servizi e troppi vantaggi, col rischio di diminuire così la responsabilità delle persone, delle famiglie e dei gruppi sociali»[119].

Il ruolo attribuito allo Stato distinguerebbe l'insegnamento sociale della Chiesa sia dal socialismo sia dal liberalismo. La *Gaudium et spes*, nel criticare equamente i due sistemi, tornava a sollevare la questione di una "terza via" tra collettivismo ed individualismo: «bisogna denunciare gli errori tanto delle dottrine che, in nome di un falso concetto di libertà, si oppongono alle riforme necessarie, quanto delle dottrine che sacrificano i diritti fondamentali delle singole persone e

---

116 Cfr. ivi, n. 86c.
117 Cfr. Mario Toso, *Welfare Society. La riforma del welfare: l'apporto dei pontefici*, Libreria Ateneo Salesiano, Roma 2003, p. 265.
118 Concilio Vaticano II, *Gaudium et spes*, cit., n. 26c. L'affermazione può apparire scontata ed ovvia. In realtà, essa va messa a confronto con ciò che nella stessa costituzione viene ribadito in merito al concetto di bene comune. Se, ad esempio, si sostiene che «la comunità politica esiste [...] in funzione [del...] bene comune...» (*Gaudium et spes*, n. 74a) significa dire qualcosa di diverso da quanto sostenuto in merito alla diretta finalizzazione della società alla persona. Tanto più che si riafferma implicitamente la preminenza dell'interesse collettivo sul bene individuale (cfr. *Gaudium et spes*, n. 71). D'altra parte, anche nella costituzione, il primato della persona viene inteso in senso dinamico, condannando l'etica individualistica (cfr. *Gaudium et spes*, n. 30).
119 Concilio Vaticano II, *Gaudium et spes*, cit., n. 75b.

dei gruppi all'organizzazione collettiva della produzione»[120]. Di conseguenza, l'economia veniva concepita con una moderata direzione dello Stato senza, con questo, arrivare alla pianificazione politica: «lo sviluppo economico non può essere abbandonato né al solo gioco quasi meccanico della attività economica dei singoli, né alla sola decisione della pubblica autorità»[121]. L'equidistanza tra i due modelli socio-politici ripropone sia il giudizio morale nei confronti dei due sistemi, sia un'ipotetica strada cristianamente ispirata per la costruzione della società.

A questo punto può essere opportuno ricordare che il Concilio non volle mai menzionare il comunismo, se non richiamando il concetto dell'organizzazione collettiva della produzione[122]. Può essersi trattata di una scelta opportunistica sotto l'aspetto diplomatico o di una opzione tesa a facilitare il disgelo, o sia l'una sia l'altra[123]. Sta di fatto che risulta ben strano che il documento con cui la Chiesa cattolica voleva parlare al mondo contemporaneo abbia mancato il tema che più di qualunque altro ha attraversato, scompaginato ed insanguinato il secolo Ventesimo.

Il condizionamento politico e, ancor più, culturale degli anni Sessanta pesava non poco anche sull'assemblea conciliare, che preferì tacere. Ma proprio quest'atteggiamento dimostra quanto il marxismo sia stato, anche per i padri conciliari, non solo uno spettro che intimoriva, ma anche e soprattutto una sorta di interlocutore che abbagliava. Ma, in questo modo, il dialogo con la modernità rischia di essere un'illusione che nasconde un'auto-emarginazione dalla scena del mondo. L'economista cattolico Stefano Zamagni (1943-viv.), a riguardo, ha scritto: «si pensi al Concilio Vaticano II che assume come interlocutore principale la rappresentazione del mondo marxista quando, già a metà degli anni Sessanta, nel dibattito filosofico internazionale il pensiero marxista era stato rubricato a qualcosa di superato»[124].

---

120   Ivi, n. 65b.
121   Ivi.
122   Cfr. ivi, n. 63c.65b.
123   Cfr. ROBERTO DE MATTEI, *Il Concilio Vaticano II. Una storia mai scritta*, Lindau, Torino 2010, p. 360s.492s; cfr. GUIDO VERUCCI, *La Chiesa nella società contemporanea. Dal primo dopoguerra al Concilio Vaticano II*, Laterza, Bari 1988, p. 416.
124   STEFANO ZAMAGNI, *Bene comune e nuovo welfare nella "Caritas in veritate"*, in «Quaerere Deum», anno 2 (2010), n. 2, p. 20-21.

Un ultimo aspetto vorremmo richiamare tra quelli presenti nell'ambito del capitolo sulla vita economico-sociale: il modo con cui la *Gaudium et spes* tratta della proprietà privata.

Dopo aver affrontato la questione delle disparità economiche e sociali tra gli uomini[125] e dedicato non poco spazio al lavoro e ai conflitti di lavoro[126], la costituzione parla dei «beni della terra e loro destinazione a tutti gli uomini»[127]. Le affermazioni contenute in questo paragrafo sono, di fatto, irrealizzabili a meno che non si voglia realizzarle mediante la collettivizzazione forzata. Ma questa è una strada che la storia ha già giudicato disastrosa, non solo per lo sconfinato costo umano, ma anche per la devastante miseria prodotta.

«A tutti gli uomini spetta il diritto di avere una parte di beni sufficienti a sé e alla propria famiglia»[128], ma la costituzione pastorale, per realizzare questo traguardo, poteva solo invocare l'opinione dei Padri della Chiesa, non certo qualche ipotesi effettivamente percorribile. Sappiamo che il rigorismo in cui inciamparono gli scrittori cristiani delle origini è il frutto di un clima poco equilibrato e che è stato presto (fortunatamente) superato[129], ma è anche vero che l'utopia dell'abolizione della proprietà privata era particolarmente in voga negli anni Sessanta.

Certamente le parole della *Gaudium et spes* hanno autorizzato interpretazioni assai vicine alle teorizzazioni marxiste che in quel contesto sembravano inarrestabili. Così, a commento del paragrafo sulla destinazione universale dei beni della terra si possono leggere affermazioni di questo tipo: «non c'è una proprietà privata come valore in sé, che potrà essere accidentalmente limitata da gravi esigenze di bene comune; c'è invece un diritto assoluto alla disponibilità e un certo diritto alla proprietà di beni terreni per ogni essere umano, e solo entro questo quadro può trovar luogo un diritto di proprietà. In sintesi, il ruolo centrale della morale economica passa dalla giustizia commutativa alla

---

125   Cfr. Concilio Vaticano II, *Gaudium et spes*, cit., n. 66.
126   Cfr. ivi, n. 67-68.
127   Ivi, n. 69.
128   *Ibidem*.
129   Cfr. Giordano Frosini, *Il pensiero sociale dei Padri*, Queriniana, Brescia 1996, p. 34; cfr. Angelo Tosato, *Vangelo e ricchezza. Nuove prospettive esegetiche*, a cura di Dario Antiseri, Francesco D'Agostino e Angelo Petroni, Rubbettino, Soveria Mannelli (Catanzaro) 2002, p. 266.268.271.330.341.367.416.432.499-500.

giustizia distributiva, intesa nel più ampio senso tradizionale di giustizia generale»[130]. Il confine tra collettivismo e cattolicesimo sembrava quasi venir meno e non pochi, in questa pagina del Concilio, hanno visto un'inevitabile convergenza: «veniva così a chiudersi un lungo cammino di dottrina sociale della Chiesa, dall'astratto antisocialismo di Leone XIII fino a una certa disponibilità verso varie forme e possibilità (non dogmatiche) di socialismo democratico»[131].

La problematicità delle soluzioni dimostra quanto sia arduo per la Chiesa incamminarsi nel difficile campo delle questioni sociali ed economiche. Temi quali la redistribuzione delle ricchezze o la destinazione universale dei beni stanno a confermare che la radicalità evangelica viene troppo spesso confusa con le utopie che, per quanto riciclate anche in veste religiosa, hanno sempre prodotto esiti terribili. Infatti, analizzando le affermazioni della *Gaudium et spes* in forza delle quali «a tutti gli uomini spetta il diritto di avere una parte di beni sufficienti a sé e alla propria famiglia»[132], ancora il gesuita olandese Mulder commentava in questo modo: «la teologia morale non ha approfondito il modo nel quale questo diritto può essere realizzato in pratica[,] senza minare l'ordine pubblico»[133].

D'altra parte anche la stessa *Gaudium et spes* contiene il bilanciamento alle riletture equivoche perché, nel paragrafo successivo (quello che ha per titolo «Accesso alla proprietà e dominio privato dei beni»), la costituzione ricomponeva la questione in termini equilibrati: «la proprietà privata o un qualche potere sui beni esterni assicurano a ciascuno una zona indispensabile di autonomia personale e familiare e bisogna considerarli come un prolungamento della libertà umana. Infine, stimolando l'esercizio della responsabilità, essi costituiscono una delle condizioni delle libertà civili»[134]. In nota venivano citate le encicliche

---

130 ENRICO CHIAVACCI, *La teologia della "Gaudium et spes"*, in NUNZIO GALANTINO (a cura di), *Il Concilio venti anni dopo. Il rapporto chiesa-mondo*, AVE, Roma 1986, p. 35-36.39.
131 JOSÉ MARÍA DÍEZ-ALEGRÍA, *Proprietà e lavoro: sviluppo dell'insegnamento dei papi*, in «Concilium», anno 27 (1991), n. 5, p. 42-43.
132 CONCILIO VATICANO II, *Gaudium et spes*, cit., n. 69a.
133 MULDER, *La vita economico-sociale: le idee centrali del capitolo*, in BARAÚNA (a cura di), *La Chiesa nel mondo di oggi. Studi e commenti intorno alla Costituzione pastorale "Gaudium et spes"*, cit., p. 454.
134 CONCILIO VATICANO II, *Gaudium et spes*, cit., n. 71b.

Rerum novarum e *Quadragesimo anno*, i messaggi radiofonici di Pio XII del Natale del 1942 e del 1° settembre 1944 e la *Mater et magistra*, come a dimostrare che non si intendeva operare alcuna rottura rispetto all'insegnamento precedente. Era la riaffermazione della dottrina tradizionale che considerava la proprietà intangibile perché riscontrabile alla luce di quel diritto naturale che molti, ormai, non erano più disposti ad accettare[135].

5.5. Una cerniera

Dalle premesse propriamente teologiche ed ecclesiologiche alle implicazioni in materia di morale sociale, gli effetti indotti dal Concilio e dalla *Gaudium et spes*, in particolare, sono stati vastissimi. D'altra parte l'enorme importanza dell'evento conciliare non poteva non generare, nella vita della Chiesa, notevolissime e significative conseguenze sia sul piano teologico-dottrinale, sia su quello pratico-pastorale.

Avvertito molto spesso come «novità teologica»[136], il Vaticano II è stato certamente portatore di grandi risvolti. Per ciò che direttamente ci riguarda, sul piano teologico va ancora detto qualcosa relativamente al rapporto tra ordine della salvezza trascendente e ordine della giustizia temporale[137].

Dicevamo che l'analisi della *Gaudium et spes* non dovrebbe trascurare il suo legame con la *Lumen gentium*. All'interno di ciò, va considerato come la costituzione pastorale esprima una teologia di forte continuità tra la dimensione trascendente e la dimensione terrena. Commentando la costituzione pastorale, Chenu ha scritto: «nell'economia divina non esistono *due* misteri disgiunti e sovrapposti: prima il mistero della creazione, nell'ordine "naturale", indi, nell'ordine

---

135 Cfr., ad esempio, MARIE-DOMINIQUE CHENU, *La dottrina sociale della Chiesa. Origine e sviluppo (1891-1971)*, Queriniana, Brescia 1982, p. 47.
136 CHIAVACCI, *La teologia della "Gaudium et spes"*, in GALANTINO (a cura di), *Il Concilio venti anni dopo. Il rapporto chiesa-mondo*, cit., p. 16.
137 A mo' di esempio citiamo questo passo della costituzione: «tra le forme dell'ateismo moderno non va trascurata quella che si aspetta la liberazione dell'uomo soprattutto dalla sua liberazione economica e sociale. La religione sarebbe di ostacolo, per natura sua, a tale liberazione, in quanto, elevando la speranza dell'uomo verso il miraggio di una vita futura, la distoglierebbe dall'edificazione della città terrena» (*Gaudium et spes*, n. 20b).

soprannaturale, il mistero della redenzione, come qualcosa di sovrapposto. Non esiste il mondo naturale da una parte e la Chiesa soprannaturale dall'altra, come due realtà rivali con frontiere più o meno pacifiche. Non esiste da una parte l'edificazione del mondo senza interesse né valore per il Regno, e dall'altra il Regno di Dio senza interesse né profitto nell'edificazione del mondo. No, creazione e redenzione sono legati in una reciproca implicanza. Infatti l'incarnazione redentrice trova il suo compimento nella totale ricapitolazione di tutto il vero, di tutto il bene, di tutti i valori umani nell'opera della creazione»[138].

La formula più felice ci sembra quella più semplice che, presente negli schemi preparatori, l'assemblea conciliare decise di non adottare: «l'ordine della redenzione assume l'ordine della creazione [ordo redemptionis ordinem creationis assumit]». Potremmo dire: distinguere senza giungere a separare e unire senza arrivare a confondere. D'altra parte, il documento relativo all'apostolato dei fedeli laici aveva affermato che l'opera della redenzione di Cristo, «mentre per natura sua ha come fine la salvezza degli uomini, abbraccia pure l'instaurazione di tutto l'ordine temporale»[139].

Ebbene, la *Gaudium et spes* può essere, simultaneamente, considerata manifesto sia dell'acquisita autonomia delle competenze temporali rispetto all'ambito teologico sia della inestricabile connessione tra mondo e Chiesa. Quindi, da un lato, giustificazione della distinzione tra storia e mondo; dall'altro, legittimazione della prossimità tra sviluppo umano e affermazione del Regno di Dio. Due orientamenti che hanno in sé elementi incontestabili di verità, ma che, se accentuati con unilateralità, scivolano o verso un separatismo dualista insostenibile o verso un immanentismo monista non meno pericoloso. Il primo orientamento comporta uno spiritualismo con un inesorabile distacco dal mondo e dalle sue vicende, il secondo implica una politicizzazione con un'inevitabile confusione tra fede e storia.

Non senza motivi, è stato detto che Henri de Lubac, il teologo

---

138 MARIE-DOMINIQUE CHENU, *La missione della Chiesa nel mondo contemporaneo*, in GUILHERME BARAÚNA (a cura di), *La Chiesa nel mondo di oggi. Studi e commenti intorno alla Costituzione pastorale Gaudium et spes*, Vallecchi, Firenze 1966, p. 334.
139 CONCILIO VATICANO II, Decreto *Apostolicam actuositatem* sull'apostolato dei laici, 18.11.1965, n. 5 (il passo sarà citato anche in GIOVANNI PAOLO II, Esortazione apostolica postsinodale *Christifideles laici* sulla vocazione e missione dei laici nella Chiesa e nel mondo, 30.12.1988, n. 15).

gesuita che Giovanni Paolo II volle cardinale, va considerato il vero padre della costituzione pastorale[140]. Nella discussione circa il rapporto tra ordine naturale e ordine soprannaturale, il teologo francese (che, nei decenni precedenti, aveva avuto non pochi problemi per le sue posizioni) era incline ad escludere ogni forma di dualismo e di separatismo[141].

Pur nella dialettica tra escatologia ed incarnazione, la *Gaudium et spes* esprimeva una continuità tra le due dimensioni; in base a ciò il teologo italiano Enrico Chiavacci ha voluto vedere nel "fatto sociale" uno dei grandi pilastri del documento conciliare[142]. La cifra dell'intero documento conciliare può essere ritenuta la consapevolezza che la salvezza non è un dato individuale. La "privatizzazione della salvezza" ha (o avrebbe) comportato una scissione tra l'ordine soprannaturale (riguardante la salvezza dei singoli) e l'ordine naturale (riguardante la storia dell'umanità). A questa dicotomia la *Gaudium et spes* porrebbe termine elevando le questioni sociali a vero e proprio "luogo teologico"[143].

Se della "lettura del fatto sociale" si continuano a lamentare le lacune, non vanno, tuttavia, nascosti i rischi di una "socializzazione della salvezza". Una cosa è considerare la «interdipendenza della persona e della umana società»[144] e «l'indole comunitaria dell'umana vocazione nel piano di Dio»[145], altra cosa è lo scivolamento verso la collettivizzazione della fede o la pura riduzione del cristianesimo a "fatto sociale".

Il superamento della dimensione privata comporta pericoli e il primo tra tutti è l'estinzione della dignità della persona nella sua

---

140   Cfr. Chiavacci, *La teologia della "Gaudium et spes"*, in Galantino (a cura di), *Il Concilio venti anni dopo. Il rapporto chiesa-mondo*, cit., p. 48.
141   Scriveva nel 1965 Henri de Lubac: «se la tesi dualista o, per meglio dire separatista ha esaurito la sua funzione nelle scuole, forse soltanto ora comincia a dare i suoi frutti più amari. A misura che la teologia di professione l'abbandona, essa continua più che mai a diffondersi sul terreno dell'azione pratica. Volendo proteggere il soprannaturale da ogni contaminazione, lo si era, di fatto, esiliato fuori dello spirito vivente e della vita sociale, e il campo restava libero all'invasione del laicismo. Oggi questo laicismo, proseguendo la sua strada, comincia ad invadere la coscienza degli stessi cristiani» (Henri de Lubac, *Il mistero del soprannaturale*, Jaca Book, Milano 1979, p. 47).
142   Chiavacci, *La teologia della "Gaudium et spes"*, in Galantino (a cura di), *Il Concilio venti anni dopo. Il rapporto chiesa-mondo*, cit., p. 44.210.
143   Cfr. Mario Toso, *Welfare Society. La riforma del welfare: l'apporto dei pontefici*, Libreria Ateneo Salesiano, Roma 2003, p. 248.
144   Concilio Vaticano II, *Gaudium et spes*, cit., n. 25.
145   Ivi, n. 24.

imprescindibile singolarità e nella sua irripetibile individualità. E se la socialità rappresenta un dato inconfutabile e straordinariamente ricco per mettere alla prova ogni antropologia[146], la categoria della "socializzazione"[147], adottata anche dalla costituzione, si presta a differenti e non compatibili significati[148].

A fronte di questa sensibilità per la "socializzazione" e la riconosciuta centralità del "fatto sociale", la *Gaudium et spes* eclissava la dottrina sociale. Ma non si trattava di una contraddizione. L'immersione nel mondo (la Chiesa è, ora, concepita *nel* mondo contemporaneo, non più contrapposta ad esso), in qualche modo, comportava l'abbandono del precedente armamentario e la coscienza del superamento dell'attrezzatura fatta di principi e di direttive.

Tanto più si rinunciava all'idea che la dottrina sociale costituisse un *corpus* solido e coerente di criteri[149] perché ciò avrebbe dovuto comportare il recupero innanzitutto del diritto naturale. Tuttavia, pochi anni dopo, Paolo VI smentiva questo orientamento riaffermando l'esistenza di «principi di riflessione, criteri di giudizio e direttive di azione nell'insegnamento sociale della chiesa...»[150]. La stessa cosa

---

146 «Dal carattere sociale dell'uomo appare evidente come il perfezionamento della persona umana e lo sviluppo della stessa società siano tra loro interdipendenti. Infatti, la persona umana, che di natura sua ha assolutamente bisogno d'una vita sociale, è e deve essere principio, soggetto e fine di tutte le istituzioni sociali [qui la costituzione cita san Tommaso, *ndr*]. Poiché la vita sociale non è qualcosa di esterno all'uomo, l'uomo cresce in tutte le sue capacità e può rispondere alla sua vocazione attraverso i rapporti con gli altri, la reciprocità dei servizi e il dialogo con i fratelli» (*Gaudium et spes*, n. 25a).
147 Citando la *Mater et magistra* e la *Quadragesimo anno*, la costituzione conciliare incorre nelle stesse difficoltà concettuali: la socializzazione, «sebbene non manchi di pericoli, tuttavia reca in sé molti vantaggi nel rafforzamento e accrescimento delle qualità della persona umana e nella tutela dei suoi diritti» (*Gaudium et spes*, n. 25b).
148 «... senza arresto si moltiplicano i rapporti dell'uomo coi suoi simili, mentre a sua volta questa "socializzazione" crea nuovi legami, senza tuttavia favorire sempre una corrispondente maturazione delle persone e rapporti veramente personali, cioè la "personalizzazione"» (*Gaudium et spes*, n. 6e).
149 Cfr. RAIMONDO SPIAZZI, *Enciclopedia del pensiero sociale cristiano*, Edizioni Studio Domenicano, Bologna 1992, p. 743.
150 PAOLO VI, Lettera apostolica *Octogesima adveniens* per l'LXXX anniversario della *Rerum novarum*, 14.5.1971, n. 4.

confermeranno Giovanni Paolo II[151] e Benedetto XVI[152].

Viceversa, intendendo interpretare il Concilio, Chenu sostenne che una dottrina sociale della Chiesa semplicemente non esisteva dacché se fosse esistita non avrebbe potuto che rappresentare una posizione ideologica[153]. Per il teologo domenicano, sarebbe proprio la *Gaudium et spes* a mettere finalmente termine alla ideologia della dottrina sociale dando luogo ad un nuovo metodo: «invece di cercare di applicare una dottrina generale ai casi particolari, l'attenzione si concentra sulla lettura della storia come tale, per distinguere in alcuni fatti il loro valore simbolico, nella misura in cui questi avvenimenti costituiscono dei punti di convergenza per molte persone e esprimono in qualche misura la loro attesa»[154].

Un altro conoscitore della *Gaudium et spes*, il cardinale Wojtyla, giungeva a conclusioni diametralmente opposte quando affermava: «*la Chiesa non può non possedere* una propria peculiare *dottrina sociale*. Questa è la conseguenza della missione stessa della Chiesa; rientra nel contenuto sostanziale e nei compiti del Vangelo che deve essere predicato e realizzato continuamente (e *in un certo senso sempre di nuovo*) nelle ridotte dimensioni» della vita sociale, al centro stesso dei problemi che ne scaturiscono»[155]. Come già ricordavamo, l'allora giovane vescovo polacco aveva preso diretta parte alla elaborazione della *Gaudium et spes*[156] della quale, solo pochi mesi prima di salire al soglio pontificio, rilasciava questa testimonianza: «il documento del Concilio Vaticano II che ho quasi sempre in mano è la Costituzione pastorale sulla Chiesa nel mondo contemporaneo. Esso non mi permette tanto di guardare dentro alcuni campi specifici della dottrina sociale della Chiesa, in

---

151 Cfr. Giovanni Paolo II, Lettera enciclica *Sollecitudo rei socialis* nel ventesimo anniversario della *Populorum progressio*, 30.12.1987, n. 8b; cfr. Congregazione per la Dottrina della Fede, Istruzione *Libertatis conscientia* sulla libertà cristiana e la liberazione, 22.3.1986, n. 72.
152 Cfr. Benedetto xvi, Lettera enciclica *Caritas in veritate* sullo sviluppo umano integrale, 29.6.2009, n. 12.
153 Cfr. Marie-Dominique Chenu, *La "doctrine sociale" de l'Église comme idéologie*, Éditions Du Cerf, Paris 1979.
154 Marie-Dominique Chenu, *La dottrina sociale della Chiesa. Origine e sviluppo (1891-1971)*, Queriniana, Brescia 1982, p. 53.
155 Wojtyla, *La dottrina sociale della Chiesa*, cit., p. 18.
156 Cfr. Rocco Buttiglione, *Il pensiero di Karol Wojtyla*, Jaca Book, Milano 1982, p. 207-264.

proposito servono molto di più le encicliche sociali; la Costituzione pastorale offre una sintesi profonda, la visione del tutto»[157].

Le parole dell'allora arcivescovo di Cracovia esprimono un diffuso compiacimento verso questo documento della Chiesa. E non è certamente un caso che sia proprio la *Gaudium et spes* il testo più conosciuto, ricordato e citato del Vaticano II. Ad essa è stata anche rivolta la maggiore attenzione da parte non solo di teologi, ma anche di commentatori, storici, saggisti e giornalisti.

La *Gaudium et spes* non è stata indenne da critiche; queste sono giunte non solo dal fronte "tradizionalista" per ciò che la costituzione sembrava rinnegare, ma anche dal fronte "progressista" per ciò che la costituzione sembrava non aver avuto il coraggio di affermare[158].

Come nel modo di interpretare complessivamente la costituzione pastorale – in continuità con la tradizione precedente (ad esempio: von Balthasar, Ratzinger) o in rottura con quella (ad esempio: Congar, Chenu) –, anche nel campo specifico dei moralisti sociali, gli studiosi si sono suddivisi tra "continuisti" e "discontinuisti"[159]. Per i primi, «si può dire che il Concilio, e specialmente la costituzione *Gaudium et spes* è come una cerniera tra l'antico, sempre valido, e il nuovo: come impostazione organica, come essenzializzazione etica, come sostanzializzazione cristiana della dottrina sociale»[160]. Per i secondi, nella *Gaudium et spes* «vengono concepiti in modo diverso i rapporti tra Chiesa e mondo, fra comunità ecclesiale e realtà umana»[161].

Non è certamente un caso che i giudizi e le opinioni sulla

---

157 WOJTYLA, *La dottrina sociale della Chiesa*, cit., p. 76-77.
158 Cfr. ATTILIO AGNOLETTO, *Gli anni del Concilio e del post-Concilio e il «dissenso cattolico»*, in FRANCESCO TRANIELLO - GIORGIO CAMPANINI (diretto da), *Dizionario storico del movimento cattolico in Italia*, Marietti, Casale Monferrato (Alessandria) 1981, vol. I/1, p. 112s.; cfr. GIACOMO MARTINA, *La Chiesa in Italia negli ultimi trent'anni*, prefazione di Clemente Riva, Studium, Roma 1977, p. 141s.
159 Per un'interpretazione "ufficiale" del contributo dei documenti conciliari alla dottrina sociale, cfr. CONGREGAZIONE PER L'EDUCAZIONE CATTOLICA, Documento *In questi ultimi decenni*. Orientamenti per lo studio e l'insegnamento della Dottrina Sociale della Chiesa nella formazione sacerdotale, 30.12.1988, n. 24; cfr. PONTIFICIO CONSIGLIO DELLA GIUSTIZIA E DELLA PACE, *Compendio della Dottrina Sociale della Chiesa*, Libreria Editrice Vaticana, Città del Vaticano 2004, n. 96-97.
160 RAIMONDO SPIAZZI, *Enciclopedia del pensiero sociale cristiano*, Edizioni Studio Domenicano, Bologna 1992, p. 745.
161 Toso, *Welfare Society. La riforma del welfare: l'apporto dei pontefici*, cit., p. 244.

costituzione pastorale si siano sovrapposti alle valutazioni sul Concilio: in buona misura, giudizi e opinioni circa la costituzione pastorale hanno coinciso con quelli sul Concilio. La *Gaudium et spes* è, infatti, il documento che meglio esprime l'intero Vaticano II e, per questo motivo, la costituzione pastorale è come il simbolo di quel carattere proprio del Vaticano II[162], carattere che distingue il ventunesimo Concilio ecumenico della Chiesa da tutti quelli che lo hanno preceduto nella storia del Cristianesimo.

Un'ultima considerazione va accennata, proprio muovendo dalla caratteristica tipica del Vaticano II. Non essendo stato convocato per asserire verità di fede o per condannare errori, il Concilio ha voluto promuovere un diverso rapporto con il mondo, anzi una diversa collocazione della Chiesa: quella che la poneva semplicemente "*nel* mondo". Non c'è bisogno di ricordare che con questo sottotitolo la *Gaudium et spes* doveva essere ricordata.

Quasi in coerenza con questa compenetrazione, il Concilio ha profondamente respirato ed assorbito il clima culturale e sociale degli anni Sessanta. Il contesto teologico ed ecclesiologico va sicuramente studiato ed approfondito (noi ci siamo limitati a richiamarlo), ma il Vaticano andrebbe ancor più messo in relazione al clima inquieto e smanioso di quel periodo. Il Concilio è sicuramente debitore del contesto teologico ed ecclesiologico, ma occorrerebbe meglio capire quanto ancor più lo sia del contesto storico-culturale.

Il Vaticano II non sarebbe comprensibile senza gli indirizzi teologici che avevano messo in fermento la Chiesa già nei precedenti decenni, ma ancor meno sarebbe comprensibile se lo si distaccasse dai cambiamenti che si erano prodotti nel mondo. Prescindendo dal contesto culturale, il Concilio è "illeggibile" come ha affermato lo storico Giorgio Campanini (1930-viv.): «il Concilio [è] letteralmente "illeggibile" fuori del contesto storico e culturale nel quale si è svolto»[163].

Si può anche dire che il Concilio e, in particolare, la costituzione *Gaudium et spes* si sono, in qualche modo, limitati a recepire i mutamenti che erano già presenti nella società e nella mentalità. In ciò vi è sicuramente una novità interna alla Chiesa che accettava, in nome

---

162 Cfr. VINCENZO CAPORALE, "*Gaudium et spes*": *luci ed ombre*, in «Rassegna di Teologia», anno 30 (1989), n. 5, p. 460.
163 CAMPANINI, *Il contesto storico-culturale del Concilio Vaticano II*, cit., p. 231.

dell'innesto nel mondo, di "partecipare" ad una comune atmosfera culturale.

In questo senso l'"aggiornamento" può essere inteso come una "ricezione" delle principali tendenze e un "adattamento" a quella stagione storica: niente altro se non il genuino risvolto del tramonto della distanza tra Chiesa e modernità e della nuova fase di immersione della Chiesa nel mondo contemporaneo.

6

La *Populorum progressio* e il magistero sociale di Paolo VI

Il pontificato di papa Montini (1963-1978)[1] è stato contrassegnato, nella parte iniziale, dalla seconda fase dei lavori conciliari che si conclusero l'8 dicembre 1965 e, successivamente, dall'immediato e non facile periodo post-conciliare. Paolo VI fu chiamato a guidare la Chiesa in anni tumultuosi e carichi di tensione. Lo furono senz'altro per la situazione politica internazionale – dall'omicidio di Kennedy alla guerra in Vietnam, dall'indipendenza di numerose nazioni ex coloniali ai moti della "primavera di Praga", dalla perdurante contrapposizione dei "blocchi" ai primi accordi siglati per la riduzione degli arsenali atomici, dalle agitazioni in America Latina ai primi sommovimenti nel mondo arabo, dalla crisi petrolifera alle riforme monetarie, dai tanti attentati terroristici ai numerosi colpi di Stato. Ma lo furono pure per le nuove

---

1   Giovanni Battista Montini era nato nel 1897 a Concesio, in provincia di Brescia, in una famiglia agiata e dalle solide basi religiose. Di queste dava testimonianza l'impegno sociale e politico del capofamiglia, Giorgio Montini (1860-1943), direttore di un locale quotidiano cattolico e più volte deputato al Parlamento tra le fila del Partito Popolare. Giovanni Battista venne ordinato sacerdote nel 1920 e subito inviato a Roma per perfezionare gli studi. Nel 1923, a Roma, iniziò a lavorare nella Segreteria di Stato e dal 1925 al 1933 fu assistente della Federazione Universitaria Cattolica Italiana. Furono, quelli, anni importanti per il giovane sacerdote, sia sotto l'aspetto intellettuale (è lui ad introdurre Maritain in Italia), sia sotto l'aspetto operativo (con il suo contributo alla formazione della futura classe dirigente italiana). Nel lavoro diplomatico in Segreteria di Stato, mons. Montini si impegnò a fondo riscuotendo la stima di Pio XI che lo promosse al ruolo di "Sostituto". Nuove responsabilità sopraggiunsero anche con Pio XII, sino alla nomina, nel 1952, di Pro-segretario di Stato (insieme a mons. Tardini). A fine 1954, succedendo al cardinale Schuster, venne trasferito a Milano, dove guidò la diocesi ambrosiana sino al conclave di giugno 1963, apertosi alla morte di Giovanni XXIII che, nel dicembre 1958, gli aveva imposto la berretta cardinalizia.

tendenze di cultura e di costume che hanno nel Sessantotto, nei movimenti di contestazione e nei grandi raduni giovanili le loro icone e i loro simboli. Furono gli anni dello sbarco dell'uomo sulla Luna e del primo microprocessore. Ma – guardando al contesto ecclesiale – furono anche gli anni del rinnovamento e delle lacerazioni, delle riforme conciliari e del dissenso dottrinale, delle aperture e della diaspora, del dialogo con il mondo e della grande secolarizzazione[2].

In questo quadro politico e teologico, Paolo VI svolse il suo ministero petrino che, sotto l'aspetto propriamente magisteriale, ebbe nell'enciclica sulla Chiesa il suo primo importante momento[3]. La *Ecclesiam suam* intendeva puntualizzare aspetti importanti della natura della Chiesa, respingendo «gli errori che serpeggiano» al suo interno[4]. Il testo non costituisce solo un importante documento teologico in senso stretto, ma offre anche il punto di partenza per avvicinarsi alla riflessione sociale di papa Montini. Considerando le «relazioni che oggi la Chiesa deve stabilire col mondo che la circonda ed in cui essa vive e lavora»[5], il pontefice ricordava come «una parte di questo mondo [...] ha subito profondamente l'influsso del cristianesimo e l'ha assorbito intimamente più che spesso non si avveda d'esser debitore delle migliori sue cose al cristianesimo stesso, ma poi s'è venuto distinguendo e staccando, in questi ultimi secoli, dal ceppo cristiano della sua civiltà»[6]. Soprattutto, l'enciclica conteneva spunti per esaminare quel rapporto tra la missione evangelizzatrice della Chiesa e la promozione del progresso umano, un tema che tanto in profondità avrebbe segnato la riflessione dei decenni successivi.

---

2   Cfr. ATTILIO AGNOLETTO, *Gli anni del Concilio e del post-Concilio e il "dissenso cattolico"*, in FRANCESCO TRANIELLO - GIORGIO CAMPANINI (diretto da), *Dizionario storico del movimento cattolico in Italia*, Marietti, Casale Monferrato (Alessandria) 1981, vol. I/1, p. 112-121; cfr. GIACOMO MARTINA, *La Chiesa in Italia negli ultimi trent'anni*, prefazione di Clemente Riva, Studium, Roma 1977, p. 99-251.
3   Paolo VI firmò solo sette encicliche, tutte concentrate nei primi cinque anni di pontificato: la *Ecclesiam suam* (6 agosto 1964), la *Mense maio* (29 aprile 1965), la *Mysterium fidei* (3 settembre 1965), la *Christi matri* (15 settembre 1966), la *Populorum progressio* (26 marzo 1967), la *Sacerdotalis caelibatus* (24 giugno 1967) e la *Humanae vitae* (25 luglio 1968).
4   PAOLO VI, Lettera enciclica *Ecclesiam suam* le vie della Chiesa cattolica per l'adempimento del suo mandato, 6.8.1964, in *Enchiridion delle encicliche/7. Giovanni XXIII, Paolo VI (1958-1978)*, Edizioni Dehoniane, Bologna 1994, n. 739.
5   *Ibidem*, n. 724.
6   *Ibidem*, n. 725.

A partire da questo orizzonte teologico ci si può incamminare per analizzare l'insegnamento sociale di Paolo VI che ha sicuramente nella *Populorum progressio* il suo pronunciamento più solenne[7]. L'enciclica del 1967 non è comunque l'unico testo da tener presente. Pur avendo questa come punto di riferimento, occorre contestualmente confrontarsi con altri documenti quali il discorso svolto, nell'ottobre del 1965, dalla tribuna dell'ONU, il discorso all'inaugurazione della seconda Assemblea generale dei Vescovi dell'America Latina a Medellín, in Colombia, nell'agosto del 1968, il testo del Sinodo del 1971 su "La giustizia nel mondo", l'esortazione apostolica *Evangelii nuntiandi* del 1975 che riassumeva i lavori del Sinodo sull'evangelizzazione (all'interno del Sinodo, svoltosi l'anno precedente, era anche stato emesso un appello per i diritti dell'uomo). E tra tutti questi documenti, spicca la lettera apostolica *Octogesima adveniens* scritta, nel maggio 1971, per celebrare l'ottantesimo anniversario della *Rerum novarum*. A ciò si aggiunga l'istituzione, all'inizio del 1967, della Pontificia Commissione (poi promossa al rango di Pontificio Consiglio) Iustitia et Pax, che intendeva realizzare «un voto dei padri conciliari, per i quali [era] "assai opportuna la creazione di qualche organismo della Chiesa universale che [avesse] lo scopo di sensibilizzare la comunità dei cattolici a promuovere il progresso delle regioni bisognose e la giustizia sociale tra le nazioni"»[8].

6.1. Il «vero sviluppo»

La prima osservazione che deve essere proposta riguarda il rapporto tra il maggior documento sociale di Paolo VI e i testi del Concilio Vaticano II, in particolare la costituzione pastorale *Gaudium et spes*. Se la *Ecclesiam suam* (agosto 1964) aveva preceduto – solo di pochi mesi – la costituzione dommatica *Lumen gentium* sulla Chiesa (novembre

---

[7] PAOLO VI, Lettera enciclica *Populorum progressio* sullo sviluppo dei popoli, 26.3.1967.
[8] PONTIFICIO CONSIGLIO DELLA GIUSTIZIA E DELLA PACE, *Compendio della Dottrina Sociale della Chiesa*, Libreria Editrice Vaticana, Città del Vaticano 2004, n. 99 (che cita in n. 90 della Costituzione pastorale *Gaudium et spes*). Cfr. PAOLO VI, *Populorum progressio*, cit., n. 5.

1964)[9], la *Populorum progressio* (marzo 1967) seguiva la *Gaudium et spes* (dicembre 1965)[10] a distanza di poco più di un anno.

È difficile sopravvalutare l'impatto che la costituzione *Gaudium et spes* ha avuto nella Chiesa (e non solo). Ma è anche vero che essa va colta come il naturale svolgimento di un rinnovamento già introdotto. Non intendiamo genericamente riferirci ai cambiamenti in atto nella Chiesa negli anni Sessanta, ma agli effetti di questi nel campo specifico della coscienza sociale dei pastori, dei teologi e dei fedeli. Di questa continuità sono testimonianza le encicliche sociali di Giovanni XXIII: la *Mater et magistra*[11], promulgata quattro anni prima (maggio 1961), e la *Pacem in terris*[12], emanata solo un anno e mezzo prima (aprile 1963)[13]. Ovviamente la costituzione conciliare non si limitò a recepire le istanze già presenti, ma produsse una spinta ulteriore che si espresse già a partire – solo un anno più tardi – dalle problematiche affermazioni della *Populorum progressio*[14].

Va, comunque, segnalata l'incongruenza che facevamo emergere poc'anzi e che riguarda la *Populorum progressio* ed ancor più la *Ecclesiam suam*. Quanto a quest'ultima, è ben singolare che l'enciclica sulla Chiesa anticipasse di tre mesi la corrispondente costituzione dogmatica del Concilio sullo stesso tema (la *Lumen gentium*), andando, di fatto, a sovrapporsi ad essa. Sappiamo che la costituzione conciliare aveva richiesto un intervento correttivo del papa[15], ma la pubblicazione dell'enciclica sembrava essere mossa dalle preoccupazioni che Paolo VI continuava a nutrire nei confronti del testo conciliare, ancora

---

9 Concilio Vaticano II, Costituzione dommatica *Lumen gentium* sulla Chiesa, 21.11.1964.
10 Concilio Vaticano II, Costituzione pastorale *Gaudium et spes* sulla Chiesa nel mondo contemporaneo, 7.12.1965.
11 Giovanni XXIII, Lettera enciclica *Mater et magistra* sugli sviluppi della questione sociale nella luce della dottrina cristiana, 15.5.1961.
12 Giovanni XXIII, Lettera enciclica *Pacem in terris* sulla pace fra tutte le genti fondata sulla verità, la giustizia, l'amore, la libertà, 11.4.1963.
13 A dimostrazione di ciò, i numerosi riferimenti presenti nella costituzione conciliare sia alla *Mater et magistra* (citata ben 17 volte), sia alla *Pacem in terris* (menzionata 12 volte).
14 La *Populorum progressio* cita ben 16 volte la *Gaudium et spes*; agli altri documenti del Concilio sono dedicate altri 3 riferimenti.
15 Cfr. Alfredo Marranzini, *Sulla genesi storica della "Nota explicativa praevia" al cap. III della Costituzione sulla Chiesa*, in «Rassegna di Teologia», anno 32 (1991), n. 1, p. 61-72.

in cantiere. Una considerazione analoga può essere svolta per ciò che concerne il rapporto tra la *Gaudium et spes* e la *Populorum progressio*. In questo caso, però, le posizioni sembrano ribaltarsi perché l'enciclica appare su posizioni più progressiste rispetto alla costituzione pastorale[16].

La *Populorum progressio* porta la data del giorno di Pasqua del 1967, un anno che a molti ricordava la prima pubblicazione de *Il Capitale* di Karl Marx (1818-1883) avvenuta cento anni prima. L'elaborazione dell'enciclica fu abbastanza prolungata ed allargata a molti e variegati consultori. Un'altra singolarità era costituita dalla presenza, nel testo, di citazioni di filosofi del passato come Blaise Pascal (1623-1662)[17], di filosofi del presente come Jacques Maritain (1892-1973)[18], di teologi viventi quali Henri de Lubac (1896-1991)[19], Marie-Dominique Chenu (1895-1990)[20], Maurice Zundel (1897-1975)[21] ed Oswald von Nell-Breuning (1890-1991)[22]; nel documento veniva pure richiamata la lettera pastorale di un vescovo cileno, mons. Manuel Larraín Errázuriz (1900-1966)[23]. In più veniva anche menzionato l'economista anglo-australiano Colin Clark (1905-1989)[24].

Il documento, però, conteneva un'impronta particolare, quella del sacerdote domenicano francese Louis-Joseph Lebret (1897-1966).

---

16 Descrivendo l'enciclica, un documento del 1988 diceva che la *Populorum progressio* «può essere considerata come un ampliamento del capitolo sulla vita economico-sociale della *Gaudium et spes*» (CONGREGAZIONE PER L'EDUCAZIONE CATTOLICA, Documento *In questi ultimi decenni*. Orientamenti per lo studio e l'insegnamento della Dottrina Sociale della Chiesa nella formazione sacerdotale, 30.12.1988, n. 25). L'anno prima, nel 1987, Giovanni Paolo II scriveva: «l'enciclica *Populorum progressio* si pone, in certo modo, quale documento di applicazione degli insegnamenti del Concilio. E ciò non tanto perché essa fa continui riferimenti ai testi conciliari, quanto perché scaturisce dalla preoccupazione della Chiesa, che ispirò tutto il lavoro conciliare – in particolar modo la costituzione pastorale *Gaudium et spes* – nel coordinare e sviluppare non pochi temi del suo insegnamento sociale. Possiamo affermare, pertanto, che l'Enciclica *Populorum progressio* è come la risposta all'appello conciliare» (GIOVANNI PAOLO II, Lettera enciclica *Sollicitudo rei socialis*, nel ventesimo anniversario della *Populorum progressio*, 30.12.1987, n. 6).
17 PAOLO VI, *Populorum progressio*, cit., n. 42.
18 *Ibidem*, n. 20 e 42.
19 *Ibidem*, n. 42.
20 *Ibidem*, n. 27.
21 *Ibidem*, n. 42.
22 *Ibidem*, n. 28.
23 *Ibidem*, n. 26.
24 *Ibidem*, n. 26.

Nel 1942 il domenicano aveva fondato "Économie et humanisme", un centro di ricerca di economia dedito anche ad intraprendere azioni di sviluppo sociale pur in uno spirito contemplativo[25]. Paolo VI non ebbe remore a trasferire nell'enciclica un passo del sacerdote-economista, passo che intendeva rappresentare una linea interpretativa dell'intero documento: «noi non accettiamo di separare l'economico dall'umano, lo sviluppo dalla civiltà dove si inserisce. Ciò che conta per noi è l'uomo, ogni uomo, ogni gruppo d'uomini, fino a comprendere l'umanità intera»[26]. Si tratta di parole che, per il carattere generico, erano destinate a ricevere largo ed immediato consenso. Come spesso capita, però, ciò che appare facilmente condivisibile racchiude un buon grado di astrattezza e, nel caso specifico, l'evanescente riferimento all'"umano", perché privo di realismo, conteneva il rischio di cooperare, più o meno involontariamente, al consolidamento di un'economia disumana.

L'enciclica sullo sviluppo dei popoli descriveva – giustamente – questo stesso sviluppo come il cammino «verso una condizione più umana»[27], precisando anche meglio come «il vero sviluppo [...] è il passaggio, per ciascuno e per tutti, da condizioni meno umane a condizioni più umane»[28]. A questo passo fece eco, in qualche modo, uno della lettera apostolica del 1971, in cui si diceva che «occorre collocare i problemi sociali posti dall'economia moderna – condizioni umane di produzione, equità negli scambi dei beni e nella ripartizione delle ricchezze, significato degli accresciuti bisogni di consumo, attribuzione delle responsabilità – in un contesto più largo di nuova civiltà»[29]. Il papa insisteva nel sostenere che il vero sviluppo è «qualcosa che investe tanto il progresso sociale che la crescita economica»[30] perciò al progresso sociale collegava sia l'obiettivo dell'educazione[31] sia il ruolo primordiale della famiglia quale base dell'ambiente sociale dell'uomo[32].

Paolo VI, da un lato, riconosceva che l'aspirazione delle persone è

---

25 Louis-Joseph Lebret, *L'economia al servizio dell'uomo. Testi scelti*, Città Nuova, Roma 1969.
26 Cit. in Paolo VI, *Populorum progressio*, cit., n. 14.
27 Paolo VI, *Populorum progressio*, cit., n. 20.
28 *Ibidem*.
29 Paolo VI, Lettera apostolica *Octogesima adveniens* per l'LXXX anniversario della *Rerum novarum*, 14.5.1971, n. 7.
30 Paolo VI, *Populorum progressio*, cit., n. 34.
31 Cfr. *ibidem*, n. 35.
32 Cfr. *ibidem*, n. 36.

quella di essere «affrancati dalla miseria [...] e avere di più, per essere di più»[33], dall'altro, però, ribadiva che «non basta accrescere la ricchezza comune perché sia equamente ripartita, non basta promuovere la tecnica perché la terra diventi più umana da abitare»[34]. È quasi ovvio ricondurre il significato più autenticamente umano del progresso a qualcosa che va oltre la pura moltiplicazione dei beni, ma nella dottrina sociale della Chiesa, in generale, e nell'insegnamento sociale di Paolo VI, in particolare, si ravvisa una sorta di latente opposizione tra il progresso economico e lo sviluppo umano. Per quanto i due piani non siano perfettamente coincidenti o totalmente sovrapponibili, è pur tuttavia innegabile che ove manchi il primo è decisamente compromesso il secondo: lo sviluppo umano, infatti, non potrà mai fare a meno del progresso economico ed, anzi, da sempre, nella storia delle civiltà, è il progresso economico a misurare il grado dello sviluppo umano raggiunto.

Questa latente contrapposizione attraversava soprattutto la *Populorum progressio* come una predisposizione di fondo che si esprimeva, ad esempio, quando si ponevano a confronto sapienza culturale e ricchezza economica[35] o attività dello spirito e prosperità materiale[36] facendo emergere un dualismo persistente.

Però, da un lato, si condannava la prosperità dei popoli opulenti («ostinandosi nella loro avarizia, non potranno che suscitare il giudizio di Dio»[37]), da un altro lato, si auspicava il raggiungimento degli stessi livelli di vita da parte degli altri popoli («...i popoli [...] che lottano per liberarsi dal giogo della fame, della miseria, delle malattie endemiche, dell'ignoranza»[38]).

Nonostante ciò, il binomio ricchezza - avidità (assai frequente nella tradizione religiosa[39]) diveniva ancora più marcato del solito: «l'acquisizione dei beni temporali può condurre alla cupidigia, al desiderio di avere sempre di più e alla tentazione di accrescere la propria

---

33   Cfr. *ibidem*, n. 6.
34   *Ibidem*, n. 34.
35   Cfr. *ibidem*, n. 40.
36   Cfr. *ibidem*, n. 41.
37   *Ibidem*, n. 49.
38   *Ibidem*, n. 1.
39   Cfr. BENIAMINO DI MARTINO, *Povertà e ricchezza. Esegesi dei testi evangelici*, Editrice Domenicana Italiana, Napoli 2016.

potenza»[40]. Sono affermazioni che, mettendo in una qualche relazione l'avidità con la ricchezza, trascurano di considerare come l'avidità sia una tentazione di ogni uomo e che, certamente, non riguarda i soli benestanti.

Nella sua dimensione più immediata, l'enciclica si presentava all'insegna della denuncia delle diseguaglianze che, a differenza delle analisi dei primi documenti della dottrina sociale della Chiesa, ma in continuità con quelli di Giovanni XXIII[41], venivano riscontrate principalmente nel confronto tra paesi ricchi e paesi poveri[42]. A partire da questo dato, Paolo VI sviluppava una serie di affermazioni dalle rilevanti e problematiche conseguenze: «le disuguaglianze economiche, sociali e culturali troppo grandi tra popolo e popolo provocano tensioni e discordie, e mettono in pericolo la pace»[43]. Indubitabilmente, il papa – in linea con tutta la tradizione cristiana[44] – intendeva cooperare per lenire le sofferenze delle popolazioni che patiscono l'indigenza. Scriveva infatti: «combattere la miseria e lottare contro l'ingiustizia, è promuovere, insieme con il miglioramento delle condizioni di vita, il progresso umano e spirituale di tutti, e dunque il bene comune dell'umanità»[45]. Ma papa Montini affrontava la questione della diseguale partecipazione ai beni individuando una serie di cause e indicando altrettanti rimedi che debbono essere commentati.

Infatti, per «spezzare le catene della povertà»[46] non bastano le buone intenzioni né le pure recriminazioni; si può addirittura dare il

---

40 PAOLO VI, *Populorum progressio*, cit., n. 18.
41 Cfr. GIOVANNI XXIII, Lettera enciclica *Mater et magistra* sugli sviluppi della questione sociale nella luce della dottrina cristiana, 15.5.1961, in *Enchiridion delle encicliche/7. Giovanni XXIII, Paolo VI (1958-1978)*, Edizioni Dehoniane, Bologna 1994, n. 343; cfr. GIOVANNI XXIII, Lettera enciclica *Pacem in terris* sulla pace fra tutte le genti fondata sulla verità, la giustizia, l'amore, la libertà, 11.4.1963, in *Enchiridion delle encicliche/7. Giovanni XXIII, Paolo VI (1958-1978)*, Edizioni Dehoniane, Bologna 1994, n. 670.
42 «Oggi, il fatto di maggior rilievo, del quale ognuno deve prendere coscienza, è che la questione sociale ha acquistato dimensione mondiale» (PAOLO VI, *Populorum progressio*, cit., n. 3; cfr. PAOLO VI, *Octogesima adveniens*, cit., n. 5).
43 PAOLO VI, *Populorum progressio*, cit., n. 76.
44 Cfr. PIO CEROCCHI, *Magistero ecclesiastico e sottosviluppo*, in «Civitas», anno 42 (1991), n. 3 (maggio-giugno), p. 65-76.
45 PAOLO VI, *Populorum progressio*, cit., n. 76.
46 Cfr. MICHAEL NOVAK, *Spezzare le catene della povertà. Saggi sul personalismo economico*, a cura di Flavio Felice, Liberilibri, Macerata 2001.

caso che una cattiva prospettiva, per quanto idealmente motivata, possa rendere più soffocante la morsa della miseria. Per rendere, invece, efficace questo proposito occorre perdere ogni ottica ideologica ed abbandonare ogni tentazione utopica.

Generalmente si è portati a ritenere che, all'interno della Chiesa, una riscoperta dello spirito di povertà (quale "segno dei tempi") sia all'origine di una rinnovata attenzione per i problemi dei paesi del cosiddetto Terzo Mondo. Al ritorno dal viaggio in America Settentrionale, nell'ottobre del 1965, Paolo VI si era rivolto ai padri conciliari presentando l'importanza del momento in cui gli era stato offerto di parlare all'ONU. Accanto al tema della pace, il papa sottolineò la questione delle diseguaglianze economiche, sociali e culturali: «la condizione delle popolazioni in via di sviluppo – affermò il pontefice dinanzi ai padri conciliari – deve formare l'oggetto della nostra considerazione; diciamo meglio, la nostra carità per i poveri che si trovano nel mondo – e sono legione infinita – deve divenire più attenta, più attiva, più generosa»[47]. Va, tuttavia, tenuto presente che questa sensibilità era, piuttosto, un'istanza importata dal contesto culturale di cui la Chiesa incamerava il portato e i motivi di fondo[48].

La *Populorum progressio* rappresenta il migliore specchio in cui ravvisare tutto ciò e, per meglio comprendere tutti questi elementi, proveremo a distinguere la riflessione dell'enciclica circa le cause della povertà nel mondo dalla rassegna dei rimedi che venivano, più o meno esplicitamente, indicati nel documento. Diciamo subito, però, che l'analisi ci appare viziata da due presupposti di fondo: da un lato, quello secondo cui il liberismo è un sistema ingiusto e, come tale, va sostituito e, dall'altro, quello secondo cui la povertà scaturisce dalla ricchezza. Partiamo da quest'ultimo.

---

47 Paolo VI, Discorso nella 142^ Congregazione Generale del Concilio, 5.10.1965, in *Enchiridion Vaticanum. Documenti ufficiali del Concilio Vaticano II (1962-1965)*, Edizioni Dehoniane, Bologna 1981, n. 407*.
48 Sono senz'altro espressione del contesto culturale del periodo due documenti che in quegli anni ebbero un largo successo "propagandistico". Si tratta de *I limiti dello sviluppo* (*The Limits to Growth*, 1972) commissionato dal Club di Roma e del cosiddetto Rapporto Brandt (Brandt Report, 1980) prodotto da una commissione presieduta dall'ex cancelliere della Repubblica Federale Tedesca.

6.2. Uno squilibrio crescente?

Tutta l'enciclica è attraversata dall'idea secondo cui la miseria di molti dipende dalla opulenza di alcuni cosicché le miserie materiali dei popoli sottosviluppati dipenderebbero dall'indolenza di quelli benestanti; ciò comporta mettere in relazione le supposte mancanze morali dei secondi con le insufficienze materiali dei primi: «le carenze materiali di coloro che sono privati del minimo vitale e le carenze morali di coloro che sono mutilati dall'egoismo»[49], recriminava il pontefice.

Si tratta di un presupposto che vorrebbe essere di natura più scientifica che spirituale e, proprio per ciò, mostra tutta la sua imprecisione. La stessa esattezza razionale delle argomentazioni contenute nel documento veniva, di conseguenza, compromessa. Infatti, a prova delle scienze, le situazioni di povertà non solo non derivano da quelle di ricchezza (a meno che non si tratti di casi di furto, di rapina o di truffa), ma le risorse dei benestanti, da sempre, costituiscono il motore per l'estensione della prosperità. La teoria del benessere quale causa di povertà scaturisce da una scorretta idea in base alla quale l'economia è un "gioco a somma zero" perché la ricchezza ammonterebbe a un totale fisso. È questa una erronea concezione che ritiene l'accumulazione di miseria proporzionata all'accumulazione di capitale[50].

«L'idea che il reddito dei più abbienti sia stato in qualche modo ottenuto a spese dei più poveri ha una storia lunga e nefasta»[51]. Questa affermazione è di Peter Tamas Bauer (1915-2002), un economista di origini ungheresi, naturalizzato inglese, che ha a lungo studiato le modalità dello sviluppo attraverso la libertà economica giungendo a criticare i piani politici di creazione di infrastrutture e di programmazione

---

49 Paolo VI, *Populorum progressio*, cit., n. 21.
50 Sintetizzava il grande economista austriaco Ludwig von Mises (1881-1973): «anche coloro che considerano deplorevole la diseguaglianza della ricchezza e dei redditi, non possono negare che essa contribuisce a far progredire l'accumulazione di capitale. Ed è solo l'accumulazione di capitale addizionale che realizza il miglioramento tecnologico, l'aumento dei saggi salariali e un più elevato tenore di vita» (Ludwig von Mises, *L'azione umana. Trattato di economia*, prefazione di Lorenzo Infantino, Rubbettino, Soveria Mannelli (Catanzaro) 2015, p. 895).
51 Peter T. Bauer, *Dalla sussistenza allo scambio. Uno sguardo critico sugli aiuti allo sviluppo*, prefazione di Amartya Sen, Istituto Bruno Leoni Libri, Torino 2009, p. 221.

industriale[52]. Gli studi di Bauer – che hanno avuto come terreno di confronto soprattutto la situazione indiana – hanno lasciato un'importante impronta nel campo dello sviluppo tanto che la lunga e difficile battaglia dell'economista è stata riassunta nel titolo di un saggio a lui dedicato, *Peter Bauer - A True Friend of the World's Poor*[53].

Purtroppo, però, la supposizione in forza della quale la responsabilità della povertà è da attribuire alla ricchezza è dura a morire e da essa ne deriva un'altra che riproduce un modo assai diffuso di percepire i meccanismi economici. Ci riferiamo alla congettura secondo cui, in condizioni normali, il divario tra le classi agiate e le classi meno abbienti non può che accrescersi. Ciò che è rappresentato da un slogan ("i ricchi sempre più ricchi e i poveri sempre più poveri") è evidentemente insostenibile sotto l'aspetto fattuale[54] perché, in realtà, i processi economici, lasciati a se stessi, portano sempre più persone fuori dall'indigenza creando e consolidando le "classi medie". Lo slogan «*the rich richer, the poor poorer*» può avere effetto propagandistico, ma nessuna credibilità razionale[55].

Ciò non ha impedito a questo modo di pensare di radicarsi anche all'interno della Chiesa e della teologia[56]. Sono infatti numerosi i passi – dalla *Rerum novarum* alle parole di papa Francesco – in cui i testi della dottrina sociale della Chiesa rinnovano questa supposizione. Ed essa trova il suo concentrato proprio nella *Populorum progressio* dove, in almeno cinque punti, veniva ribadita da Paolo VI.

Ciò avveniva quando, descrivendo l'economia moderna, il papa ne parlava come di un «meccanismo [...] tale da portare il mondo

---

52 Cfr. Peter T. Bauer, *Dissent on Development. Essays in applied economics*, Harvard University Press, Cambridge (Massachusetts) 1972; cfr. Peter T. Bauer, *Equality, the Third World, and Economic Delusion*, Harvard University Press, Cambridge (Massachusetts) 1982.
53 Sauvik Chakraverti, *Peter Bauer - A True Friend of the World's Poor*, in James A. Dorn - Barun S. Mitra (edited by), *Peter Bauer and the Economics of Prosperity*, Academic Foundation, Gurgaon (India) 2009.
54 Cfr. Rino Cammilleri - Ettore Gotti Tedeschi, *Denaro e paradiso. I cattolici e l'economia globale*, Lindau, Torino 2010, p. 32s.58.
55 Cfr. Ludwig von Mises, *Socialismo. Analisi economica e sociologica*, Rusconi, Milano 1990, p. 417.
56 Cfr. Julio de Santa Ana, *La realtà della ricchezza a prezzo della povertà. Origini della ricchezza attuale*, in «Concilium», anno 22 (1986), n. 5 (settembre - ottobre), p. 16-34.

verso un aggravamento, e non verso un'attenuazione, della disparità dei livelli di vita: i popoli ricchi godono di una crescita rapida, mentre lento è il ritmo di sviluppo di quelli poveri. Aumenta lo squilibrio: certuni producono in eccedenza beni alimentari, di cui altri soffrono atrocemente la mancanza, e questi ultimi vedono rese incerte le loro esportazioni»[57]. Questa analisi è, però, contraddetta da ogni tipo di osservazione empirica: ovunque al libero scambio (il sistema che il papa, impropriamente, chiama «economia moderna») sia stato concesso – anche solo limitatamente – di realizzarsi, gli squilibri sono sempre diminuiti, non sono mai aumentati. Lo dimostra l'industrializzazione in Occidente[58] e lo sviluppo e il miglioramento delle condizioni di vita di molti paesi, prima decisamente arretrati[59].

L'errore di ritenere che la povertà di molti dipenda dalla ricchezza di alcuni veniva ripetuto nell'enciclica. Lo si faceva denunciando le diseguaglianze («mentre una oligarchia gode, in certe regioni, di una civiltà raffinata, il resto della popolazione, povera e dispersa, è "privata pressoché di ogni possibilità di iniziativa personale e di responsabilità, e spesso anche costretta a condizioni di vita e di lavoro indegne della persona umana" (*Gaudium et spes*, n. 63)»[60]) o registrando gli squilibri («aumenta la distanza che separa il progresso degli uni e la stagnazione, se non pur anche la regressione, degli altri»[61]) o temendone l'estensione («non bisogna correre il rischio di accrescere ulteriormente la ricchezza dei ricchi e la potenza dei forti, ribadendo la miseria dei poveri e rendendo più pesante la servitù degli oppressi»[62]). Tutti modi, questi, per riproporre la convinzione di fondo in base alla quale l'economia

---

57 Paolo VI, *Populorum progressio*, cit., n. 8.
58 Cfr. Friedrich A. Hayek (a cura di), *Il capitalismo e gli storici*, presentazione di Rosario Romeo, Bonacci, Roma 1991. Hayek (1899-1992) è stato insignito del premio Nobel per l'economia nel 1974.
59 Cfr. Angus Deaton, *La grande fuga. Salute, ricchezza e origini della disuguaglianza*, prefazione di Giovanni Vecchi, Il Mulino, Bologna 2015; cfr. Robert William Fogel, *Fuga dalla fame. Europa, America e Terzo Mondo (1700-2100)*, Vita e Pensiero, Milano 2006. Sia Deaton (1945-viv.) sia Fogel (1926-2013) hanno ricevuto il premio Nobel per l'economia (rispettivamente nel 2015 e nel 1993).
60 Paolo VI, *Populorum progressio*, cit., n. 9.
61 *Ibidem*, n. 29.
62 *Ibidem*, n. 33.

di mercato fa sì «che i poveri restano ognora poveri, mentre i ricchi diventano sempre più ricchi»[63].

Così facendo, l'enciclica (ma anche la *Octogesima adveniens*) si dimostrava manchevole di strumenti adeguati per comprendere le vere cause del ritardo nello sviluppo. L'unica vera ragione della povertà veniva indicata nelle ingiustizie e nelle oppressioni subite dall'esterno. Da qui anche il ricorrente giudizio negativo nei confronti dei «misfatti di un certo colonialismo»[64] che – sebbene mitigato dal riconoscimento delle realizzazioni utili alle popolazioni locali – si trasferiva sul cosiddetto neo-colonialismo commerciale[65]. Anni dopo, nel 1975, Paolo VI faceva riecheggiare gli stessi contenuti nella *Evangelii nuntiandi*[66] dove, a proposito dei popoli del Terzo Mondo, il papa diceva: «popoli impegnati, Noi lo sappiamo, con tutta la loro energia, nello sforzo e nella lotta di superare tutto ciò che li condanna a restare ai margini della vita: carestie, malattie croniche, analfabetismo, pauperismo, ingiustizia nei rapporti internazionali e specialmente negli scambi commerciali, situazioni di neo-colonialismo economico e culturale talvolta altrettanto crudele quanto l'antico colonialismo politico»[67].

Nei documenti si intravede – senza troppa fatica – un senso di colpa che, proprio a partire da quegli anni, inizierà ad essere un complesso che affliggerà cronicamente la cultura occidentale.

È invece assai interessante la riflessione che Bauer svolgeva riguardo alle cause dello sviluppo economico. A seguito delle sue lunghe ricerche, l'economista concludeva sostenendo che le ragioni dell'arretratezza dei paesi sottosviluppati sono endemiche: a differenza della razionalità occidentale, la cultura di quelle popolazioni non è predisposta al progresso perché non avverte la possibilità e il dovere di soggiogare la natura[68]. Il controllo della natura da parte dell'uomo è un portato della concezione ebraico-cristiana, ragione ultima del dinamismo

---

63 *Ibidem*, n. 57.
64 PAOLO VI, *Populorum progressio*, cit., n. 7. Cfr. anche GIOVANNI XXIII, *Pacem in terris*, cit., n. 23-24, n. 582-583.
65 Cfr. anche GIOVANNI XXIII, *Mater et magistra*, cit., n. 392.
66 L'anno prima, nel settembre 1974, il papa aveva convocato e presieduto la III Assemblea Generale Ordinaria del Sinodo dei Vescovi sul tema dell'evangelizzazione nel mondo moderno. L'esortazione apostolica *Evangelii nuntiandi* ne riassumeva le conclusioni.
67 PAOLO VI, Esortazione apostolica *Evangelii nuntiandi*, 8.12.1975, n. 30.
68 Cfr. BAUER, *Dissent on Development. Essays in applied economics*, cit.

occidentale[69]. Il divario tra le aree del mondo non dovrebbe, quindi, essere attribuito all'Occidente, ma ad una mancata recezione della cultura occidentale da parte di popoli legati al fatalismo, con l'abitudine a sottomettersi alle forze della natura e alla pratica del saccheggio violento, disdegnando l'esercizio della ragione, la via dello scambio e il progresso tecnologico. È da notare che la distanza tra questa lettura e il paradigma teologico del magistero sociale di Paolo VI – e la stessa cultura ecclesiale – non potrebbe essere più grande.

L'identificazione delle cause dello sviluppo[70] e delle vere cause dell'arretratezza rappresentano un crinale fondamentale per affrontare correttamente le questioni che l'enciclica aveva a cuore. Ma, nonostante la *Populorum progressio* citi molteplici autori, tra essi non veniva richiamato nessuno di coloro i cui studi avrebbero potuto mettere in discussione il quadro generale del documento.

Ritenendo che l'impoverimento di alcuni sia effetto dell'arricchimento di altri, che lo squilibrio tra le classi sia destinato ad accrescersi e, ritenendo ancora, che la miseria del Terzo Mondo sia generata dallo sfruttamento operato dalle nazioni capitalistiche, coerentemente, Paolo VI sosteneva la tesi secondo cui le diseguaglianze sono frutto di ingiustizia.

Infatti, un altro richiamo costante che percorre le pagine della *Populorum progressio* è quello alle ingiustizie, un richiamo che, già in passato, aveva registrato «la viva inquietudine [...] delle classi povere nei paesi in fase di industrializzazione» e che ora univa «quelli che

---

69 Cfr. Rodney Stark, *La vittoria della ragione. Come il cristianesimo ha prodotto libertà, progresso e ricchezza*, Lindau, Torino 2006; cfr. Thomas E. Woods jr., *Come la Chiesa Cattolica ha costruito la civiltà occidentale*, Cantagalli, Siena 2007.
70 Ci porterebbe lontano fornire altri dati circa la correttezza dell'impostazione "occidentalista". Cfr. Jean Baechler, *Le origini del capitalismo*, prefazione di Luigi Marco Bassani e Alberto Mingardi, Istituto Bruno Leoni Libri, Torino 2015; cfr. Eric L. Jones, *Il miracolo europeo: ambiente, economia e geopolitica nella storia europea e asiatica*, Il Mulino, Bologna 1988; cfr. Nathan Rosenberg - Luther E. Birdzell, *Come l'Occidente è diventato ricco*, Il Mulino, Bologna 2003; cfr. Murray N. Rothbard, *An Austrian Perspective on the History of Economic Thought. Volume I. Economic Thought Before Adam Smith*, Ludwig von Mises Institute, Auburn (Alabama) 2006; cfr. Giacomo Todeschini, *Il prezzo della salvezza. Lessici medievali del pensiero economico*, Carocci, Roma 1994.

hanno un'economia quasi esclusivamente agricola»[71], cioè «i contadini [che] prendono coscienza», in questo modo, della loro situazione.

Si noti l'adozione di categorie una volta care esclusivamente alla letteratura marxista: quella "presa di coscienza" delle fasce subalterne della popolazione soggette a «strutture oppressive»[72] che rappresenterebbe, nella logica della lotta di classe, ciò che dà alla storia la vera svolta[73]. Oltretutto, questa prospettiva planetaria («i conflitti sociali si sono dilatati fino a raggiungere le dimensioni del mondo»[74]) che distingue nazioni ricche e nazioni povere sembrava, per significativi aspetti, riecheggiare il conflitto di leniniana memoria tra Stati capitalisti e Stati proletari[75].

La rivendicazione presente nell'enciclica è molto dura[76] e i toni sono tali da esprimere la convinzione di una costante prepotenza subita dai paesi poveri. Il papa, infatti, descriveva il sottosviluppo come «situazione la cui ingiustizia grida verso il cielo»[77] e che provoca «rancori che sono la conseguenza di reali ingiustizie»[78].

Una tale prospettiva innanzitutto ignora che la povertà è la naturale condizione dell'uomo e da questa l'uomo lentamente si emancipa con un lavoro che è sempre duro e faticoso[79]. La povertà, nella originaria condizione umana, è la norma, non una eccezione. Dalla povertà si può gradualmente uscire, ma essa rappresenta la situazione ordinaria che, di per sé, non è il frutto di alcuna ingiustizia.

L'errore, quindi, è già nel punto di partenza e consiste nel ritenere

---

71 Paolo VI, *Populorum progressio*, cit., n. 9.
72 *Ibidem*, n. 21.
73 Cfr. Karl Marx - Friedrich Engels, *Manifesto del Partito comunista*, a cura di Palmiro Togliatti, Editori Riuniti, Roma 1971, p. 12.
74 Paolo VI, *Populorum progressio*, cit., n. 9.
75 Cfr. Vladimir I. Lenin, *L'imperialismo fase suprema del capitalismo* (1916), in *Opere*, vol. 22, Editori Riuniti, Roma 1966.
76 Cfr. Beniamino Di Martino, *L'affermazione del principio dell'"opzione per i poveri": dall'esperimento dei preti-operai alla chiesa di Francesco*, in «Claretianum», anno 55 (2015), n. 55, p. 368.
77 Paolo VI, *Populorum progressio*, cit., n. 31.
78 *Ibidem*.
79 La testimonianza biblica ne fornisce la prova più alta. «All'uomo [Dio] disse: "[…] maledetto sia il suolo per causa tua! Con dolore ne trarrai il cibo per tutti i giorni della tua vita. Spine e cardi produrrà per te e mangerai l'erba campestre. Con il sudore del tuo volto mangerai il pane; finché tornerai alla terra, perché da essa sei stato tratto: polvere tu sei e in polvere tornerai!» (*Genesi* 3,17-19).

che le differenze economiche – che nell'enciclica vengono indicate con l'espressione di "disuguaglianze" –, siano un indice di ingiustizia.

A questo proposito, non si può non tener conto di come i due documenti sociali di Paolo VI diano grande risalto il concetto di "giustizia sociale". Lo faceva la *Populorum progressio*[80] in alcuni rivelativi passaggi e lo ripeteva la *Octogesima adveniens*[81] facendo addirittura coincidere l'insieme dell'insegnamento sociale della Chiesa con questo principio. Anche in altri interventi, la "giustizia sociale" era al centro delle preoccupazioni dell'insegnamento del papa[82]. Ora, pur soprassedendo sulla questione circa il carattere assai problematico della nozione di "giustizia sociale"[83], va fatto presente che, fondamentalmente, ci si appella alla "giustizia sociale" quando, per principio, si invocano redditi pressoché uguali.

L'inesattezza della nozione di "giustizia sociale" è nel presupposto di ritenere l'ineguaglianza (a questo punto non solo economica, ma anche di talenti, di qualità, di capacità, ecc.) come effetto, o come fonte, di ingiustizia. Per questo motivo – come vedremo più avanti – anche Paolo VI poneva, nei suoi scritti, la redistribuzione quale principale rimedio.

Partendo dalla congettura dell'equazione tra diseguaglianza e ingiustizia, la *Populorum progressio* parlava di «miseria immeritata»[84] e di indigenza[85] come «ingiuria alla dignità umana»[86]. E che non si trattasse di affermazioni estemporanee stava a dimostrarlo il clima teologico generale che si esprimeva ordinariamente in modo simile alle parole di uno dei più noti teologi del periodo conciliare, Marie-Dominique

---

80   Cfr. PAOLO VI, *Populorum progressio*, cit., n. 5.44.59.61.
81   Cfr. PAOLO VI, *Octogesima adveniens*, cit., n. 1.5.12.
82   Cfr. PAOLO VI, Discorso all'Assemblea dell'Organizzazione Internazionale del Lavoro, Ginevra (Svizzera), 10.6.1969, in *Insegnamenti di Paolo VI. Volume VII. 1969*, Tipografia Poliglotta Vaticana, Città del Vaticano 1970, p. , p. 366-376.
83   Cfr. BENIAMINO DI MARTINO, *La Dottrina Sociale della Chiesa. Principi fondamentali*, Nerbini, Firenze 2016, p. 181-206.
84   PAOLO VI, *Populorum progressio*, cit., n. 9.67.
85   Cfr. PAOLO VI, Esortazione apostolica *Evangelica testificatio*, 29.6.1971, n. 17 («…Più incalzante che mai, voi sentite levarsi "il grido dei poveri" dalla loro indigenza personale e dalla loro miseria collettiva. […] In un mondo in pieno sviluppo, questo permanere di masse e di individui miserabili è un appello insistente ad "una conversione delle mentalità e degli atteggiamenti"…»).
86   PAOLO VI, *Populorum progressio*, cit., n. 31.

Chenu (1895-1990). Sosteneva il teologo domenicano: «è lo sviluppo stesso dell'Occidente che genera il sottosviluppo del Terzo Mondo, mediante il saccheggio delle sue risorse»[87]. Anche vent'anni dopo, Giovanni Paolo II, nell'enciclica che ricordava quella del 1967, scriveva: «una delle più grandi ingiustizie del mondo contemporaneo consiste proprio in questo: che sono relativamente pochi quelli che possiedono molto, e molti quelli che non possiedono quasi nulla. É l'ingiustizia della cattiva distribuzione dei beni e dei servizi destinati originariamente a tutti»[88].

Al periodo della *Populorum progressio* risalgono le prime opere della "teologia della liberazione"[89]. L'emergente paradigma teologico non poteva ancora influenzare l'elaborazione dell'enciclica, ma questa era certamente – e per molti versi – congeniale a quello e contribuì ad aprirgli la strada. Nella letteratura della "teologia della liberazione", infatti, si troveranno presto temi e prospettive simili a quelli presenti nel testo di Paolo VI ad iniziare dalla lettura data all'arretratezza di alcune aree geografiche. Era, infatti, in forza di questa lettura che «il sottosviluppo [veniva considerato] il sottoprodotto dello sviluppo dei paesi sviluppati»[90].

La *Populorum progressio* insisteva notevolmente su questo aspetto tanto che il documento non potrebbe essere letto senza la soggiacente condanna delle ingiustizie; così, l'enciclica denunciava lo «scandalo di disuguaglianze clamorose»[91], lo «sfruttamento dei lavoratori [e le] ingiustizia delle transazioni»[92]. Il papa utilizzerà gli stessi toni e le stesse argomentazioni nel viaggio, svolto l'anno successivo, in America latina. «Lo sviluppo economico e sociale – diceva il pontefice ai *campesinos* colombiani – è stato disuguale; e mentre ha favorito coloro che lo hanno al principio promosso, ha trascurato la moltitudine delle

---

87 MARIE-DOMINIQUE CHENU, *La dottrina sociale della Chiesa. Origine e sviluppo (1891-1971)*, Queriniana, Brescia 1982, p. 41.
88 GIOVANNI PAOLO II, Lettera enciclica *Sollicitudo rei socialis* nel ventesimo anniversario della *Populorum progressio*, 30.12.1987, n. 28.
89 Cfr. GUSTAVO GUTIERREZ, *Líneas pastorales de la Iglesia en América Latina*, Centro de Documentación Miec-Jeci, Montevideo 1969.
90 ROSINO GIBELLINI, *Il dibattito sulla teologia della liberazione*, Queriniana, Brescia 1986, p. 17.
91 PAOLO VI, *Populorum progressio*, cit., n. 9.
92 *Ibidem*, n. 21.

popolazioni indigene, quasi sempre lasciate ad un ignobile livello di vita e talora duramente trattate e sfruttate»[93].

È vero che le iniquità vanno sempre disapprovate e colpite, ma Paolo VI incorreva nell'ingenuità di considerare l'intera «situazione presente»[94] come perversa, finendo con il condannare – e non sempre solo implicitamente – l'economia in quanto tale e il profitto in se stesso.

Oltre a contenere imprecisioni di natura propriamente scientifica, questa impostazione ha rilevanti conseguenze sul piano umano. Innanzitutto quelle relative alle più immediate e irrazionali reazioni dell'animo umano perché «il moderno consenso ecclesiastico sottoscritto dal pontefice avalla[va] e [favoriva] invidia e risentimento, conferendo una legittimità morale e validità intellettuale a questi impulsi»[95]. Poi, attribuendo le colpe ai meccanismi strutturali, si fa fortemente scemare la responsabilità del singolo individuo svilendone le capacità. Invero, l'economia dipende dalle azioni personali molto più che non da imponderabili e malefiche forze esterne. E sono solo queste azioni individuali ad avere valore morale e significato di studio[96]. Né va trascurato come la contrapposizione – non solo latente – tra ricchi e poveri, tra nazioni progredite e popoli arretrati alimenti lo scontro tra le classi, all'interno delle società, e tra gli Stati, nella dimensione planetaria.

Tutto ciò che la *Populorum progressio* sosteneva non può che trovare nel capitalismo la sua causa principale. Occorre precisare che se per "capitalismo" si possono intendere molte cose, l'enciclica (e le altre testimonianze richiamate) assimilava questo al libero scambio e univa entrambi in un unico ed inappellabile giudizio. «Giova riconoscerlo – azzardava il papa –: è il principio fondamentale del liberalismo come regola degli scambi commerciali che viene qui messo in causa»[97].

---

93 Paolo VI, Omelia nel corso della celebrazione per i "campesinos" colombiani, Medellín, Colombia, 23.8.1968, in *Insegnamenti di Paolo VI. Volume VI. 1968*, Tipografia Poliglotta Vaticana, Città del Vaticano 1969, p. 378.
94 Paolo VI, *Populorum progressio*, cit., n. 32.
95 Peter T. Bauer, *Dalla sussistenza allo scambio. Uno sguardo critico sugli aiuti allo sviluppo*, prefazione di Amartya Sen, Istituto Bruno Leoni Libri, Torino 2009, p. 225.
96 Non a caso il fondamentale testo di Mises si intitola *L'azione umana*. Tra i massimi esponenti del "marginalismo" liberale, il grande economista austriaco riproponeva l'individualismo quale metodo che, incentrato sull'analisi delle scelte individuali, si rivela essere l'unico approccio in grado di capire il funzionamento dell'economia.
97 Paolo VI, *Populorum progressio*, cit., n. 58.

Su tale giudizio sarà necessario tornare, ma tra queste considerazioni è bene domandarsi come sia possibile auspicare sviluppo e pace condannando contestualmente quel sistema economico che, se compreso senza pregiudizi o fraintendimenti[98], si rivela essere l'unico in grado di garantire lo sviluppo e di consolidare la pace. È questa disapprovazione che rende la frase con cui viene sempre ricordata l'enciclica – «lo sviluppo è il nuovo nome della pace»[99] – contraddittoria oppure un puro slogan che, oltre l'effetto retorico, non può avere alcuna reale efficacia[100].

C'è ancora un'ultima causa che va richiamata tra quelle implicitamente contenute nell'enciclica in relazione al sottosviluppo. Si tratta di una singolare affermazione, probabilmente anch'essa fatta propria per conformismo e subalternità alle mode di quel periodo. Ci riferiamo alla questione demografica che, quale problema, già era stata sollevata da Giovanni XXIII: «secondo calcoli statistici ritenuti sufficientemente attendibili, la famiglia umana in pochi decenni attingerà cifre assai elevate, mentre lo sviluppo economico procederà con ritmo meno accelerato. Ne deducono che qualora non si provveda in tempo a limitare il flusso demografico, lo squilibrio tra popolazione e i mezzi di sussistenza, in un futuro non lontano, si farà sentire acutamente»[101]. I calcoli statistici su cui si appoggiava papa Roncalli mostrarono presto la loro inaffidabilità, ma, nonostante ciò, Paolo VI confermò le stesse preoccupazioni del suo predecessore: «è vero che troppo spesso una crescita demografica accelerata aggiunge nuove difficoltà ai problemi dello sviluppo: il volume della popolazione aumenta più rapidamente delle risorse disponibili e ci si trova apparentemente chiusi in un vicolo cieco. [...] È certo che i poteri pubblici, nell'ambito della loro competenza, possono intervenire»[102].

L'esperienza ha invece dimostrato il contrario: lì dove gli uomini

---

98 Cfr. GIUSEPPE MATTAI, *A vent'anni dalla "Populorum progressio"*, in «Rassegna di Teologia», anno 28 (1987), n. 4 (luglio-agosto), p. 336.
99 PAOLO VI, *Populorum progressio*, cit., n. 76.
100 Ben diversamente si esprimeva un economista cattolico dell'Ottocento, Frédéric Bastiat (1801-1850), che così elementarizzava i benefici sociali del libero scambio capitalistico: «se su di un confine non passano le merci, attraverso di esso passeranno i cannoni» (cit. in DARIO ANTISERI, *Princìpi liberali*, Rubbettino, Soveria Mannelli (Catanzaro) 2003, p. 58).
101 GIOVANNI XXIII, *Mater et magistra*, cit., n. 406.
102 PAOLO VI, *Populorum progressio*, cit., n. 37.

hanno la libertà di lavorare e scambiare (è ciò che comunemente si chiama capitalismo), ogni incremento demografico si traduce in ricchezza economica. La divisione del lavoro, resa possibile dal libero mercato, infatti, ha sempre fatto progredire quella scienza e quella tecnologia che consente non solo di alimentare tutti, ma anche di dare a tutti migliori condizioni di vita[103]. Al contrario, causa il rifiuto dell'economia di mercato, i documenti della Chiesa percepiscono – coerentemente – l'aumento della popolazione come una minaccia.

Lo sbaglio si ripeterà e, ad esso, nella *Octogesima adveniens* si aggiungerà anche la contraddizione in cui il nuovo testo cade lì ove prima si dichiarava che «con la crescita demografica che si avverte soprattutto nelle giovani nazioni, il numero di coloro che non riescono a trovar lavoro e sono costretti alla miseria o al parassitismo, andrà aumentando nei prossimi anni», poi – tra l'altro subito dopo – si aggiungeva che «è inquietante constatare in questo campo una specie di fatalismo, che s'impadronisce persino dei responsabili. Tale sentimento conduce talvolta a soluzioni maltusiane»[104].

6.3. Riforme redistributive

Senza che vi sia una qualche forma di classificazione, dalla lettura della *Populorum progressio* emergono non solo una serie di cause del sottosviluppo, ma anche alcuni rimedi ad esso. Proviamo a comprendere quali possano essere secondo il magistero sociale di Paolo VI.

L'enciclica esordisce con parole tonanti: «i popoli della fame interpellano oggi in maniera drammatica i popoli dell'opulenza. La Chiesa trasale davanti a questo grido di angoscia e chiama ognuno a rispondere con amore al proprio fratello»[105]. Il primo appello è, quindi, alla coscienza. Un invito che sarà ripetuto nella lettera del 1971 in vista di «un risveglio della coscienza umana [che] dia vita a un movimento generale di solidarietà»[106].

---

103 Cfr. RINO CAMMILLERI - ETTORE GOTTI TEDESCHI, *Denaro e paradiso. I cattolici e l'economia globale*, Lindau, Torino 2010, p. 43; cfr. JESÚS HUERTA DE SOTO, *La Scuola Austriaca. Mercato e creatività imprenditoriale*, a cura di Paolo Zanotto, Rubbettino, Soveria Mannelli (Catanzaro) 2003, p. 188.
104 Cfr. PAOLO VI, *Octogesima adveniens*, cit., n. 18.
105 PAOLO VI, *Populorum progressio*, cit., n. 3.
106 PAOLO VI, *Octogesima adveniens*, cit., n. 18.

Accanto a ciò, l'enciclica del 1967 imponeva anche delle iniziative giudicate urgenti e improcrastinabili: «bisogna affrettarsi: troppi uomini soffrono, e aumenta la distanza che separa il progresso degli uni e la stagnazione, se non pur anche la regressione, degli altri. Bisogna altresì che l'opera da svolgere progredisca armonicamente, pena la rottura di equilibri indispensabili»[107]. Inevitabilmente ritornava l'idea che attraversa l'intera dottrina sociale della Chiesa: l'idea che la distanza che separa progresso di alcuni e regressione di altri debba naturalmente crescere e che la prosperità dei primi sia direttamente proporzionale alla penuria dei secondi.

È la supposizione di una situazione di ingiustizia diffusa e di oppressione generale ad imporre un tono spesso bellicoso ed un invito alla lotta: «la situazione presente dev'essere affrontata coraggiosamente e le ingiustizie, che essa comporta, combattute e vinte»[108]. Si parlava di «disuguaglianze clamorose»[109], di «strutture oppressive»[110], di «sfruttamento dei lavoratori»[111]. Descrivendo «le carenze materiali di coloro che sono privati del minimo vitale, e le carenze morali di coloro che sono mutilati dall'egoismo»[112] si parlava di «un gran numero [di uomini] condannati a vivere in condizioni»[113] miserevoli.

Come già dicevamo, l'errore è, però, nell'attribuire tutti questi mali all'egoismo di alcuni e, alimentando questa convinzione, non si può che legittimare un vero e proprio spirito rivendicativo. Anche se si dichiarava che «grande è la tentazione di respingere con la violenza simili ingiurie alla dignità umana»[114], le parole del papa non escludevano «l'insurrezione rivoluzionaria» quando motivata dal «caso di una tirannia evidente e prolungata che attenti gravemente ai diritti fondamentali della persona e nuoccia in modo pericoloso al bene comune del paese»[115].

L'adozione del termine "rivoluzione" andava ben oltre la

---

107 PAOLO VI, *Populorum progressio*, cit., n. 29.
108 *Ibidem*, n. 32.
109 *Ibidem*, n. 9.
110 *Ibidem*, n. 21.
111 *Ibidem*.
112 *Ibidem*, n. 21.
113 *Ibidem*, n. 6.
114 *Ibidem*, n. 31.
115 *Ibidem*, n. 6.

tradizionale concezione della resistenza o della rivolta contro il tiranno; la "rivoluzione", infatti, indica una trasformazione delle strutture politiche, economiche e sociali. Per questa ragione, Pio XII aveva contrapposto "rivoluzione" ad "evoluzione", rifiutando la prima e accettando solo la seconda[116]. Pur tuttavia, Paolo VI aveva preferito utilizzare il concetto "rivoluzione" e, così facendo, contribuirà a rendere possibile una "teologia della rivoluzione"[117].

D'altra parte, il richiamato "spirito rivendicativo" presente nel testo del 1967 dava adito ad ogni possibile risoluzione politica. Insistendo sulle oppressioni subite, l'enciclica, di fatto, legittimava «la collera dei poveri, con conseguenze imprevedibili»[118].

In quello stesso anno, il sacerdote francese Paul Gauthier (1914-2002) e l'italiano don Primo Mazzolari (1890-1959) scrivevano *La collera dei poveri*[119] il cui tema rappresentava l'anello di congiunzione tra il desiderio di una *Chiesa dei poveri*[120] e l'avallo a *La violenza dei poveri*[121].

Di fatto, seppur come rimedio estremo e senz'altro da evitare per quanto possibile, quella di una "rivoluzione strutturale" veniva, comunque, considerata una eventualità possibile[122]. Accanto a questa, Paolo VI parlava di riforme profonde, imposte dall'urgenza di superare le ingiustizie: «lo sviluppo esige trasformazioni audaci, profondamente innovatrici. Riforme urgenti devono essere intraprese senza indugio»[123]. Per il loro carattere strutturalmente radicale, tuttavia, le riforme adombrate

---

116   Pio XII, Discorso ad una imponente rappresentanza dei lavoratori d'Italia, 13.6.1943, in *Discorsi e radiomessaggi di Sua Santità Pio XII. V (1943-1944)*, Tipografia Poliglotta Vaticana, Città del Vaticano 1955, p. 86-87.
117   Cfr. Aa. Vv., *Dibattito sulla teologia della rivoluzione*, Queriniana, Brescia 1971; cfr. Patrick de Laubier, *Il pensiero sociale della Chiesa Cattolica. Una storia di idee da Leone XIII a Giovanni Paolo II*, Massimo, Milano 1986, p. 139; cfr. José María Díez-Alegría, *Magistero e rivoluzione*, in Aa. Vv., *Rivoluzione: magistero, teologia e mondo contemporaneo*, Edizioni Dehoniane, Bologna 1970, p. 78.
118   Paolo VI, *Populorum progressio*, cit., n. 49.
119   Cfr. Paul Gauthier - Primo Mazzolari - Arturo Paoli, *La collera dei poveri*, Gribaudi, Torino 1967.
120   Cfr. Paul Gauthier - Yves Congar - Jean Mouroux, *La Chiesa dei poveri e il Concilio*, Vallecchi, Firenze 1965.
121   Cfr. Aa. Vv., *La violenza dei poveri*, La Locusta, Vicenza 1968.
122   Cfr. Mario Toso, *Welfare Society. La riforma del welfare: l'apporto dei pontefici*, Libreria Ateneo Salesiano, Roma 2003, p. 324-325.
123   Paolo VI, *Populorum progressio*, cit., n. 32.

dal pontefice non sembravano discostarsi poi troppo da quella strada rivoluzionaria di trasformazione integrale dei sistemi.

Perciò la prima realtà ad essere investita da questo impeto di utopia non poteva che essere il sistema capitalistico. Ora, per quanto si affermava che non si volesse «prospettare l'abolizione del mercato basato sulla concorrenza»[124], in realtà l'economia libera veniva indiscutibilmente considerata la prima causa delle diseguaglianze.

Infatti sul capitalismo liberale cadevano le accuse più pesanti: sulle «condizioni nuove della società – sosteneva Paolo VI – si è malauguratamente instaurato un sistema che considerava il profitto come motore essenziale del progresso economico, la concorrenza come legge suprema dell'economia, la proprietà privata dei mezzi di produzione come un diritto assoluto, senza limiti né obblighi sociali corrispondenti»[125]. Il sistema proprietaristico veniva bollato come «"liberalismo" senza freno» che conduceva «alla dittatura, a buon diritto denunciata da Pio XI come generatrice dell'"imperialismo internazionale del denaro" (enc. *Quadragesimo anno*, 1931)»[126]. Il giudizio non si esauriva qui; andava oltre: «non si condanneranno mai abbastanza simili abusi»[127] perché il capitalismo (anche se qui si precisava «un certo "capitalismo"») «è stato la fonte di tante sofferenze, di tante ingiustizie e lotte fratricide, di cui perdurano gli effetti»[128]. In sintesi, l'economia libera era marchiata inesorabilmente come «nefasto sistema»[129].

Da queste dichiarazioni emerge una valutazione morale *intrinsecamente* negativa che riguarda la natura stessa della concorrenza e, come vedremo, della proprietà privata. Tuttavia, in contraddizione con ciò, Paolo VI scriveva che non intendeva proporre l'abolizione del sistema basato sulla concorrenza e sulla proprietà privata, ma di voler «soltanto dire che occorre [...] mantenerlo dentro limiti che lo rendano giusto e morale, e dunque umano»[130]. Sono, però, proprio queste richieste di "limitazione" a dimostrare di non comprendere affatto la virtuosità dell'unico sistema economico che, escludendo ogni tipo di

---

124 *Ibidem*, n. 61.
125 *Ibidem*, n. 26.
126 *Ibidem*.
127 *Ibidem*.
128 *Ibidem*.
129 *Ibidem*.
130 *Ibidem*, n. 61.

coercizione, garantisce la libertà di lavoro per ogni uomo. Il ricorso alla giustizia sociale («la giustizia sociale impone che il commercio internazionale, se ha da essere cosa umana e morale, ristabilisca tra le parti almeno una relativa uguaglianza di possibilità»[131]) può solo confermare l'incapacità da parte della dottrina sociale della Chiesa di capire la intrinseca moralità dello scambio libero e volontario.

Tornando alla valutazione morale dell'economia di mercato da parte di Paolo VI, papa Montini, non dissimilmente dagli altri pontefici, poneva il sistema di libera impresa sullo stesso piano del sistema economico contrario, il socialismo. Nella *Populorum progressio* questa equiparazione è implicita perché la questione non viene formalmente sollevata, ma nella *Octogesima adveniens* i due sistemi sono esplicitamente posti sullo stesso piano. In realtà, per ciò che riguarda la *Populorum progressio* va detto che se al capitalismo non si facevano sconti, riguardo al socialismo emergevano solo consonanze. Di queste ci occuperemo presto.

Per comprendere, invece, la formale equidistanza tra i due sistemi, soffermiamoci sulle parole della *Octogesima adveniens*. La lettera, scritta «all'inizio degli anni Settanta, in un clima turbolento di contestazione fortemente ideologica»[132], invitando i cristiani a non «dare la propria adesione a sistemi ideologici che si oppongono radicalmente o su punti sostanziali alla sua fede e alla sua concezione dell'uomo»[133], prendeva contestualmente le distanze sia dall'«ideologia marxista, al suo materialismo ateo, alla sua dialettica di violenza e al modo con cui essa riassorbe la libertà individuale nella collettività, negando insieme ogni trascendenza all'uomo e alla sua storia, personale e collettiva» sia dall'«ideologia liberale che ritiene di esaltare la libertà individuale sottraendola a ogni limite, stimolandola con la ricerca esclusiva dell'interesse e del potere, e considerando la solidarietà sociale come conseguenza più o meno automatica delle iniziative individuali e non già quale scopo e criterio più vasto della validità dell'organizzazione sociale»[134]. I due sistemi erano messi sullo stesso piano non solo perché contrari alla fede, ma perché entrambi contrassegnati dal connotato

---

131 *Ibidem*.
132 Pontificio Consiglio della Giustizia e della Pace, *Compendio della Dottrina Sociale della Chiesa*, Libreria Editrice Vaticana, Città del Vaticano 2004, n. 100.
133 Paolo VI, *Octogesima adveniens*, cit., n. 26.
134 *Ibidem*.

dell'ideologia. Quindi, sia perché ciascuno portatore di significati antitetici alla fede, sia perché, sotto il profilo teoretico, viziati da errori di fondo[135].

Se è difficile capire in cosa il libero scambio si oppone *radicalmente* o *sostanzialmente* alla fede e alla concezione cristiana dell'uomo[136] – come esattamente sosteneva Paolo VI –, ancora più difficile da capire è cosa il lavoro senza coercizione possa avere di ideologico. Anche in questo caso, l'attribuzione di queste colpe può avere come giustificazione solo il fraintendimento della vera natura del liberismo.

La *Octogesima adveniens* non si limitava a queste considerazioni, ma ne proponeva altre sull'«evoluzione storica del marxismo» e sul «rinnovamento dell'ideologia liberale»[137] e insisteva nell'unire «socialismo burocratico [e] capitalismo tecnocratico»[138] in un'unica prospettiva segnata dall'ideologia e dall'utopia.

Possiamo meglio capire il giudizio sull'economia liberista passando in rassegna altre pagine della *Populorum progressio*. Questo sistema veniva considerato non solo «notoriamente insufficiente per affrontare la dura realtà dell'economia moderna»[139], ma addirittura dannoso perché «lasciato a se stesso, il suo meccanismo è tale da portare il mondo verso un aggravamento, e non verso un'attenuazione, della disparità dei livelli di vita»[140] attribuendo, in questo modo, gli squilibri direttamente al libero mercato.

E in questa stessa modalità, l'enciclica insisteva più volte. Ad esempio quando Paolo VI affermava che «la sola iniziativa individuale e il semplice gioco della concorrenza non potrebbero assicurare il successo dello sviluppo»[141]. Ma, in queste parole, traspariva una concezione negativa delle naturali leggi economiche: esse non andrebbero assecondate, bensì piegate e imbrigliate. Poi, ancora, il papa sosteneva che la strada percorsa dal «liberalismo di ieri», a causa dei «mali temibili» da esso procurati, va accuratamente evitata da «coloro che sono sulla

---

135   Cfr. Di Martino, *La Dottrina Sociale della Chiesa. Principi fondamentali*, cit., p. 49-50.
136   Cfr. Paolo VI, *Octogesima adveniens*, cit., n. 26.
137   Cfr. *ibidem*, n. 30-37.
138   *Ibidem*, n. 37.
139   Paolo VI, *Populorum progressio*, cit., n. 8.
140   *Ibidem*.
141   *Ibidem*, n. 33.

via dello sviluppo»[142]. Questa sorta di consiglio al Terzo Mondo di abbracciare il socialismo avrebbe, però, dovuto almeno specificare quali «mali temibili» il benessere dovuto all'economia di mercato avrebbe prodotto.

Ovviamente, come gli altri pontefici nei loro documenti, anche Paolo VI non poteva che invitare alla solidarietà tra le nazioni, alla comprensione reciproca tra i popoli, ai rapporti di amicizia internazionali. Rimane difficilmente comprensibile il motivo per cui non si riesca a comprendere che la strada migliore per realizzare la cooperazione tra i popoli ed allontanare i contrasti tra i governi è esattamente ridurre il potere degli Stati ed incrementare gli scambi attraverso i quali tutti godono vantaggi. La libera economia non è solo la via dello sviluppo, ma anche la via maestra per la pace. Intendeva bene tutto ciò già Ugo di San Vittore (1096-1141), il grande teologo della Scuola di Parigi, che scriveva: «la pratica del commercio riconcilia le nazioni, spegne le guerre, rinsalda la pace e trasforma i beni privati in benefici per tutti»[143].

Con delle argomentazioni prive di valore scientifico (su cui spenderemo qualche parola più avanti), il papa caricava impropriamente il liberismo di responsabilità: «la legge del libero scambio non è più in grado di reggere da sola le relazioni internazionali. I suoi vantaggi sono certo evidenti quando i contraenti si trovino in condizioni di potenza economica non troppo disparate: allora è uno stimolo al progresso e una ricompensa agli sforzi compiuti. Si spiega quindi come i paesi industrialmente sviluppati siano portati a vedervi una legge di giustizia. La cosa cambia, però, quando le condizioni siano divenute troppo disuguali da paese a paese: i prezzi che si formano "liberamente" sul mercato possono, allora, condurre a risultati iniqui. Giova riconoscerlo: è il principio fondamentale del liberalismo come regola degli scambi commerciali che viene qui messo in causa»[144]. Una assai carente teoria economica portava a confondere cause politiche (ostili al mercato) con gli effetti positivi dovuti alla libera circolazione dei prodotti. Per cui, da un lato, non potevano non essere riconosciuti i benefici apportati dal

---

142 *Ibidem*, n. 34.
143 Ugo di San Vittore, *Didascalicon. I doni della promessa divina. L'essenza dell'amore. Discorso in lode del divino amore*, introduzione, traduzione e note di Vincenzo Liccaro, Rusconi, Milano 1987, p. 111 (*Didascalicon*, libro II, XXIII), cfr. p. 25-26.
144 Paolo VI, *Populorum progressio*, cit., n. 58.

capitalismo (ed anche ed addirittura dal colonialismo[145]), dall'altro, si attribuivano al liberismo colpe a questo totalmente estranee[146].

Se il grande rimedio alle diseguaglianze è la radicale revisione del libero scambio (che in realtà si tradurrebbe in una vera e propria soppressione), con coerenza, la dottrina della Chiesa[147] e la *Populorum progressio*, in particolare, hanno avallato le politiche protezionistiche. Il protezionismo è la teoria che prevede il controllo della concorrenza e si oppone all'economia di *lasseiz-faire* soprattutto nei rapporti internazionali[148]. Dall'idea che il commercio «... non può più poggiare esclusivamente sulla legge della libera concorrenza»[149] perché «generatrice di dittatura economica», derivava necessariamente il proposito di disciplinare sempre più lo scambio. Ed ecco, quindi, che l'enciclica suggeriva, tra le misure da prendere, quelle relative a contenere la «concorrenza [che] abbandonata a se stessa tende a compromettere»[150] l'«equilibrio». Ora, a parte il fatto di dover obiettare circa l'adozione del concetto di "equilibrio" economico i cui modelli teorici, con tutta probabilità, erano sconosciuti a Paolo VI e ai suoi collaboratori e consiglieri, il papa – nella tradizione della dottrina sociale cattolica – dimostrava di abbracciare la coercizione politica quale alternativa alla libera concorrenza. Pochi anni dopo, la *Octogesima adveniens* ne ribadirà l'impostazione[151].

Con molta approssimazione, poi, l'enciclica del 1967 invocava le misure di protezionismo e, pressoché contemporaneamente, biasimava il nazionalismo quale ostacolo da superare «onde realizzare i programmi

---

145 Cfr. *ibidem*, n. 7.
146 Cfr. ALEJANDRO A. CHAFUEN, *Cristiani per la libertà. Radici cattoliche dell'economia di mercato*, prologo di Michael Novak, introduzione di Dario Antiseri, Liberilibri, Macerata 2007; cfr. THOMAS E. WOODS jr., *La Chiesa e il mercato. Una difesa cattolica della libera economia*, Liberilibri, Macerata 2008.
147 Cfr. GIOVANNI XXIII, *Mater et magistra*, cit., n. 392.
148 Cfr. HENRY HAZLITT, *L'economia in una lezione. Capire i fondamenti della scienza economica*, Istituto Bruno Leoni Libri, Torino 2012, p. 73s.; cfr. LUDWIG VON MISES, *Politica economica. Riflessioni per oggi e per domani*, introduzione di Lorenzo Infantino, Liberilibri, Macerata 2007, p. 55.88; cfr. MURRAY N. ROTHBARD, *Protezionismo e distruzione della prosperità* (scritto del 1986: *The Dangerous Nonsense of Protectionism*), in IDEM, *La libertà dei libertari*, a cura di Roberta A. Modugno Crocetta, Rubbettino, Soveria Mannelli (Catanzaro) 2000, p. 101-116.
149 PAOLO VI, *Populorum progressio*, cit., n. 59.
150 *Ibidem*, n. 60.
151 Cfr. PAOLO VI, *Octogesima adveniens*, cit., n. 44.

di sviluppo e intensificare gli scambi commerciali e culturali»[152]. È chiaro che le due affermazioni sono contraddittorie perché ogni forma di protezionismo è sempre motivata da istanze nazionalistiche.

Ancor più stravaganti sotto il profilo della razionalità erano i propositi che il pontefice si assumeva la responsabilità di implorare: «ciascuno esamini la sua coscienza, che ha una voce nuova per la nostra epoca. È egli pronto [...] a sopportare maggiori imposizioni affinché i poteri pubblici siano messi in grado di intensificare il loro sforzo per lo sviluppo? a pagare più cari i prodotti importati, onde permettere una più giusta remunerazione per il produttore? a lasciare, ove fosse necessario, il proprio paese, se è giovane, per aiutare questa crescita delle giovani nazioni?»[153]. Ciascuna di queste mozioni sarebbe di danno allo sviluppo perché ne inibirebbe la stessa possibilità. Nella stessa linea, Paolo VI considerava inammissibile che i capitali potessero essere trasferiti all'estero considerando ciò un danno inflitto alla propria patria[154]. Ma il ragionamento soggiacente dimostra tutta la sua miopia non solo perché rivela la negazione della proprietà, ma anche perché finisce col premiare quegli Stati che hanno varato fallimentari provvedimenti illiberali e li aggravano paralizzando le scelte economiche individuali[155].

In connessione con questa generale prospettiva di controllo politico dell'economia, con la *Populorum progressio* si introduceva esplicitamente, nella storia della dottrina sociale della Chiesa, la nozione di "pianificazione" economica. Sebbene il termine sia stato letteralmente utilizzato per rilevare «il pericolo d'una collettivizzazione integrale o d'una pianificazione arbitraria»[156], tuttavia il corrispondente concetto era considerato in modo ampiamente positivo nell'intera enciclica che, supponendo l'insufficienza dell'iniziativa privata e l'inadeguatezza della logica concorrenziale, non solo dichiarava «necessari programmi per

---

152 Paolo VI, *Populorum progressio*, cit., n. 62.
153 *Ibidem*, n. 47.
154 Cfr. *ibidem*, n. 24.
155 Il trasferimento di capitali all'estero è una misura di razionale opportunità finanziaria che danneggia solo coloro che non si sono dimostrati capaci di meritar la fiducia degli investitori. Nonostante ciò, il magistero della Chiesa ha mostrato predilezione per il protezionismo: cfr. Concilio Vaticano II, Costituzione pastorale *Gaudium et spes* sulla Chiesa nel mondo contemporaneo, 7.12.1965, n. 65; cfr. Benedetto XVI, Lettera enciclica *Caritas in veritate* sullo sviluppo umano integrale, 29.6.2009, n. 40.
156 Paolo VI, *Populorum progressio*, cit., n. 33.

"incoraggiare, stimolare, coordinare, supplire e integrare" (Giovanni XXIII, *Mater et magistra*) l'azione degli individui e dei corpi intermedi», ma soprattutto asseriva che «spetta ai poteri pubblici scegliere, o anche imporre, gli obiettivi da perseguire, i traguardi da raggiungere, i mezzi onde pervenirvi; tocca ad essi stimolare tutte le forze organizzate in questa azione comune»[157].

Se, nella letteratura pontificia, la parola "pianificazione" appariva per la prima volta nel 1967, in realtà il concetto – in tutta la sua accezione – era già, almeno implicitamente, presente nella *Quadragesimo anno* di Pio XI (1931) e nella *Mater et magistra* di Giovanni XXIII (1961)[158].

La costante che accompagna l'insegnamento della Chiesa – nonostante il bilanciamento operato dal principio di sussidiarietà[159] – è una grande fiducia nelle capacità pianificazioniste degli apparati politici. Sarebbero essi a garantire possibilità di successo agli sforzi per lo sviluppo possibilità di successo: «questi sforzi, per raggiungere la loro piena efficacia, non possono rimanere dispersi e isolati, tanto meno opposti gli uni agli altri per motivi di prestigio o di potenza: la situazione esige dei programmi concertati»[160]. Ma questo dirigismo che cala dall'alto, e che presume di riuscire ad organizzare centralmente flussi e allocazioni, rappresenta l'esatto contrario di come naturalmente si realizza la genuina crescita economica. Per questa ragione l'enciclica venne duramente criticata dal premio Nobel Milton Friedman (1912-2006)[161]. Le obiezioni dell'economista di Chicago, ovviamente, non furono prese in considerazione. In verità neanche la realtà fu granché osservata; sarebbe stato, infatti, sufficiente confrontarsi con ciò che avveniva nelle economie collettiviste per fare ammenda. Invece anche la lettera del 1971 insisteva sull'instaurazione di un modello economico che avrebbe imposto una revisione dell'economia così radicale da poter

---

157 *Ibidem*, n. 33.
158 Cfr. Mario Toso, *L'insegnamento sociale dei Pontefici di fronte alla crisi dello «Stato del benessere»*, in «Aggiornamenti Sociali», anno 38 (1987), n. 7/8 (luglio/agosto), p. 513.
159 Cfr. Di Martino, *La Dottrina Sociale della Chiesa. Principi fondamentali*, cit., p. 123-158.
160 Paolo VI, *Populorum progressio*, cit., n. 50.
161 Cfr. Milton Friedman, *An Economist's Protest: Columns on Political Economy*, Thomas Horton & Daughters, Glen Ridge (New Jersey) 1972, p. 204-205.

realizzarsi solo mediante una completa pianificazione[162]. Ai programmi pianificazionisti farà ancora affidamento Giovanni Paolo II che, ancora agli inizi degli anni Ottanta (e nonostante i fallimenti delle economie socialiste), come ricetta dinanzi «al pericolo della disoccupazione» proponeva «le istanze che [...] devono provvedere ad una pianificazione globale»[163].

Con una certa ovvietà, Paolo VI, nella *Octogesima adveniens*, scriveva: «negli scambi mondiali, bisogna superare i rapporti di forza, per giungere ad accordi fondati sulla comune utilità»[164]. Al papa, però, sfuggiva che ogni forma di pianificazione può realizzarsi unicamente mediante obblighi e costrizioni perché solo il sistema opposto a quello della pianificazione – cioè la libera economia di mercato – si afferma senza «rapporti di forza».

Nonostante la proclamata preoccupazione, la *Populorum progressio* è il documento in cui con più energia, venendo richiamata la necessità di redistribuire la prosperità, si invocano misure che non escludono affatto la coercizione politica. Anzi, più o meno consapevolmente, in ordine ai mezzi che questa via impone, la redistribuzione rappresenta la via ordinaria dei rimedi proposti dall'enciclica. Ciò è particolarmente chiaro se si leggono i passi relativi alla proprietà privata, passi che subito prenderemo in esame.

La filosofia della redistribuzione anima certamente buona parte dell'impostazione politica contemporanea. E la Chiesa, in nome della "giustizia sociale", ne ha seguito l'indirizzo mostrando di non possedere ipotesi realmente alternative a quella del trasferimento di ricchezza per via di coercizione politica. Le molteplici iniziative redistributive nascono dall'idea – già menzionata – in base alla quale i poveri sono tali a causa dei ricchi, ma anche dall'errore di ritenere la diseguaglianza sintomo di immoralità. Di conseguenza, l'eguaglianza economica è

---

162 «Bisogna anche avere il coraggio d'iniziare una revisione dei rapporti tra le nazioni (divisione internazionale della produzione, struttura degli scambi, controllo dei profitti, sistema monetario, senza dimenticare le azioni di solidarietà umana), di mettere in questione i modelli di crescita delle nazioni ricche, di trasformare le mentalità per aprirle alla priorità del dovere internazionale» (Paolo VI, *Octogesima adveniens*, cit., n. 43).
163 Giovanni Paolo II, Lettera enciclica *Laborem exercens* sul lavoro umano nel 90° anniversario della *Rerum novarum*, 14.9.1981, n. 18b.
164 Paolo VI, *Octogesima adveniens*, cit., n. 43.

rivendicata quale supremo criterio di moralità sociale. Paolo VI, nella *Octogesima adveniens*, ribadiva: «resta ancora da instaurare una più grande giustizia nella ripartizion dei beni, sia all'interno delle comunità nazionali sia sul piano internazionale»[165].

In realtà, nessuna forma di redistribuzione politica ha mai elevato la ricchezza complessiva. Piuttosto sono gli interventi politici ad aver sempre creato problemi, bruciando risorse che diversamente avrebbero alimentato l'economia e ridotto la miseria. Un grande storico delle idee, il francese Bertrand de Jouvenel (1903-1987), descriveva ciò con queste parole: «la redistribuzione, più che trasferimento di reddito dai più ricchi ai più poveri, come credevamo, è una redistribuzione di potere dall'individuo allo Stato»[166]. Non è, quindi, un caso che gli effetti negativi di questo tipo di politiche, nel medio e nel lungo periodo, si ritorcano contro quel livello di vita dei più poveri che, ingenuamente, si intendeva salvaguardare.

Paolo VI parlava di «ripartizione dei beni», sia all'interno delle comunità nazionali sia sul piano internazionale. Ebbene, la strada ordinaria con cui viene attuata la redistribuzione dei beni è l'imposizione fiscale da parte degli Stati e, in linea con l'impostazione prevalente, il papa esortava «a sopportare maggiori imposizioni affinché i poteri pubblici siano messi in grado di intensificare il loro sforzo per lo sviluppo»[167]. Il pontefice, poi, si rivolgeva agli «uomini di Stato»; su questi – secondo le parole della *Populorum progressio* – «incombe l'obbligo di mobilitare» le proprie comunità «ai fini di una solidarietà mondiale più efficace» e, ancor più, su di essi grava il dovere «di far loro accettare i necessari prelevamenti sul loro lusso e i loro sprechi per promuovere lo sviluppo e salvare la pace»[168].

In una prospettiva ricorrente nell'ambito spirituale, il "superfluo" veniva considerato come qualcosa a cui rinunciare. Si dimentica, però, che il consumo dei beni "superflui" consente la sopravvivenza dei loro produttori (spesso nei paesi poveri, arretrati, ma abbondanti di materie prime) il cui lavoro è tutt'altro che inessenziale. Paolo VI rimproverava le classi abbienti: «mentre vasti strati di popolazione non riescono

---

165 *Ibidem*.
166 Bertrand de Jouvenel, *L'etica della redistribuzione*, introduzione di Antonio Martino, Liberilibri, Macerata 2008, p. 97.
167 Paolo VI, *Populorum progressio*, cit., n. 47.
168 *Ibidem*, n. 84.

ancora a soddisfare i loro bisogni primari, ci si sforza di crearne di superflui»[169]. Ma quelli che sommariamente venivano definiti beni "superflui" spesso sono ingranaggi di una catena che consentono proprio l'elevazione dei lavoratori meno fortunati. Tuttavia il papa, in sintonia anche con la cultura prevalente, insisteva su questa linea. «Una cosa va ribadita di nuovo: il superfluo dei paesi ricchi deve servire ai paesi poveri. La regola che valeva un tempo in favore dei più vicini deve essere applicata oggi alla totalità dei bisognosi del mondo»[170].

Lo spirito di ripartizione dei beni ha come prima vittima la proprietà privata. È noto che la dottrina sociale della Chiesa ha *anche* sempre affermato che la proprietà è un diritto naturale dell'uomo e che, pertanto, è (o semplicemente *dovrebbe* essere) considerato intangibile da parte dell'autorità politica[171]. La dottrina della Chiesa ha, però, in modo altrettanto continuativo, sostenuto il principio della destinazione universale dei beni. Che si tratti di una posizione ambivalente è abbastanza evidente[172], così come è anche chiaro che con la *Populorum progressio* la sensibilità si spostava in modo preponderante verso il secondo principio. Anzi, si deve dire che, se negli altri precedenti documenti i pontefici provavano a mettere insieme le due affermazioni, l'enciclica di Paolo VI è il primo testo che contemplava la sola

---

169 Paolo VI, *Octogesima adveniens*, cit., n. 9.
170 Paolo VI, *Populorum progressio*, cit., n. 49.
171 «La proprietà privata è diritto di natura» (Leone XIII, Lettera enciclica *Rerum novarum* sulla condizione degli operai, 15.5.1891, in *Enchiridion delle Encicliche/3. Leone XIII (1878-1903)*, Edizioni Dehoniane, Bologna 1999, n. 868). «Bisogna che rimanga sempre intatto e inviolato il diritto naturale di proprietà privata e di trasmissione ereditaria dei propri beni, diritto che lo Stato non può sopprimere, perché l'uomo è anteriore allo Stato» (Pio XI, Lettera enciclica *Quadragesimo anno* sull'instaurazione dell'ordine sociale cristiano, 15.5.1931, in *Enchiridion delle encicliche/5. Pio XI (1922-1939)*, Edizioni Dehoniane, Bologna 1995, n. 630). «Il diritto di proprietà privata sui beni anche produttivi ha valore permanente, appunto perché è diritto naturale fondato sulla priorità ontologica e finalistica dei singoli esseri umani nei confronti della società» (Giovanni XXIII, *Mater et magistra*, cit., n. 330). «Scaturisce pure dalla natura dell'uomo il diritto di proprietà privata sui beni anche produttivi: diritto che costituisce un mezzo idoneo all'affermazione della persona umana e all'esercizio della responsabilità in tutti i campi, un elemento di consistenza e di serenità per la vita familiare e di pacifico e ordinato sviluppo nella convivenza» (Giovanni XXIII, *Pacem in terris*, cit., n. 553).
172 Cfr. Di Martino, *La Dottrina Sociale della Chiesa. Principi fondamentali*, cit., p. 115-117.150-154.

redistribuzione dei beni non facendo neanche più cenno al diritto di proprietà.

Lo slogan "la terra è di tutti" ha avuto grande fortuna, soprattutto a partire da quegli anni, e il papa dimostrava di condividerlo pienamente sostenendo che «nessun popolo può [...] pretendere di riservare a suo esclusivo uso le ricchezze di cui dispone»[173].

Le stesse nozioni di diritto naturale e di giustizia commutativa subivano una trasformazione appellandosi all'autorità della predicazione dei Padri della Chiesa: «non è del tuo avere – affermava sant'Ambrogio (333-397) – che tu fai dono al povero; tu non fai che rendergli ciò che gli appartiene. Poiché è quel che è dato in comune per l'uso di tutti, ciò che tu ti annetti. La terra è data a tutti, e non solamente ai ricchi»[174]. Paolo VI ricordava il versetto del libro della Genesi («riempite la terra e assoggettatela», Gn 1,28) e il passo del Concilio[175] secondo cui «Dio ha destinato la terra e tutto ciò che contiene all'uso di tutti gli uomini e di tutti i popoli, dimodoché i beni della creazione devono equamente affluire nelle mani di tutti, secondo la regola della giustizia, ch'è inseparabile dalla carità»[176] e completava sostenendo che «tutti gli altri diritti, di qualunque genere, ivi compresi quelli della proprietà e del libero commercio, sono subordinati ad essa [qui, *forse*, ci si riferiva alla regola della giustizia, *ndr*]: non devono quindi intralciarne, bensì, al contrario, facilitarne la realizzazione, ed è un dovere sociale grave e urgente restituirli alla loro finalità originaria»[177]. Oltre i contenuti, anche gli stessi toni verbali erano molto decisi. Per Paolo VI, infatti, «la proprietà privata non costituisce per alcuno un diritto incondizionato

---

173 PAOLO VI, *Populorum progressio*, cit., n. 48.
174 AMBROGIO (SANT'), *Opere esegetiche VI. Elia e il digiuno. Naboth. Tobia*, Città Nuova, Roma 1985, p. 173 (*De Nabuthe*, cap. 12, n. 53).
175 Non veniva, però, citato l'altro passo della costituzione conciliare in cui si dichiarava: «poiché la proprietà e le altre forme di potere privato sui beni esteriori contribuiscono alla espressione della persona e danno occasione all'uomo di esercitare il suo responsabile apporto nella società e nella economia, è di grande interesse favorire l'accesso degli individui o dei gruppi ad un certo potere sui beni esteriori. La proprietà privata o un qualche potere sui beni esteriori assicurano a ciascuno una zona indispensabile di autonomia personale e familiare e bisogna considerarli come un prolungamento della libertà umana. Infine, stimolando l'esercizio della responsabilità, essi costituiscono una delle condizioni delle libertà civili» (CONCILIO VATICANO II, *Gaudium et spes*, cit., n. 71).
176 *Ibidem*, n. 69.
177 PAOLO VI, *Populorum progressio*, cit., n. 22.

e assoluto. Nessuno è autorizzato a riservare a suo uso esclusivo ciò che supera il suo bisogno, quando gli altri mancano del necessario»[178]. Ma si trattava di un mutamento della tradizionale dottrina secondo cui la proprietà privata rappresenta il «fondamento inconcusso» di «ogni retto ordine economico e sociale»[179]. In più, nell'enciclica del 1967 si sosteneva il principio dell'espropriazione in forza delle esigenze del bene comune e le prerogative dello Stato sul controllo dell'uso dei redditi[180].

La «ripartizione dei beni» di cui parlava Paolo VI riguardava certamente anche il piano interno delle comunità nazionali, ma l'enciclica manteneva uno sguardo privilegiato sul piano internazionale, nei rapporti tra Nord e Sud del mondo. In questo campo, il documento, pur in qualche modo consapevole dei rischi prodotti dall'assistenzialismo («non si tratta di favorire la pigrizia o il parassitismo»[181]), invocava le usuali ricette degli aiuti solidali e del ridimensionamento del debito.

Dopo i pronunciamenti di Giovanni XXIII, anche il Concilio aveva solennemente dichiarato: «le nazioni sviluppate hanno l'urgentissimo dovere di aiutare le nazioni in via di sviluppo»[182]. Poi, in Paolo VI, «l'aiuto che le nazioni ricche devono prestare ai paesi in via di sviluppo»[183] veniva presentato come un vero e proprio obbligo[184] a cui gli Stati del Nord del mondo non potevano sottrarsi non solo per «dovere di carità universale»[185], ma anche per «dovere di giustizia sociale», indicato come «ricomponimento in termini più corretti delle relazioni commerciali difettose tra popoli forti e popoli deboli»[186].

Non ci si rendeva conto non solo che l'unica strada per ogni reale sviluppo è costituita dal radicamento dell'economia capitalista, ma neanche dei danni causati dall'invio di aiuti di ogni genere con le modalità esterne al mercato. Il già richiamato premio Nobel Angus Deaton, ad esempio, ha dimostrato come ad essere indispensabili siano

---

178 *Ibidem*, n. 23.
179 PIO XII, Radiomessaggio nel V anniversario dall'inizio della guerra mondiale, 1.9.1944, in *Discorsi e radiomessaggi di Sua Santità Pio XII. VI (1944-1945)*, Tipografia Poliglotta Vaticana, Città del Vaticano 1955, p. 124.
180 Cfr. PAOLO VI, *Populorum progressio*, cit., n. 24.
181 *Ibidem*, n. 54.
182 CONCILIO VATICANO II, *Gaudium et spes*, cit., n. 86.
183 PAOLO VI, *Populorum progressio*, cit., n. 44.
184 Cfr. *ibidem*.
185 *Ibidem*.
186 *Ibidem*.

le condizioni che rendono possibili gli scambi e quando queste condizioni mancano gli aiuti sono addirittura nocivi[187]. L'economista Peter Thomas Bauer ha spiegato come l'assistenza esterna si traduce in un immediato accrescimento di potere (e di dominio) dei corrotti governi su quelle società che, al contrario, dovrebbero vedere la loro debole economia liberata dal controllo politico[188]. Ancora più recentemente, una giovane studiosa dello Zambia – Dambisa Moyo (1969-viv.), una promessa per l'auspicabile svolta di cui ha bisogno il continente africano – ha copiosamente documentato il fallimento degli aiuti governativi verso gli Stati del Terzo Mondo; per l'economista questi aiuti sono, infatti, causa di pochi benefici e di molti effetti collaterali assai negativi[189].

Per favorire con realismo e sincerità l'ormai indifferibile decollo delle nazioni sottosviluppate occorrerebbe, quindi, uno slancio che non abbia né la zavorra di quella diffusa ideologia "terzo mondista" che produce solo rivendicazioni parassitarie né quel solidarismo paternalista[190] che garantisce pigrizia ed assistenzialismo[191]. Anche il modo con cui l'enciclica affrontava la questione del debito internazionale[192] rivela un atteggiamento che, seppur involontariamente ed al di là delle migliori intenzioni, concorre a rendere la situazione dei paesi arretrati cronica e sempre meno recuperabile[193]. Lo sviluppo, infatti, non potrà mai essere favorito dalle inadempienze endogene, tanto meno quando queste provassero ad essere celate o cancellate dalla sospetta benevolenza di qualche governo straniero.

---

187   Cfr. DEATON, *La grande fuga. Salute, ricchezza e origini della disuguaglianza*, cit.
188   Cfr. PETER T. BAUER - JOHN O'SULLIVAN, *Foreign Aid for What?*, in «Commentary», vol. 66 (1978), n. 6 (December), p. 41-48; cfr. PETER T. BAUER, *Equality, the Third World, and Economic Delusion*, Harvard University Press, Cambridge (Massachusetts) 1982 (soprattutto il primo capitolo).
189   DAMBISA MOYO, *Dead Aid: Why Aid Is Not Working and How There Is a Better Way for Africa*, foreword of Niall Ferguson, Farrar, Straus and Giroux, New York (N. Y.) 2009 (edizione italiana: DAMBISA MOYO, *La carità che uccide. Come gli aiuti dell'Occidente stanno devastando il Terzo Mondo*, Rizzoli, Milano 2010).
190   Cfr. GIORGIO CAMPANINI, *La fatica del cammello. Il cristiano tra ricchezza e povertà*, Edizioni Paoline, Milano 2002, p. 33.
191   Cfr. GRAHAM HANCOCK, *Lords of poverty*, MacMillan, London 1989; cfr. LINDA POLMAN, *L'industria della solidarietà*, Bruno Mondadori, Milano 2009.
192   Cfr. PAOLO VI, *Populorum progressio*, cit., n. 52.
193   Cfr. GABRIELE CREMONA, *L'indebitamento e lo sviluppo economico*, in «Civitas», anno 42 (1991), n. 3 (maggio-giugno), p. 9-30.

Ad una lettura superficiale della *Populorum progressio*, il ruolo dello Stato sembrerebbe essere poco richiamato. Infatti i passi in cui si menziona il potere statale sono relativamente pochi. In realtà, nel documento, lo Stato ha davvero un ruolo centrale perché – per quanto silenziosamente – riconosciuto indispensabile. Per capire quanto l'azione politica sia considerata insostituibile basta considerare che ogni rimedio additato per risolvere la piaga del sottosviluppo ha nei poteri pubblici il suo implicito, ma vero protagonista.

Benché non manchino affermazioni assai impegnative – come quella in cui si dichiara che «spetta ai poteri pubblici scegliere, o anche imporre, gli obiettivi da perseguire, i traguardi da raggiungere, i mezzi onde pervenirvi»[194] –, tuttavia allo Stato viene implicitamente riconosciuto un ruolo ancora più ampio di quanto formalmente verbalizzato in quanto costantemente soggiacente. Nell'enciclica scritta per ricordare il quarantesimo anniversario del documento di Paolo VI, Benedetto XVI attesterà che «la *Populorum progressio* assegnava un compito centrale, anche se non esclusivo, ai "poteri pubblici"»[195]. Di fatto, però, nel documento del 1967 si lasciava assai poco alla società e ad ogni iniziativa dal basso[196].

Nell'enciclica, infatti, l'attore dello sviluppo non è l'individuo che mette a frutto le proprie capacità e le proprie virtualità, ma l'azione e lo sforzo del potere politico. Più o meno implicitamente, dunque, si riconosceva che la vera azione efficace è solo quella politica. Ciò, però, può essere sostenuto solo misconoscendo la storia della civiltà. Dalle singole invenzioni ai benefici di massa, l'elevazione del tenore di vita e la possibilità di accesso a beni per strati sempre più larghi della popolazione non sono mai state frutto dell'opera dello Stato che, semmai, ha intralciato l'intraprendenza personale, ha ostacolato la naturale cooperazione umana ed ha causato irreparabili ritardi al progresso[197]. Si potrebbe arrivare a pensare che se, come lasciava intendere la *Populorum*

---

194 Paolo VI, *Populorum progressio*, cit., n. 33.
195 Benedetto XVI, Lettera enciclica *Caritas in veritate* sullo sviluppo umano integrale, 29.6.2009, n. 24.
196 Cfr., ad esempio, Paolo VI, *Populorum progressio*, cit., n. 23.
197 Sosteneva von Mises: «la civiltà moderna è il prodotto della filosofia del *laissez-faire*. Essa non può essere preservata con l'ideologia dell'onnipotenza governativa» (Ludwig von Mises, *L'azione umana. Trattato di economia*, prefazione di Lorenzo Infantino, Rubbettino, Soveria Mannelli (Catanzaro) 2015, p. 876).

progressio, l'incremento demografico rappresenta un "problema", allora questo è l'unico "problema" che lo Stato ha seriamente risolto con le immani guerre che ha generato in Europa e nel mondo.

Ma la diffidenza nei confronti del potere politico è condivisa solo parzialmente dalla dottrina sociale della Chiesa che, invece, dimostra di coltivare una concezione decisamente ottimistica nei confronti dell'azione dello Stato e dell'impegno delle autorità per il bene comune. A dimostrarlo, vi è la consapevolezza – molto forte nella *Populorum progressio*, ma non certo ristretta ad essa – che una profonda redistribuzione può essere organizzata solo politicamente.

Ciò non può non comportare il riconoscimento di un primato, di fatto, della politica, che, però, mal si accorda con quel principio di sussidiarietà che pur rappresenta uno dei pilastri su cui poggia il pensiero sociale cattolico. Nella *Octogesima adveniens*, Paolo VI rendeva esplicito questo primato della politica sull'economia (quindi, sull'intraprendenza personale e sulla soggettività sociale). Nel timore che l'attività economica possa trasformarsi in terreno di dominio, per il papa si palesava necessario «il passaggio dall'economia alla politica»[198]. In realtà, il rischio che era nelle preoccupazioni del pontefice si rivela ben maggiore con il ricorso alla politica che, a differenza dell'ambito economico, non gode dei correttivi interni di quest'ultimo[199]. Tuttavia il papa ribadiva l'opzione a favore della guida politica sulla società: «è vero che sotto il termine "politica" sono possibili molte confusioni che devono essere chiarite; ma ciascuno sente che nel settore sociale ed economico, sia nazionale che internazionale, l'ultima decisione spetta al potere politico»[200].

Ma Paolo VI si spingeva ancora oltre, auspicando l'avvento di «un'autorità mondiale in grado d'agire efficacemente sul piano giuridico e politico»[201]. Il desiderio per un governo politico planetario era

---

198 Paolo VI, *Octogesima adveniens*, cit., n. 46.
199 Per quanto i teologi mostrino difficoltà a scorgerla, vi è una caratteristica morale insita nella competizione: «il sistema di concorrenza è il solo sistema adatto a minimizzare [, mediante il decentramento,] il potere dell'uomo sull'uomo» (Friedrich A. von Hayek, *La via della schiavitù*, prefazione di Raffaele De Mucci, Rubbettino, Soveria Mannelli (Catanzaro) 2011, p. 194).
200 Paolo VI, *Octogesima adveniens*, cit., n. 46.
201 Paolo VI, *Populorum progressio*, cit., n. 78.

già stato coltivato dai predecessori di Paolo VI[202] e la *Populorum progressio* ne riproponeva i termini: «la situazione attuale del mondo esige un'azione d'insieme sulla base di una visione chiara di tutti gli aspetti economici, sociali, culturali e spirituali»[203].

In questa stessa linea, il papa domandava la costituzione di un Fondo mondiale monetario[204] e, alcuni anni dopo, rivolgendosi ai delegati della FAO, ripropose l'aspirazione per l'attuazione di politiche assunte da organismi planetari e sempre più generali[205].

Si deve ancora una volta sottolineare come tutti i rimedi alla povertà suggeriti da Paolo VI abbiano un comune denominatore: la redistribuzione attraverso il controllo politico dell'economia. Pur al là delle impostazioni ideologiche che possono essere scelte per affrontare i grandi problemi dello sviluppo e del sottosviluppo, bisogna riconoscere le carenze che l'enciclica – ma non meno gli altri documenti – mostra in termini di conoscenza della scienza economica. Tutte le principali affermazioni sono in contrasto con i riscontri scientifici e lo stesso impianto generale si presta a profonde obiezioni. Anche oltre quelli che sono stati già ricordati nel corso della nostra disamina, sarebbero troppi i casi da richiamare che mostrano una indebita sostituzione dei dati reali con una visione utopica o ideologica. Facciamo solo qualche rapido esempio.

Questo il primo: Paolo VI affermava che «ogni programma, elaborato per aumentare la produzione, non ha in definitiva altra ragion d'essere che il servizio della persona. La sua funzione è di ridurre le disuguaglianze, combattere le discriminazioni, liberare l'uomo dalle sue servitù, renderlo capace di divenire lui stesso attore responsabile del suo miglioramento materiale, del suo progresso morale, dello svolgimento pieno del suo destino spirituale»[206]. In realtà ciò che il pontefice indicava come scopo dell'economia non è altro che l'effetto – indiretto,

---

202 Cfr. Pio XII, Radiomessaggio *Benignitas et humanitas* alla vigilia del Natale, 24.12.1944, in *Discorsi e radiomessaggi di Sua Santità Pio XII. VI (1944-1945)*, Tipografia Poliglotta Vaticana, Città del Vaticano 1955, p. 245-247; cfr. Giovanni XXIII, *Pacem in terris*, cit., n. 674.678-679.
203 Paolo VI, *Populorum progressio*, cit., n. 13.
204 Cfr. *ibidem*, n. 51.
205 Paolo VI, Discorso ai partecipanti alla Conferenza mondiale della FAO, 14.11.1975, in *Insegnamenti di Paolo VI. Volume XIII. 1975*, Tipografia Poliglotta Vaticana, Città del Vaticano 1976, p. 1278-1279.
206 Paolo VI, *Populorum progressio*, cit., n. 34.

di medio e lungo termine – della necessità che il singolo uomo ha di procacciarsi i beni di cui ha costantemente bisogno. L'economia nasce da qui[207] e non dal desiderio «di ridurre le disuguaglianze [o di] combattere le discriminazioni». Se si punta a raggiungere questi altissimi scopi, l'economia non è più abile neanche a provvedere alla produzione e allo scambio; se si punta a soddisfare la richiesta di prodotti, l'economia diviene anche il miglior strumento di civilizzazione e di elevazione.

Poi: si auspicava il «dialogo centrato sull'uomo, e non sui prodotti e sulle tecniche»[208], ma non si considerava come, proprio per aiutare l'uomo concreto, occorre puntare su ciò che a lui può essere utile, esattamente in termini di prodotti e di tecniche.

In più: nella lettera del 1971, il papa scriveva che «negli scambi mondiali, bisogna superare i rapporti di forza, per giungere ad accordi fondati sulla comune utilità. [...] bisogna anche avere il coraggio d'iniziare una revisione dei rapporti tra le nazioni (divisione internazionale della produzione, struttura degli scambi, controllo dei profitti, sistema monetario, senza dimenticare le azioni di solidarietà umana), di mettere in questione i modelli di crescita delle nazioni ricche, di trasformare le mentalità per aprirle alla priorità del dovere internazionale...»[209]. Innanzitutto occorre dire che lo scambio quando è frutto di «rapporti di forza» non è più scambio (libero), ma estorsione e rapina. Lo scambio, invece, dev'essere favorito esattamente perché estingue i «rapporti di forza». Questi ultimi non possono essere invocati per ridimensionare la dinamica dello scambio, ma questa dinamica dovrebbe essere incoraggiata esattamente per contrastare brutalità e violenza. Inoltre, il papa avrebbe dovuto spiegare cosa proponeva in alternativa ai «modelli di crescita delle nazioni ricche». Se non si riconosce a questi modelli il merito di aver reso prospere alcune società, si vorranno forse confermare i modelli fallimentari per lasciare nella povertà le popolazioni arretrate?

Ancora un esempio. Ad un certo punto Paolo VI, nella *Populorum*

---

207   Cfr. HENRY HAZLITT, *L'economia in una lezione. Capire i fondamenti della scienza economica*, Istituto Bruno Leoni Libri, Torino 2012, p. 34.63.69; cfr. LUDWIG VON MISES, *Politica economica. Riflessioni per oggi e per domani*, introduzione di Lorenzo Infantino, Liberilibri, Macerata 2007, p. 15.
208   PAOLO VI, *Populorum progressio*, cit., n. 73.
209   PAOLO VI, *Octogesima adveniens*, cit., n. 43.

progressio, si lanciava in una serie di affermazioni preoccupandosi poco della loro fondatezza. «Le nazioni altamente industrializzate – scriveva il papa – esportano in realtà soprattutto manufatti, mentre le economie poco sviluppate non hanno da vendere che prodotti agricoli e materie prime. Grazie al progresso tecnico, i primi aumentano rapidamente di valore e trovano sufficienti sbocchi sui mercati, mentre, per contro, i prodotti primari provenienti dai paesi in via di sviluppo subiscono ampie e brusche variazioni di prezzo, che li mantengono ben lontani dal plusvalore progressivo dei primi. Di qui le grandi difficoltà cui si trovano di fronte le nazioni da poco industrializzate, quando devono contare sulle esportazioni per equilibrare le loro economie e realizzare i loro piani di sviluppo»[210]. In queste ultime battute sembra che le esportazioni costituiscano un problema, mentre nelle prime appare un'argomentazione singolare non confortata da alcuna seria teoria economica. Se in tutto ciò si intendeva sollevare la questione della "bilancia dei pagamenti"[211], bisogna pur dire che lo si faceva in modo assai discutibile complicando un concetto commerciale molto in voga e caro ai teorici del neo-mercantilismo, ma certamente assai distante dai difensori del libero scambio[212].

Per quanto, a volte, l'enciclica sia costretta a fare i conti con la realtà – ad esempio: «legittimo è il desiderio del necessario, e il lavoro per arrivarci è un dovere: "se qualcuno si rifiuta di lavorare, non deve neanche mangiare" (2Ts 3,10)»[213]; oppure l'auspicio ad «intensificare gli scambi commerciali e culturali»[214] – pur tuttavia, la tesi della soluzione dei problemi del sottosviluppo mediante la redistribuzione rimaneva monolitica. L'errore di fondo in cui incorre il magistero sociale di Paolo VI è, fondamentalmente, quello di ritenere che la chiave della crescita economica sia di natura redistributiva, anziché moltiplicativa. Anzi, proprio il tentativo di ripartire equamente i beni inceppa ogni processo

---

210   Paolo VI, *Populorum progressio*, cit., n. 57.
211   Cfr. Giovanni Paolo II, Lettera enciclica *Sollicitudo rei socialis* nel ventesimo anniversario della *Populorum progressio*, 30.12.1987, n. 43d.
212   Ad esempio, cfr. Ludwig von Mises, *I fallimenti dello Stato interventista*, prefazione di Lorenzo Infantino, Rubbettino, Soveria Mannelli (Catanzaro) 1997, p. 141; cfr. Murray N. Rothbard, *Per una nuova libertà. Il manifesto libertario*, introduzione di Luigi Marco Bassani, Liberilibri, Macerata 2004, p. 251.
213   Paolo VI, *Populorum progressio*, cit., n. 18.
214   *Ibidem*, n. 62.

di sviluppo. La povertà si riduce non con ciò che si toglie agli altri, ma con il lavoro e con la possibilità di scambiare il prodotto del proprio lavoro; non con lotte o con complicate riforme, ma semplicemente consentendo a tutti un facile accesso al mercato. L'unica condizione per cui lottare è la realizzazione di una situazione in cui non vi siano poteri politici che impediscano il lavoro, affinché lo scambio possa avvenire spontaneamente e nella piena libertà. Ritenere che il sottosviluppo sia causato dall'egoismo dei popoli sviluppati o da una perversa volontà del Nord del mondo e non da cause endogene, significa sbagliare terapia e, quindi, contribuire ad aggravare la miseria, ostacolando l'educazione all'impegno per l'elevazione delle società ora arretrate. Se, perciò, si vogliono davvero spezzare le catene della povertà, i rimedi proposti dalla *Populorum progressio* si rivelano clamorosamente inadeguati.

6.4. L'umanesimo di Paolo VI

Nonostante questi limiti, la *Populorum progressio* – come anche la *Octogesima adveniens* – ha goduto di una larga popolarità. A testimonianza del posto che si è ricavata nella dottrina sociale della Chiesa, val la pena ricordare che, accanto alla *Rerum novarum* di Leone XIII, la *Populorum progressio* di Paolo VI è l'unico documento sociale che è stato celebrato con altre encicliche: nel ventesimo anniversario Giovanni Paolo II firmò la *Sollicitudo rei socialis*[215] e nel quarantesimo anniversario Benedetto XVI promulgò (sebbene con due anni di ritardo) la *Caritas in veritate*[216]. Se per Giovanni Paolo II l'enciclica di Paolo VI «si poneva, in certo modo, quale documento di applicazione degli insegnamenti del Concilio»[217], per Benedetto XVI «la *Populorum progressio* merita di essere considerata come "la *Rerum novarum* dell'epoca contemporanea", che illumina il cammino dell'umanità in via di unificazione»[218].

Nel quadro dell'intera dottrina sociale della Chiesa, l'insegnamento di Paolo VI è stato presentato con tratti ambivalenti: da un lato, esso segnava sia il definitivo abbandono di un metodo prevalentemente

---

215 Giovanni Paolo II, *Sollicitudo rei socialis*, cit., n. 28.
216 Benedetto XVI, Lettera enciclica *Caritas in veritate* sullo sviluppo umano integrale, 29.6.2009, n. 24.
217 Giovanni Paolo II, *Sollicitudo rei socialis*, cit., n. 6.
218 Benedetto XVI, *Caritas in veritate*, cit., n. 8.

deduttivo[219] sia la preferenza a parlare di "insegnamento sociale" piuttosto che della più impegnativa "dottrina sociale"[220], dall'altro, riaffermava in modo assai puntuale che tale insegnamento offre un insieme di "principi di riflessione", "criteri di giudizio" e "direttive di azione"[221].

Tornando all'impatto che la *Populorum progressio* ebbe nella Chiesa e tra gli osservatori in genere, occorre ribadire che essa si presentava in sintonia con il clima del periodo: da questo risultava fortemente influenzata a da questo riceveva le ragioni del diffuso consenso. L'epopea anti-colonialista, il rifiuto della società occidentale, le obiezioni all'economia capitalista, le rivendicazioni terzo-mondiste, l'emergente "teologia della liberazione" ben si sposavano con le parole di Paolo VI. In questo contesto era scontato che l'enciclica venisse enfatizzata e presto qualificata come "profetica". Tra i tanti commenti entusiasti possiamo limitarci a riportare quello del famoso vescovo brasiliano Hélder Pessoa Câmara (1909-1999) che, plaudendo al *nuovo* diritto dei poveri di procurarsi il necessario per vivere attingendo alle ricchezze dei benestanti, scrisse a Paolo VI definendo la *Populorum progressio* «la più coraggiosa delle encicliche pubblicate fino ai nostri giorni»[222].

Se collochiamo il documento nel contesto culturale e politico, più che "profetica", l'enciclica assumeva i contorni di un testo decisamente allineato[223] e, come le prevalenti espressioni culturali del momento, subiva il fascino delle tendenze socialisteggianti allora imperanti[224]. «Le diagnosi e le terapie proposte dal papa – scrive l'economista Bauer – sono sorprendentemente ordinarie. [...] Le analisi pontificie erano già di moda quando le lettere sono state pubblicate, e lo sono ancora oggi.

---

219   Cfr. PAOLO VI, *Octogesima adveniens*, cit., n. 4.42.
220   Cfr. ROCCO PEZZIMENTI, *Il pensiero politico del XX secolo. La fine dell'eurocentrismo*, Rubbettino, Soveria Mannelli (Catanzaro) 2013, p. 611; cfr. BARTOLOMEO SORGE, *Uscire dal tempio. Intervista autobiografica*, a cura di Paolo Giuntella, Marietti, Genova 1989, p. 49.52-54.
221   Cfr. PAOLO VI, *Octogesima adveniens*, cit., n. 4.
222   Cit. in VINCENZO PAGLIA, *Storia della povertà. La rivoluzione della carità dalle radici del cristianesimo alla Chiesa di Papa Francesco*, Rizzoli Milano 2014, p. 513.
223   Cfr. DI MARTINO, *La Dottrina Sociale della Chiesa. Principi fondamentali*, cit., p. 23-24.
224   Cfr. MICHAEL NOVAK, *Lo spirito del capitalismo democratico e il cristianesimo*, presentazione di Angelo Tosato, Studium, Roma 1987, p. 365s.; cfr. NORBERT METTE, *Socialismo e capitalismo nella dottrina sociale dei papi*, in «Concilium», anno 27 (1991), n. 5, p. 56; cfr. GUIDO VERUCCI, *La Chiesa nella società contemporanea. Dal primo dopoguerra al Concilio Vaticano II*, Laterza, Bari 1988, p. 450-451.

Le medesime analisi, ad esempio, possono essere lette in un testo laico quale il Rapporto Brandt»[225].

È stato spesso rilevato che la carica utopica[226] – di per sé molto forte nella letteratura della fine degli anni Sessanta – è un connotato dei documenti di Paolo VI[227]. Certamente il papa non intendeva confondere l'impegno per un mondo migliore con le infondate attese di trasformazione politica. Ma proprio questo rischio conduceva, in qualche modo, Paolo VI a giustificarsi: «certuni giudicheranno utopistiche siffatte speranze. Potrebbe darsi che il loro realismo pecchi per difetto, e che essi non abbiano percepito il dinamismo d'un mondo che vuol vivere più fraternamente»[228].

Perciò il papa enunciava un nuovo umanesimo[229], un «umanesimo universale»[230], un «umanesimo plenario»[231], un umanesimo che sarebbe stato «trascendente»[232], perché un vero umanesimo non può che poggiare su Dio. È a questo punto che il pontefice citava De Lubac per il quale senza Dio l'uomo non può alla fine che organizzare la propria vita contro se stesso perché «l'umanesimo esclusivo è un umanesimo inumano»[233].

Nell'omelia del Natale 1975, chiudendo l'anno santo, Paolo VI auspicò l'avvento della «civiltà dell'amore»[234]. Si trattava, certamente, di un'aspirazione desiderabile per ogni cristiano e per ogni uomo

---

225 Peter T. Bauer, *Dalla sussistenza allo scambio. Uno sguardo critico sugli aiuti allo sviluppo*, prefazione di Amartya Sen, Istituto Bruno Leoni Libri, Torino 2009, p. 217-218.
226 Cfr. Paolo VI, *Populorum progressio*, cit., n. 47.
227 Cfr. De Laubier, *Il pensiero sociale della Chiesa Cattolica. Una storia di idee da Leone XIII a Giovanni Paolo II*, cit., p. 152; cfr. Toso, *Welfare Society. La riforma del welfare: l'apporto dei pontefici*, cit., p. 346.367.380-381.382.
228 Paolo VI, *Populorum progressio*, cit., n. 79.
229 Cfr. Antonio Acerbi, *La crisi dell'idea di progetto storico negli anni '60*, in Aa. Vv., *L'idea di un progetto storico. Dagli anni '30 agli anni '80*, Studium, Roma 1982, p. 112.
230 Paolo VI, *Populorum progressio*, cit., n. 72.
231 *Ibidem*, n. 22.
232 *Ibidem*, n. 16.
233 Henri de Lubac, *Il dramma dell'umanesimo ateo*, Morcelliana, Brescia 1988, p. 9-10 (l'opera è del 1944).
234 Paolo VI, Omelia natalizia e solenne rito di chiusura dell'Anno santo, 25.12.1975, in *Insegnamenti di Paolo VI. Volume XIII. 1975*, Tipografia Poliglotta Vaticana, Città del Vaticano 1976, p. 1568.

retto, ma essa rischiava anche di rimanere, per quanto nobile, un puro motto. Per non essere un mero ideale, la «civiltà dell'amore»[235], allora, deve poter essere edificata nel realismo e nella concretezza, attraverso le strade del buon senso e dell'ordinaria vita lavorativa di ogni uomo. Sarebbe, però, ben deludente se l'«umanesimo plenario» contribuisse alla creazione di un mondo in cui, nel nome del bene comune e della solidarietà, si riducessero le concrete libertà individuali e il volto della «civiltà dell'amore» si traducesse, di fatto, nel grigio statalismo, nell'oppressione fiscale e nel controllo politico della vita delle persone.

---

235 Cfr. BARTOLOMEO SORGE, *Per una civiltà dell'amore. La proposta sociale della Chiesa*, Queriniana, Brescia 1996; cfr. MARIO TOSO, *Umanesimo sociale. Viaggio nella dottrina sociale della Chiesa e dintorni*, Libreria Ateneo Salesiano, Roma 2002, p. 148s.288.297.

7

L'Istruzione sulla "teologia della liberazione"

Alla metà degli anni Ottanta risale la pubblicazione di due "Istruzioni" vaticane intorno alla cosiddetta "teologia della liberazione". Infatti l'istruzione *Libertatis nuntius* porta la data dell'agosto 1984[1] e anticipò di meno di due anni un documento "gemello", l'istruzione *Libertatis conscientia*, che venne pubblicata nel marzo 1986[2].

I due testi del magistero della Chiesa Cattolica vennero editi nella forma dell'"istruzione" – dicitura tipica di un documento stilato per offrire un insegnamento o una direttiva – e vennero elaborati dalla Congregazione per la Dottrina della Fede, l'organismo della Santa Sede che coadiuva il pontefice in ordine alla salvaguardia della dottrina cattolica e alla promozione della fede[3].

Le due istruzioni, sotto l'aspetto teologico, debbono essere considerate atti del magistero ordinario della Chiesa di grado superiore

---

1 Congregazione per la Dottrina della Fede, Istruzione *Libertatis nuntius* su alcuni aspetti della "teologia della liberazione", 6.8.1984.
2 Congregazione per la Dottrina della Fede, Istruzione *Libertatis conscientia* sulla libertà cristiana e la liberazione, 22.3.1986.
3 La Congregazione per la Dottrina della Fede è considerata, a causa dell'importanza delle sue competenze, il primo dicastero della Curia vaticana. Tra gli attuali organismi della Curia è anche il più antico e il più carico di storia essendo stato costituito già nella metà del XVI secolo con il nome di "Sacra Congregazione della romana e universale inquisizione" con lo scopo di vigilare sulla correttezza della fede e di prendere provvedimenti per contrastare le eresie. L'odierno dicastero viene ordinariamente ricondotto al "Sant'Uffizio", nome che l'istituzione assunse agli inizi del Novecento per volere di Pio X, prima di acquisire, con Paolo VI, l'attuale denominazione.

perché emessi dall'autorevolezza della Congregazione per la Dottrina della Fede ed ancor più per l'esplicita approvazione del papa[4].

Il primo elemento che subito emerge nell'analisi delle due istruzioni – oltre al tema che i documenti si prefiggono di sviluppare – è il legame tra i due interventi della Congregazione vaticana; un collegamento che è evidente, ma che viene anche esplicitamente espresso nei due testi. Se, infatti, l'istruzione del 1984 immediatamente faceva presente che intendeva rimandare ad un documento successivo la trattazione positiva del tema della liberazione cristiana[5], limitandosi, al momento – causa il proprio scopo «preciso e limitato»[6], – ad affrontare gli errori della "teologia della liberazione", l'istruzione del 1986, vieppiù, non mancava di presentare subito se stessa nella scia del testo precedente con il quale si prefiggeva di costituire una sorta di unità organica[7].

Per quanto ciò sia vero, questo nostro contributo si soffermerà soprattutto (soprattutto, non esclusivamente) sulla prima delle due istruzioni vaticane. Ci sono buone ragioni che richiedono e suggeriscono questa scelta: a richiederlo è il carattere certamente più problematico di una presa di posizione ufficiale che condanna un orientamento teologico; a suggerirlo è la necessità di comprendere al meglio il nucleo di un indirizzo teologico che ha avuto enormi conseguenze e non solo nell'ambito strettamente ecclesiale.

---

4   Entrambi i documenti, infatti, si chiudono con questa certificazione: «Il Sommo Pontefice Giovanni Paolo II, nel corso dell'Udienza concessa al sottoscritto Cardinale Prefetto, ha approvato la presente Istruzione, decisa nella riunione ordinaria di questa S. Congregazione, e ne ha ordinato la pubblicazione».
5   «Questa Congregazione per la Dottrina della Fede non intende qui affrontare nella sua completezza il vasto tema della libertà cristiana e della liberazione. Essa si ripropone di farlo in un documento successivo che ne metterà in evidenza, in maniera positiva, tutte le ricchezze sotto l'aspetto sia dottrinale che pratico» (*Libertatis nuntius*, cit., Introduzione).
6   CONGREGAZIONE PER LA DOTTRINA DELLA FEDE, *Libertatis nuntius*, cit., Introduzione.
7   «L'Istruzione "*Libertatis nuntius*" su alcuni aspetti della teologia della liberazione annunciava l'intenzione della Congregazione di pubblicare un secondo documento, che avrebbe messo in evidenza i principali elementi della dottrina cristiana sulla libertà e sulla liberazione. La presente Istruzione risponde a tale intenzione. Tra i due documenti esiste un rapporto organico: essi devono essere letti l'uno alla luce dell'altro» (*Libertatis conscientia*, cit., n. 2).

7.1. Il surriscaldamento della teologia

Stiamo ovviamente parlando della cosiddetta "teologia della liberazione"[8] che l'istruzione *Libertatis nuntius* – già nelle sue prime battute – considerava alimentata da «un'ispirazione ideologica incompatibile con la fede cristiana e con le esigenze etiche che ne derivano»[9] e passava a designare innanzitutto come «una preoccupazione privilegiata, generatrice di impegno per la giustizia, rivolta ai poveri e alle vittime dell'oppressione»[10]. In realtà questa definizione non è appropriata perché estremamente superficiale e non corrispondente alla realtà della "teologia della liberazione". Per qualificare quest'orientamento teologico – come vedremo nel corso delle nostre considerazioni – occorre tener presente ben altri elementi caratterizzanti.

Ad ogni modo, va aggiunto, soprattutto in queste prime battute, che questo orientamento rappresenta «un fenomeno straordinariamente complesso»[11] e che l'espressione "teologia della liberazione" designa un approccio in cui «si possono distinguere parecchie maniere, spesso inconciliabili, di concepire il significato cristiano della povertà e il tipo d'impegno per la giustizia che esso comporta. Come ogni movimento di idee, "le teologie della liberazione" presentano posizioni teologiche diverse; le loro frontiere dottrinali non sono ben definite»[12]. Proprio perché «non è un sistema unitario e presenta varie correnti»[13], la "teologia della liberazione" si contraddistingue per una certa varietà[14]. È,

---

8 Preferiamo virgolettare la dicitura "teologia della liberazione" anche in conformità a quanto adottato in modo pressoché costante dalla *Libertatis nuntius*. La *Libertatis conscientia*, invece, non cita mai la formula "teologia della liberazione".
9 CONGREGAZIONE PER LA DOTTRINA DELLA FEDE, *Libertatis nuntius*, cit., Introduzione (cfr. anche n. VIII.1).
10 Ivi, n. III.3.
11 JOSEPH RATZINGER, *Rapporto sulla fede*, intervista di Vittorio Messori, Edizioni Paoline, Cinisello Balsamo (Milano) 1985, p. 184.
12 CONGREGAZIONE PER LA DOTTRINA DELLA FEDE, *Libertatis nuntius*, cit., n. III.3.
13 JOSEPH HÖFFNER, *La dottrina sociale cristiana*, Edizioni Paoline, Cinisello Balsamo (Milano) 1989, p. 256.
14 In un documento di quegli stessi anni, la Pontificia Commissione Biblica parlava di più "teologie della liberazione" quando scriveva: «queste teologie assumono però forme molteplici. Alcune sottolineano il carattere *globale* della necessaria liberazione, includendovi la relazione fondamentale dell'uomo con Dio (per es. G. Gutiérrez, L. Boff, ecc.); altre insistono principalmente sulle relazioni sociali tra gli uomini tra di loro (per es. J. Sobrino, ecc.)» (PONTIFICIA COMMISSIONE BIBLICA, *De sacra scriptura*

questa, una molteplicità affermata anche nell'istruzione[15] in cui, assai spesso, si è preferito usare il plurale e parlare, quindi, di *teologie* della liberazione[16]. Sovente si è talmente sottolineata questa varietà da far ritenere che sarebbe «un imperdonabile errore parlare *della* teologia della liberazione al singolare, per poi glorificarla senza condizioni o condannarla senza compromessi»[17].

A questo riguardo vanno fatte almeno due considerazioni. La prima riguarda la necessità di ridimensionare questa pluriformità. L'esistenza di un'ampia varietà interna a questo orientamento teologico non impedisce di coglierne i tratti specifici e peculiari tanto da poter parlare in modo sufficientemente univoco della "teologia della liberazione" come di un fenomeno facilmente riconoscibile e certamente identificabile. La seconda considerazione concerne una prima analogia – in questo caso di natura formale – tra la "teologia della liberazione" e il modernismo che ha segnato la Chiesa sin dall'inizio del secolo scorso. Entrambi gli orientamenti teologici, infatti, appaiono abbastanza confusi al loro interno e fortemente frammentati, tanto da dare l'impressione di non poter giungere a ricavare un profilo univoco e determinato. Per entrambi gli indirizzi, invece, non solo è possibile, ma è tutt'altro che difficile delineare quegli aspetti propri e particolari, tipici e caratteristici. Di ciò sono prova gli interventi del Magistero che hanno avuto in oggetto tanto la teologia modernista quanto la "teologia della liberazione".

Per ciò che riguarda quest'ultima – con una minore approssimazione rispetto alla definizione, prima citata, offerta dalla *Libertatis nuntius* – possiamo dire che l'elemento unitario è rappresentato dal modo di declinare la salvezza dell'uomo soprattutto in termini di emancipazione sociale, pretendendo di attuare tale liberazione mediante l'uso di

---

et christologia, 1984, in *Enchiridion Vaticanum. Documenti ufficiali della Santa Sede/9 (1983-1985)*, Edizioni Dehoniane, Bologna 1987, n. 1244).

15 «Da un punto di vista descrittivo conviene parlare di *teologie* della liberazione, poiché l'espressione si applica a posizioni teologiche, e talvolta perfino ideologiche, non solo diverse, ma spesso anche incompatibili tra di loro» (*Libertatis nuntius*, cit., n. VI.8).

16 Cfr. CONGREGAZIONE PER LA DOTTRINA DELLA FEDE, *Libertatis nuntius*, cit., n. III.3; III.4; IV.3; VI.5; VI.8; VIII.1; IX.1; IX.2; IX.10; IX.12; X.5; XI.1; XI.15; XI.17.

17 THEODOR HERR, *La dottrina sociale della Chiesa. Manuale di base*, saggio introduttivo di Giuseppe Angelini, Piemme, Casale Monferrato (Alessandria) 1988, p. 26.

strumenti – concettuali o operativi – mutuati, più o meno consapevolmente, dal marxismo.

Ogni qualvolta si cita la "teologia della liberazione" il pensiero va, inevitabilmente, al continente Latino-americano. Ed infatti questa teologia ha avuto in quel mondo martoriato il suo "centro di gravità". Pur tuttavia né le origini né l'estensione del fenomeno sono circoscrivibili alla sola America centro-meridionale[18]. Infatti se "locale" è il suo fulcro, essa ha goduto di una certa "universalizzazione" sia perché la "teologia della liberazione" è, in buona misura, un'esportazione delle mode delle aree del Primo Mondo, sia perché ha trovato rapida diffusione in quasi tutte le aree del Terzo Mondo.

All'origine di questa impostazione teologica non vi è una riflessione autoctona. Non solo o non innanzitutto perché la gran parte dei *leader* ha studiato nelle università europee, ma soprattutto perché tutti i teologi "della liberazione" si sono imbevuti dell'armamentario ideologico proveniente dal Vecchio Continente. Qualcuno ha giustamente descritto la "teologia della liberazione" come un "trapianto in suolo latino-americano" della teologia politica progressista europea[19]. Il vero colonialismo è quello provocato dal marxismo che, venuto fuori da un'Europa decadente e crepuscolare, ha esportato verso le aree povere i miti e le utopie elaborate da remoti ideologi. La "teologia della liberazione" non è stata, quindi, un prodotto indigeno: il romanticismo delle *rivuluciónes*, pur parlando lo spagnolo o il portoghese dei *campesinos* dell'America Latina, in realtà traeva il proprio alimento da *élite* intellettuali sazie ed eleganti (in linea con quanto era appena avvenuto durante il Sessantotto con Jean-Paul Sartre, Michel Foucault, Gilles Deleuze, ecc.).

L'espansione della "teologia della liberazione" – una vera "universalizzazione" della sua influenza – ha poi riguardato non solo le aree dell'Africa e dell'Asia, ma anche le chiese dell'Occidente e dell'America

---

[18] «…è nato il movimento teologico e pastorale conosciuto sotto il nome di "teologia della liberazione", dapprima nei paesi dell'America Latina, contrassegnati dall'eredità religiosa e culturale del cristianesimo, e poi in altre regioni del terzo mondo, come pure in certi ambienti dei paesi industrializzati» (*Libertatis nuntius*, cit., n. III.2).
[19] Cfr. G. BATTISTA MONDIN, *I teologi della liberazione*, Borla, Roma 1977.

anglosassone facendo ormai di quella teologia un fenomeno tutt'altro che esclusivamente latinoamericano[20].

A cosa può essere dovuto tanto successo? Il cardinale Joseph Ratzinger, nel 1984 prefetto della Congregazione per la Dottrina della Fede, anticipando la promulgazione della prima istruzione e nel tentativo di far meglio comprenderne spirito e contenuti, diffuse un articolo in cui – pur esprimendosi a titolo personale e solo in qualità di teologo – offriva non pochi spunti di approfondimento[21]. Tra questi, il porporato bavarese indicava almeno tre presupposti che hanno reso possibile l'impressionante espansione e popolarità della "teologia della liberazione": innanzitutto, all'interno della Chiesa, la situazione teologica nuova prodotta nel post-concilio, poi, nella cultura, il vuoto di significato al quale la filosofia esistenzialista non era in grado di dare soluzione e le differenti forme del neo-marxismo che presero un irresistibile sopravvento; infine la sfida morale della povertà che sembrava imporre l'abbandono dei tradizionali modelli di azione, anche dentro la Chiesa[22].

Si deve dare ragione a Ratzinger se anche l'esperimento dei preti operai – "esperimento" tentato nella Francia agli inizi degli anni Cinquanta[23] – può essere considerato come una prima forma di ciò che si radicherà, dopo il Concilio, in America Latina. Già nel 1963 Camilo

---

20 Scriveva il cardinale Ratzinger: «esiste anche in India, nello Sri Lanka, nelle Filippine, a Taiwan e in Africa, sebbene qui sia in primo piano la ricerca di una "teologia africana". L'Unione dei teologi del Terzo Mondo è fortemente caratterizzata dall'attenzione prestata ai temi della teologia della liberazione» (RATZINGER, *Rapporto sulla fede*, cit., p. 186).
21 Il testo, di difficile reperimento, venne presto pubblicato dal giornalista italiano Vittorio Messori nel libro *best seller* che raccoglieva interi giorni di colloquio con il cardinale Ratzinger durante il periodo di riposo estivo che il porporato trascorreva a Bressanone (cfr. RATZINGER, *Rapporto sulla fede*, cit., p. 184-198). In modo irrituale, il prefetto dell'ex Sant'Uffizio spaziava tra le tante questioni calde dell'attualità ecclesiale e, con pacata profondità, lasciava intravedere la fine dell'epoca post-conciliare. Il libro, tradotto in molte lingue, ebbe un successo pari alle polemiche che suscitò.
22 Cfr. RATZINGER, *Rapporto sulla fede*, cit., p. 187-189.
23 Cfr. MARIE-DOMINIQUE CHENU, *La dottrina sociale della Chiesa. Origine e sviluppo (1891-1971)*, Queriniana, Brescia 1982, p. 35; cfr. MICHELE PELLEGRINO, *Il post-concilio in Italia. Aspetti pastorali. Intervista di Giuseppe Lazzati*, Vita e Pensiero, Milano 1979, p. 83; cfr. GUIDO VERUCCI, *La Chiesa nella società contemporanea. Dal primo dopoguerra al Concilio Vaticano II*, Laterza, Bari 1988, p. 280.299.301s.326.340.

Torres[24] teorizzava l'uso della violenza per il riscatto sociale delle popolazioni rurali e qualche anno dopo passava, coerentemente, all'azione guerrigliera, ma una significativa data della storia della "teologia della liberazione" è il testo nel quale Gustavo Gutiérrez[25] «era riuscito a formulare in forma sistematica i punti fondamentali del nuovo modo di fare teologia»[26]. Il testo di Gutiérrez, dal titolo programmatico *Teología de la liberación. Perspectivas*, è del 1971 e venne immediatamente tradotto in oltre venti lingue, tra cui, già l'anno dopo, l'italiano[27]. Quest'opera fondamentale della nuova teologia era comunque il punto di arrivo di un «lavoro di tanti anni»[28].

Sono molti gli esponenti della "teologia della liberazione". Tra i nomi più noti anche al vasto pubblico per le opere prodotte e per il richiamo giornalistico, ricordiamo il gesuita uruguaiano Juan Luis Segundo, il prete brasiliano Hugo Assmann, il domenicano brasiliano Frei Betto, il prete italiano Giulio Girardi, i fratelli brasiliani Boff (il francescano Leonardo e il marista Clodovis), il prete nicaraguense Ernesto Cardenal, il tedesco Johann Baptist Metz, il gesuita spagnolo Jon Sobrino. Non pochi di costoro, a causa delle posizioni teologiche o politiche assunte, sono incorsi in sanzioni canoniche da parte dell'autorità ecclesiastica che ha ritenuto di dover comminare provvedimenti disciplinari più o meno gravi.

---

24 Il colombiano Camilo Torres Restrepo (1929-1966) è una delle figure più esaltate nell'ambito dell'impegno sociale del clero. Da sempre attratto dalle discipline sociologiche, Torres, dopo l'ordinazione sacerdotale, si recò in Belgio (presso l'Università Cattolica di Lovanio) per perfezionare gli studi. Già in Europa aveva fondato alcuni gruppi di ricerca socio-economica che poi importò a Bogotà avviando la facoltà di sociologia di cui divenne docente. La successiva scelta per la guerriglia armata ebbe breve durata a causa della morte avvenuta nel corso del suo primo combattimento.

25 Il sacerdote domenicano peruviano Gustavo Gutiérrez Merino (1928-viv.) può essere considerato il fondatore di questo orientamento teologico. Ha studiato anche a Lovanio (dove fraternizzò con Camilo Torres), a Lione e a Roma; ha insegnato non solo in Perù, ma anche negli USA e in Europa. In Italia per la presentazione del suo ultimo libro, nel settembre 2014, Gutiérrez è stato ricevuto da papa Francesco in un clima caloroso che a molti è sembrato riabilitativo.

26 Raúl Vidales, *Gustavo Gutiérrez*, in Piersandro Vanzan - Hans Jürgen Schulz, *Mysterium Salutis/supplemento. Lessico dei teologi del secolo XX*, Queriniana, Brescia 1978, p. 777.

27 Gustavo Gutierrez, *Teologia della liberazione. Prospettive*, Queriniana, Brescia 1972.

28 Vidales, *Gustavo Gutiérrez*, cit., p. 777.

Un punto fermo relativo alle prese di posizione ufficiali della Chiesa è senz'altro rappresentato dall'istruzione del 1984. Ma prima di incamminarci nell'analisi del documento proviamo a delineare, sebbene assai sommariamente, il quadro ecclesiale di quel periodo.

La metà degli anni Ottanta rappresenta il momento di maggiore impatto del pontificato di Giovanni Paolo II e di maggiore effetto nella correzione degli orientamenti della turbolenta fase post-conciliare. Ben cosciente di cosa rappresentasse il connubio tra cristianesimo e marxismo, papa Wojtyla subito intese dedicare grande attenzione ai problemi delle chiese dell'America centro-meridionale. A dimostrare ciò concorse un segnale inequivocabile: il primo grande viaggio del nuovo pontefice venne compiuto proprio in Messico per non far mancare la propria partecipazione alla terza Conferenza Generale dell'Episcopato Latino-americano convocata a Puebla. Tra i memorabili viaggi dei primi anni di ministero petrino rimangono indelebili le immagini dei discorsi in Messico (gennaio 1979), delle sterminate adunate in Polonia (giugno 1979), degli stadi gremiti negli Stati Uniti d'America (ottobre 1979), delle immense folle in Brasile (luglio 1980). Visite pastorali dai grandi risvolti, anche ed inevitabilmente, di ordine sociale, che imponevano di mettere in agenda messaggi chiarificatori di cui le chiese del sub-continente latino-americano avevano quanto mai bisogno.

Prima di Giovanni Paolo II, anche Paolo VI non aveva voluto far mancare la sua parola quando, undici anni prima, nell'agosto del 1968, a Medellín, in Colombia, partecipò all'inaugurazione della seconda Assemblea generale dei Vescovi dell'America Latina. L'anno prima era stata emanata l'enciclica *Populorum progressio* ed un mese prima era stata promulgata la contestata enciclica *Humanae vitae*. Ribadendo il ruolo dell'insegnamento sociale cattolico, il papa indicava impraticabile ogni connubio con le dottrine materialiste: «la Chiesa ha elaborato in questi ultimi anni della sua secolare animazione della civiltà una sua dottrina sociale, consegnata in documenti memorabili, che faremo bene a studiare e a divulgare»[29]. Se nel magistero di Paolo VI la *Populorum progressio* poteva dare legittimazione ad alcune

---

29   Paolo VI, Omelia nel corso della celebrazione per l'inaugurazione della II Assemblea generale dei Vescovi dell'America Latina, Medellin, Colombia, 24.8.1968, in *Insegnamenti di Paolo VI. Volume VI. 1968*, Tipografia Poliglotta Vaticana, Città del Vaticano 1969, p. 423.

tesi "terzo-mondiste", l'esortazione apostolica *Evangelii nuntiandi* del dicembre 1975 – importante documento sull'evangelizzazione che faceva seguito al Sinodo dei Vescovi che l'anno prima si era riunito in Vaticano a discutere il tema –, a causa del richiamo ai temi forti della fede, costituiva una sconfessione di fatto di ogni tentativo di "secolarizzare" l'annuncio del vangelo.

Il contesto nel quale, dieci anni dopo, andavano a collocarsi le istruzioni della Congregazione per la Dottrina della Fede era sensibilmente differente perché – come accennavamo – le posizioni più radicali erano già in arretramento. Alla guida dell'ex Sant'Uffizio, Giovanni Paolo II aveva chiamato, all'inizio del 1982, l'arcivescovo di Monaco, il cardinale Joseph Ratzinger. Il porporato bavarese, nel suo ruolo di prefetto dello storico organismo, ha affiancato papa Wojtyla così da vicino e così a lungo come pochi altri, venendo costantemente confermato in quella delicatissima carica che manterrà fino all'elevazione al soglio pontificio quale successore di Giovanni Paolo II. Oggi Ratzinger va considerato il più noto teologo del XX secolo e ciò è sicuramente dovuto all'ascesa al papato. Ma già prima di divenire Benedetto XVI, il cardinale tedesco (ovviamente dopo il papa) era ritenuto la personalità più emblematica del mondo ecclesiale; tra i pochi nomi e tra i pochi volti degli uomini di Chiesa noti a tutti, anche ai meno attenti; noto al largo pubblico ben più di Rahner o von Balthasar.

L'istruzione sulla "teologia della liberazione" del 1984 – insieme alla dichiarazione del 2000 *Dominus Iesus* circa l'unicità e l'universalità salvifica di Gesù Cristo e della Chiesa – è probabilmente il documento più importante emesso negli ultimi decenni dalla Congregazione che ha il mandato di vigilare sulla correttezza, sulla purezza e sull'integrità della fede. Il cardinale Ratzinger fu il promulgatore ufficiale – ed assai verosimilmente anche il principale estensore – di un testo che merita di essere richiamato a tre decenni di distanza anche per il ritorno di attualità delle tendenze teologiche che ne costituirono l'oggetto. Di questa "teologia della liberazione" proviamo a dettagliare gli aspetti fondamentali ripercorrendo i documenti della Chiesa.

7.2. La "rilettura" della verità su Cristo, sulla Chiesa e sull'uomo

Nel suo intervento dinanzi ai vescovi dell'America Latina riuniti a Puebla, Giovanni Paolo II aveva affermato: «esistono oggi da molte parti – il fenomeno non è nuovo – "riletture" del Vangelo, che sono risultato di speculazioni teoriche ben più che di autentica meditazione della parola di Dio e di un vero impegno evangelico. Esse causano confusione, se si allontanano dai criteri centrali della fede della Chiesa e si cade nella temerarietà di comunicarle, come catechesi, alle comunità cristiane»[30]. Il papa, utilizzando il termine "rilettura"[31], intese, presumibilmente, sottolineare il carattere azzardato (il pontefice parlava di «temerarietà») di alcune impostazioni teologiche che, nella loro dimensione teorica, poco o nulla hanno a che fare con «la parola di Dio» e «la fede della Chiesa».

Se il tema della verità della fede e della corretta dottrina sembra difficile da riproporre anche nei contesti teologici, Giovanni Paolo II nel discorso a Puebla non mostrò reticenze a riguardo[32]. Su questa scia, d'altronde – come abbiamo subito ricordato – si poneva la *Libertatis nuntius* che esordiva ponendo dinanzi a pastori e fedeli i rischi per la fede e per la vita cristiana insiti nelle deviazioni proprie della "teologia della liberazione"[33].

Già Paolo VI era dovuto tornare spesso sulla denuncia di pericoli simili. Ad esempio, solo qualche mese dopo l'incontro di Medellin con i vescovi latino-americani riuniti in assemblea, papa Montini aveva accoratamente dichiarato: «la Chiesa attraversa, oggi, un momento di inquietudine. Taluni si esercitano nell'autocritica, si direbbe perfino nell'autodemolizione. È come un rivolgimento interiore acuto e complesso, che nessuno si sarebbe atteso dopo il Concilio»[34].

Più di dieci anni dopo, il nuovo pontefice, a Puebla, rimarcava i pericoli che la teologia corre quando si allontana dalla «verità su Cristo,

---

30 GIOVANNI PAOLO II, *Discorso alla III Conferenza Generale dell'Episcopato Latinoamericano*, Puebla, Messico, 28.1.1979, in *Insegnamenti di Giovanni Paolo II. Volume II/1. 1979*, Libreria Editrice Vaticana, Città del Vaticano 1979, p. 215.
31 La scelta ha suscitato i dubbi di un acuto pensatore qual è il brasiliano de Oliveira il quale scriveva: «"rilettura" è il termine moderno e lezioso con cui certi teologi fanno riferimento a una reinterpretazione» (PLINIO CORREA DE OLIVEIRA, *Il messaggio di Puebla*, in «Cristianità», anno 7 (1979), n. 50-51 (giugno-luglio), p. 7).
32 In quella circostanza il papa pronunciò la parola "verità" una quarantina di volte.
33 Cfr. CONGREGAZIONE PER LA DOTTRINA DELLA FEDE, *Libertatis nuntius*, cit., Introduzione.
34 PAOLO VI, *Discorso ai membri del Pontificio Seminario Lombardo*, 7.12.1968, in *Insegnamenti di Paolo VI. Volume VI. 1968*, Tipografia Poliglotta Vaticana, Città del Vaticano 1969, p. 1187.

sulla Chiesa e sull'uomo»³⁵. L'intero intervento di Giovanni Paolo II richiamava l'unica verità che si articola per ciò che innanzitutto riguarda Cristo, poi per ciò che riguarda la missione della Chiesa e, infine, per ciò che riguarda l'uomo e la sua vita. Si tratta di «tre pilastri» a cui la *Libertatis nuntius* si rifaceva, esattamente nella linea dell'insegnamento affidato da Giovanni Paolo II, a Puebla, ai vescovi del sub-continente latino-americano: «sono i tre pilastri sui quali deve poggiare ogni autentica teologia della liberazione: verità su Gesù Cristo, verità sulla Chiesa, verità sull'uomo»³⁶. Quanto il richiamo a questi gradi della verità – unica e triplice – e alla fedeltà conseguente non sia solo un riferimento adottato occasionalmente, è confermato dal richiamo presente in altri passi del magistero di papa Wojtyla: «la Chiesa ha una parola da dire oggi, come [...] in futuro, intorno alla natura, alle condizioni, esigenze e finalità dell'autentico sviluppo ed agli ostacoli, altresì, che vi si oppongono. Così facendo, la Chiesa adempie la missione di evangelizzare, poiché dà il suo primo contributo alla soluzione dell'urgente problema dello sviluppo, quando proclama la verità su Cristo, su se stessa e sull'uomo, applicandola a una situazione concreta»³⁷. Questa imprescindibile verità costituisce il nucleo positivo e propositivo della *Libertatis nuntius* – e non potrebbe essere differentemente – come condizione di ogni sincera liberazione cristiana³⁸.

La prima verità è quella riguardante Cristo. E questa verità risulta

---

35 GIOVANNI PAOLO II, Discorso a Puebla, cit., p. 223.
36 CONGREGAZIONE PER LA DOTTRINA DELLA FEDE, *Libertatis nuntius*, cit., V.8.
37 GIOVANNI PAOLO II, Lettera enciclica *Sollicitudo rei socialis*, nel ventesimo anniversario della *Populorum progressio*, 30.12.1987, n. 41; anche GIOVANNI PAOLO II, Lettera enciclica *Redemptoris missio* circa la permanente validità del mandato missionario, 7.12.1990, n. 58.
38 «Solo partendo dalla missione evangelizzatrice intesa nella sua integralità si possono comprendere le esigenze di una promozione umana e di una liberazione autentica. Questa liberazione ha come pilastri indispensabili la verità su Gesù Cristo, il Salvatore, la verità sulla Chiesa, la verità sull'uomo e sulla sua dignità (Giovanni Paolo II a Puebla, 28.1.1979). La Chiesa che vuole essere nel mondo intero la Chiesa dei poveri, intende servire la nobile lotta per la verità e per la giustizia, alla luce delle Beatitudini, e soprattutto della beatitudine dei poveri di spirito. Essa si rivolge a ciascun uomo e, per questa ragione, a tutti gli uomini. Essa è "la Chiesa universale. La Chiesa dell'incarnazione. Non è la Chiesa di una classe o di una casta soltanto. Essa parla in nome della verità stessa. Questa verità è realista". Essa insegna a tener conto "di ogni realtà umana, di ogni ingiustizia, di ogni tensione, di ogni lotta" (Giovanni Paolo II, a Rio de Janeiro, 2.7.1980)» (*Libertatis nuntius*, cit., n. XI.5).

sfigurata dai teologi "della liberazione" per i quali «Cristo sarebbe solamente un "profeta", un annunciatore del Regno e dell'amore di Dio, ma non il vero Figlio di Dio, e non sarebbe pertanto il centro e l'oggetto dello stesso messaggio evangelico»[39]. Seppur la divinità di Gesù Cristo non è negata intenzionalmente, è, però, come disarticolata[40].

Generalmente si adotta un'esegesi in cui «si pretende di mostrare Gesù come impegnato politicamente, come uno che combatte contro la dominazione romana e contro i potenti, anzi implicato in una lotta di classe. Questa concezione di Cristo come politico, rivoluzionario, come il sovversivo di Nazaret, non si compagina con la catechesi della Chiesa. Confondendo l'insidioso pretesto degli accusatori di Gesù con l'atteggiamento – ben diverso – dello stesso Gesù, si adduce come causa della sua morte la soluzione di un conflitto politico e si passa sotto silenzio la sua volontà di consegnarsi e perfino la coscienza della sua missione redentrice. I Vangeli indicano chiaramente come per Gesù si trattò di una tentazione, che avrebbe alterato la sua missione di Servo di Jahvè (Mt 4,8; Lc 4,5). Egli non accetta la posizione di quanti mescolavano le cose di Dio con atteggiamenti meramente politici (Mt 22,21; Mc 12,17; Gv 18,36). Rifiuta inequivocabilmente il ricorso alla violenza. Offre il suo messaggio di conversione a tutti, senza escludere gli stessi pubblicani. La prospettiva della sua missione è assai più profonda. Consiste nella salvezza integrale per mezzo di un amore trasformante, pacificatore, di perdono e di riconciliazione»[41].

In questa politicizzazione della figura di Cristo, la sua divinità, anche quando non è negata, è di fatto svuotata e contraffatta. A Gesù vengono fatti indossare gli abiti del rivoluzionario, del contestatore, del sovversivo, di colui che lotta per una giustizia sociale che altro non è se non l'odio e il rancore verso coloro che godono del benessere e della prosperità. In questo modo, però, l'immagine del "Cristo liberatore" finisce con l'essere la strada aperta verso la violenza e si trasforma

---

39 GIOVANNI PAOLO II, Discorso a Puebla, cit., p. 215.
40 «Certamente viene conservata la lettera delle formule della fede, e in particolare quella di Calcedonia, ma si attribuisce loro un nuovo significato, che equivale ad una negazione della fede della Chiesa. Da una parte si respinge la dottrina cristologica trasmessa dalla Tradizione, in nome del criterio di classe; dall'altra però si pretende di raggiungere il "Gesù della storia", partendo dall'esperienza rivoluzionaria della lotta dei poveri per la loro liberazione» (*Libertatis nuntius*, cit., n. X.9).
41 GIOVANNI PAOLO II, Discorso a Puebla, cit., p. 215-216.

inevitabilmente in complicità nell'istaurazione del regime dell'iniquità. L'icona di "Cristo, primo socialista" è, così, un ponte per aumentare le illusioni e proiettare gli uomini nell'inferno del comunismo vero.

Se non è questa la verità di Cristo che emerge dalla fede della Chiesa, allora si dovrà operare uno scollamento tra la fede e la politica, tra la Chiesa e la sociologia, una dissociazione tra il "Cristo della fede" e il "Gesù della storia". Non a caso, all'interno della "teologia della liberazione" «si riprende [...], senza spirito critico, l'opposizione tra il "Gesù della storia" e il "Gesù della fede"»[42].

La distinzione tra il "Cristo della fede" e il "Gesù della storia", che era stata avviata da Rudolph Bultmann e Martin Dibelius, esprime uno degli «elementi strutturali portanti della teologia della liberazione. Possiamo riallacciarci, a questo fine, a ciò che abbiamo già detto circa la situazione teologica mutata dopo il Concilio»[43].

Il rilievo dato dalla *Libertatis nuntius* alla scuola esegetica bultmaniana – la cosiddetta *Formgeschichte* – è certamente un elemento di pregio dell'istruzione che, in questo modo, rivela l'impronta del cardinale Ratzinger nella stesura del documento. È evidente, infatti, il parallelo tra il testo della Congregazione e il breve saggio già citato prodotto da Ratzinger "in quanto teologo" sulla "teologia della liberazione"[44].

Gli eventi della salvezza cristiana, nell'elaborazione dei pensatori legati alla nuova teologia latino-americana, si trasformano in figure della liberazione sociale e politica, ciò ad iniziare dall'evento centrale della risurrezione di Cristo. La risurrezione perde, infatti, sia la sua definizione personale, sia il suo aspetto storico, sia la sua dimensione salvifica per divenire l'immagine della futura vittoria degli oppressi, i crocefissi dell'ingiustizia. In questo modo «*il mistero pasquale* viene inteso come un simbolo rivoluzionario»[45]. Sorprendentemente, però, nella *Libertatis nuntius* non c'è alcun riferimento esplicito alla "rilettura"

---

42 CONGREGAZIONE PER LA DOTTRINA DELLA FEDE, *Libertatis nuntius*, cit., n. X.8.
43 RATZINGER, *Rapporto sulla fede*, cit., p. 189.
44 In esso il cardinale-teologo considerava l'esegesi riformata moderna, con la sua critica alla tradizione, un'istanza teologica che ha sovvertito le forme valide della ricerca nel campo scritturistico. Cfr. RATZINGER, *Rapporto sulla fede*, cit., p. 188.190-191.
45 RATZINGER, *Rapporto sulla fede*, cit., p. 196.

politica dell'evento della risurrezione pur così rivelativo dell'impostazione della "teologia della liberazione"[46].

Ciò che, al contrario, l'istruzione vaticana richiama più volte è il modo con cui le "teologie della liberazione" fanno largo uso del racconto dell'esodo[47]. Sembrerebbe una preoccupazione poco proporzionata e di intonazione "biblicistica" forse giustificata dal fatto che molte riflessioni esegetiche dei teologi "della liberazione" prendono le mosse dalla liberazione di Israele dall'antico Egitto che diviene «un'immagine centrale della "storia della salvezza"»[48]. Anche in questo caso, puntualizza la *Libertatis nuntius*, «lo sbaglio non sta nel prestare attenzione ad una dimensione politica dei racconti biblici; sta nel fare di questa dimensione la dimensione principale ed esclusiva, che conduce ad una lettura riduttiva della Scrittura»[49].

La seconda verità è quella riguardante la Chiesa, la sua natura e la sua missione. A Puebla, Giovanni Paolo aveva segnalato il clima di interna contestazione quando avvertì «un certo malessere rispetto all'interpretazione stessa della natura e della missione della Chiesa»[50]. La verità sulla Chiesa – insostituibile nella percezione *cattolica* della fede – è, anche questa, una verità che dalla "teologia della liberazione" viene re-interpretata in chiave socio-politica. La natura divino-umana del Corpo di Cristo viene "immanentizzata" nella dimensione popolare e meramente sociologica. Si accentua talmente la definizione di Chiesa come "popolo di Dio"[51] che la sua essenza si snatura nella

---

46 Viene, tuttavia, affermato: «È evidente che in tal modo viene negata la fede nel Verbo incarnato, morto e risorto per tutti gli uomini, e "costituito da Dio Signore e Cristo" (cfr. At 2, 36). Gli si sostituisce una "figura" di Gesù che è una specie di simbolo che riassume in sé le esigenze della lotta degli oppressi. La morte di Cristo subisce così un'interpretazione esclusivamente politica. E pertanto si nega il suo valore salvifico e tutta l'economia della redenzione» (*Libertatis nuntius*, cit., n. X.11-12).
47 Cfr. CONGREGAZIONE PER LA DOTTRINA DELLA FEDE, *Libertatis nuntius*, cit., n. IV.3-4, X.5, X.14.
48 RATZINGER, *Rapporto sulla fede*, cit., p. 196.
49 CONGREGAZIONE PER LA DOTTRINA DELLA FEDE, *Libertatis nuntius*, cit., n. X.5.
50 GIOVANNI PAOLO II, Discorso a Puebla, cit., p. 219.
51 Cfr. JOHANN AUER - JOSEPH RATZINGER, *La Chiesa universale sacramento di salvezza*, Cittadella, Assisi (Perugia) 1988, p. 131s.; cfr. HANS URS VON BALTHASAR, *Punti fermi*, Rusconi, Milano 1972, p. 226s.; cfr. G. BATTISTA MONDIN, *La chiesa primizia del regno*, Edizioni Dehoniane, Bologna 1986, p. 239s.; cfr. JOSEPH RATZINGER, *Chiesa, ecumenismo e politica. Nuovi saggi di ecclesiologia*, Edizioni Paoline, Cinisello Balsamo (Milano) 1987, p. 19s.

sola dimensione socio-politica, «così la formula "popolo di Dio" diventa veicolo di un'idea di Chiesa antigerarchica e antisacrale, anzi una categoria rivoluzionaria di cui ci si appropria per concepire una nuova Chiesa»[52]. Il *punctum dolens* è esattamente l'idea di questa "Chiesa nuova" che re-inventa se stessa per democratizzarsi al suo interno e per essere strumento di lotta all'esterno[53].

Per essere "nuova" la Chiesa deve, quindi, far prevalere la dimensione orizzontale e popolare. È così che con il concetto di "popolo" – scriveva Ratzinger – «si trasformò l'accentuazione conciliare dell'idea di "popolo di Dio" in un mito marxista»[54]. Non avrebbe più senso il ruolo del magistero se l'esperienza del popolo è ormai sufficiente per comprendere il cammino da percorrere e, soprattutto, non avrebbe più spazio il ruolo di chi, nella Chiesa, opera *in persona Christi* dal momento che il cuore e il centro della Chiesa non è più Cristo, ma il "popolo". «Da una simile concezione della Chiesa del popolo – affermava l'istruzione vaticana – si sviluppa una critica delle stesse strutture della Chiesa. Non si tratta soltanto di una correzione fraterna nei confronti dei pastori della Chiesa, il cui comportamento non riflette lo spirito evangelico di servizio e si attiene a espressioni anacronistiche di autorità che scandalizzano i poveri. È anche messa in causa la struttura sacramentale e gerarchica della Chiesa, quale l'ha voluta il Signore stesso. Nella gerarchia e nel Magistero si denunciano i rappresentanti effettivi della classe dominante che è necessario combattere. Dal punto di vista teologico, questa posizione sta a dire che il popolo è la sorgente dei ministeri e che esso può, dunque, scegliersi i propri ministri, in base

---

52 Joseph Ratzinger, *Chiesa, ecumenismo e politica. Nuovi saggi di ecclesiologia*, Edizioni Paoline, Cinisello Balsamo (Milano) 1987, p. 26.
53 «Un'analoga osservazione si deve fare a proposito dell'espressione *Chiesa del popolo*. Dal punto di vista pastorale, si possono intendere con essa i destinatari prioritari dell'evangelizzazione, coloro verso i quali, per la loro condizione, si rivolge innanzi tutto l'amore pastorale della Chiesa. Ci si può anche riferire alla Chiesa come "popolo di Dio", cioè come popolo della Nuova Alleanza stipulata nel Cristo (cfr. *Gaudium et spes*, n. 39). Ma le "teologie della liberazione", di cui stiamo parlando, per *Chiesa del popolo* intendono una Chiesa di classe, la Chiesa del popolo oppresso che occorre "coscientizzare" in vista della lotta liberatrice organizzata. Per alcuni il popolo così inteso diventa perfino oggetto della fede» (*Libertatis nuntius*, cit., n. IX.11-12).
54 Ratzinger, *Rapporto sulla fede*, cit., p. 193.

alle necessità della sua storica missione rivoluzionaria»⁵⁵.

D'altra parte la lotta per l'emancipazione degli oppressi ha un immediato risvolto interno alla Chiesa. Si tratta di un rinnovamento concepito come condizione essenziale di testimonianza e di efficacia: l'abbattimento di ogni struttura "verticistica" che impedisce una totale e radicale uguaglianza dei membri della comunità. In realtà ciò è solo la conseguenza dell'importazione, all'interno della Chiesa, della contrapposizione delle classi. «"Popolo" – commentava ancora Ratzinger a proposito della "teologia della liberazione" – diventa così un concetto opposto a quello di "gerarchia" e in antitesi a tutte le istituzioni indicate come forze dell'oppressione. Infine è "popolo" chi partecipa alla "lotta di classe"; la "Iglesia popular" si pone in opposizione alla Chiesa gerarchica»⁵⁶.

Il metodo della contrapposizione tra le classi sociali si traduce, quindi, nell'inevitabile conflitto tra Chiesa "di base" e Chiesa "di vertice"; la prima sarebbe dinamica, espressione delle richieste dei poveri e in continuo fermento, la seconda, invece, sarebbe per sua indole statica, portavoce delle istanze del potere e gelosa della conservazione. «Si suppone che anche la Chiesa sia sostanzialmente attraversata dalla lotta di classe: dal conflitto dialettico tra Chiesa gerarchico-sacramentale (che esprime gli interessi della borghesia) e "Chiesa popolare" (che ha optato per la causa proletaria»⁵⁷. A Puebla Giovanni Paolo II aveva messo in guardia nei confronti di «un atteggiamento di sfiducia verso la Chiesa "istituzionale" o "ufficiale", qualificata come alienante, e alla quale si opporrebbe un'altra Chiesa "popolare", "che nasce dal popolo" e si concreta nei poveri»⁵⁸ e lo stesso fece, l'anno dopo, a Rio de Janeiro ribadendo di non poter «accettare la contrapposizione che a volte si fa tra una Chiesa "ufficiale", "istituzionale", e la Chiesa-comunione. Non sono, non possono essere realtà separate»⁵⁹.

---

55 Congregazione per la Dottrina della Fede, *Libertatis nuntius*, cit., n. IX.13.
56 Ratzinger, *Rapporto sulla fede*, cit., p. 193.
57 José Miguel Ibanez Langlois, *La dottrina sociale della Chiesa. Itinerario testuale dalla "Rerum novarum" alla "Sollicitudo rei socialis"*, Ares, Milano 1989, p. 271.
58 Giovanni Paolo II, Discorso alla III Conferenza Generale dell'Episcopato Latinoamericano, Puebla, Messico, 28.1.1979, in *Insegnamenti di Giovanni Paolo II. Volume II/1. 1979*, Libreria Editrice Vaticana, Città del Vaticano 1979, p. 219.
59 Giovanni Paolo II, Discorso al Consiglio Episcopale Latino-Americano, Rio de Janeiro, Brasile, 2.7.1980, in *Insegnamenti di Giovanni Paolo II. Volume III/2. 1980*,

In una prospettiva conflittuale, la Chiesa viene divisa pretestuosamente tra chi ritiene di lottare per il progresso e chi semplicemente non condivide metodi e mezzi di quella lotta partigiana[60]. Da qui la forzata contrapposizione di certa teologia tra "istituzione" e "carisma", tra il compito del magistero e la forza della profezia. Commentava Ratzinger: «per quanto riguarda le istanze interpretative, i concetti decisivi sono: popolo, comunità, esperienza, storia. Se fino ad ora la Chiesa – cioè la Chiesa cattolica nella sua totalità che, trascendendo tempo e spazio, abbraccia i laici (*sensus fidei*) e la gerarchia (*magistero*) – era stata l'istanza ermeneutica fondamentale, oggi [questa istanza ermeneutica fondamentale, *ndr*] è diventata la "comunità". Il vissuto e le esperienze della comunità determinano la comprensione e l'interpretazione della Scrittura»[61].

Un risvolto dell'accantonamento della dimensione sacramentale è stata la comparsa e la diffusione delle cosiddette "comunità di base". Scevre da connotazioni ideologiche possono certamente avere connotati assai positivi[62], ma, nel contesto delle rivendicazioni e delle contestazioni, sono diventate le cellule di una Chiesa che concepisce se stessa non in modo universale, ma esclusivamente in modo locale e periferico. Questo tipo di comunità pretende, perciò, di essere condotto ed organizzato in modo autonomo ed autogestito. Nei confronti di queste "comunità di base" Paolo VI ebbe parole precise e nette[63] sulla

---

Libreria Editrice Vaticana, Città del Vaticano 1981, p. 25.
60 Cfr. CONGREGAZIONE PER LA DOTTRINA DELLA FEDE, *Libertatis nuntius*, cit., n. XI.18.
61 RATZINGER, *Rapporto sulla fede*, cit., p. 193.
62 Cfr. GIOVANNI PAOLO II, Esortazione apostolica *Catechesi tradendea* sulla catechesi nel nostro tempo, 16.10.1979, n. 47; cfr. GIOVANNI PAOLO II, Discorso ai rappresentanti delle organizzazioni cattoliche del Messico, Città del Messico, 29.1.1979, in *Insegnamenti di Giovanni Paolo II. Volume II/1. 1979*, Libreria Editrice Vaticana, Città del Vaticano 1979, p. 256.
63 Riferendosi in modo generico ad alcune regioni, nel 1975, papa Montini scrisse che le «comunità di base si radunano in uno spirito di critica acerba nei confronti della Chiesa, che esse stimmatizzano volentieri come "istituzionale" e alla quale si oppongono come comunità carismatiche, libere da strutture, ispirate soltanto al Vangelo. Esse hanno dunque come caratteristica un evidente atteggiamento di biasimo e di rifiuto nei riguardi delle espressioni della Chiesa: la sua gerarchia, i suoi segni. Contestano radicalmente questa Chiesa. In tale linea, la loro ispirazione diviene molto presto ideologica, ed è raro che non diventino quindi preda di una opzione politica, di una corrente, quindi di un sistema, anzi di un partito, con tutto il rischio, che ciò comporta,

cui scia si pongono anche le allusioni della *Libertatis nuntius*[64].

La dissociazione tra aspetto gerarchico (e dottrinale) e dimensione di popolo (ed etica) ha come altro effetto quello della separazione tra Chiesa e Regno di Dio (e, inevitabilmente, tra incarnazione ed escatologia). Nel discorso a Puebla, Giovanni Paolo II sottolineava come, in tal modo, facilmente si dimentica che la Chiesa «riceve la missione di annunziare e di instaurare in tutte le genti il Regno di Cristo e di Dio, e di questo Regno costituisce in terra il germe e l'inizio" (*Lumen gentium*, 5)»[65]. Nella predicazione cattolica, il rapporto tra la Chiesa storicamente esistente e il Regno escatologico futuro è molto stretto. Anche la *Libertatis conscientia*, infatti, affermava che la Chiesa «è il germe e l'inizio del regno di Dio su questa terra, regno che avrà il suo compimento alla fine dei tempi con la risurrezione dei morti e il rinnovamento di tutta la creazione (cfr. Rm 8, 11-21)»[66]. La separazione fra Chiesa e Regno di Dio rappresenta, invece, una propensione costante negli scritti dei teologi "della liberazione". Essi, da un lato, rendono la Chiesa un puro prodotto della storia che, in quanto tale, è mutevole e trasformabile, dall'altro secolarizzano il Regno di Dio facendolo, di fatto, coincidere con le trasformazioni (o le rivoluzioni) socio-politiche.

Se questo secondo aspetto merita un successivo approfondimento, il primo impone un'ultima necessaria riflessione circa la verità sulla natura e sulla missione della Chiesa che la "teologia della liberazione" mette in discussione. Nel suo ormai famoso *Igreja: carisma e poder*,

---

di esserne strumentalizzate. La differenza è già notevole: le comunità che per il loro spirito di contestazione si tagliano fuori dalla Chiesa, di cui d'altronde danneggiano l'unità, possono sì intitolarsi "comunità di base", ma è questa una designazione strettamente sociologica. Esse non potrebbero chiamarsi, senza abuso di linguaggio, comunità ecclesiali di base, anche se, rimanendo ostili alla Gerarchia, hanno la pretesa di perseverare nell'unità della Chiesa. Questa qualifica appartiene alle altre, a quelle che si radunano nella Chiesa per far crescere la Chiesa» (Paolo VI, Esortazione apostolica *Evangelii nuntiandi*, 8.12.1975, n. 58).

64 «Le tesi delle "teologie della liberazione" sono largamente diffuse, sotto forma ancora semplificata, in circoli di formazione o nei gruppi di base, che mancano di preparazione catechetica e teologica. Per questo sono accettate, senza la possibilità di un giudizio critico, da uomini e donne generosi» (*Libertatis nuntius*, cit., n. XI.15).

65 Giovanni Paolo II, Discorso a Puebla, cit., p. 219.

66 *Libertatis conscientia*, cit., n. 58.

Ensaios de Eclesiologia Militante, del 1981, il francescano Leonardo Boff[67] affermava: «la Chiesa come istituzione non stava nel pensiero del Gesù storico, ma è sorta come evoluzione posteriore alla risurrezione, specialmente con il progressivo processo di disescatologizzazione»[68]. La condizione per far nascere una "nuova Chiesa" *essenzialmente* diversa da quella tradizionale è ritenere – esattamente come scrive il teologo brasiliano – che la Chiesa sia frutto non di una volontà trascendente, ma unicamente di condizioni storiche. È questo un elemento teologico fondamentale del nuovo orientamento ecclesiale latino-americano. Si tratta, ancora una volta, di considerare il cammino dei credenti un dato puramente umano ed interpretabile solo sociologicamente. Ma «tale riduzione svuota la realtà specifica della Chiesa»[69].

Nella primavera seguente alla pubblicazione dell'istruzione *Libertatis nuntius*, la stessa Congregazione per la Dottrina della Fede emanava una "Notificazione" relativa al volume di padre Boff[70]. Il documento era la conclusione di una serie di contatti che erano intercorsi tra il prefetto della Congregazione e il teologo francescano, contatti che erano stati avviati in antecedenza rispetto all'istruzione dell'agosto del 1984. Le istanze contenute nel libro di Boff sono ancor oggi espressive dell'intera concezione ecclesiologica della "teologia della liberazione". Come già detto, queste possono essere sintetizzate nell'emergere

---

67 Insieme al peruviano Gustavo Gutiérrez, il brasiliano Leonardo Boff (1938-viv.) può essere considerato la figura più nota tra gli esponenti della "teologia della liberazione". Di origini italiane, divenuto francescano, Boff ha studiato in Germania (avendo anche Ratzinger come docente), Belgio e negli USA. Ha poi insegnato non solo in Brasile, ma anche in non poche università europee e nord-americane. I successivi richiami da parte dell'autorità ecclesiastica non hanno avuto accoglienza in Boff che ha poi lasciato la Chiesa agli inizi degli anni Novanta. Anche il fratello, Clodovis Boff (1944-viv.), sacerdote dei Servi di Maria, è stato tra i principali teologi "della liberazione", ma, a differenza di Leonardo, ha riconosciuto errori ed ambiguità presenti nel connubio con il marxismo e si è recentemente riposizionato nell'ambito dell'ortodossia cattolica.
68 Leonardo Boff, *Chiesa: Carisma e Potere. Saggio di ecclesiologia militante*, Borla, Roma 1984, p. 129.
69 *Libertatis nuntius*, cit., IX.8.
70 Congregazione per la Dottina della Fede, Notificazione in merito allo scritto di p. Leonardo Boff, *Chiesa: Carisma e Potere*, 11.3.1985, in *Enchiridion Vaticanum. Documenti ufficiali della Santa Sede/9 (1983-1985)*, Edizioni Dehoniane, Bologna 1987, n. 1421-1432.

di una «Chiesa nuova»[71], la quale sarà «una nuova incarnazione delle istituzioni ecclesiali nella società, il cui potere sarà una semplice funzione di servizio»[72]. Sono – quelle utilizzate da Boff e da questi teologi – categorie estranee alla tradizione ecclesiale («Chiesa nuova», «nuova incarnazione», «potere», «mezzi di produzione religiosa»[73], ecc.); a tutto ciò non poteva non seguire la presa di posizione della Congregazione vaticana incaricata di vegliare sull'integrità della dottrina che, al termine della lunga disamina, concludeva ritenendo «insostenibili» le «opzioni»[74] del francescano brasiliano, sentendosi «obbligata a dichiarare» che gli orientamenti espressi da Boff «sono tali da mettere in pericolo la sana dottrina della fede»[75].

Questa "notificazione" costituisce una sorta di continuazione e appendice all'istruzione *Libertatis nuntius*, così come le successive iniziative dell'organismo vaticano nei riguardi di altri esponenti della "teologia della liberazione"[76]. Sono interventi in linea con ciò che già Giovanni Paolo II indicava a Puebla quando richiamava i vescovi a farsi interpreti di un'autentica concezione ecclesiologica. «Maestri di Verità – suggeriva il papa –, si spera da voi che proclamiate senza sosta, e con speciale vigore in questa circostanza, la verità circa la missione della Chiesa, oggetto del Credo che professiamo, e campo imprescindibile e fondamentale della nostra fedeltà».[77] Una preoccupazione circa la verità sulla Chiesa che si è poi confermata nell'istruzione del 1984, istruzione emessa nel tentativo di contenere quella visione che tende a considerare la Chiesa «una realtà interna alla storia, che obbedisce

---

71 Boff, *Chiesa: Carisma e Poter. Saggio di ecclesiologia militante*, cit., p. 110 e passim.
72 Ivi, p. 111.
73 Ivi, p. 75.222.259-260.
74 Notificazione in merito allo scritto di Boff, cit., n. 1424.
75 Ivi, n. 1432.
76 Ad esempio quella nei riguardi del gesuita spagnolo naturalizzato salvadoregno Jon Sobrino (1938-viv.) che risale alla fine del 2006 ed ha avuto in oggetto due testi del teologo: *Jesucristo liberador. Lectura histórico-teológica de Jesús de Nazaret* (del 1991) e *La fe en Jesucristo. Ensayo desde las víctimas* (del 1999). Cfr. Congregazione per la Dottrina della Fede, Notificazione sulle opere del P. Jon Sobrino S.I.: *Jesucristo liberador. Lectura histórico-teológica de Jesús de Nazaret* (Madrid, 1991) e *La fe en Jesucristo. Ensayo desde las víctimas* (San Salvador, 1999), 26.11.2006, in *Enchiridion Vaticanum. Documenti ufficiali della Santa Sede/23 (2005-2006)*, Edizioni Dehoniane, Bologna 2008, n. 2433-2461.
77 Giovanni Paolo II, Discorso a Puebla, cit., p. 217.

anch'essa alle leggi ritenute determinanti per il divenire storico nella sua immanenza»[78].

Dopo la verità su Cristo e quella sulla Chiesa, la terza verità è quella riguardante l'uomo e il significato della sua vita. Nel discorso a Puebla – momento davvero importante per il nostro tema – Giovanni Paolo II non mancò di affermare: «la Verità, che dobbiamo all'uomo è, anzitutto, una verità sull'uomo stesso. In quanto testimoni di Gesù Cristo siamo araldi, portavoce, servi di questa verità, che non possiamo ridurre ai principi di un sistema filosofico o a una pura attività politica; non possiamo dimenticarla o tradirla»[79].

Si potrebbe dire che, a proposito della dimensione antropologica della verità, varrebbero alcune considerazioni essenziali. Queste brevi riflessioni sono rivelative di altrettanti aspetti di incomunicabilità tra la teologia cattolica e la "teologia della liberazione".

La prima condizione per assicurare l'amore verso l'uomo è la consapevolezza che l'essere umano è portatore di una verità che lo sovrasta e lo trascende. Si tratta di una verità che si esprime già nella natura dell'uomo, una *natura* che nessuna scienza può arbitrariamente alterare. Ciò richiama il ruolo strumentale dei vari apporti (filosofici o scientifici) che non possono caricarsi di significati ultimi.

La *Libertatis nuntius* richiama tutto ciò a proposito del rapporto tra la teologia e le discipline sociali e a proposito dell'utilizzazione da parte del teologo dei contributi delle scienze umane ricordando che «il criterio ultimo e decisivo di verità non può essere, in ultima analisi, che un criterio esso stesso teologico. È alla luce della fede, e di ciò che essa ci insegna sulla verità dell'uomo e sul significato ultimo del suo destino, che si deve giudicare della validità o del grado di validità di ciò che le altre discipline propongono, spesso d'altronde in maniera congetturale, come verità sull'uomo, sulla sua storia e sul suo destino»[80].

La Chiesa ha la "pretesa" o, se si preferisce, la consapevolezza di conoscere questa verità sull'uomo, sulla sua storia e sul suo destino: «la Chiesa possiede, grazie al Vangelo, la verità sull'uomo. Questa si incontra in un'antropologia che la Chiesa non cessa di approfondire e di comunicare [...]. Di fronte a tanti umanesimi spesso rinchiusi in

---

78 CONGREGAZIONE PER LA DOTTRINA DELLA FEDE, *Libertatis nuntius*, cit., n. IX.8.
79 GIOVANNI PAOLO II, Discorso a Puebla, cit., p. 219-220.
80 CONGREGAZIONE PER LA DOTTRINA DELLA FEDE, *Libertatis nuntius*, cit., n. VII.10.

una visione dell'uomo strettamente economica, biologica, psichica, la Chiesa ha il diritto ed il dovere di proclamare la verità sull'uomo, verità che ha ricevuto dal suo maestro Gesù»[81].

È la verità che libera, davvero ed in profondità, l'uomo[82]. E se questo è il tema che spinse la Congregazione a promulgare la seconda istruzione – la *Libertatis conscientia* –, la prima – la *Libertatis nuntius* – si assumeva il compito di indicare come impercorribile per l'autentica liberazione dell'uomo proprio una teologia che nasceva all'insegna del riscatto sociale[83]. Ancora a Puebla, Giovanni Paolo II aveva affermato: «forse una delle debolezze più vistose dell'attuale civiltà consiste nella visione inadeguata dell'uomo. La nostra è, senza dubbio, l'epoca nella quale molto si è scritto e parlato intorno all'uomo, l'epoca degli umanismi e dell'antropocentrismo. Tuttavia, paradossalmente, è anche l'epoca delle angosce più profonde dell'uomo circa la propria identità e il proprio destino, della retrocessione dell'uomo a livelli prima insospettati, l'epoca di valori umani conculcati come mai in precedenza. Come si spiega questo paradosso? Possiamo dire che si tratta del paradosso inesorabile dell'umanesimo ateo. È il dramma dell'uomo amputato di una dimensione essenziale del proprio essere – la sua ricerca dell'infinito – e posto così di fronte alla peggiore riduzione del medesimo essere. La Costituzione Pastorale *Gaudium et spes*, tocca il fondo del problema, quando afferma: "Solamente nel mistero del Verbo Incarnato trova vera luce il mistero dell'uomo" (*Gaudium et spes*, 22)»[84].

Terza considerazione. Se, quindi, esiste una verità sull'uomo e questa verità ci riconduce a Dio, non potrà esservi alcuna liberazione autentica che prescinda dal legame dell'uomo con Dio. «Il riconoscimento della signoria di Dio porta la scoperta della realtà dell'uomo»[85] aveva affermato papa Wojtyla a Rio de Janeiro, pertanto – completa la

---

81 GIOVANNI PAOLO II, Discorso a Puebla, cit., p. 220.
82 Cfr. CONGREGAZIONE PER LA DOTTRINA DELLA FEDE, *Libertatis conscientia*, cit., n. 3.
83 «la verità completa sull'uomo è la base della vera liberazione» (*Libertatis nuntius*, cit., n. V.4).
84 GIOVANNI PAOLO II, Discorso a Puebla, cit., p. 220.
85 GIOVANNI PAOLO II, Discorso al Consiglio Episcopale Latino-Americano, Rio de Janeiro, Brasile, 2.7.1980, cit., p. 25.

Libertatis nuntius – «la verità completa sull'uomo è la base della vera liberazione»[86].

Perciò la stessa istruzione vaticana si premurava di puntualizzare come «lo zelo e la compassione che devono abitare nel cuore di tutti i pastori rischiano, tuttavia, di essere fuorviati e rivolti verso iniziative altrettanto rovinose per l'uomo e la sua dignità, quanto la miseria che si combatte, se non si è sufficientemente attenti di fronte a certe tentazioni»[87]. A cosa si riferiva la *Libertatis nuntius*? Ovviamente al rischio di adottare strade impraticabili che, nella ricerca di «mezzi efficaci che permettano di porre fine al più presto [...] a situazioni intollerabili»[88], abbraccino antropologie distorte.

Nel riproporre al Consiglio Episcopale Latino-Americano (Rio de Janeiro, 1980) i contenuti dell'intervento in Messico dell'anno prima, Giovanni Paolo II aveva messo in guardia sui rischi propri delle ideologie. Diceva, in quell'occasione, il papa: «tema importante nella conferenza di Puebla è stato quello della liberazione. Vi avevo esortato a considerare la specifica e originale presenza della Chiesa nella liberazione. Vi segnalavo come la Chiesa "non ha bisogno di ricorrere a sistemi ed ideologie per amare, difendere e collaborare alla liberazione dell'uomo"»[89].

Il primo errore antropologico – e qui aggiungiamo un'altra considerazione – in cui incorrono queste ideologie e in cui si incorre quando si ritiene di dover seguirle per collaborare alla liberazione dell'uomo è quello di ritenere che il male, che pur si vuole contrastare, non sia interno all'uomo, ma sia solo una conseguenza delle strutture o della proprietà privata. Scriveva a riguardo la *Libertatis nuntius*: «neppure è possibile localizzare il male principalmente e unicamente nelle cattive "strutture" economiche, sociali o politiche, come se tutti gli altri mali trovassero in esse la loro causa, sicché la creazione di un "uomo nuovo" dipenderebbe dall'instaurazione di diverse strutture economiche e socio-politiche. Certamente esistono strutture ingiuste e generatrici di ingiustizia, che occorre avere il coraggio di cambiare. Frutto dell'azione dell'uomo, le strutture, buone o cattive, sono delle conseguenze prima

---

86 Congregazione per la Dottrina della Fede, *Libertatis nuntius*, cit., n. V.4.
87 Ivi, n. VI.2.
88 *Ibidem*.
89 Giovanni Paolo II, Discorso al Consiglio Episcopale Latino-Americano, Rio de Janeiro, Brasile, 2.7.1980, cit., p. 26.

di essere delle cause. La radice del male risiede dunque nelle persone libere e responsabili, che devono essere convertite dalla grazia di Gesù Cristo, per vivere e agire come creature nuove, nell'amore del prossimo, nella ricerca efficace della giustizia, nella padronanza di se stesse e nell'esercizio delle virtù (cfr. Gc 2, 14-26)»[90].

Questo spostamento dall'individuo alle strutture, dalla persona alla società, dalla responsabilità individuale al "peccato sociale" è senz'altro un portato dell'assimilazione dell'ideologia socialista. Occorrerà ben altro spazio per commentare l'inserimento all'interno della teologia dei paradigmi propri del marxismo. Al momento ci interessa richiamare il metro socialista che la "teologia della liberazione" rende criterio di antropologia. Considerando che il marxismo prevede ed impone una radicale socializzazione dell'uomo, ogni collettivismo dovrebbe essere sempre avvertito come implacabile nemico della persona intesa come intangibile ed insopprimibile nella sua dignità.

Nell'enciclica *Centesimus annus*, Giovanni Paolo II dichiarerà che «l'errore fondamentale del socialismo è di carattere antropologico»[91]. Un'attestazione che occorrerebbe ben valutare nei suoi risvolti, ma che in questo contesto rende ben comprensibile la distanza tra la verità sull'uomo e quelle antitetiche concezioni che la "teologia della liberazione" ha fatto proprie. Queste concezioni marxiste, infatti, vanno misurate e stimate non solo per la violenza che implicano e che producono e neanche per il solo ateismo quanto, piuttosto, per la definitiva riduzione dell'essere umano a particella della dimensione collettiva. Sotto la prospettiva antropologica, quindi, l'esercizio della violenza e la negazione della trascendenza, più che cause, sono conseguenze del rifiuto dell'individualità e della sua originaria libertà[92].

La mancata focalizzazione di questo aspetto è un primo limite

---

90   CONGREGAZIONE PER LA DOTTRINA DELLA FEDE, *Libertatis nuntius*, cit., n. IV.15.
91   GIOVANNI PAOLO II, Lettera enciclica *Centesimus annus* nel centenario della *Rerum novarum*, 1.5.1991, n. 13.
92   Un paio di passi che avrebbero richiesto maggiore sviluppo sono i seguenti: «Ponendo come primo imperativo la rivoluzione radicale dei rapporti sociali e criticando, per questo, la ricerca della perfezione personale, ci si mette sulla via della negazione del significato della persona e della sua trascendenza, e si distrugge l'etica e il suo fondamento che è il carattere assoluto della distinzione tra il bene e il male» (*Libertatis nuntius*, cit., n. IV.15) e «...il disconoscimento della natura spirituale della persona porta a subordinare totalmente quest'ultima alla collettività e a negare, così, i principi di una vita sociale e politica conforme alla dignità umana» (*Libertatis nuntius*, cit., n. VII.9).

della *Libertatis nuntius* che sembra non cogliere adeguatamente la sfida mortale lanciata dal marxismo. L'istruzione vaticana, comunque, richiama gli altri due elementi a cui il magistero della Chiesa ha sempre dato molto peso: da un lato, la professione di ateismo[93] e, dall'altro, l'uso della violenza[94]. Quanto a quest'ultima i riferimenti nella *Libertatis nuntius* sono numerosi: il rischio della prassi della violenza o la tentazione della via della violenza è già di per sé rivelatore di quanto possa essere effettivamente liberatrice l'ideologia socialista.

Un'ultima considerazione relativa alla verità sull'uomo. Se l'essere umano non può vivere senza significato e se la condizione per poter creare situazioni di giustizia è il risanamento del male che è innanzitutto interno all'individuo, allora si comprende come il primo servizio che deve essere reso all'uomo è quello relativo alla verità circa il suo essere e circa la sua vita. Il primo servizio che la Chiesa offre, quindi, è l'annuncio integrale del Vangelo[95]. Perciò «compiendo questa missione – dichiarava la *Libertatis conscientia* –, la Chiesa insegna la via che l'uomo deve percorrere in questo mondo per entrare nel regno di Dio. Perciò, la sua dottrina si estende a tutto l'ordine morale e, segnatamente, alla giustizia, che deve regolare le relazioni umane. Ciò fa parte della predicazione del Vangelo. Ma l'amore, che spinge la Chiesa a comunicare a tutti la partecipazione gratuita alla volontà divina, le fa anche perseguire, mediante l'efficace azione dei suoi membri, il vero bene temporale degli uomini, sovvenire alle loro necessità, provvedere

---

93 «Ricordiamo che l'ateismo e la negazione della persona umana, della sua libertà e dei suoi diritti, sono centrali nella concezione marxista. Questa contiene dunque degli errori che minacciano direttamente le verità di fede sul destino eterno delle persone. Inoltre, voler integrare alla teologia un'"analisi", i cui criteri di interpretazione dipendono da tale concezione atea, significa rinchiudersi in contraddizioni rovinose» (*Libertatis nuntius*, cit., n. VII.9).

94 Così, ad esempio: «Spesso l'aspirazione alla giustizia si trova influenzata da ideologie che ne occultano e ne pervertono il significato, proponendo alla lotta dei popoli per la loro liberazione dei fini che sono opposti alla vera finalità della vita umana, ed esaltando vie di azione che, in quanto implicano il ricorso sistematico alla violenza, sono contrarie ad un'etica rispettosa delle persone» (*Libertatis nuntius*, cit., n. II.3). Anche: «Affidarsi ai mezzi violenti nella speranza di instaurare una maggiore giustizia significa essere vittime di un'illusione mortale. La violenza genera violenza e degrada l'uomo. Essa ferisce la dignità dell'uomo nella persona delle vittime e avvilisce questa stessa dignità in coloro che la praticano» (*Libertatis nuntius*, cit., n. XI.7).

95 Cfr. GIOVANNI PAOLO II, Lettera enciclica *Redemptoris missio* circa la permanente validità del mandato missionario, 7.12.1990, n. 11.

alla loro cultura e promuovere una liberazione integrale da tutto ciò che ostacola lo sviluppo delle persone. La Chiesa vuole il bene dell'uomo in tutte le sue dimensioni, prima come membro della città di Dio, e poi come membro della città terrestre»[96].

Nel messaggio lanciato ai vescovi latino-americani, Giovanni Paolo II aveva manifestato «il diritto e il dovere di proclamare la Verità sull'uomo, verità che ha ricevuto dal suo stesso maestro Gesù Cristo. Voglia Iddio – proseguiva il pontefice – che nessuna coazione esterna lo impedisca. Ma, soprattutto, voglia Dio che non tralasci essa di farlo per timore o per dubbio, per essersi lasciata contaminare da altri umanesimi, per mancanza di fiducia nel proprio messaggio originale. Quando perciò un Pastore della Chiesa annuncia con chiarezza e senza ambiguità la Verità sull'uomo, rivelata da colui che "sapeva quello che c'è nell'uomo" (Gv 2,25), deve animarlo la certezza di star prestando all'essere umano il servizio migliore»[97].

La verità sull'uomo apre la riflessione teologica a riflettere sulla relazione esistente tra la redenzione e la liberazione, tra la salvezza trascendente e la promozione umana. È una grande tensione che riguarda direttamente la "teologia della liberazione" e che perciò va trattata con maggiore ampiezza. Al momento il richiamo è utile solo per dare completezza a ciò che ogni impostazione teologica non può non rispettare (ed in modo non parziale): la verità sull'uomo il quale, se è vero che ha bisogno di strutture giuste e di giustizia, ha ancor più bisogno di significato. È, innanzitutto, il significato della propria vita che consente all'uomo di sapere cos'è che corrisponde alla vera giustizia; sapere, cioè, ciò che è davvero giusto: «infatti il sentimento angoscioso dell'urgenza dei problemi non deve far perdere di vista ciò che è essenziale, né far dimenticare la risposta di Gesù al Tentatore (Mt 4,4): "Non di solo pane vive l'uomo, ma di ogni parola che esce dalla bocca di Dio" (cfr. Dt 8,3)»[98].

7.3. Una nuova interpretazione del cristianesimo

La *Libertatis nuntius* si compone di undici capitoletti (a loro volta

---

96 Congregazione per la Dottrina della Fede, *Libertatis conscientia*, cit., n. 63.
97 Giovanni Paolo II, Discorso a Puebla, cit., p. 220-221.
98 Congregazione per la Dottrina della Fede, *Libertatis nuntius*, cit., n. VI.3.

suddivisi in punti) più una breve introduzione ed una altrettanto breve conclusione (in tutto circa 60.000 battute, approssimativamente la metà della lunghezza della *Libertatis conscientia*). Il sesto e il decimo di questi capitoletti hanno un titolo particolarmente impegnativo che, ovviamente, intende riferirsi al giudizio sulla "teologia della liberazione". Il titolo del sesto capitoletto è «Una nuova interpretazione del cristianesimo» mentre quello del decimo è «Una nuova ermeneutica».

L'istruzione del 1984 giungeva, infatti, ad una prima – seppur disorganica – conclusione affermando che la "teologia della liberazione" propone «un'interpretazione innovatrice del contenuto della fede e dell'esistenza cristiana, che si discosta gravemente dalla fede della Chiesa, anzi, ne costituisce la negazione pratica»[99]. Subito dopo – e solo in questo modo veniva sbrigativamente liquidato il motivo del titolo del sesto capitoletto («Una nuova interpretazione del cristianesimo») – veniva spiegato che «alla base della nuova interpretazione» vi è «l'assunzione non critica di elementi dell'ideologia marxista e il ricorso alle tesi di un'ermeneutica biblica viziata di razionalismo»[100].

Il testo non è dei più chiari e neanche dei più convincenti per il suo carattere di apoditticità giungendo ad un epilogo in forma affrettata insufficientemente preparato nei passi precedenti. Un commento in qualche modo chiarificatore è quello offerto dal cardinale Ratzinger, sebbene a titolo personale e non nella veste di prefetto della Congregazione. «In un primo tentativo di risposta possiamo dire: la teologia della liberazione – affermava il cardinale teologo – pretende dare una nuova interpretazione globale del cristianesimo; spiega il cristianesimo come una prassi di liberazione e pretende di porsi essa stessa come una guida a tale prassi. Ma siccome secondo questa teologia ogni realtà è politica, anche la liberazione è un concetto politico e la guida alla liberazione deve essere una guida all'azione politica»[101].

Più avanti, la *Libertatis nuntius* tornava su questo aspetto "globalizzante" della "teologia della liberazione" descrivendolo come «una nuova ermeneutica» (titolo, dicevamo, del decimo capitoletto). E per chiarire «il carattere globale e totalizzante» di questa nuova teologia utilizzava le seguenti parole: «essa deve essere criticata non per questa

---

99 Ivi, n. VI.9.
100 Ivi, n. VI.10.
101 Ratzinger, *Rapporto sulla fede*, cit., p. 186.

o per quella delle sue affermazioni, ma a livello del punto di vista di classe che essa adotta *a priori* e che funge in essa come principio ermeneutico determinante»[102].

Anche il modo – certamente adeguato – di intendere la "teologia della liberazione" come un'ermeneutica nuova e complessiva rivelava l'impronta lasciata dal cardinale Ratzinger nella stesura del testo. Infatti, nel già menzionato articolo che il porporato aveva diffuso quasi in coincidenza con la promulgazione dell'istruzione vaticana, veniva detto che «questa teologia non intende affatto costituire un nuovo trattato teologico a fianco degli altri già esistenti, come per esempio elaborare nuovi aspetti dell'etica sociale della Chiesa. Essa si concepisce piuttosto come una nuova ermeneutica della fede cristiana, vale a dire come una nuova forma di comprensione e di realizzazione del cristianesimo nella sua totalità. Perciò cambia tutte le forme della vita ecclesiale: la costituzione ecclesiastica, la liturgia, la catechesi, le opzioni morali»[103].

Già dicevamo di un elemento formale che porterebbe ad assimilare la recente "teologia della liberazione" al cosiddetto "modernismo" teologico diffusosi a partire dagli inizi del Novecento. Facevamo presente che, come per il secondo, anche riguardo alle tendenze "della liberazione" non pochi autori lamentano una tale pluralità interna da avere difficoltà a riconoscere un comune tratto identificativo[104]. D'altra parte – come già ricordavamo – la *Libertatis nuntius* preferisce descrivere il fenomeno al plurale e parlare, quindi, delle "teologie della liberazione". Ma accanto ed anche ben oltre questa somiglianza formale, tra i due movimenti teologici vi è una affinità sostanziale riconducibile a quanto abbiamo appena descritto come re-interpretazione complessiva e globale dell'intero cristianesimo. In altri termini, come il modernismo non si limitava a mettere in discussione singoli aspetti della dommatica cattolica, ma coinvolgeva tutto il cristianesimo provando a rinnovarlo complessivamente, così, l'intero «messaggio [della Chiesa] si trova [...] rimesso in causa nella sua globalità dalle "teologie della liberazione"»[105] nel perseguimento dell'ideale e del mito di una "Chiesa nuova" e popolare.

---

102 Congregazione per la Dottrina della Fede, *Libertatis nuntius*, cit., n. X.2.
103 Cit. in Ratzinger, *Rapporto sulla fede*, cit., p. 185.
104 Cfr. Victorino Rodriguez y Rodriguez, *"Teologia" senza Dio e "liberazione" schiavizzante*, in «Cristianità», anno 13 (1985), n. 119-120 (marzo-aprile), p. 6.
105 *Libertatis nuntius*, cit., n. IX.1.

8

Il 1989 attraverso l'enciclica *Centesimus annus*

Alcune immagini sono destinate a rimanere nella memoria di tutti rappresentando chiavi di volta della storia dell'umanità. Le foto dell'abbattimento del muro di Berlino raccontano come meglio non si poteva – anche sotto l'aspetto metaforico – uno dei momenti chiave della nostra storia.

A sufficiente distanza da quel 9 novembre 1989, proviamo a rileggere gli avvenimenti di quei momenti memorabili affiancando ad essi non solo le parole e i gesti di Giovanni Paolo II, ma anche l'interpretazione e la rilettura che, di quegli eventi, sono emerse dall'insegnamento della Chiesa.

Chi è nato dopo il 1989 si è trovato, poi, a crescere e a vivere – sotto l'aspetto politico – in un mondo molto diverso rispetto alla situazione antecedente, ma se la cerniera di quell'anno viene inevitabilmente rievocata per la fine della cosiddetta Guerra Fredda, per i più giovani – che non hanno avuto esperienza di quel trapasso – le trasformazioni hanno, prevalentemente, avuto altro tipo di significato. La "rivoluzione" tecnologica – con l'accelerazione dei ritmi e con l'aumentata massa di informazioni disponibili – sembra aver preso il sopravvento e, nella vita quotidiana, lo spartiacque del 1989 sembra essere molto più lontano di quanto in realtà non sia.

8.1. Il 1989

Se vogliamo partire proprio da quella trasformazione digitale che ha proficuamente aiutato il lavoro di ciascuno di noi, allora non possiamo non ricordare che Internet fu avviato proprio nell'anno della fine dei "blocchi". Era il 12 marzo 1989, infatti, quando un informatico inglese, Timothy John "Tim" Berners-Lee, allora 34enne, con un breve saggio dal titolo *Information Management: A Proposal* espose un innovativo metodo per ottimizzare le comunicazioni all'interno del CERN di Ginevra dove allora lavorava. Probabilmente nessuno avrebbe potuto immaginare che cosa quell'invenzione avrebbe messo in moto e quale tipo di ricadute avrebbe prodotto di lì a poco nel lavoro e nel tempo libero, nelle relazioni sociali e nei rapporti commerciali di chissà quante persone[1].

Quanto non debba essere considerato eccessivo questo riferimento così marcato alla svolta prodotta dall'*information technology* lo dimostra anche l'attenzione alla «"nuova cultura" creata dalla comunicazione moderna»[2] da parte del pontefice che guidò la Chiesa negli anni a cavallo del 1989 e che per primo parlò dei «nuovi areopaghi»[3], dei nuovi centri di cultura, che oggi trovano nei più avanzati mezzi di comunicazione sociale il loro "luogo" più animato.

Se quello dello sviluppo tecnologico che minimizza le distanze, velocizza le comunicazioni, moltiplica le relazioni, riduce le divisioni – trasformando l'intero pianeta in una sorta di *"global village"*[4] – è certamente un aspetto fondamentale per comprendere il mondo a partire dalla cesura storica del 1989, pur tuttavia, quell'anno è, innegabilmente, ricordato come il momento della fine della grande contrapposizione dei blocchi politici.

---

1 Forse ancor più che i testi ufficiali (cfr. PONTIFICIO CONSIGLIO DELLE COMUNICAZIONI SOCIALI, *La Chiesa e Internet*, 22.2.2002) o i messaggi pontifici in occasione della Giornata mondiale delle Comunicazioni Sociali (cfr. M. CRISTINA CARNICELLA, *Comunicazione ed evangelizzazione nella Chiesa*, Paoline, Milano 1998) alcune affermazioni danno il senso di come anche la Chiesa si sia aperta a questa grande innovazione digitale: «il computer ha un po' cambiato il mondo – disse, scherzando, Giovanni Paolo II –, certamente ha cambiato la mia vita» (17 novembre 1998) mentre, più recentemente, papa Francesco ha definito il *web* «un dono di Dio» perché «può offrire maggiori possibilità di incontro e di solidarietà» (24 gennaio 2014).
2 GIOVANNI PAOLO II, Lettera enciclica *Redemptoris missio* circa la permanente validità del mandato missionario, 7.12.1990, n. 37c.
3 *Ibidem*.
4 Cfr. MARSHALL E. MCLUHAN, *The Gutenberg Galaxy. The Making of Typographic Man*, University of Toronto Press, Toronto 1962; cfr. MARSHALL E. MCLUHAN, *Understanding Media. The Extensions of Man*, McGraw-Hill, New York (N. Y.) 1964; cfr. MARSHALL E. MCLUHAN, *War and Peace in the Global Village*, McGraw-Hill, New York (N. Y.) 1968.

Non era mai capitato che un documento pontificio considerasse un anno della storia come oggetto di riflessione e di insegnamento. È ciò che, invece, è stato riservato al 1989 (e che non era capitato neanche per il 1789 o il 1914 o il 1917): uno dei sei capitoli dell'enciclica *Centesimus annus*[5], infatti, è dedicato a quest'anno, assurto ormai a simbolo storiografico.

Sarebbe riduttivo considerare meramente simbolici gli eventi che attraversarono quell'anno – il ritiro dell'Armata Rossa sovietica dall'Afghanistan (febbraio); la condanna a morte nei confronti dello scrittore Salman Rushdie da parte dell'Iran di Khomeini (febbraio); il riconoscimento ufficiale di Solidarnosc in Polonia (aprile); il grande movimento studentesco di protesta che portò migliaia di giovani a manifestare contro il regime comunista cinese a Pechino (aprile-giugno); il primo varco nella cortina di ferro che consentiva di lasciare l'Ungheria alla frontiera con l'Austria (settembre); infine l'indimenticabile notte del passaggio ad Ovest di migliaia di berlinesi (novembre) –, ma tutti quegli avvenimenti hanno conservato anche una forte carica raffigurativa. Come non ricordare i tedeschi-orientali piangere di gioia e abbracciarsi con i loro connazionali occidentali? Era l'esultanza di chi si sentiva libero di manifestare su quel muro che poteva finalmente essere avvicinato senza temere le raffiche di mitra. O come dimenticare l'omino (la cui identità e il cui destino rimasero sconosciuti[6]) che, a Pechino, solo, si pose dinanzi la colonna di carri armati bloccandone il passaggio? Le immagini di piazza Tienanmen, prima, e della Porta di Brandeburgo, poi, hanno consegnato alla storia una vera e propria rappresentazione della insopprimibile resistenza dell'uomo alla menzogna dell'ideologia. Questa autentica resistenza – ancora una volta pagata a caro prezzo – fu dimostrata anche dai giovani cinesi, mentre, di lì a pochi mesi, l'impossibilità della conservazione della menzogna ebbe la sua plastica dimostrazione con la resa delle guardie di frontiera che,

---

5 IOANNES PAULUS II, Littera encyclica *Centesimus annus*, 15.5.1991, in *Acta Apostolicae Sedis*, 83 (1991), p. 793-867.
6 Subito si seppe, invece, dei provvedimenti adottati nei confronti del comandante del carro armato che bloccò il convoglio per evitare di schiacciare la persona che ebbe dinanzi.

per la prima volta, non spararono contro chi intendeva raggiungere la Germania libera[7].

L'evento della giornata del 9 novembre 1989 non giunse all'improvviso – né avrebbe potuto, perché la storia *non facit saltus* –, ma fu, in certo modo, la conclusione di uno sfaldamento che era in atto da tempo. Non è questa la sede per risalire ai motivi per i quali il sistema collettivistico – tanto sotto l'aspetto sociale, quanto sotto quello economico – essendo incapace di perpetuarsi, va considerato viziato sin dalla sua origine. Ma può essere utile fare qualche considerazione che ne richiami la natura e che aiuti ad interpretarne l'essenza.

8.2. Il secolo dell'ideologia: dal 1914 al 1989

Più di un secolo è trascorso da quell'estate del 1914 in cui si determinò la scintilla di quell'immane sciagura che sarà – non a caso – ricordata come la "Grande Guerra". Il conflitto ebbe, come è noto, il suo disgraziato innesco nell'attentato di Sarajevo del 28 giugno 1914, attentato in cui persero la vita l'erede al trono austro-ungarico, l'arciduca Francesco Ferdinando (1863-1914), e sua moglie.

Non occorre ricordare che una delle grandi conseguenze

---

7   Propriamente l'apertura della frontiera avvenne in modo rocambolesco e nella confusione dovuta all'assenza di ordini precisi. Non è privo di significato richiamare la banale modalità con cui il titanico sistema del "socialismo reale" si è letteralmente afflosciato. Causa la moltiplicazione di segnali che indicavano un inevitabile disfacimento, il governo di Egon Krenz – che solo da una ventina di giorni aveva sostituito il dimissionario *leader* storico della DDR, Erich Honecker – aveva deciso di concedere ai propri cittadini le autorizzazioni per effettuare viaggi nella Germania Occidentale. Al ministro della Propaganda della DDR, Günter Schabowski, fu dato l'incarico di convocare una conferenza stampa e di comunicare la decisione senza ricevere dettagli circa il momento in cui tutto ciò sarebbe stato possibile. I vaghi ordini impartiti dal partito condussero il ministro ad affermare, nel corso di quella discussione con i giornalisti della memorabile sera del 9 novembre 1989, che la disposizione poteva essere considerata immediatamente esecutiva. In assenza di comandi chiari, i poliziotti di frontiera (i famigerati *vopos*), responsabili dell'uccisione di decine di fuggiaschi, non opposero alcun contrasto all'imponente folla che si ingrossava ai *checkpoint*, lasciando passare i berlinesi-orientali senza essere neanche più in grado di controllare l'identità di coloro che gioiosamente oltrepassavano il confine, un confine che da quel momento non fu più invalicabile. In questo modo, l'impero meglio organizzato della storia umana crollava per una disattenzione, che in altri momenti non avrebbe comportato alcuna conseguenza (se non l'invio in Siberia di qualche funzionario).

provocate dal disastro bellico fu l'avvento dello Stato sovietico. Sotto l'aspetto economico ciò comportò la prima attuazione della politica di totale pianificazione. L'esperimento rappresentava, quindi, un crinale anche per le teorie di economia politica. Ancor più a partire da quel momento – com'è immaginabile – i progetti di pianificazione costituirono uno dei principali terreni di confronto e di scontro tra gli economisti di impostazione socialista e gli studiosi di orientamento liberista, primi tra tutti questi ultimi quelli della Scuola Austriaca. Ma sotto l'aspetto umano, anche per un economista freddamente pragmatico come Ludwig von Mises (1881-1973), l'avvento dello Stato totalitario sovietico implicava altre considerazioni di ordine morale: «il vero significato della rivoluzione di Lenin – scrisse il grande viennese – è da vedere nel fatto che essa fu l'esplosione del principio della violenza e dell'oppressione senza limiti»[8].

Il socialismo ha rappresentato qualcosa di enormemente importante nella storia contemporanea e, specificamente, del Novecento. Lo stesso famoso storico inglese Eric John Hobsbawm (1917-2012), che ha parlato del secolo XIX come di un secolo storiograficamente *lungo*, ha, conseguentemente, definito il Novecento come "secolo breve". Al "lungo Ottocento", iniziato ideologicamente già con la rivoluzione del 1789 e prolungatosi sino alla Prima Guerra Mondiale, subentra un secolo storiograficamente *breve* che – nei suoi caratteri peculiari – inizia a decorrere con il conflitto da cui erompe la rivoluzione russa e che, non a caso, ha come anno di esaurimento il 1989 come segno del successivo dissolvimento dell'URSS. Hobsbawm, pur marxista di formazione, riconosceva il carattere tragico che ha contrassegnato quest'epoca, *Age of Extremes* (sono parole presenti nel titolo dell'originale edizione inglese, diversamente tradotto nelle edizioni italiane come *L'epoca più violenta della storia dell'umanità*), esprimendo questo carattere in modo convincente e penetrante: «il Secolo breve è stato un'epoca di guerre religiose, anche se le religioni più militanti e assetate di sangue sono state le ideologie laiche affermatesi nell'Ottocento, cioè il socialismo e il nazionalismo, i cui idoli erano astrazioni oppure uomini politici venerati come divinità»[9].

---

8   LUDWIG VON MISES, *Socialismo. Analisi economica e sociologica*, a cura di Dario Antiseri, Rusconi, Milano 1990, p. 621.
9   ERIC J. HOBSBAWM, *Il secolo breve. 1914-1991*, Rizzoli, Milano 2007, p. 650.

C'è qualcosa di effettivamente impressionante nelle forme ideologiche che hanno insanguinato la storia recente e che hanno dato alla parabola del Ventesimo secolo un carattere unico che, per quanto lungamente preparato, ha distinto l'ultimo segmento della vicenda umana in una profondità tutta particolare. Il Novecento è stato definito il secolo delle ideologie[10], il secolo del male[11]; è stato il tempo di un male che, così come mai era avvenuto prima, è diventato "assoluto" nella pretesa di una trasformazione che vuole essere "assoluta", trasformazione che richiede come strumento uno Stato che sia "assoluto" nelle sue capacità e che postula una politica che sia omnipervasiva nei suoi orizzonti.

Dicevamo, dunque, che c'è qualcosa di impressionante nel constatare il doppio volto dell'ideologia: da un lato estremamente disumano, dall'altro seducente; da un lato esso è utopico e irrazionale, dall'altro vorrebbe essere "scientificamente" convincente. Lo stesso John Maynard Keynes (1883-1946), le cui critiche al libero mercato sono state molto probabilmente le più incisive e quelle che hanno maggiormente influenzato politici e scienziati sociali, proprio nel momento in cui poneva irrimediabilmente sotto la scure l'economia di libero scambio, si domandava come il marxismo potesse ricevere tanta accoglienza, nonostante i suoi paradossi: «il socialismo marxista deve sempre rimanere un portento per gli storici del pensiero»[12]. L'economista inglese non riusciva a dare spiegazione su «come una dottrina così illogica e vuota possa aver esercitato un'influenza così potente e durevole sulle menti degli uomini e, attraverso questi, sugli eventi della storia»[13]. Mises, distante da Keynes e lontanissimo dal socialismo, con tono pacato, ma con una riflessione durata l'intera esistenza, non tardò (e in più circostanze) a parlare del Novecento come l'età del socialismo. Lo studioso di Vienna ha attraversato i primi tre quarti del secolo ed ha sperimentato come scienziato e come liberale, come intellettuale e come oppositore, il dramma di un'ideologia che a lui, come agli altri interpreti della

---

10 Karl Dietrich Bracher, *Il Novecento. Secolo delle ideologie*, Laterza, Bari 1984.
11 Alain Besançon, *Novecento, il secolo del male. Nazismo, comunismo, Shoa*, prefazione di Vittorio Mathieu, Editrice Ideazione, Roma 2000.
12 John Maynard Keynes, *La fine del lasciar fare*, in Idem, *Teoria generale dell'occupazione, dell'interesse e della moneta e altri scritti*, a cura di Alberto Campolongo, UTET, Torino 1978, p. 94.
13) *Ibidem*.

Scuola Austriaca, appariva, con piena consapevolezza, come distruttrice della stessa civiltà. Nella sua posizione isolata, in un momento in cui sembravano esserci poche speranze per la sopravvivenza delle libertà, poco dopo la metà degli anni Venti, così Mises scriveva: «molti degli uomini e delle donne migliori e più nobili lo hanno seguito [il socialismo, *ndr*] con entusiasmo, ed esso ha rappresentato la stella polare per l'azione di eminenti statisti, ha egemonizzato le cattedre, infiammato i giovani, riempito la mente e il cuore delle ultime generazioni e di quella attuale, al punto che un giorno si potrà giustamente definire la [...] nostra epoca come l'epoca del socialismo»[14].

Non è, quindi, infondato ritenere il Novecento quel secolo (perciò più breve della sua scansione cronologica) segnato dall'avvento, dall'esportazione internazionale e dalla rovina dell'esperimento bolscevico.

Anche Giovanni Paolo II, nell'enciclica *Centesimus annus*[15], in qualche modo faceva suo questo criterio storiografico quando affermava che con la caduta del socialismo reale aveva inizio, «in un certo senso, il vero dopoguerra»[16].

Con molta sagacia e con altrettanta fondatezza, un grande storico tedesco, Ernst Nolte (1923-2016), ha perciò parlato del periodo che va dal 1917 al 1945 come di una *guerra civile europea*[17]; una "guerra civile" determinata dall'instaurazione del nuovo Stato sovietico e soprattutto dall'ideologia soggiacente, una "guerra civile" da considerare il grande evento entro cui interpretare la storia del XX secolo (e, di conseguenza, anche cifra interpretativa del fascismo e del nazionalsocialismo).

---

14   LUDWIG VON MISES, *Liberalismo*, prefazione di Dario Antiseri, Rubbettino, Soveria Mannelli (Catanzaro) 1997, p. 241.
15   Cfr. il capitolo successivo di questo volume, capitolo sull'enciclica *Centesimus annus* del 1991.
16   GIOVANNI PAOLO II, Lettera enciclica *Centesimus annus* nel centenario della *Rerum novarum*, 1.5.1991, n. 28a: «Per alcuni Paesi di Europa inizia, in un certo senso, il vero dopoguerra. Il radicale riordinamento delle economie, fino a ieri collettivizzate, comporta problemi e sacrifici, i quali possono esser paragonati a quelli che i Paesi occidentali del Continente si imposero per la loro ricostruzione dopo il secondo conflitto mondiale».
17   Cfr. ERNST NOLTE, *Nazionalsocialismo e bolscevismo. La guerra civile europea 1917-1945*, Sansoni, Firenze 1989.

8.3. Irriformabilità dell'ideologia

Le considerazioni di Hobsbawm circa il carattere "religioso" dell'ideologia – "religioso" perché "assoluto" e "totalizzante" – richiamano subito alla memoria uno tra i più citati passi della *Centesimus annus*, ove Giovanni Paolo II, a proposito del carattere della politica ideologica, scriveva: «quando gli uomini ritengono di possedere il segreto di un'organizzazione sociale perfetta che renda impossibile il male, ritengono anche di poter usare tutti i mezzi, anche la violenza o la menzogna, per realizzarla. La politica diventa allora una "religione secolare", che si illude di costruire il paradiso in questo mondo»[18].

È questo carattere "soteriologico" che rende le moderne costruzioni politiche portatrici di una carica ideologica terribile e spaventosa. Il comunismo è stato il punto di massima estensione di questa carica ideologica perché in esso il tentativo di realizzare «un'organizzazione sociale perfetta» ha raggiunto il suo punto più alto e il modo più compiuto possibile. Dice bene il filosofo Jean Daujat (1906-1998) quando afferma che «la filosofia di Marx è l'esito, il frutto più maturo, il risultato ultimo di tutto il pensiero moderno»[19]. È – quella del comunismo – la costruzione di un nuovo mondo ad un livello mai toccato sia da ogni altra utopia (che pure ha attraversato le fasi precedenti della storia) sia da ogni altro sistema di pensiero (che pure ne ha costituito le premesse) perché il comunismo, come direbbe Marx, vuole essere rigorosamente "scientifico".

Non è questa la sede per analizzare la nemesi di ogni utopia e per riflettere su quanto sia tristemente vero che ogni mito di paradiso in terra si trasformi presto in inferno[20]. La storia del Novecento si è ampiamente incaricata di dimostrare come – secondo le parole di Kenneth Minogue (1930-2013) – «poche cose sono più distruttive dei sogni politici di perfezione»[21]. Piuttosto ci soffermiamo su un altro

---

18 Giovanni Paolo II, *Centesimus annus*, cit., n. 25c.
19 Jean Daujat, *Conoscere il comunismo*, prefazione di Giovanni Cantoni, Società Editrice Il Falco, Milano 1979, p. 10.
20 Cfr. Besançon, *Novecento, il secolo del male. Nazismo, comunismo, Shoa*, cit.; cfr. Joshua Muravchik, *Il paradiso in terra. Ascesa e caduta del socialismo*, Lindau, Torino 2005.
21 Kenneth Minogue, *La mente servile. La vita morale nell'era della democrazia*, prefazione di Franco Debenedetti, Istituto Bruno Leoni Libri, Torino 2012, p. 398.

importante aspetto che il 1989 ha disvelato. Si tratta della dimostrazione di un carattere tipico dell'ideologia: la sua "irriformabilità".

Dicevamo che il crollo del muro più emblematico della storia non giunse all'improvviso. L'evento della giornata del 9 novembre 1989 fu brusco, quasi fulmineo, ma non fu senza rintracciabilissime cause. Per le menti più avvedute quel momento era tutt'altro che imprevisto. Ma cosa dava luogo a pensare che il più formidabile sistema politico che la vicenda umana abbia mai sperimentato era prossimo alla fine ed i suoi giorni ormai terminati? Se le considerazioni da farsi a riguardo sarebbero tante, privilegiamo ora quella relativa alla "inemendabilità" del sistema.

È irriformabile ciò che non consente adattamenti e modifiche, pena la sua distruzione. Ciò che si scompone ad ogni tentativo di trasformazione – anche solo parziale – è, per sua natura, immodificabile. Il socialismo possiede questa caratteristica per cui sopravvive solo se si radicalizza, non se si modera; solo se si esaspera, non se si mitiga. Può essere sopportato solo nella paura, non può essere accettato per scelta (quando lo si è sperimentato e non solo immaginato). Il comunismo che si riforma non può che snaturare se stesso perché non può esister un comunismo che al suo interno contenga qualcosa che ne nega i postulati essenziali. Ogni rinnovamento suo non può che essere la strada per la sua dissoluzione.

Ecco perché le grandi riforme avviate da Mikhail Gorbaciov (1931-viv.)[22] anziché dare nuova linfa al sistema collettivistico ne decretarono la fine. Infatti, proprio l'impegnativo programma riformistico

---

22 Leonida Breznev, dopo una lunga malattia tenuta nascosta ai mezzi d'informazione, moriva nel novembre 1982. Negli ultimi anni del periodo brezneviano, il sistema economico sovietico manifestava una sempre maggiore difficoltà, incapace di crescere e di svilupparsi, mentre la politica imperialista non si era mai interrotta (nel dicembre del 1979, l'Armata Rossa aveva invaso l'Afghanistan). I successori di Breznev saranno anche gli ultimi e fugaci segretari del PCUS. Venne prima la volta di Yuri Andropov (1982-1984), già capo del KGB, che, dopo un lungo "raffreddore" (così si erano espressi i comunicati ufficiali), scompariva già nel febbraio 1984. Il nuovo segretario del Partito era Kostantin Cernenko (1984-1985) che, però, moriva meno di un anno dopo. Stanchi di eleggere capi in così rapida successione, i *leaders* sovietici misero fine a questa "gerontocrazia" comunista e si decisero a designare un "giovane": l'11 marzo del 1985, dopo la morte ravvicinata di tre segretari del partito, veniva, infatti, eletto Mikhail Gorbaciov. Gorbaciov, che allora aveva solo 54 anni, diventava il nuovo segretario generale del Partito Comunista sovietico restando al potere sino all'agosto del 1991.

affidato alle due parole del vocabolario russo divenute più popolari nel mondo – *glasnost* e *perestrojka* – non potevano che accelerare e ratificare il collasso dell'impero[23]. Con il suo tentativo, l'ultimo leader sovietico ammetteva – e non solo in modo indiretto – l'incapacità della pianificazione politica («l'esperienza del mondo intero ha provato la vitalità e l'efficacia dell'economia di mercato»[24]).

Il sistema comunista non poteva permettersi alcuna crepa interna; l'"ideocrazia" socialista non poteva tollerare alcuna innovazione. Ogni trasformazione – anche minima – dei postulati che reggono l'ideologia non poteva che produrre la crisi dell'intero complesso. Ogni mutamento, mettendo in discussione qualcosa affermata come immutabile, avrebbe necessariamente prodotto il cedimento di tutto l'apparato. L'unico modo per allungare la vita del sistema collettivistico era il pugno di ferro e il rifiuto preconcetto di ogni alternativa alla pianificazione centrale. In altri termini: solo la menzogna ideocratica e la violenza fisica potevano consentire al comunismo di sopravvivere. Ogni seppur minima ammissione di errore, ogni allentamento della logica della repressione avrebbe inevitabilmente comportato una crepa dalle conseguenze tanto inevitabili quanto inarrestabili. Ogni debolezza nei confronti della realtà naturale (ancor più che nei confronti degli avversari politici), avrebbe consentito l'abbandono del sistema, non la legittimazione della sua riformulazione.

La massima espansione mondiale del sistema comunista e la sua più radicata affermazione nelle élite intellettuali negli anni Settanta erano state possibili grazie alla tenuta monolitica di una duplice idea: la superiorità morale del collettivismo e la supremazia economica dell'ordine pianificato. Queste qualità non erano né confermate dai fatti sociali né corroborate dalle teorie scientifiche, ma si attestavano per il loro carattere aprioristico e per la loro capacità egemonica. La vita di quest'illusione che ha coinvolto le migliori menti ed assorbito le più vigorose energie si è potuta perpetrare solo a condizione di non metterla mai in discussione. Viene in mente, a questo proposito, ciò

---

23 Cfr. il capitolo successivo di questo volume, capitolo sull'enciclica *Centesimus annus* del 1991.
24 Così Gorbachev al «New York Times» nell'ottobre del 1990: «The whole world experience proved the vitality and efficiency of the market economy» (http://www.nytimes.com/1990/10/17/world/evolution-in-europe-excerpts-from-gorbachev-s-economic-program.html).

che scrive il politologo americano Murray N. Rothbard (1926-1995) per il quale l'uomo libero è come «quel bambino della favola che ribadisce che l'imperatore è nudo»[25].

Il processo di sgretolamento dell'impero sovietico era iniziato già con il riconoscimento del sindacato libero Solidarnosc a seguito degli scioperi degli operai polacchi (estate 1980) per rendersi, poi, irrevocabile in tutta la sua portata con la politica riformista della *perestrojka* gorbacioviana e manifestarsi, infine, nei suoi ultimi esiti sin da quel 10 settembre del 1989 quando l'Ungheria aprì la frontiera con l'Austria, creando una fatale breccia nella "cortina di ferro". Da quel momento non è stato più possibile contenere lo sfaldamento e l'implosione è stata inesorabile[26].

Se è inemendabile quel sistema che non è in grado di correggersi perché è strutturalmente incapace di farlo, allora si comprende cosa voglia significare considerare il comunismo "irredimibile". Non è possibile privare il comunismo degli aspetti negativi: purificare l'ideologia dai suoi aspetti malefici, significa semplicemente far morire l'ideologia. Ogni tentativo di costruzione di socialismi "dal volto umano" si è sempre scontrato con la natura del socialismo che ha sempre un'anima disumana. Come il sogno di costruire un socialismo che assicurasse la giustizia e l'uguaglianza ha costituito la strada per la massima forma di ingiustizia e la miseria più estrema, così il progetto di riforme della *perestrojka* gorbacioviana non poteva che comportare la dissoluzione di un sistema che può essere migliorato e corretto solo abbandonandolo.

La irreformabilità del sistema – dimostrata dal fallimento del tentativo di trasformarlo dall'interno – aveva già avuto una sua autorevole proclamazione nel lontano 1937 quando, nell'enciclica *Divini Redemptoris*, papa Pio XI era arrivato a dichiarare il comunismo ateo un

---

25 MURRAY N. ROTHBARD, *Per una nuova libertà. Il manifesto libertario*, introduzione di Luigi Marco Bassani, Liberilibri, Macerata 2004, p. 41.
26 È significativa la consapevolezza circa il rimedio da dare ai mali delle società uscite dal blocco sovietico. Lo dimostrano le parole di Václav Klaus (1941-viv.), leader della Repubblica Ceca, che, nel 1989, affermava: «vogliamo un'economia di mercato senza alcun aggettivo. Ogni compromesso servirebbe solo ad aumentare i nostri problemi [...] cercare la cosiddetta terza via è una follia. L'abbiamo sperimentata negli anni Sessanta col socialismo dal volto umano e non ha funzionato. Dobbiamo essere estremamente chiari nello spiegare che non stiamo cercando di ricreare una versione più efficiente di un sistema che ha già fallito» (cit. in MICHAEL NOVAK, *L'etica cattolica e lo spirito del capitalismo*, Edizioni di Comunità, Milano 1999, p. 55).

fenomeno *intrinsecamente perverso*: «communismus cum intrinsecus sit pravus»[27]. È questa l'affermazione più impegnativa – sia da un punto di vista dottrinale, sia da un punto di vista morale, sia da un punto di vista pastorale – che la Chiesa abbia mai espresso nei confronti di un pensiero – quello socialista – che pur ha avuto continue condanne (la prima delle quali risale addirittura al 1846[28], già due anni prima del *Manifesto del Partito Comunista* di Marx ed Engels). Per quanto questa posizione della Chiesa abbia trovato una emblematica conferma nella scomunica comminata nel 1949 a tutti i cattolici che avessero parteggiato per il comunismo[29], tuttavia – dev'essere onestamente riconosciuto – le affermazioni del Magistero non hanno sempre mantenuto lo stesso tenore. In esse, infatti, vi è spesso una incoerenza teorica che, a proposito del socialismo, si esprime con giudizi abbastanza variegati. Ad esempio, lo stesso papa che aveva dichiarato la *intrinseca perversità* del comunismo, solo pochi anni prima non aveva escluso che si potesse giungere anche «al punto che le massime del socialismo più moderato» non fossero considerate discordanti «dai voti e dalle rivendicazioni di coloro che, fondati sui princìpi cristiani, si studiano di riformare la società umana»[30]. Così come poco ci si rende conto che accomunare in un unico giudizio morale il socialismo e il capitalismo comporta forti conseguenze di natura teorica e rivela anche gravi lacune circa la conoscenza delle due tradizioni (nonché rilevanti valutazioni in ordine alle scelte pastorali). Eppure affermazioni come quella contenuta nell'enciclica *Laborem exercens* secondo cui l'insegnamento della «Chiesa, *diverge* radicalmente dal programma del *collettivismo*, [ma...]

---

[27] Pio XI, Lettera enciclica *Divini Redemptoris* sul comunismo ateo, 19.3.1937, n. 58 (Pio XI, Littera encyclica *Divini Redemptoris*, 19.3.1937, in *Acta Apostolicae Sedis*, 29 (1937), p. 96).
[28] Pio IX, Lettera enciclica *Qui pluribus* sugli errori dell'epoca, 9.11.1846, in *Enchiridion delle encicliche/2. Gregorio XVI, Pio IX (1831-1878)*, Edizioni Dehoniane, Bologna 2002, n. 108-119.
[29] Sacra Congregatio S. Office, *Decretum contra communismum*, 1.7.1949, in Henricus Denzinger - Adolfus Schönmetzer, *Enchiridion symbolorum definizionum et declarationum de rebus fidei et morum*, Herder, Barcellona-Friburgo-Roma 1976 n. 3865.
[30] Pio XI, Lettera enciclica *Quadragesimo anno* sull'instaurazione dell'ordine sociale cristiano, 15.5.1931, in *Enchiridion delle encicliche/5. Pio XI (1922-1939)*, Edizioni Dehoniane, Bologna 1995, n. 696.

al tempo stesso, differisce [parimenti] dal *programma del capitalismo*»[31] sono ricorrenti anche nei testi di Giovanni Paolo II.

La *Centesimus annus* non poteva non mettere in relazione «gli avvenimenti del 1989» con la «crisi del marxismo»[32]; a riguardo essa poneva anche in luce, tra le conseguenze positive (stranamente l'enciclica menziona – senza meglio definirle – anche «conseguenze negative» degli «avvenimenti dell'89»[33]), il ritrovato incontro tra la chiesa e quel movimento operaio che «era finito in parte sotto l'egemonia del marxismo»[34]. Il documento tuttavia non si limitava a ricordare quanto questa egemonia abbia sedotto la coscienza operaia, ma rammentava anche come «nel recente passato il sincero desiderio di essere dalla parte degli oppressi e di non esser tagliati fuori dal corso della storia» aveva indotto molti cristiani ad attingere alla dottrina e alla prassi socialista. Il riferimento era particolarmente rivolto a quella "teologia della liberazione" a proposito della quale veniva riaffermata l'impraticabilità di una commistione tra vita evangelica e socialismo. L'«impossibile compromesso tra marxismo e cristianesimo»[35] ribadiva quella condanna totale – che la triste esperienza storica si era incaricata di confermare – di un fenomeno ideologico che non può essere abbracciato senza provocare immani disastri.

---

31 GIOVANNI PAOLO II, Lettera enciclica *Laborem exercens* sul lavoro umano, 14.9.1981, n. 14.
32 GIOVANNI PAOLO II, *Centesimus annus*, cit., n. 26 (in questo paragrafo dell'enciclica le citate affermazioni sono menzionate due volte ciascuna).
33 GIOVANNI PAOLO II, *Centesimus annus*, cit., n. 26a.
34 Il papa proseguiva affermando che ciò è avvenuto «nella convinzione che i proletari, per lottare efficacemente contro l'oppressione, dovessero far proprie le teorie materialistiche ed economicistiche». Questa dichiarazione, però, suppone che vi sia una condizione storica di ingiustizia. Così supponendo, si incorre nel rischio di far propria l'analisi storica di quelle stesse «teorie materialistiche ed economicistiche» (GIOVANNI PAOLO II, *Centesimus annus*, cit., n. 26b).
35 GIOVANNI PAOLO II, *Centesimus annus*, cit., n. 26e.

9

La *Centesimus annus* e l'insegnamento sociale di Giovanni Paolo II

9.1. Il pontificato di Giovanni Paolo II e il rilancio della Dottrina Sociale

Com'è noto, il pontificato di Giovanni Paolo II (1978-2005) è stato tra i più lunghi della storia della Chiesa. L'opera del primo papa polacco[1], nei quasi 27 anni di ministero petrino, si è estesa per l'ultimo quarto del Ventesimo secolo e si è protratta nel nuovo millennio. L'apostolato di Giovanni Paolo II viene ricordato, oltre che per i sorprendenti dati quantitativi (i ricorrenti viaggi, i moltissimi documenti, le quattordici encicliche, gli innumerevoli discorsi, le tante udienze, i grandi raduni e le folle accorse, ecc.), innanzitutto per il profondo segno lasciato sia all'interno della cattolicità che nel complessivo scenario della nostra epoca.

---

1   Karol Wojtyla nacque nel 1920 nei pressi di Cracovia. Presto orfano di madre, si avviò – grazie ai sacrifici del padre – agli studi universitari. Durante i terribili momenti della guerra, il giovane Wojtyla maturò la vocazione al sacerdozio e alla fine del 1946 ricevette l'ordinazione presbiterale. Fu inviato a Roma dove all'Angelicum perfezionò gli studi. Tornato in Polonia si spese tra pastorale parrocchiale e insegnamento universitario (Università Jagellonica a Cracovia e Università Cattolica di Lublino). A soli 38 anni ricevette l'ordinazione episcopale (nel 1958 fu nominato vescovo ausiliare di Cracovia e nel 1964 divenne arcivescovo della città). Partecipò attivamente al Concilio contribuendo ai lavori di stesura della costituzione *Gaudium et spes*. Nel 1967 Paolo VI gli impose la porpora cardinalizia e, alla morte del papa, nel 1978, partecipò al conclave che elesse il patriarca di Venezia, Albino Luciani (che assunse il nome di Giovanni Paolo). Poche settimane dopo, il nuovo conclave indicò Karol Wojtyla quale 263° successore dell'apostolo Pietro. I principali eventi successivi sono pressoché universalmente noti. Ci limitiamo a segnalare l'attentato del 13 maggio 1981, l'anno santo del 1983 e il giubileo del 2000. Papa Wojtyla si spense agli inizi di aprile del 2005.

Più in particolare, per quanto riguarda la dimensione sociale, il pontificato di Giovanni Paolo II è considerato un periodo di rilancio della Dottrina Sociale con un nuovo impulso impresso all'identità cristiana[2]. Papa Wojtyla si avviò a guidare la Chiesa sul finire degli anni Settanta. Era stato quello il decennio più turbolento sotto il profilo pastorale e il più inquieto sotto la dimensione dottrinale. Il nuovo papa aveva trovato una Chiesa tutt'altro che convinta della stessa esistenza di una "Dottrina Sociale" cristiana[3] o dell'efficacia storica della riproposizione di veri e propri principi in materia sociale[4].

Lo sfondo sul quale Giovanni Paolo II avviò il suo ministero era segnato, da un lato, dalla crisi dell'idea stessa di una "Dottrina Sociale" e dalla conseguente eclissi della presenza pubblica dei credenti[5], dall'altro, dalla subalternità alle ideologie che sembravano offrire analisi più adeguate alla comprensione dei problemi politici.

Da sacerdote e da vescovo, Karol Wojtyla aveva già dato prova di grande sensibilità per la missione sociale che scaturisce dal Vangelo; a testimonianza di ciò, val la pena ricordare le sue stesse parole quando, in una nota intervista rilasciata poco prima di essere eletto sulla cattedra di Pietro, aveva affermato: «io ho sperimentato il senso della dottrina sociale della Chiesa quando ero operaio (durante l'occupazione nazista) e lo sperimento adesso che sono pastore e vescovo di

---

2 Cfr. HELEN ALFORD, *The Social Teaching of John Paul II*, in «Oikonomia. Rivista di etica e scienze sociali», anno 9 (2010), n. 2 (giugno), p. 2-3; cfr. ARTURO BELLOCQ, *I fondamenti teologici della Dottrina Sociale della Chiesa: un bilancio del pontificato di Giovanni Paolo II*, in «Annales theologici», anno 27 (2013), fasc. II, p. 421-478; cfr. ROCCO BUTTIGLIONE, *Il problema politico dei cattolici. Dottrina sociale e modernità*, a cura di Pier Luigi Pollini, Piemme, Casale Monferrato (Alessandria) 1993, p. 83s.; cfr. CONGREGAZIONE PER L'EDUCAZIONE CATTOLICA, *In questi ultimi decenni*, cit., n. 26-28; cfr. SERGIO LANZA, *Magistero sociale e teologia sociale*, commento a KAROL WOJTYLA, *La dottrina sociale della Chiesa*, intervista di Vittorio Possenti, Lateran University Press, Città del Vaticano 2007, p. 122; cfr. RAIMONDO SPIAZZI, *Enciclopedia del pensiero sociale cristiano*, Edizioni Studio Domenicano, Bologna 1992, p. 751s.
3 Cfr. MARIE-DOMINIQUE CHENU, *La "doctrine sociale" de l'Église comme idéologie*, Éditions Du Cerf, Paris 1979.
4 Cfr. GIUSEPPE ANGELINI, *I problemi della «dottrina sociale»*, saggio introduttivo a THEODOR HERR, *La dottrina sociale della Chiesa. Manuale di base*, Piemme, Casale Monferrato (Alessandria) 1988, p. IX; cfr. FRANCESCO BOTTURI, *La dottrina sociale cristiana: ragioni di una crisi*, in «Communio», anno 9 (1981), n. 56, p. 48-58.
5 Cfr. CAMILLO RUINI, *Il Vangelo nella nostra storia. Chiesa, cultura e società*, Città Nuova, Roma 1989, p. 161s.

una Chiesa che vive in condizioni particolari»[6]. Divenuto guida della Chiesa universale, Giovanni Paolo II, con la sua azione pastorale e con il suo magistero, ha dato, infatti, grande slancio e nuovo vigore alla Dottrina Sociale[7], tanto che gli anni wojtyliani possono essere definiti come un nuovo arco storico per l'insegnamento sociale della Chiesa[8]. Uno slancio e un vigore che hanno trovato il momento più visibile nelle encicliche *Laborem exercens*, del 1981, e *Sollicitudo rei socialis*, del 1987, ed hanno manifestato il proprio apice nell'enciclica *Centesimus annus* del 1991.

Non sono state certamente queste le uniche occasioni in cui papa Wojtyla si è occupato di problematiche sociali. Esse attraversarono l'intero pontificato sin dai primi mesi. Risalendo a quelli, come non ricordare la preparazione e la partecipazione alla terza assemblea generale della Conferenza episcopale dell'America latina[9] o le significative pagine della prima enciclica, la *Redemptor hominis*[10]?

Sin dal discorso a Puebla, Giovanni Paolo II aveva dovuto

---

6 KAROL WOJTYLA, *La dottrina sociale della Chiesa*, intervista di Vittorio Possenti, commento di Sergio Lanza, Lateran University Press, Città del Vaticano 2007, p. 18.
7 Cfr. PATRICK DE LAUBIER, *Il pensiero sociale della Chiesa Cattolica. Una storia di idee da Leone XIII a Giovanni Paolo II*, Massimo, Milano 1986, p. 166.181s.; cfr. FLAVIO FELICE - PAOLO ASOLAN, *Appunti di dottrina sociale della Chiesa. I cantieri aperti della pastorale sociale*, prefazione di Ettore Gotti Tedeschi, Rubbettino, Soveria Mannelli (Catanzaro) 2008, p. 19.22-23.27s.
8 Cfr. BARTOLOMEO SORGE, *La «ricomposizione» dell'area cattolica in Italia*, Città Nuova, Roma 1979, p. 79-82.
9 Cfr. PLINIO CORREA DE OLIVEIRA, *Il messaggio di Puebla*, in «Cristianità», anno 7 (1979), n. 50-51 (giugno-luglio), p. 6-11; cfr. BENIAMINO DI MARTINO, *L'affermazione del principio dell'"opzione per i poveri": dall'esperimento dei preti-operai alla chiesa di Francesco*, in «Claretianum», anno 55 (2015), n. 55, p. 378-383.
10 «L'uomo che, conformemente all'interiore apertura del suo spirito ed insieme a tanti e così diversi bisogni del suo corpo, della sua esistenza temporale, scrive questa sua storia personale mediante numerosi legami, contatti, situazioni, strutture sociali, che lo uniscono ad altri uomini, e ciò egli fa sin dal primo momento della sua esistenza sulla terra, dal momento del suo concepimento e della sua nascita. L'uomo, nella piena verità della sua esistenza, del suo essere personale ed insieme del suo essere comunitario e sociale – nell'àmbito della propria famiglia, nell'àmbito di società e di contesti tanto diversi, nell'àmbito della propria nazione, o popolo (e, forse, ancora solo del clan, o tribù), nell'àmbito di tutta l'umanità – quest'uomo è la prima strada che la Chiesa deve percorrere nel compimento della sua missione: *egli è la prima e fondamentale via della Chiesa*, via tracciata da Cristo stesso, via che immutabilmente passa attraverso il mistero dell'Incarnazione e della Redenzione» (GIOVANNI PAOLO II, Lettera enciclica *Redemptor hominis* all'inizio del ministero pontificale, 4.3.1979, n. 14).

mettere in guardia la Chiesa latino americana dal facile connubio con le visioni ideologiche e sociologiche che avrebbero ridotto la fede cristiana ad una semplice azione politica. «Teniamo presente – disse il papa – che l'azione della Chiesa in campi come quello della promozione umana, dello sviluppo, della giustizia, dei diritti della persona, vuole rimanere sempre al servizio dell'uomo, e dell'uomo così come lo vede nella visione cristiana della sua antropologia. Essa, infatti, non ha bisogno di ricorrere a sistemi e ideologie per amare, difendere e collaborare alla liberazione dell'uomo: è al centro del messaggio, del quale essa è depositaria e banditrice, che trova ispirazione per operare in favore della fraternità, della giustizia, della pace, contro tutte le dominazioni, schiavitù, discriminazioni, violenze, attentati alla libertà religiosa, aggressioni all'uomo, e quanto attenta alla vita (cfr. *Gaudium et spes*, n. 26.27.29)»[11].

Il tema della "teologia della liberazione" sarà una delle grandi questioni dottrinali che Giovanni Paolo II (soprattutto nella prima decade del suo ministero papale) si trovò a dover affrontare. A riprova di ciò furono le due istruzioni vaticane in materia che, pur avendo suscitato non poche tensioni, vanno considerate documenti tra i più importanti del magistero sociale del pontificato[12]. Sul finire dell'estate del 1984 la Congregazione per la Dottrina della Fede – presieduta solo da un paio di anni dal cardinale Joseph Ratzinger (1927-viv.) – emanò un documento (nella forma dell'"Istruzione") sulla "teologia della liberazione". Alla *Libertatis nuntius* (questo è il titolo del testo)[13] seguì, nella primavera del 1986, un'altra Istruzione dello stesso organismo vaticano, la *Libertatis conscientia*[14]. Mentre il primo documento si concentrava sugli errori della "teologia della liberazione", il secondo si occupava della concezione cristiana della libertà e della liberazione.

Neanche vanno dimenticati interventi quali i discorsi all'ONU o

---

11   Giovanni Paolo II, Discorso alla III Conferenza Generale dell'Episcopato Latinoamericano, Puebla, Messico, 28.1.1979, in *Insegnamenti di Giovanni Paolo II. Volume II/1. 1979*, Libreria Editrice Vaticana, Città del Vaticano 1979, p. 224.
12   Cfr. il commento all'Istruzione sulla "teologia della liberazione" presente nel capitolo 7 di questo volume.
13   Cfr. Congregazione per la Dottrina della Fede, Istruzione *Libertatis nuntius* su alcuni aspetti della "teologia della liberazione", 6.8.1984.
14   Cfr. Congregazione per la Dottrina della Fede, Istruzione *Libertatis conscientia* sulla libertà cristiana e la liberazione, 22.3.1986.

documenti quali quelli sulla famiglia[15] e sul ruolo dei laici[16]. In modo particolare va ricordato un testo assai raramente richiamato (non ve n'è traccia neanche sul portale *web* della Santa Sede), ma che invece andrebbe annoverato tra i più chiari per chi voglia avere un quadro completo dell'insegnamento sociale pontificio. Si tratta degli "Orientamenti per lo studio e l'insegnamento della dottrina sociale della chiesa nella formazione sacerdotale"[17] che, a fine 1988, la Congregazione per l'Educazione Cattolica pubblicò per sottolineare la necessità di dare spazio alla Dottrina Sociale nell'insegnamento teologico. Il documento, non limitandosi solo ad invitare a colmare le lacune a riguardo, si presentava come un vero e proprio manuale della disciplina. Alla natura e alla dimensione storica della Dottrina Sociale venivano dedicati i primi capitoli. Poi il testo si soffermava a esporre i "Principi e valori permanenti", i "Criteri di giudizio" e, quindi, le "Direttive per l'azione". Infine, in due appendici, erano anche proposti sia un indice di argomenti che non dovrebbero mancare di essere trattati nei corsi di Dottrina Sociale, sia un'antologia di testi del magistero sociale.

Sul finire del pontificato (esattamente nell'ottobre del 2004), il Pontificio Consiglio della Giustizia e della Pace pubblicò un *Compendio* dell'insegnamento sociale della Chiesa[18]. Il voluminoso testo (costituito da quasi 600 paragrafi e da oltre 100.000 parole) voleva essere una raccolta ordinata dell'intero *corpus* presentato attraverso continue citazioni dei documenti dei Pontefici, dei Padri e dei Dottori della Chiesa. Si trattava di un'opera che non aveva precedenti a dimostrazione dell'attenzione riservata dal pontificato di papa Wojtyla alle questioni sociali. Vero è che il *Compendio* appare come un'appariscente *Summa* che la semplice valorizzazione dell'agile documento del 1988 avrebbe potuto rendere addirittura superflua.

---

15 Cfr. GIOVANNI PAOLO II, Esortazione apostolica *Familiaris consortio* sui compiti della famiglia cristiana nel mondo di oggi, 22.11.1981; cfr. *Carta dei diritti della famiglia*, 24.11.1983, in *Enchiridion Vaticanum. Documenti ufficiali della Santa Sede/9 (1983-1985)*, Edizioni Dehoniane, Bologna 1987, n. 538-552.
16 Cfr. GIOVANNI PAOLO II, Esortazione apostolica post-sinodale *Christifideles laici* sulla vocazione e missione dei laici nella Chiesa e nel mondo, 30.12.1988.
17 Cfr. *Ibidem*, n. 73.
18 PONTIFICIO CONSIGLIO DELLA GIUSTIZIA E DELLA PACE, *Compendio della Dottrina Sociale della Chiesa*, Libreria Editrice Vaticana, Città del Vaticano 2004.

9.2. Le encicliche del 1981 e del 1987

Accanto a questi molteplici momenti magisteriali che hanno – pur rilevantemente – caratterizzato il pontificato di Giovanni Paolo II, occorre dare uno spazio particolare alle encicliche sociali precedenti alla *Centesimus annus*: la *Laborem exercens* e la *Sollicitudo rei socialis*.

La prima domanda da porsi è: i tre documenti hanno un filo conduttore? A nostro avviso no, nel senso che – oltre ciò che si può, più o meno adeguatamente, cogliere – ciascuno di essi è il frutto di stesure occasionali e contingenti e non sarebbe giusto vedere in questo trittico un progetto di grande respiro che vada al di là di testi che vanno, piuttosto, contestualizzati. Contrapposto a questa considerazione è il commento dell'allora cardinale Joseph Ratzinger che, negli ultimi anni di papa Wojtyla, esponendone il magistero, così si espresse: «le tre grandi encicliche sociali applicano l'antropologia del papa alla problematica sociale del nostro tempo. Giovanni Paolo II sottolinea il primato dell'uomo sui mezzi di produzione, il primato del lavoro sul capitale ed il primato dell'etica sulla tecnica. Al centro c'è la dignità dell'uomo, che è sempre un fine e giammai un mezzo. A partire da qui si chiariscono le grandi questioni attuali della problematica sociale in contrapposizione critica tanto con il marxismo che con il liberalismo»[19].

Ad ogni modo, proviamo a scendere in qualche dettaglio.

A novant'anni dalla *Rerum novarum* di Leone XIII, papa Wojtyla firmò la sua prima enciclica sociale[20]. La *Laborem exercens* reca la data del 14 settembre 1981[21] con un vistoso ritardo rispetto alla data prevista del 15 maggio, anniversario del documento del 1891: infatti,

---

19   Joseph Ratzinger, *Le quattordici encicliche del Santo Padre Giovanni Paolo II*, conferenza alla Pontificia Università Lateranense, 9.5.2003.
20   Come già accennavamo, Giovanni Paolo II ha promulgato quattordici "lettere encicliche". La prima enciclica sociale giunse dopo la *Redemptor hominis* (4 marzo 1979) e la *Dives in misericordia* (30 novembre 1980). Dopo la *Laborem exercens* seguirono la *Slavorum apostoli* (2 giugno 1985), la *Dominum et vivificantem* (18 maggio 1986), la *Redemptoris Mater* (25 marzo 1987), la *Sollicitudo rei socialis* (30 dicembre 1987), la *Redemptoris missio* (7 dicembre 1990), la *Centesimus annus* (1° maggio 1991), la *Veritatis splendor* (6 agosto 1993), la *Evangelium vitae* (25 marzo 1995), la *Ut unum sint* (25 maggio 1995), la *Fides et ratio* (14 settembre 1998) e la *Ecclesia de eucharistia* (17 aprile 2003).
21   Giovanni Paolo II, Lettera enciclica *Laborem exercens* sul lavoro umano nel 90° anniversario della *Rerum novarum*, 14.9.1981.

l'attentato del 13 maggio – e la lunga degenza che ne seguì – impedì la divulgazione per alcuni mesi.

Com'è impresso già nel titolo, l'intera enciclica ruotava intorno al tema del lavoro umano[22], un tema che era particolarmente caro al papa e non solo a causa della sua esperienza giovanile di manovale; lo era innanzitutto perché carico di significati umani e cristiani, religiosi e antropologici[23], ma anche perché il problema del lavoro veniva considerato centro e chiave della questione sociale[24].

Considerare, però, il lavoro come causa del meccanismo economico ha indotto autorevoli economisti a ritenere la prospettiva cattolica viziata in modo tale da impedire quello sviluppo, solo dal quale può venire l'allargamento dell'occupazione[25].

Altro punto controverso sotto il profilo scientifico è il primato che il pensiero cattolico tradizionalmente accorda al lavoro rispetto al capitale. L'enciclica ribadiva questa prospettiva: «questo principio riguarda direttamente il processo stesso di produzione, in rapporto al quale il lavoro è sempre una causa efficiente primaria, mentre il "capitale", essendo l'insieme dei mezzi di produzione, rimane solo uno strumento o la causa strumentale. Questo principio è verità evidente che risulta da tutta l'esperienza storica dell'uomo»[26]. Tale visione, però, non risulta pienamente adeguata sotto l'aspetto economico perché i due elementi non possono e non dovrebbero mai essere contrapposti[27]. D'altra parte, nella stessa enciclica veniva affermato: «è evidente che, quando si parla dell'antinomia tra lavoro e capitale, non si tratta solo di concetti astratti o di "forze anonime", operanti nella produzione economica. Dietro l'uno e l'altro concetto ci sono gli uomini, gli uomini

---

22 Cfr. Aa. Vv., *Lavoro e Chiesa. oggi. Per una lettura della "Laborem exercens"*, Vita e Pensiero, Milano 1987; cfr. GIOVANNI CANTONI, *Dottrina Sociale e lavoro umano nel messaggio della "Laborem exercens"*, in «Cristianità», anno 9 (1981), n. 78-79 (ottobre-novembre), p. 1-20.
23 Cfr. ROCCO BUTTIGLIONE, *L'uomo e il lavoro. Riflessioni sull'enciclica "Laborem exercens"*, CSEO, Bologna 1982; cfr. LESTER DEKOSTER, *Cos'è il lavoro? Una prospettiva cristiana*, a cura di Giuseppe Sabella, Cantagalli, Siena 2014.
24 Cfr. GIOVANNI PAOLO II, *Laborem exercens*, cit., n. 2-3.
25 Cfr. Ludwig von MISES, *Politica economica. Riflessioni per oggi e per domani*, introduzione di Lorenzo Infantino, Liberilibri, Macerata 2007, p. 15.
26 GIOVANNI PAOLO II, *Laborem exercens*, cit., n. 12.
27 Cfr. HENRY HAZLITT, *L'economia in una lezione. Capire i fondamenti della scienza economica*, Istituto Bruno Leoni Libri, Torino 2012, p. 140.

vivi, concreti; da una parte coloro, che eseguono il lavoro senza essere proprietari dei mezzi di produzione, e dall'altra coloro, che fungono da imprenditori e sono i proprietari di questi mezzi, oppure rappresentano i proprietari»[28].

I testi dei pontefici – sin dalla *Rerum novarum*[29] – hanno costantemente escluso l'equiparazione tra lavoro e merce; non essendo una merce, quindi, il lavoro non sarebbe soggetto a libera contrattazione. Anche l'enciclica del 1981 ribadiva questo principio[30]. Ma, anche in questo caso, alcuni economisti si domandano quale differenza vi sia tra il lavoro in sé e il prodotto del lavoro: è possibile distinguere questo da quello? Cos'è il lavoro se non ciò che esso produce?[31]. Anche uno studioso cattolico come Luca Diotallevi (1959-viv.) non teme di domandarsi «... di quale e radicale attacco alla dignità della persona sia la relativizzazione, il disprezzo o addirittura la negazione del valore (*non solo economico!*) del fatto che il lavoro umano abbia anche un valore economico monetizzabile»[32].

---

28 Giovanni Paolo II, *Laborem exercens*, cit., n. 14.
29 Cfr. Leone XIII, Lettera enciclica *Rerum novarum* sulla condizione degli operai, 15.5.1891, in *Enchiridion delle Encicliche/3. Leone XIII (1878-1903)*, Edizioni Dehoniane, Bologna 1999, n. 833.920-921.
30 «... il lavoro era inteso e trattato come una specie di "merce", che il lavoratore – e specialmente l'operaio dell'industria – vende al datore di lavoro, che è al tempo stesso possessore del capitale, cioè dell'insieme degli strumenti di lavoro e dei mezzi che rendono possibile la produzione. Questo modo di concepire il lavoro era diffuso, in particolare, nella prima metà del secolo XIX. In seguito le esplicite formulazioni di questo tipo sono pressoché sparite, cedendo ad un modo più umano di pensare e di valutare il lavoro. L'interazione fra l'uomo del lavoro e l'insieme degli strumenti e dei mezzi di produzione ha dato luogo all'evolversi di diverse forme di capitalismo – parallelamente a diverse forme di collettivismo – dove si sono inseriti altri elementi socio-economici a seguito di nuove circostanze concrete, dell'opera delle associazioni dei lavoratori e dei poteri pubblici, dell'apparire di grandi imprese transnazionali. Ciononostante, il *pericolo* di trattare il lavoro come una "merce *sui generis*", o come una anonima "forza" necessaria alla produzione (si parla addirittura di "forza-lavoro"), *esiste sempre*, e specialmente qualora tutta la visuale della problematica economica sia caratterizzata dalle premesse dell'economismo materialistico» (*Laborem exercens*, n. 7).
31 Cfr. Ludwig von Mises, *L'azione umana. Trattato di economia*, prefazione di Lorenzo Infantino, Rubbettino, Soveria Mannelli (Catanzaro) 2016, p. 820s.855s.
32 Luca Diotallevi, *La funzione del denaro (e... il denaro anche come fine). Alcune osservazioni sociologiche*, in Flavio Felice - Gennaro Taiani (a cura di), *Il denaro deve servire non governare. Atti del Colloquio Internazionale di Dottrina Sociale della Chiesa*, Lateran University Press, Città del Vaticano 2014, p. 38.

La Dottrina Sociale della Chiesa ha regolarmente sostenuto – conseguentemente al rifiuto di considerare il lavoro qualcosa di soggetto alle leggi del libero mercato – che il salario non può essere soggetto a fluttuazione o a negoziazione[33]. È questa la teoria del "giusto salario" che anche la *Laborem exercens*[34] riaffermava: «il problema-chiave dell'etica sociale [...] in questo caso, è quello della *giusta remunerazione* per il lavoro che viene eseguito. Non c'è nel contesto attuale un altro modo più importante per realizzare la giustizia nei rapporti lavoratore-datore di lavoro, di quello costituito appunto dalla remunerazione del lavoro. Indipendentemente dal fatto che questo lavoro si effettui nel sistema della proprietà privata dei mezzi di produzione oppure in un sistema, nel quale questa proprietà ha subìto una specie di "socializzazione", il rapporto tra il datore di lavoro (prima di tutto diretto) e il lavoratore si risolve in base al salario, cioè mediante la giusta remunerazione del lavoro che è stato eseguito»[35].

Anche autori cattolici hanno obiettato circa la correttezza morale (oltre che sociale e scientifica) dell'esistenza di un salario che sia oggettivamente giusto, indipendentemente dalle situazioni[36]. Ancora Diotallevi osserva: «non è difficile rendersi conto di quanto sia grande il pericolo che corre la dignità umana ogniqualvolta si chiede che sia una qualche autorità, economica o addirittura extraeconomica, a stabilire quale sia il "salario giusto" per una mansione»[37].

È, infatti, inevitabile che l'orientamento magisteriale in materia di lavoro postuli un massiccio intervento dell'autorità politica fortemente disciplinante e regolatrice. E, proprio a partire da ciò che riguarda il lavoro e la disoccupazione, la *Laborem exercens* descriveva i compiti dello Stato.

Definendo il nuovo concetto di «datore di lavoro "indiretto"», papa Wojtyla[38] diceva che in questa nozione «entrano sia le persone sia

---

33   A proposito di ciò che riguarda il tema del "giusto salario", cfr. anche il capitolo 1 di questo testo sull'insegnamento di Leone XIII.
34   Cfr. Norbert Mette, *Socialismo e capitalismo nella dottrina sociale dei papi*, in «Concilium», anno 27 (1991), n. 5, p. 55.
35   Giovanni Paolo II, *Laborem exercens*, cit., n. 19.
36   Cfr. Alejandro A. Chafuen, *Cristiani per la libertà. Radici cattoliche dell'economia di mercato*, introduzione di Dario Antiseri, Liberilibri, Macerata 2007, p. 178-183.
37   Diotallevi, *La funzione del denaro (e... il denaro anche come fine). Alcune osservazioni sociologiche*, cit., p. 38.
38   Giovanni Paolo II, *Laborem exercens*, cit., n. 16-17.

le istituzioni di vario tipo, come anche i contratti collettivi di lavoro e i principi di comportamento, stabiliti da queste persone ed istituzioni, i quali determinano tutto il sistema socio-economico o [che] da esso risultano»[39]. Giovanni Paolo II sosteneva che tutto ciò non può che applicarsi innanzitutto allo Stato: «è, infatti, lo Stato che deve condurre una giusta politica del lavoro»[40]. Con queste premesse, il papa si spingeva a considerare il ruolo che lo Stato deve impegnativamente e direttamente affrontare per «contrapporsi al pericolo della disoccupazione»[41]. Affiorano, fatalmente, tutti i limiti dell'economia keynesiana[42] che la Chiesa dimostra di far incautamente propria, seppur con qualche riequilibrio non solo insufficiente, ma vieppiù generatore di confusione («Questa sollecitudine globale in definitiva grava sulle spalle dello Stato, ma non può significare una centralizzazione unilateralmente operata dai pubblici poteri...»[43]). Le parole del pontefice erano assai vincolanti[44] e giungevano ad evocare «una pianificazione globale»[45].

Scriveva, infatti, il papa: «per assicurare a tutti un'occupazione, le istanze che sono state qui definite come datore di lavoro indiretto devono provvedere ad una pianificazione globale in riferimento a quel banco di lavoro differenziato, presso il quale si forma la vita non solo economica, ma anche culturale di una data società; esse devono fare attenzione, inoltre, alla corretta e razionale organizzazione del lavoro a tale banco»[46]. Giovanni Paolo II concludeva affermando, da un lato, che «questa sollecitudine globale in definitiva grava sulle spalle

---

39 *Ibidem*, n. 17a.
40 *Ibidem*, n. 17b.
41 *Ibidem*, n. 18b.
42 Cfr. JAMES M. BUCHANAN - RICHARD WAGNER, *La democrazia in deficit. L'eredità politica di lord Keynes*, a cura di Domenico da Empoli, Armando, Roma 1997, p. 191s.; cfr. FRIEDRICH A. VON HAYEK, *Nuovi studi di filosofia, politica, economia e storia delle idee*, Armando, Roma 1988, p. 222s.; cfr. HENRY HAZLITT, *L'economia in una lezione. Capire i fondamenti della scienza economica*, Istituto Bruno Leoni Libri, Torino 2012, p. 55.69s.; cfr. HUNTER LEWIS, *Tutti gli errori di Keynes. Perché gli Stati continuano a creare inflazione, bolle speculative e crisi finanziarie*, prefazione di Francesco Forte, Istituto Bruno Leoni Libri, Torino 2010, p. 294.
43 GIOVANNI PAOLO II, *Laborem exercens*, cit., n. 18b.
44 Cfr. MARIO TOSO, *Welfare Society. La riforma del welfare: l'apporto dei pontefici*, Libreria Ateneo Salesiano, Roma 2003, p. 413-414.536.583s.
45 GIOVANNI PAOLO II, *Laborem exercens*, cit., n. 18b.
46 *Ibidem*.

dello Stato»[47] e, dall'altro – come è consuetudine nei passi magisteriali quando occorre controbilanciare affermazioni arrischiate –, che ciò «non può significare una centralizzazione unilateralmente operata dai pubblici poteri»[48] perché si tratterebbe «di una giusta e razionale coordinazione, nel quadro della quale deve essere garantita l'iniziativa delle singole persone, dei gruppi liberi, dei centri e complessi di lavoro locali»[49].

Come conseguenza della riflessione sul lavoro, nelle parole dell'enciclica emergeva non solo un indiretto giudizio nei confronti del capitalismo, ma anche una valutazione esplicita di esso. Anche se si riconoscevano varie fasi e si distingueva un «primitivo capitalismo»[50] (o «"rigido" capitalismo»[51]) e un capitalismo recente, nei confronti di questo orientamento economico si manteneva un atteggiamento di sospetto e ad esso si attribuivano errori[52] ed, in modo particolare, quello dell'economicismo[53]. Il ragionamento, però, sembra compromesso da un pregiudizio che non consente di comprendere la natura stessa della libera economia[54], un preconcetto che si manifestava lì ove il liberalismo, essendo «inteso come ideologia del capitalismo»[55], veniva posto sullo stesso piano del collettivismo.

È questo l'ultimo aspetto che ci preme rilevare della prima enciclica sociale di Giovanni Paolo II: la sostanziale equiparazione dei due sistemi economici. Dinanzi a questa assimilazione, risultava inevitabile che la Chiesa mantenesse la distanza da entrambi[56]. Ed infatti, nel delineare il rapporto tra lavoro e proprietà e per spiegare la dottrina cattolica in merito al «problema della proprietà», papa Wojtyla affermava che l'insegnamento della «Chiesa, *diverge* radicalmente dal

---

47 *Ibidem*.
48 *Ibidem*.
49 *Ibidem*.
50 *Ibidem*, n. 7.13.
51 *Ibidem*, n. 14.
52 Cfr. *ibidem*, n. 7.13.
53 Cfr. *ibidem*, n. 11.
54 Cfr. MICHAEL NOVAK, *Lo spirito del capitalismo democratico e il cristianesimo*, presentazione di Angelo Tosato, Studium, Roma 1987, p. 328-329.
55 GIOVANNI PAOLO II, *Laborem exercens*, cit., n. 11.
56 Cfr. ROBERT SIRICO, *Il personalismo economico e la società libera*, a cura di Flavio Felice, Rubbettino, Soveria Mannelli (Catanzaro) 2001, p. 117.

programma del *collettivismo*, [...] al tempo stesso, differisce dal *programma del capitalismo*»[57].

Tra la prima e la seconda enciclica sociale, Giovanni Paolo promulgò altri due documenti che, per quanto avessero ad oggetto temi squisitamente teologici, meritano un posto non secondario nella storia dell'insegnamento sociale della Chiesa.

Il primo di questi è l'esortazione apostolica *Reconciliatio et paenitentia*[58] che rispondeva – con una compiutezza non più superata – alla questione del "peccato sociale". Sullo sfondo vi era il tema delle "strutture di peccato", che non solo rappresentava una problematica cara alla "teologia della liberazione", ma era anche divenuta una vera e propria categoria concettuale nel campo della morale teologica. Negli anni delle Istruzioni vaticane sulla "teologia della liberazione" (la seconda delle quali richiamò il passo della *Reconciliatio et paenitentia*[59]), era già intervenuto papa Wojtyla in merito. Nell'assemblea sinodale del 1983 aveva detto: «si può e si deve parlare in senso analogico di peccato sociale, e anche di "peccato strutturale" – giacché il peccato è propriamente un atto della persona – per noi, in quanto pastori e teologi, nasce il problema seguente: quale penitenza e quale riconciliazione sociale debbano corrispondere a questo peccato "analogico"»[60].

Il punto da cui parte ogni tentativo di spiegazione di questo male "analogico" è l'imprescindibile carattere personale del peccato: «il peccato, in senso vero e proprio, è sempre un atto della persona, perché è un atto di libertà di un singolo uomo, e non propriamente di un gruppo o di una comunità»[61]. Nei testi magisteriali questo carattere è riaffermato e ciò provoca almeno due grandi considerazioni, al tempo stesso, di ordine antropologico e di ordine soteriologico.

Innanzitutto la natura personale del peccato suppone e conferma

---

57   Giovanni Paolo II, *Laborem exercens*, cit., n. 14b.
58   Giovanni Paolo II, Esortazione apostolica postsinodale *Reconciliatio et paenitentia* circa la riconciliazione e la penitenza nella missione della Chiesa oggi, 2.12.1984, n. 14b.
59   Cfr. Congregazione per la Dottrina della Fede, Istruzione *Libertatis conscientia* sulla libertà cristiana e la liberazione, 22.3.1986, n. 75d.
60   Giovanni Paolo II, Discorso a conclusione della VI Assemblea generale del Sinodo dei Vescovi, 29.10.1983, in *Insegnamenti di Giovanni Paolo II. Volume VI/2. 1983*, Libreria Editrice Vaticana, Città del Vaticano 1984, p. 906-907.
61   Pontificio Consiglio della Giustizia e della Pace, *Compendio della Dottrina Sociale della Chiesa*, Libreria Editrice Vaticana, Città del Vaticano 2004, n. 117.

il primato della persona su ogni struttura sociale e su ogni istituzione politica. Se il male è sempre e comunque riconducibile all'uomo e soltanto all'uomo, allora significa che strutture e istituzioni sono solo creature dell'uomo e non sono imputabili di meriti o di colpe. Uomini buoni danno luogo a strutture buone, uomini cattivi generano istituzioni cattive. È vero che esistono sistemi sociali intrinsecamente morali e sistemi sociali oggettivamente disumani; è vero che i primi migliorano le persone e i secondi abbrutiscono gli uomini. Ma tutto ciò trova sempre origine in scelte personali ed ha sempre a che fare con le decisioni di ciascun uomo in qualsiasi modo coinvolto. «Quest'uomo – affermava Giovanni Paolo II nella *Reconciliatio et paenitentia* – può essere condizionato, premuto, spinto da non pochi né lievi fattori esterni, come anche può essere soggetto a tendenze, tare, abitudini legate alla sua condizione personale. In non pochi casi tali fattori esterni e interni possono attenuare, in maggiore o minore misura, la sua libertà e, quindi, la sua responsabilità e colpevolezza. Ma è una verità di fede, confermata anche dalla nostra esperienza e ragione, che la persona umana è libera. Non si può ignorare questa verità, per scaricare su realtà esterne – le strutture, i sistemi, gli altri – il peccato dei singoli»[62].

Fondamentalmente, occorre capire se il bene e il male sussistono nell'uomo o nelle cose, nelle persone o negli aggregati. Dalla risposta che si dà a questa domanda si rivela se ci si pone in linea con l'antropologia cristiana o da questa ci si distanzia radicalmente. L'unico soggetto operante nella storia è il singolo uomo[63], non certo le entità collettive che sono unicamente costituite da persone perché «la società vive e agisce solo negli individui»[64].

Ogni approccio per affrontare correttamente i problemi sociali

---

62 GIOVANNI PAOLO II, *Reconciliatio et paenitentia*, cit., n. 16a.
63 Questo caposaldo trova una sua affermazione nel modo con cui Cristo prese posizione a proposito del dibattito sul puro e sull'impuro. Nelle parole di Gesù, emerge chiaramente che le scelte morali riguardano solo l'uomo e la sua interiorità: «non c'è nulla fuori dell'uomo che, entrando in lui, possa contaminarlo; sono invece le cose che escono dall'uomo a contaminarlo» (Marco 7, 15); «Ciò che esce dall'uomo, questo sì contamina l'uomo. Dal di dentro infatti, cioè dal cuore degli uomini, escono le intenzioni cattive: fornicazioni, furti, omicidi, adultèri, cupidigie, malvagità, inganno, impudicizia, invidia, calunnia, superbia, stoltezza. Tutte queste cose cattive vengono fuori dal di dentro e contaminano l'uomo» (Marco 7, 21-23).
64 LUDWIG VON MISES, *Socialismo. Analisi economica e sociologica*, a cura di Dario Antiseri, Rusconi, Milano 1990, p. 563.

non può che partire dall'esame del comportamento delle singole persone. Questo criterio di analisi (propriamente scientifica) si qualifica come "individualismo metodologico"[65] ed ha il merito di mettere in luce tutte le debolezze dell'approccio socialista, bene identificabile quale "collettivismo metodologico". Le lapidarie affermazioni dell'economista Mises rappresentano un singolare *pendant* alla concezione personale del peccato; scriveva, infatti, il grande economista: «è sempre l'individuo che pensa. La società non pensa più di quanto mangi o beva»[66] dato che «solo l'individuo pensa. Solo l'individuo ragiona. Solo l'individuo agisce»[67].

Se tutto ciò rappresenta qualcosa di abbastanza evidente, allora da questa stessa centralità riconosciuta alla persona scaturisce anche la consapevolezza della sua responsabilità. È questa la seconda delle due considerazioni antropologiche e soteriologiche che intendiamo richiamare.

Per quanto paradossale possa sembrare, in realtà, ciò che la tradizione cristiana chiama "peccato" è il più diretto riconoscimento della dignità della persona. La responsabilità è quella condizione che attesta la libertà. Chi è costituito in responsabilità è libero; quando si nega la responsabilità, si attenta alla libertà. Giovanni Paolo II, riguardo all'idea di scaricare le responsabilità dalle spalle dell'individuo e attribuire le colpe unicamente alla società, scriveva che ciò comporterebbe «cancellare la dignità e la libertà della persona, [dignità e la libertà, *ndr*] che si rivelano – sia pure negativamente e disastrosamente – anche [nella] responsabilità per il peccato commesso. Perciò, in ogni uomo non c'è nulla di tanto personale e intrasferibile quanto il merito della virtù o la responsabilità della colpa»[68]. Effettivamente la centralità e la dignità della persona sono richiamate e indicate indirettamente – ma formidabilmente – dalla tesi della responsabilità dell'uomo tutt'altro che incapace o passivo nei confronti del divenire sociale.

Quando, quindi, l'istruzione del 1984 dichiarava che «la radice

---

65 Guardato con ingiustificata diffidenza dai pensatori cattolici, questo metodo, nella sua forma più coerente e compiuta, è stato espresso dai teorici della cosiddetta Scuola Austriaca di economia: Ludwig von Mises, Friedrich von Hayek, Murray N. Rothbard.
66 MISES, *L'azione umana. Trattato di economia*, cit., p. 221.
67 MISES, *Socialismo. Analisi economica e sociologica*, cit., p. 139.
68 GIOVANNI PAOLO II, *Reconciliatio et paenitentia*, cit., n. 16a.

del male risiede dunque nelle persone libere e responsabili»[69] offriva – benché non sempre in modo convincente – un contributo a ristabilire il presupposto antropologico (e soteriologico) su cui si è edificata la civiltà cristiana ed occidentale.

Il secondo documento che merita di essere citato tra le principali pagine del magistero sociale è l'enciclica *Dominum et vivificantem* sullo Spirito Santo[70]. Pochi anni dopo la *Laborem exercens* e solo un anno prima della *Sollicitudo rei socialis* (entrambe hanno riproposto la equiparazione dei due sistemi economici), nell'enciclica sullo Spirito Santo è presente la condanna del comunismo a proposito del materialismo teorico e pratico. Il marxismo, in questo testo, veniva giudicato quale «massima espressione» del materialismo e considerato quale suprema «resistenza allo Spirito Santo» nella storia[71]. Le impegnative parole del documento papale sono un'eco del modo di valutare – in chiave negativa[72] o in chiava positiva[73] – la filosofia di Marx quale punto estremo e più avanzato della modernità.

Nel 1987 Giovanni Paolo II promulgò la sua seconda enciclica sociale. Come la prima (così sarà anche per la *Centesimus annus*), anche la *Sollicitudo rei socialis*[74] nasceva intorno all'anniversario di un'enciclica precedente. Era la prima volta, però, che l'anniversario non riguardava

---

69 Congregazione per la Dottrina della Fede, Istruzione *Libertatis nuntius* su alcuni aspetti della "teologia della liberazione", 6.8.1984, n. IV.15.
70 Giovanni Paolo II, Lettera enciclica *Dominum et vivificantem* sullo Spirito Santo nella vita della Chiesa e del mondo, 18.5.1986.
71 *Ibidem*, n. 56 («La resistenza allo Spirito Santo [...] trova nelle varie epoche della storia e, specialmente, nell'epoca moderna la sua dimensione esteriore, concretizzandosi come contenuto della cultura e della civiltà, come sistema filosofico, come ideologia, come programma di azione e di formazione dei comportamenti umani. Essa trova la sua massima espressione nel materialismo, sia nella sua forma teorica, come sistema di pensiero, sia nella sua forma pratica, come metodo di lettura e di valutazione dei fatti e come programma, altresì, di condotta corrispondente. Il sistema che ha dato il massimo sviluppo e ha portato alle estreme conseguenze operative questa forma di pensiero, di ideologia e di prassi, è il materialismo dialettico e storico, riconosciuto tuttora come sostanza vitale del marxismo»).
72 Cfr. Jean Daujat, *Conoscere il comunismo*, prefazione di Giovanni Cantoni, Società Editrice Il Falco, Milano 1979, p. 10.
73 Cfr. Antonio Gramsci, *Quaderni del carcere*, Einaudi, Torino 1975, vol. 3, p. 1860.
74 Giovanni Paolo II, Lettera enciclica *Sollicitudo rei socialis* nel ventesimo anniversario della *Populorum progressio*, 30.12.1987.

la *Rerum novarum*, bensì la *Populorum progressio* che vent'anni prima era stata pubblicata da Paolo VI[75].

Concentriamoci su alcuni elementi di questo documento wojtyliano. Innanzitutto sulla solidarietà[76] che anche il titolo dell'enciclica sembra evocare e che, quale principio cristiano ordinatore della società, attraversa il testo. Si potrebbe anche arrivare a dire che la *Sollicitudo rei socialis* può essere considerata un manifesto della solidarietà così come la *Centesimus annus* può esserlo della sussidiarietà. Infatti il concetto della solidarietà è particolarmente sottolineato nella *Sollicitudo rei socialis*[77] tanto da costituire «il *leimotiv* dell'enciclica»[78].

Accanto a questo tema, tra gli altri contenuti del documento[79], diciamo qualcosa solo circa l'equidistanza rispetto ai due sistemi e il rifiuto a considerare la dottrina sociale della Chiesa quale "terza via" tra capitalismo e socialismo.

Ricalcando anche la *Laborem exercens* che aveva dichiarato l'insegnamento della Chiesa divergente tanto dal programma del collettivismo quanto dal programma del capitalismo[80], nella *Sollicitudo rei socialis* veniva riproposta la critica ai due sistemi: «la dottrina sociale della Chiesa – asseriva l'enciclica – assume un atteggiamento critico nei confronti sia del capitalismo liberista sia del collettivismo marxista»[81]. Più avanti si sottolineava anche: «è da rilevare, pertanto, che un mondo diviso in blocchi, sostenuti da ideologie rigide, dove, invece dell'interdipendenza e della solidarietà, dominano differenti forme di

---

[75] PAOLO VI, Lettera enciclica *Populorum progressio* sullo sviluppo dei popoli, 26.3.1967.
[76] Cfr. BENIAMINO DI MARTINO, *La Dottrina Sociale Cattolica. Principi fondamentali*, Nerbini, Firenze 2016, p. 91-121.
[77] Cfr. CONGREGAZIONE PER L'EDUCAZIONE CATTOLICA, Documento *In questi ultimi decenni*. Orientamenti per lo studio e l'insegnamento della Dottrina Sociale della Chiesa nella formazione sacerdotale, 30.12.1988, n. 38a.
[78] ATTILIO DANESE, *Riscoprire la politica. Storia e prospettive*, Città Nuova, Roma, 1989, p. 132.
[79] Cfr. GIANNI COLZANI, *Per una lettura teologica della "Sollicitudo rei socialis"*, in «Aggiornamenti Sociali», anno 39 (1988), n. 9/10, p. 571-589; cfr. GIUSEPPE SCIDA, *Interdipendenza e complessità del mondo contemporaneo nella "Sollicitudo rei socialis"*, in «Aggiornamenti Sociali», anno 39 (1988), n. 11, p. 673-686.
[80] Cfr. GIOVANNI PAOLO II, *Laborem exercens*, cit., n. 14b.
[81] GIOVANNI PAOLO II, *Sollicitudo rei socialis*, cit., n. 21.

imperialismo, non può che essere un mondo sottomesso a "strutture di peccato"»[82].

Da notare che nel testo non si menzionava né la parola "socialismo" né il termine "comunismo". Tre volte si citava il "collettivismo", ma in due di esse solo per mettere il capitalismo sullo stesso piano del marxismo. Ciò sembra ancora determinato dal clima di soggezione culturale, nonostante tutti i segnali dell'imminente fine del sistema sovietico. E solo quattro anni dopo la *Centesimus annus* avrà ben altro tono.

D'altra parte, alcuni mesi prima della promulgazione della *Sollicitudo rei socialis*, Giovanni Paolo II – in occasione della solenne celebrazione del XX anniversario della *Populorum progressio* – richiamando la nozione di progresso «richiesta dalla vocazione propria dell'uomo e dalla sua finalità temporale, ed eterna», dichiarava che questo stesso progresso «svolge una critica penetrante sia delle varie forme di capitalismo liberale, sia dei sistemi totalitari, ispirati al collettivismo»[83]. E proprio nell'enciclica con cui si intese commemorare la *Populorum progressio*, papa Wojtyla, sottolineando la distanza sul piano economico tra il mondo più sviluppato e quello meno sviluppato, scriveva: «la dottrina sociale della Chiesa assume un atteggiamento critico nei confronti sia del capitalismo liberista sia del collettivismo marxista»[84].

Nonostante le critiche al capitalismo liberale, la *Sollicitudo rei socialis* si poneva a difesa dell'imprenditorialità e della sua funzione sociale. Nell'enciclica del 1987, infatti, si legge: «occorre rilevare che nel mondo d'oggi, tra gli altri diritti, viene spesso soffocato il diritto di iniziativa economica. Eppure si tratta di un diritto importante non solo per il singolo individuo, ma anche per il bene comune. L'esperienza ci dimostra che la negazione di un tale diritto, o la sua limitazione in nome di una pretesa "eguaglianza" di tutti nella società riduce, o addirittura distrugge di fatto lo spirito d'iniziativa, cioè la soggettività creativa del cittadino. Di conseguenza sorge, in questo modo, non tanto una vera eguaglianza, quanto un "livellamento in basso". Al posto dell'iniziativa creativa nasce la passività, la dipendenza e la

---

82 *Ibidem*, n. 36.
83 Giovanni Paolo II, Discorso alla solenne commemorazione del XX anniversario della *Populorum progressio*, 24.3.1987, n. 7, in *Insegnamenti di Giovanni Paolo II. Volume X/1. 1987*, Libreria Editrice Vaticana, Città del Vaticano 1988, p. 674.
84 Giovanni Paolo II, *Sollicitudo rei socialis*, cit., n. 21 (cfr. anche n. 36).

sottomissione all'apparato burocratico che, come unico organo "disponente" e "decisionale" – se non addirittura "possessore" – della totalità dei beni e mezzi di produzione, mette tutti in una posizione di dipendenza quasi assoluta, che è simile alla tradizionale dipendenza dell'operaio-proletario dal capitalismo»[85].

Collegato alla questione della distanza nei confronti dei due grandi sistemi economici e sociali, vi è il problema dell'identificazione della "via" della dottrina della Chiesa[86]. Ovviamente il problema non si porrebbe se la Chiesa *non* avesse una propria via. Ma il magistero ha riaffermato perentoriamente il contrario[87] e la stessa *Sollicitudo rei socialis* ha ribadito la legittimità dell'insegnamento sociale della Chiesa («la dottrina sociale cristiana ha rivendicato ancora una volta il suo carattere di applicazione della Parola di Dio alla vita degli uomini e della società così come alle realtà terrene [...]. Di conseguenza, quando la Chiesa si occupa dello sviluppo dei popoli, non può essere accusata di oltrepassare il suo campo specifico di competenza e, tanto meno, il mandato ricevuto dal Signore»[88]). Successivamente anche la *Centesimus annus* riconoscerà sia che l'insegnamento sociale ecclesiastico «fa parte essenziale del messaggio cristiano, perché tale dottrina ne propone le dirette conseguenze nella vita della società»[89], sia che «questa dottrina non solo è *parte integrante della Rivelazione cristiana*, ma ha anche un grande valore ermeneutico, in quanto aiuta a comprendere la realtà umana»[90].

Questo simultaneo rifiuto dell'ideologia socialista e della pratica del capitalismo ha dato inevitabilmente luogo, in molte circostanze,

---

85 *Ibidem*, n. 15b.
86 Cfr. Di Martino, *La Dottrina Sociale Cattolica. Principi fondamentali*, cit., p. 52.74-87.
87 Cfr. Giovanni XXIII, Lettera enciclica *Mater et magistra* sugli sviluppi della questione sociale nella luce della dottrina cristiana, 15.5.1961, in *Enchiridion delle encicliche/7. Giovanni XXIII, Paolo VI (1958-1978)*, Edizioni Dehoniane, Bologna 1994, n. 440; cfr. Concilio Vaticano II, Costituzione pastorale *Gaudium et spes* sulla Chiesa nel mondo contemporaneo, 7.12.1965, n. 76; ripreso poi da Congregazione per l'Educazione Cattolica, Documento *In questi ultimi decenni*. Orientamenti per lo studio e l'insegnamento della Dottrina Sociale della Chiesa nella formazione sacerdotale, 30.12.1988, n. 13.
88 Giovanni Paolo II, *Sollicitudo rei socialis*, cit., n. 8b.
89 Giovanni Paolo II, Lettera enciclica *Centesimus annus* nel centenario della *Rerum novarum*, 1.5.1991, n. 5d.
90 *Ibidem*, n. 25c.

a ritenere che la dottrina sociale della Chiesa costituisca una sorta di "terza via" tra i due sistemi[91]. Non è facile affrontare la questione perché, se da un lato i pontefici hanno escluso questa interpretazione, pur tuttavia, proprio la distanza sia dal sistema socialista sia da quello capitalistico, lascia spazio per intendere l'insegnamento sociale della Chiesa come qualcosa che, non confondendosi né con l'uno né con l'altro, abbia una propria consistenza e, come tale, debba essere proposto. In questo modo ciò che è in questione è la natura e il compito della dottrina sociale della Chiesa. «Si aggiunga che le prese di posizione proprio riguardo al socialismo ed al capitalismo appaiono, dal punto di vista concettuale, talmente imprecise da favorire anche interpretazioni antitetiche»[92].

Tuttavia, la presa di posizione più netta atta ad escludere un progetto cattolico alternativo risale proprio alla *Sollicitudo rei socialis* nella quale Giovanni Paolo II dava una parola definitiva alla questione respingendo formalmente l'idea secondo cui l'insegnamento sociale cattolico possa qualificarsi come una via media o come una strada alternativa: «la dottrina sociale della Chiesa non è una "terza via" tra capitalismo liberista e collettivismo marxista e neppure una possibile alternativa per altre soluzioni meno radicalmente contrapposte: essa costituisce una categoria a sé»[93].

Cosa signifìchi essere «una categoria a sé» rimane, però, poco chiaro. La dichiarata esclusione dell'esistenza di una "terza via" confligge con l'attestazione secondo cui la Dottrina Sociale costituisce un vero e proprio *corpus* organico e dottrinale («... si è ormai costituito un aggiornato *corpus* dottrinale...»[94]) che si articola in principi, criteri, direttive e orientamenti. Infatti, il magistero «se [...] non interviene per autenticare una data struttura o per proporre un modello prefabbricato, non si limita neppure a richiamare alcuni principi generali»[95]. Pertanto, sia Giovanni XXIII, che nella *Mater et magistra* parlava di principi

---

91 Cfr. Mario Toso, *Welfare Society. La riforma del welfare: l'apporto dei pontefici*, Libreria Ateneo Salesiano, Roma 2003, p. 68.90.91.
92 Norbert Mette, *Socialismo e capitalismo nella dottrina sociale dei papi*, in «Concilium», anno 27 (1991) n. 5, p. 56.
93 Giovanni Paolo II, *Sollicitudo rei socialis*, cit., n. 41b.
94 *Ibidem*, n. 1b.
95 Paolo VI, *Octogesima adveniens*, cit., n. 42.

e di direttive della dottrina sociale cristiana[96], sia Paolo VI, che nella *Octogesima adveniens* adottò la formula «principi di riflessione, criteri di giudizio e direttive di azione»[97], sia Giovanni Paolo II, che nella *Sollicitudo rei socialis* ripropose ben tre volte l'intera dizione di Paolo VI[98], sia l'istruzione *Libertatis conscientia*, che riprende queste espressioni[99], dimostrano che il magistero recente è attraversato dalla consapevolezza che «la dottrina sociale della Chiesa propone principi di riflessione; formula criteri di giudizio, offre orientamenti per l'azione»[100].

9.3. La *Centesimus annus* e l'"anno della Dottrina Sociale"

Tra la *Sollicitudo rei socialis* e la *Centesimus annus* trascorsero solo quattro anni. Ma in quei quattro anni la scena politica internazionale cambiò profondamente causa la fine della divisione dell'Europa (novembre 1989) e il successivo ed inesorabile tramonto del cosiddetto socialismo reale[101].

La caduta del più emblematico dei muri sembrò raffigurare l'affermazione della fede sull'odio e, in particolare, della Chiesa cattolica sul totalitarismo collettivista. E il papa venuto dall'Est apparve come il campione (o l'apostolo, se si preferisce) di una svolta epocale che assumeva anche i tratti di una nemesi storica.

In un noto passaggio della *Centesimus annus*, Giovanni Paolo II osservava: «gli avvenimenti dell'89 offrono l'esempio del successo della volontà di negoziato e dello spirito evangelico contro un avversario deciso a non lasciarsi vincolare da principi morali: essi sono un monito per quanti, in nome del realismo politico, vogliono bandire dall'arena politica il diritto e la morale. Certo la lotta, che ha portato ai cambiamenti dell'89, ha richiesto lucidità, moderazione, sofferenze e sacrifici; in un certo senso, essa è nata dalla preghiera, e sarebbe stata impensabile senza un'illimitata fiducia in Dio, Signore della storia, che ha nelle

---

96   Cfr. GIOVANNI XXIII, *Mater et magistra*, cit., in *Enchiridion delle encicliche/7. Giovanni XXIII, Paolo VI (1958-1978)*, cit., n. 347.401.454.
97   PAOLO VI, *Octogesima adveniens*, cit., n. 4.
98   Cfr. GIOVANNI PAOLO II, *Sollicitudo rei socialis*, cit., n. 3.8b.41b.
99   Cfr. CONGREGAZIONE PER LA DOTTRINA DELLA FEDE, Istruzione *Libertatis conscientia* sulla Libertà cristiana e liberazione, 6.8.1986, n. 72.
100   *Catechismo della Chiesa Cattolica*, , cit., n. 2423.
101   A proposito di ciò, cfr. il capitolo 8 di questo testo.

sue mani il cuore degli uomini. È unendo la propria sofferenza per la verità e per la libertà a quella di Cristo sulla Croce che l'uomo può compiere il miracolo della pace ed è in grado di scorgere il sentiero spesso angusto tra la viltà che cede al male e la violenza che, illudendosi di combatterlo, lo aggrava»[102].

Undici anni prima della caduta del muro di Berlino, il nuovo vescovo di Roma aveva avviato il pontificato con parole destinate a rimanere impresse nella memoria di molti. Quel «non abbiate paura!» – che più che un invito sembrava un comando profetico – era rivolto non solo ai fedeli, ma anche ai governanti e ai responsabili dei blocchi politici. Nel proclamare «non abbiate paura! Aprite, anzi, spalancate le porte a Cristo! Alla sua salvatrice potestà aprite i confini degli Stati, i sistemi economici come quelli politici, i vasti campi di cultura, di civiltà, di sviluppo. Non abbiate paura! Cristo sa cosa è dentro l'uomo. Solo lui lo sa!»[103], Giovanni Paolo II sembrava voler anche denunciare (e lesionare) il monolitismo di muri e di nomenclature che aveva così tristemente segnato il Novecento.

Molto si è detto e scritto circa il ruolo avuto dal papa polacco nella crisi e nella fine del socialismo reale. A titolo di esempio citiamo l'analista politico inglese John O'Sullivan (1942-viv.) che in un *best seller* poneva a confronto i tre protagonisti dell'epoca: Ronald Reagan (1911-2004), papa Wojtyla e Margareth Thatcher (1925-2013)[104].

Tuttavia, se è vero che la caduta del muro non può essere considerato un mero episodio di cronaca[105], la parte avuta da Giovanni Paolo II va, probabilmente, ridimensionata rispetto alle interpretazioni correnti. La fine del blocco sovietico ha certamente qualcosa di metastorico, ma le cause – a dispetto alle letture spirituali più comuni – sono da un lato più contingenti, dall'altro più profonde.

Sotto il primo aspetto occorre sempre ricordare che l'ultimo segretario del PCUS, Mikhail Gorbaciov (1931-viv.), ereditò un paese

---

102 GIOVANNI PAOLO II, *Centesimus annus*, cit., n. 25a.
103 *Insegnamenti di Giovanni Paolo II. Volume I. 1978*, Libreria Editrice Vaticana, Città del Vaticano 1979, p. 38.
104 Cfr. JOHN O'SULLIVAN, *The President, the Pope, and the Prime Minister. Three Who Changed the World*, Regnery Publishing, Washington D.C. 2006.
105 Cfr. GIOVANNI CANTONI, *Nel decennale della caduta del Muro di Berlino: un evento determinante nella storia del secolo XX. Come presentarlo nelle scuole?*, in «Cristianità», anno 29 (2001), n. 305 (maggio-giugno), p. 21.22.

in condizioni disastrose perché l'Unione Sovietica era condannata ad un'imminente bancarotta[106]. Ed a determinare le frettolose riforme non furono tanto le buone intenzioni del nuovo capo dell'URSS quanto la nuova forza dell'economia occidentale impressa dalle liberalizzazioni volute da Reagan e da Thatcher. Le parole del papa non ebbero poco peso, ma la miseria cui aveva condotto il sistema collettivista dev'essere considerata la causa principale dell'implosione[107].

Sotto il secondo aspetto, lungi dal banalizzare (in chiave "economicistica"[108]) le istanze spirituali, le cause materiali potrebbero e dovrebbero essere intese all'interno di una *metafisica della libertà*. L'immagine dell'anonimo omino in piazza Tienanmen che, disarmato ed inoffensivo, blocca da solo la colonna dei carri armati è anche la metafora della dignità della persona che, pur privata della libertà, avverte un persistente anelito alla giustizia e alla verità. Nella *Centesimus annus* il rapporto tra l'uomo e il collettivismo è sintetizzato nell'affermazione secondo cui «l'errore fondamentale del socialismo è di carattere antropologico»[109]. Da ciò deriva anche l'impossibilità ad organizzare i fattori produttivi. Giustamente Giovanni Paolo II, a riguardo, scriveva: «il secondo fattore di crisi è certamente l'inefficienza del sistema economico, che non va considerata come un problema soltanto tecnico, ma piuttosto come conseguenza della violazione dei diritti umani all'iniziativa, alla proprietà ed alla libertà nel settore dell'economia»[110]. Il crollo del sistema collettivista mostra in filigrana come i dinamismi economici siano collegati a quelli antropologici ed esistenziali molto più di quanto si possa superficialmente credere.

Perciò, all'inesorabile "suicidio" del collettivismo[111] determinato da cause economiche, non si contrappone, ma si aggiunge la lettura teologica: «tali conseguenze non hanno un carattere meccanico o

---

106 Cfr. GIUSEPPE BOFFA, *Storia dell'Unione Sovietica*, L'Unità, Roma 1990, volume 4, p. 375s.; cfr. JUDY SHELTON, *The Coming Soviet Crash. Gorbachev's Desperate Search for Credit in Western Financial Market*, Free Press, New York (N.Y.) 1989.
107 Cfr. LUDWIG VON MISES, *Il calcolo economico nello Stato socialista*, Istituto Bruno Leoni Libri, Torino 2015; cfr. JESÚS HUERTA DE SOTO, *Socialismo, calcolo economico e imprenditorialità*, presentazione di Carmelo Ferlito, Solfanelli, Chieti 2012.
108 GIOVANNI PAOLO II, *Laborem exercens*, cit., n. 13.
109 GIOVANNI PAOLO II, *Centesimus annus*, cit., n. 13a.
110 *Ibidem*, n. 24a.
111 Cfr. AUGUSTO DEL NOCE, *Il suicidio della rivoluzione*, Rusconi, Milano 1978.

fatalistico, ma sono piuttosto occasioni offerte alla libertà umana per collaborare col disegno misericordioso di Dio che agisce nella storia»[112].

E considerando l'ampia e drammatica parabola storica del totalitarismo, vengono in mente le parole di Henri de Lubac (1896-1991) per il quale il tentativo di costruire un umanesimo senza Dio si risolve, inevitabilmente, in un'organizzazione contro l'uomo[113].

L'enciclica *Centesimus annus* del 1991 rappresenta uno dei momenti più alti del pontificato wojtyliano e, in esso, senz'altro il vertice e l'apice del magistero sociale di Giovanni Paolo II[114]. In questo clima di rilancio dell'insegnamento sociale cattolico, il papa volle anche proclamare il 1991 anno della Dottrina Sociale della Chiesa[115].

L'enciclica *Centesimus annus* (e il nome lo ricorda con tutta chiarezza) celebrava il centesimo anniversario della *Rerum novarum*, inserendosi nella tradizione di interventi pontifici che del testo di Leone XIII avevano riproposto ed attualizzato i contenuti. Così era avvenuto con Pio XI (enciclica *Quadragesimo anno*, 1931), con Pio XII (radiomessaggio nella solennità della Pentecoste, 1941), con Giovanni XXIII (enciclica *Mater et magistra*, 1961), con Paolo VI (lettera apostolica *Octogesima adveniens*, 1971). Papa Wojtyla è stato l'unico pontefice ad aver dedicato due encicliche al documento di Leone XIII (infatti, come già dicevamo, la *Laborem exercens* venne promulgata nel 1981, a novant'anni dalla *Rerum novarum*).

La *Centesimus annus* si compone di 62 paragrafi suddivisi in un'introduzione (n. 1-3) e sei ampi capitoli. Il primo è dedicato ad una rilettura dell'enciclica del 1891 («Tratti caratteristici della *Rerum novarum*», n. 4-11), il tutto compendiato nel riferimento fondamentale che guida la *Rerum novarum* e «tutta la dottrina sociale della Chiesa» e cioè «*la corretta concezione della persona umana e del suo valore unico*, in quanto "l'uomo ... in terra è la sola creatura che Dio abbia voluto per se stessa" (*Gaudium et spes*, n. 24)»[116]. Nel secondo capitolo si passa

---

112 GIOVANNI PAOLO II, *Centesimus annus*, cit., n. 26a.
113 Cfr. HENRI DE LUBAC, *Il dramma dell'umanesimo ateo*, Morcelliana, Brescia 1988, p. 9-10 (l'opera è del 1944).
114 Cfr. ITALO VACCARINI, *"Centesimus annus" e società occidentale*, in «Aggiornamenti Sociali», anno 43 (1992), n. 2, p. 109-126.
115 Cfr. GIOVANNI CANTONI, *L'anno della Dottrina Sociale della Chiesa*, in «Cristianità», anno 19 (1991), n. 189, p. 3-6.
116 GIOVANNI PAOLO II, *Centesimus annus*, cit., n. 11c.

dal passato «alla situazione di oggi» («Verso le "cose nuove" di oggi», n. 12-21) venendo richiamati gli errori del socialismo – e, *in primis*, l'ateismo[117] – e le sciagure del totalitarismo. Il terzo capitolo ruota intorno agli avvenimenti recenti («L'anno 1989», n. 22-29) e, in questo contesto, Giovanni Paolo II definiva «impossibile» il «compromesso tra marxismo e cristianesimo»[118]. Il quarto capitolo, partendo dai due principi che – secondo la Dottrina Sociale della Chiesa – regolano il rapporto con il possesso dei beni («La proprietà privata e l'universale destinazione dei beni», n. 30-43), si allargava a trattare altri temi: dall'economia d'impresa alla funzione del profitto, dall'ecologia ai mezzi di comunicazione di massa. Anche il quinto capitolo («Stato e cultura», n. 44-52) è ricco di temi: il ruolo dello Stato e lo "Stato di diritto", il sistema della democrazia e le considerazioni sul totalitarismo, la sussidiarietà come rimedio e la "soggettività" della società, i diritti umani e il diritto alla vita. Il sesto ed ultimo capitolo («L'uomo è la via della Chiesa», n. 53-62) riconduce l'enciclica alla missione della Chiesa: «la *dottrina sociale* ha di per sé il valore di uno *strumento di evangelizzazione*: in quanto tale, annuncia Dio ed il mistero di salvezza in Cristo ad ogni uomo e, per la medesima ragione, rivela l'uomo a se stesso. In questa luce, e solo in questa luce, si occupa del resto»[119].

Nonostante ciò che l'indice possa indurre a pensare, la *Centesimus annus* è certamente meno compaginata ed armonica, con temi che ricorrono spesso in modo più discorsivo che organizzato. Tra questi, proviamo, ora, a selezionarne alcuni che impongono qualche commento.

9.4. Società e mercato nella *Centesimus annus*

Il primo tema che merita di essere sottolineato è quello della sussidiarietà. Si tratta, invero, di una delle questioni più rilevanti dell'intero magistero sociale di Giovanni Paolo II[120], questione che trova, anch'essa, notevole spazio nell'enciclica del 1991. Infatti, la definizione

---

117 Cfr. *ibidem*, n. 13.
118 *Ibidem*, n. 26e.
119 *Ibidem*, n. 54b.
120 Cfr. Paolo Magagnotti (a cura di), *Il principio di sussidiarietà nella dottrina sociale della Chiesa*, presentazione di padre Raimondo Spiazzi, Edizioni Studio Domenicano, Bologna 1991, p. 39-45; cfr. Wojtyla, *La dottrina sociale della Chiesa*, cit., p. 57.73.

più chiara di ciò che la Chiesa intende per "sussidiarietà"[121] è proprio quella fornita nella *Centesimus annus* dove veniva affermato che per conseguire il corretto rapporto tra persona e società, da un lato, e Stato ed altre istituzioni, dall'altro, occorre tener presente i principi di solidarietà e di sussidiarietà. Se in base al primo (il principio di solidarietà), allo Stato ed alle istituzioni politiche è chiesto di intervenire *direttamente* ogni qual volta il bene delle persone e della società lo richieda – lì dove le singole persone o le singole realtà sociali non riescano a provvedere autonomamente –, in forza del principio di sussidiarietà, allo Stato e alle autorità pubbliche è chiesto di non sostituirsi all'iniziativa personale e sociale in quanto queste ultime devono essere considerate privilegiate e la loro azione deve essere ritenuta ordinaria. Tali iniziative devono essere, perciò, favorite e sostenute *indirettamente* dallo Stato e dai suoi organi. Così sintetizzava Giovanni Paolo II descrivendo i doveri dello Stato e il modo con cui questo deve conseguire il bene comune nell'equilibrato rapporto tra le sue funzioni e la "soggettività della società": «al conseguimento di questi fini lo Stato deve concorrere sia direttamente che indirettamente. Indirettamente e secondo il *principio di sussidiarietà*, creando le condizioni favorevoli al libero esercizio dell'attività economica, che porti ad una offerta abbondante di opportunità di lavoro e di fonti di ricchezza. Direttamente e secondo il *principio di solidarietà*, ponendo a difesa del più debole alcuni limiti all'autonomia delle parti»[122].

Questa dimensione di libertà e di autonomia dai pubblici poteri indica che «la socialità dell'uomo non si esaurisce nello Stato»[123], ma si realizza in una pluralità di contesti interpersonali. È ciò che l'insegnamento pontificio recente ha chiamato "soggettività della società". Questa dizione è stata adottata da Giovanni Paolo II (e nella *Centesimus annus* è stata utilizzata abbondantemente), ma il contenuto espresso dal suo significato attraversa l'intero insegnamento sociale dei pontefici, almeno dalla *Rerum novarum* in avanti.

Per "soggettività della società" può intendersi la "sovranità"[124] delle realtà sociali, originarie e anteriori allo Stato, per cui quel che prende

---

121 Cfr. Di Martino, *La Dottrina Sociale Cattolica. Principi fondamentali*, cit., p. 123-158.
122 Giovanni Paolo II, *Centesimus annus*, cit., n. 15e.
123 *Ibidem*, n. 13b.
124 Cfr. Giovanni Paolo II, *Sollicitudo rei socialis*, cit., n. 15b.

il nome di "soggettività della società" altro non è che la priorità della viva società su ogni tipo di organismo istituzionale. Affermava il papa: «oltre alla famiglia, svolgono funzioni primarie ed attivano specifiche reti di solidarietà anche altre società intermedie. Queste, infatti, maturano come reali comunità di persone ed innervano il tessuto sociale, impedendo che [esso] scada nell'anonimato ed in un'impersonale massificazione, purtroppo frequente nella moderna società. È nel molteplice intersecarsi dei rapporti che vive la persona e cresce la "soggettività della società"»[125].

I presupposti che Giovanni Paolo II richiamava per esprimere il primato della società sono costituiti, da un lato, dalla consapevolezza che «una visione giusta della società»[126] segue necessariamente ad un'esatta concezione della persona umana (perciò il papa parlava di «concezione cristiana della persona»); dall'altro, dalla certezza che «la società civile è un concetto più ampio e più profondo di quanto non lo sia lo Stato»[127] e che, quindi, come già detto, «la socialità dell'uomo non si esaurisce nello Stato»[128]. Alla luce di queste ciò e secondo l'intera Dottrina Sociale della Chiesa, la socialità «si realizza in diversi gruppi intermedi, cominciando dalla famiglia fino ai gruppi economici, sociali, politici e culturali che, provenienti dalla stessa natura umana, hanno – sempre dentro il bene comune – la loro propria autonomia»[129]. Tutto questo è ciò che Giovanni Paolo II intendeva per "soggettività della società"[130], una "soggettività", cioè, che è inseparabile dalla "soggettività" dell'individuo perché la prima (quella sociale) rivela l'effettivo grado della seconda (quella individuale).

Nel richiamare questo concetto in positivo, il papa dichiarava anche che la massima modalità di annullamento di questa autonomia e il più forte tentativo di misconoscerne l'originarietà sono stati offerti dal socialismo reale. L'affermazione merita attenzione perché dimostra

---

125   Giovanni Paolo II, *Centesimus annus*, cit., n. 49c.
126   *Ibidem*, n. 13b.
127   Michael Novak, *Spezzare le catene della povertà. Saggi sul personalismo economico*, a cura di Flavio Felice, Liberilibri, Macerata 2001, p. 71.
128   Giovanni Paolo II, *Centesimus annus*, cit., n. 13b.
129   *Ibidem*.
130   Cfr. Flavio Felice - Paolo Asolan, *Appunti di dottrina sociale della Chiesa. I cantieri aperti della pastorale sociale*, prefazione di Ettore Gotti Tedeschi, Rubbettino, Soveria Mannelli (Catanzaro) 2008, p. 38-39.

la considerazione verso la dignità dell'uomo. Ancora una volta (ora in diretta relazione al socialismo) si proclamava come la socialità umana non si esaurisce nello Stato, ma si realizza nella "soggettività" della società.

Se l'uomo si manifesta nel modo con cui si relaziona – nella libertà e secondo la propria natura –, il modo con cui viene negata questa relazionalità indica quell'errore antropologico[131] in cui cade il socialismo. D'altra parte, il carattere centrale del totalitarismo si ravvisa proprio nell'assorbimento della società *dentro* il meccanismo dello Stato[132]; in questo modo la salvaguardia della "soggettività della società" rappresenta la essenziale modalità di difesa da ogni forma di totalitarismo.

È questa una riflessione che Giovanni Paolo II aveva già affidato alla *Sollicitudo rei socialis* quando metteva significativamente in relazione il diritto di iniziativa economica – dichiarato «diritto importante non solo per il singolo individuo, ma anche per il bene comune»[133] – con la soggettività creativa della persona. Negare quel diritto comporta sostituire l'iniziativa creativa con «la passività, la dipendenza e la sottomissione all'apparato burocratico». In questo modo, come la singola persona viene espropriata della propria dignità e della propria "soggettività", così anche la società viene privata della stessa "soggettività" quando l'insieme delle persone è paralizzato nella sua autonomia, «come avviene in ogni totalitarismo». «In questa situazione – concludeva Giovanni Paolo II – l'uomo e il popolo diventano "oggetto", nonostante tutte le dichiarazioni in contrario e le assicurazioni verbali»[134].

Riprendiamo le considerazioni riguardo alla *Centesimus annus*. Il papa, in primo luogo, ascriveva all'ateismo la scaturigine dell'«errata concezione della natura della persona e della "soggettività" della società»[135], poi, considerando la democrazia come alternativa al totalitarismo, sosteneva che la vera democrazia non può che basarsi su una "soggettività della società" che comporta partecipazione e corresponsabilità[136].

Questa partecipazione e questa corresponsabilità restano parole

---

131 Cfr. Giovanni Paolo II, *Centesimus annus*, cit., n. 13a.
132 Cfr. *ibidem*, n. 45b.
133 Giovanni Paolo II, *Sollicitudo rei socialis*, cit., n. 15b.
134 *Ibidem*.
135 Cfr. Giovanni Paolo II, *Centesimus annus*, cit., n. 13c.
136 Cfr. *ibidem*, n. 46b.

vuote quando la società è svuotata della sua organizzazione naturale e ridotta ad entità senza articolazioni vitali. È questa la ragione per la quale il pensiero sociale cattolico ha sempre riconosciuto la fondamentale importanza dei cosiddetti "corpi intermedi"[137], cioè di tutti gli organismi sociali, naturali – e, tra questi, innanzitutto la famiglia – o semplicemente organismi non naturali, ma volontari, con cui si esplica la vita della singola persona nella sua insopprimibile dimensione relazionale.

Se la famiglia è la prima e naturale società intermedia, non per questo è l'unica. E, come ogni persona è intangibile rispetto alla scelta di vita familiare che intende intraprendere, così ad ogni persona non può essere negato il diritto di unirsi e di consociarsi per gli scopi che, insieme ad altri, intende liberamente perseguire. Giovanni Paolo II, richiamando il testo dell'enciclica di un secolo prima, ricordava come questa metteva in significativa relazione il diritto di proprietà con altri inalienabili diritti e, tra questi, «il "diritto naturale dell'uomo" a formare associazioni private»[138]. Da Leone XIII a Giovanni Paolo II, i pontefici non hanno trascurato di dedicare spazio a questo tema «perché l'associarsi è un diritto naturale dell'essere umano e, dunque, anteriore rispetto alla sua integrazione nella società politica»[139]. Citando le parole della *Rerum novarum*[140], papa Wojtyla, infatti, ripeteva che "non può lo Stato proibir[n]e la formazione [delle associazioni, *ndr*]", perché "i diritti naturali lo Stato deve tutelarli, non distruggerli. Vietando tali associazioni, esso contraddice se stesso"»[141].

Una seconda rilevante caratteristica dell'enciclica del 1991 è il modo con cui essa tratta il libero mercato e il cosiddetto sistema capitalistico[142].

Il quadro storico della *Centesimus annus* va costantemente

---

137 Ricordavamo già che la socialità «si realizza in diversi gruppi intermedi, cominciando dalla famiglia fino ai gruppi economici, sociali, politici e culturali che, provenienti dalla stessa natura umana, hanno – sempre dentro il bene comune – la loro propria autonomia» (*Ibidem*, n. 13b).
138 *Ibidem*, n. 7a.
139 *Ibidem*.
140 Cfr. Leone XIII, *Rerum novarum*, in *Enchiridion delle Encicliche/3. Leone XIII (1878-1903)*, cit., n. 927.
141 Giovanni Paolo II, *Centesimus annus*, cit., n. 7a.
142 Cfr. Michael Novak, *L'etica cattolica e lo spirito del capitalismo*, Edizioni di Comunità, Milano 1999, p. 125s.

richiamato per comprendere le domande contenute nel documento: «si può forse dire che, dopo il fallimento del comunismo, il sistema sociale vincente sia il capitalismo, e che verso di esso vadano indirizzati gli sforzi dei Paesi che cercano di ricostruire la loro economia e la loro società? È forse questo il modello che bisogna proporre ai Paesi del Terzo Mondo, che cercano la via del vero progresso economico e civile?»[143].

È nota la definizione che il papa forniva per rispondere a questa domanda: «la risposta è ovviamente complessa. Se con "capitalismo" si indica un sistema economico che riconosce il ruolo fondamentale e positivo dell'impresa, del mercato, della proprietà privata e della conseguente responsabilità per i mezzi di produzione, della libera creatività umana nel settore dell'economia, la risposta è certamente positiva, anche se forse sarebbe più appropriato parlare di "economia d'impresa", o di "economia di mercato", o semplicemente di "economia libera". Ma se con "capitalismo" si intende un sistema in cui la libertà nel settore dell'economia non è inquadrata in un solido contesto giuridico che la metta al servizio della libertà umana integrale e la consideri come una particolare dimensione di questa libertà, il cui centro è etico e religioso, allora la risposta è decisamente negativa»[144].

Il magistero di Giovanni Paolo II è certamente tra i più produttivi anche per ciò che riguarda il tema del capitalismo. Ed è soprattutto la *Centesimus annus* che ha dato luogo a ritenere – a parere di molti osservatori – come con questo documento subentrerebbe «una svolta decisiva»[145] nella comprensione, da parte della Dottrina Sociale della Chiesa, dell'economia di mercato. Nei confronti del libero scambio, cioè, si realizzerebbe una tanto auspicata «svolta»[146] che comporterebbe il passaggio ad una visione positiva e ad un approccio non più carico di sospetto.

Questa interpretazione può contenere tanto un significato apprezzabile quanto un significato negativo, ma è abbastanza diffusa l'idea che vede nel documento un cambiamento a favore del sistema

---

143 GIOVANNI PAOLO II, *Centesimus annus*, cit., n. 42a.
144 *Ibidem*, n. 42b.
145 JACQUES GARELLO, *Cattolicesimo e liberalismo*, in DARIO ANTISERI, *Cattolici a difesa del mercato*, a cura di Flavio Felice, Rubbettino, Soveria Mannelli (Catanzaro) 2005, p. 627.
146 ROBERT SIRICO, *Il personalismo economico e la società libera*, a cura di Flavio Felice, Rubbettino, Soveria Mannelli (Catanzaro) 2001, p. 116.120.

economico di mercato: «la terza grande enciclica sociale di Giovanni Paolo II, *Centesimus annus*, è stata percepita dalla maggioranza dei gruppi d'interesse del nord del mondo come l'accettazione del capitalismo liberista da parte della Chiesa, come un punto di svolta nel suo discorso sociale. Apprezzamenti di segno contrario sono venuti invece da gruppi più radicali, soprattutto nei paesi in via di sviluppo, i quali pensano piuttosto a una svolta di tipo involutivo»[147].

Non sono certamente pochi gli spunti offerti dal documento che inducono a ritenere fondata questa lettura. Tra questi il riconoscimento magisteriale della funzione del profitto («la Chiesa riconosce la giusta *funzione del profitto*, come indicatore del buon andamento dell'azienda: quando un'azienda produce profitto, ciò significa che i fattori produttivi sono stati adeguatamente impiegati ed i corrispettivi bisogni umani debitamente soddisfatti. Tuttavia, il profitto non è l'unico indice delle condizioni dell'azienda...»[148]) o l'approvazione dei vantaggi dell'economia d'impresa («la moderna *economia d'impresa* comporta aspetti positivi, la cui radice è la libertà della persona, che si esprime in campo economico come in tanti altri campi»[149]) e del ruolo sociale dell'imprenditorialità («diventa sempre più evidente e determinante *il ruolo del lavoro umano* disciplinato e creativo e – quale parte essenziale di tale lavoro – *delle capacità di iniziativa e di imprenditorialità*»[150]). Accanto a tutto ciò, la riaffermazione del diritto di proprietà privata, seppur controbilanciato dal principio dell'universale destinazione dei beni[151].

Per quanto significative, le aperture alla logica di mercato presenti nel documento non appaiono sufficienti ad indurre a ritenere quella della *Centesimus annus* una "svolta decisiva". Certamente l'enciclica è fortemente influenzata dal clima di quel momento[152], ma nonostante la dimostrazione più plateale del fallimento della strada collettivista, neanche la *Centesimus annus* si è dimostrata in grado di comprendere le virtualità insite nella libertà economica.

Infatti, anche nella stessa *Centesimus annus* – pur aperta per non

---

147 Sergio Bernal, *Etica, economia e sviluppo*, in «La Civiltà Cattolica», anno 145 (1994), vol. I, p. 459 (quaderno n. 3449 del 5.3.1994).
148 Giovanni Paolo II, *Centesimus annus*, cit., n. 35c
149 *Ibidem*, n. 32d.
150 *Ibidem*, n. 32b.
151 Cfr. *Ibidem*, n. 30-43.
152 Cfr. Di Martino, *La Dottrina Sociale Cattolica. Principi fondamentali*, cit., p. 24.

pochi versi all'economia di mercato ed alla funzione del profitto – è stata riproposta la complementare riserva nei confronti dei due sistemi sociali ed economici. Giovanni Paolo II, infatti, ribadiva la critica ad entrambi, sia utilizzando il richiamo alla *Rerum novarum* – che sconfessava il socialismo in ordine al diritto alla proprietà privata e che disapprovava il liberalismo in ordine ai doveri dello Stato[153] – sia presentando il socialismo come insufficiente modello alternativo ad un sistema economico che «assicura l'assoluta prevalenza del capitale»[154]. Dando largo spazio alla situazione apertasi a seguito dei fatti del 1989, l'enciclica offriva anche una lettura prospettica: il fallimento dell'economia pianificata non avrebbe dovuto comportare – nelle parole di Giovanni Paolo II – alcuna automatica legittimazione del sistema liberista: «è inaccettabile – si legge nella *Centesimus annus* – l'affermazione che la sconfitta del cosiddetto "socialismo reale" lasci il capitalismo come unico modello di organizzazione economica»[155].

Ben diversamente la pensavano i popoli che si erano appena liberati dalla gabbia collettivista. Ad esprimere il senso della libertà ritrovata provvide Anatolij Sobchak (1937-2000), primo sindaco riformista di quella che allora si chiamava ancora Leningrado (poi tornò ad essere San Pietroburgo): «per decenni nel nostro paese abbiamo spinto la gente a formarsi una mentalità da mendicanti e parassiti: lo Stato ti forniva ogni cosa e decideva per te. Per quanto desse poco, lo Stato dava a tutti in maniera uguale e soddisfaceva tutte le necessità elementari. Così ora questa mentalità da parassiti è largamente diffusa. Ma un'economia di mercato, per poter funzionare, richiede una mentalità decisamente differente: intraprendenza, iniziativa, responsabilità, doti necessarie a chi è chiamato a risolvere da sé i propri problemi. Il solo compito del governo deve essere quello di creare le condizioni grazie alle quali ognuno possa dare libero sfogo alla propria iniziativa e intraprendenza; il resto spetta ai singoli»[156].

D'altra parte lo stesso Mikhail Gorbachev (1931-viv.), ultimo segretario generale del Partito Comunista dell'Unione Sovietica, paladino dell'impossibile programma riformistico all'insegna della *glasnost*

---

153 Cfr. Giovanni Paolo II, *Centesimus annus*, cit., n. 10a.
154 Cfr. *ibidem*, n. 35a.
155 Cfr. *ibidem*, n. 35d.
156 Cit. in Michael Novak, *L'etica cattolica e lo spirito del capitalismo*, Edizioni di Comunità, Milano 1999, p. 55.

e della *perestrojka*[157], doveva amaramente confessare: «siamo stati tra gli ultimi ad aver compreso che nell'era della scienza informatica l'*asset* più importante è la conoscenza che sgorga dall'immaginazione e dalla creatività umana. Pagheremo questo nostro errore negli anni a venire»[158].

Strettamente congiunta alla visione dell'economia che l'enciclica manifestava, vi è una riflessione che Giovanni Paolo II introduceva e che sarà meglio sviluppata da Benedetto XVI nella *Caritas in veritate*[159]. Si tratta di un tentativo teso ad evitare la scelta obbligata tra libera economia e pianificazione politica. Giovanni Paolo II aveva espresso questa propensione scrivendo che «l'individuo oggi è spesso soffocato tra i due poli dello Stato e del mercato...»[160]. In questo modo si lasciava intravvedere la necessità di uno spazio di libertà esterno a quello della creatività sociale che si esprime, economicamente, nel mercato. In realtà l'esperimento atto a superare il «binomio esclusivo mercato-Stato»[161] dimostra la soggiacente ricerca – pressoché a tutti i costi e tipica della Dottrina Sociale della Chiesa[162] – di un terzo polo (una "terza via") oltre quelli costituiti dal dinamismo economico e dagli ingranaggi dei poteri politici.

La tentazione della "terza via", rifiutata ufficialmente, si ripresenta, però, costantemente[163] e comporta la collocazione della società su un piano distinto da quello del mercato[164]. È questa un'impostazione che, comunque, negli ultimi decenni, ha trovato largo consenso, e che

---

157 Cfr. il capitolo precedente di questo volume, capitolo sul 1989 e la fine del "socialismo reale".
158 Cit. in Flavio Felice, *Prospettiva "neocon". Capitalismo, democrazia, valori nel mondo unipolare*, prefazione di Irving Kristol, Rubbettino, Soveria Mannelli (Catanzaro) 2005, p. 209-210.
159 Cfr. Benedetto XVI, Lettera enciclica *Caritas in veritate* sullo sviluppo umano integrale, 29.6.2009, n. 38.39b.41.
160 Giovanni Paolo II, *Centesimus annus*, cit., n. 49c.
161 Benedetto XVI, Lettera enciclica *Caritas in veritate* sullo sviluppo umano integrale, 29.6.2009, n. 39b.
162 Nonostante le affermazioni contrarie: «la dottrina sociale della Chiesa non è una "terza via"...» (Giovanni Paolo II, *Sollicitudo rei socialis*, cit., n. 41b).
163 Cfr. Di Martino, *La Dottrina Sociale Cattolica. Principi fondamentali*, cit., p. 74-87.
164 Cfr. Gianni Colzani, *La "Centesimus annus": incontro tra Chiesa, economia e società civile*, in «Aggiornamenti Sociali», anno 43 (1992), n. 1, p. 27-47.

propone una tripartizione tra "pubblico", "privato" e "sociale"[165] assai simile a quella già adombrata dalla *Centesimus annus*.

Un'altra rilevante caratteristica dell'enciclica del 1991 è il modo con cui essa presenta lo Stato ed, in particolare, il cosiddetto "Stato sociale".

Per quanto la *Centesimus annus* sia considerata il documento più aperto al mercato, essa ribadiva il ruolo "propulsore" dello Stato che «ha il dovere di assecondare l'attività delle imprese, creando condizioni che assicurino occasioni di lavoro, stimolandola ove essa risulti insufficiente o sostenendola nei momenti di crisi»[166]. Le parole di Giovanni Paolo II danno ad intendere che non solo sia responsabilità dello Stato creare le migliori condizioni economiche, ma che sia capacità dello Stato anche riuscire a stimolare l'attività economica nei momenti di debolezza o nelle fasi critiche.

Pur tuttavia, per la prima volta, nell'enciclica emergeva anche una sensibilità critica nei confronti degli spazi sempre maggiori che lo Stato toglie ai naturali dinamismi della società e alla libera creatività delle persone[167]: «intervenendo direttamente e deresponsabilizzando la società, lo Stato assistenziale provoca la perdita di energie umane e l'aumento esagerato degli apparati pubblici, dominati da logiche burocratiche più che dalla preoccupazione di servire gli utenti, con enorme crescita delle spese»[168].

Anche riguardo a ciò – pur senza rinunciare a ribadire il diritto dello Stato ad intervenire quando le situazioni lo richiedano[169] –, l'enciclica faceva propria la subentrata percezione dei rischi che comporta l'affidamento al potere politico di servizi di natura sociale e dei costi (economici ed umani) dei moderni Stati assistenziali.

Tra gli altri temi che possono essere richiamati per avvicinarsi alla *Centesimus annus* quello della globalizzazione non dovrebbe essere

---

165 Cfr. PIERPAOLO DONATI, *Il welfare del XXI secolo: perché e come dobbiamo inventarlo*, in SERGIO BELARDINELLI - IVO COLOZZI - PIERPAOLO DONATI (a cura di), *Lo Stato sociale in Italia: bilanci e prospettive*, Mondadori, Milano 1999, p. 19-71; cfr. STEFANO ZAMAGNI, *Non profit come economia civile*, Il Mulino, Bologna 1988.
166 GIOVANNI PAOLO II, *Centesimus annus*, cit., n. 48b.
167 Cfr. ROCCO BUTTIGLIONE, *Il problema politico dei cattolici. Dottrina sociale e modernità*, a cura di Pier Luigi Pollini, Piemme, Casale Monferrato (Alessandria) 1993, p. 306.
168 GIOVANNI PAOLO II, *Centesimus annus*, cit., n. 48b.
169 Cfr. *ibidem*, n. 48b.48c.

trascurato. Sviluppo tecnologico e abbattimento delle barriere politiche proiettavano, ormai, l'umanità verso il grande fenomeno della globalizzazione planetaria. Il tema era stato anticipato nell'enciclica del 1987; lì Giovanni Paolo II aveva già parlato «dell'interdipendenza, sentita come sistema determinante di relazioni nel mondo contemporaneo, nelle sue componenti economica, culturale, politica e religiosa, e assunta come categoria morale»[170]. Pochi anni dopo, il mutato scenario politico rendeva più attuale la trattazione. Scriveva il papa nella *Centesimus annus*: «la caduta del marxismo naturalmente ha avuto effetti di grande portata in ordine alla divisione della terra in mondi chiusi l'uno all'altro ed in gelosa concorrenza tra loro. Essa mette in luce più chiaramente la realtà dell'interdipendenza dei popoli, nonché il fatto che il lavoro umano per sua natura è destinato ad unire i popoli, non già a dividerli. La pace e la prosperità, infatti, sono beni che appartengono a tutto il genere umano, sicché non è possibile goderne correttamente e durevolmente se vengono ottenuti e conservati a danno di altri popoli e nazioni, violando i loro diritti o escludendoli dalle fonti del benessere»[171].

Come si comprende, la globalizzazione (che Giovanni Paolo II meglio qualificava come "interdipendenza") veniva considerata assai positivamente («in anni non lontani è stato sostenuto che lo sviluppo dipendesse dall'isolamento dei paesi più poveri dal mercato mondiale e dalla loro fiducia nelle sole proprie forze. L'esperienza recente ha dimostrato che i paesi che si sono esclusi hanno conosciuto stagnazione e regresso, mentre hanno conosciuto lo sviluppo i paesi che sono riusciti ad entrare nella generale interconnessione delle attività economiche a livello internazionale. Sembra, dunque, che il maggior problema sia quello di ottenere un equo accesso al mercato internazionale, fondato non sul principio unilaterale dello sfruttamento delle risorse naturali, ma sulla valorizzazione delle risorse umane»[172]); non appartengono a questa fase i toni di condanna che subentreranno anche a causa della pressione esercitata da parte dei movimenti antagonisti degli anni successivi.

---

170 Giovanni Paolo II, *Sollicitudo rei socialis*, cit., n. 38d.
171 Giovanni Paolo II, *Centesimus annus*, cit., n. 27c.
172 *Ibidem*, n. 33d.

Così che, se il *Compendio della Dottrina Sociale della Chiesa*[173] esprimeva cautela, Giovanni Paolo II, nell'esortazione apostolica *Ecclesia in Europa*, già adottava un giudizio negativo («Agli occhi di molti, la globalizzazione in corso, invece di indirizzare verso una più grande unità del genere umano, rischia di seguire una logica che emargina i più deboli e accresce il numero dei poveri della terra»[174]). Una valutazione che sarà aggravata ulteriormente dalle più recenti parole di papa Francesco («In molti Paesi, la globalizzazione ha comportato un accelerato deterioramento delle radici culturali con l'invasione di tendenze appartenenti ad altre culture, economicamente sviluppate ma eticamente indebolite»[175]).

9.5. Tra passato e presente

Abbiamo sostenuto che uno dei tratti caratterizzanti il pontificato di Giovanni Paolo II deve essere ravvisato in un nuovo vigore impresso alla Dottrina Sociale della Chiesa. E, in questa generale ripresa di contenuti dell'insegnamento sociale, la *Centesimus annus* può essere considerata come il punto più alto, significativo ed emblematico.

Nel nostro esame, abbiamo necessariamente dovuto selezionare alcune questioni contenute nell'enciclica del 1991 e trascurarne altre. Abbiamo voluto concentrarci su alcuni argomenti perché giudicati più rivelativi, ma il testo sviluppava molti altri temi. Tra questi ricordiamo: la democrazia e la divisione dei poteri, la "giustizia sociale" e lo "Stato di diritto", la promozione della giustizia e la cultura, la trasmissione della vita e la demografia, la comunicazione e i mass media. Il documento non mancava, poi, di accennare ad alcuni tratti della contemporaneità: tendenze di pensiero quali l'agnosticismo e il relativismo (ma anche il fanatismo e il fondamentalismo) o fenomeni quali la diffusione dell'uso delle droghe, l'ambientalismo, il consumismo.

---

173   Cfr. Pontificio Consiglio della Giustizia e della Pace, *Compendio della Dottrina Sociale della Chiesa*, Libreria Editrice Vaticana, Città del Vaticano 2004, n. 310.312.322.361-367.
174   Giovanni Paolo II, Esortazione apostolica post-sinodale *Ecclesia in Europa* su Gesù Cristo, vivente nella sua Chiesa, sorgente di speranza per l'Europa, 28.6.2003, n. 8.
175   Francesco, Esortazione apostolica *Evangelii gaudium* sull'annuncio del Vangelo nel mondo attuale, 24.11.2013, n. 62.

La *Centesimus annus* metteva, in questo modo, in connessione il passato della Dottrina Sociale della Chiesa con il suo presente giudicando l'insegnamento di cento anni prima quanto mai idoneo ad essere utilizzato quale fondamento per affrontare le nuove sfide sociali poste dinanzi al magistero cattolico. «La presente enciclica – scriveva Giovanni Paolo II – mira a mettere in evidenza la fecondità dei principi espressi da Leone XIII, i quali appartengono al patrimonio dottrinale della Chiesa e, per tale titolo, impegnano l'autorità del suo magistero. Ma la sollecitudine pastorale mi ha spinto – continuava ancora il papa –, altresì, a proporre *l'analisi di alcuni avvenimenti della storia recente*. È superfluo rilevare che il considerare attentamente il corso degli avvenimenti per discernere le nuove esigenze dell'evangelizzazione fa parte del compito dei pastori. Tale esame, tuttavia, non intende dare giudizi definitivi, in quanto di per sé non rientra nell'ambito specifico del magistero»[176].

---

176 GIOVANNI PAOLO II, *Centesimus annus*, cit., n. 3a.

10

La *Caritas in veritate* di Benedetto XVI

10.1. La carità e la verità

I documenti della Chiesa – com'è noto – prendono il nome dalle prime parole con cui si aprono. Perciò, generalmente, i testi hanno un titolo che non ha un senso compiuto. Diverso, invece, è il caso dell'enciclica che Benedetto XVI dedicò allo «sviluppo umano integrale» e che inizia con l'enunciazione di un vero e proprio principio teologico: «la carità nella verità»[1].

La *Caritas in veritate*[2] è la terza ed ultima enciclica che papa Benedetto ha promulgato nei suoi quasi otto anni di pontificato[3]. Tre encicliche sembrano davvero poche per il papa teologo e scrittore che ha – anche in questo modo – offerto il segno di una preziosa sobrietà dopo anni in cui il numero dei documenti vaticani era enormemente cresciuto[4].

---

1 A ben considerare, anche le altre due encicliche di papa Ratzinger hanno questa medesima caratteristica. Gli altri documenti, infatti, hanno per esordio alcune parole che esprimono concetti teologici completi e precisi. Oltretutto, entrambi i titoli immettono accuratamente nei temi che le encicliche affrontano. Così è stato per la *Deus caritas est* sull'amore cristiano (25 dicembre 2005) e per la *Spe salvi* sulla speranza cristiana (30 novembre 2007).
2 Benedictus XVI, Littera encyclica *Caritas in veritate*, 29.6.2009, in «Acta Apostolicae Sedis», 101 (2009), p. 641-709.
3 Eletto il 19 aprile 2005, Benedetto XVI è divenuto papa emerito a partire dalla sera del 28 febbraio 2013, come aveva annunciato nel Concistoro dell'11 febbraio.
4 Non si può giustificare questo dato adducendo la relativa brevità del ministero ratzingeriano: nei primi nove anni di pontificato, Giovanni Paolo II aveva già pubblicato ben sette delle sue quattordici encicliche.

La sobrietà è una nota caratterizzante il pontificato ratzingeriano che rende ancora più significativa la scelta di dedicare un'intera enciclica ai temi sociali, decidendo di interrompere, con la *Caritas in veritate*, l'insegnamento sulle virtù teologali che avrebbe dovuto costituire una singolare trilogia magisteriale. Dopo l'enciclica sulla carità (*Deus caritas est*) e quella sulla speranza (*Spe salvi*) il trittico verrà, poi, completato da papa Francesco con la pubblicazione della *Lumen fidei* (29 giugno 2013) che esplicitamente riprendeva il precedente progetto (con le relative bozze) aggiungendovi «alcuni ulteriori contributi»[5].

Ai temi sociali tutte queste richiamate encicliche a contenuto squisitamente teologico riservano significativi richiami ed importanti passaggi che, in qualche modo, hanno preparato e hanno confermato i contenuti della *Caritas in veritate*, immediatamente riconosciuta come un atto magisteriale che si pone tra i grandi documenti della Dottrina Sociale della Chiesa Cattolica.

Pubblicata nei primi giorni del luglio 2009, l'enciclica[6] – che, però, porta la data del 29 giugno – ha avuto un iter di stesura non facile e, molto probabilmente, addirittura travagliato. A dimostrazione indiretta di ciò concorre l'evidente ritardo (addirittura di due anni!) rispetto all'anniversario della *Populorum progressio* che il nuovo documento intendeva esplicitamente celebrare.

Il differimento della pubblicazione non può trovare giustificazione nello sforzo di adattare il testo alla situazione venutasi a creare a causa dell'incombente crisi economica[7] come, invece, spesso, è stato sostenuto[8], perché l'analisi proposta dall'enciclica è di natura generale e non avrebbe richiesto alcun rivoluzionamento delle bozze. Piuttosto, il motivo dev'essere ricercato nei problemi emersi tra le varie versioni del documento proposte al papa che avranno imposto una serie di rielaborazioni, rimaneggiamenti, rifacimenti per dare soluzione ai non pochi punti controversi che l'enciclica affronta.

È da ritenere, quindi, che vi siano stati molti passaggi (certamente

---

5 FRANCESCO, Lettera enciclica *Lumen fidei* sulla fede, 29.6.2013, n. 7.
6 BENEDETTO XVI, Lettera enciclica *Caritas in veritate* sullo sviluppo umano integrale, 29.6.2009.
7 Cfr. MASSIMO INTROVIGNE - PIERMARCO FERRARESI, *Il Papa e Joe l'idraulico. La crisi economica e l'enciclica Caritas in veritate*, Fede & Cultura, Verona 2009.
8 Cfr. HENRI MADELIN, *Benedetto XVI, teologo della dottrina sociale della Chiesa*, in «Aggiornamenti Sociali», anno 65 (2014), febbraio, p. 157.

molti di più di quelli resisi necessari per altre encicliche) tra i redattori e il papa e che il rallentamento della pubblicazione sia dovuto innanzitutto ad una certa insoddisfazione di Benedetto XVI che avrà avuto bisogno di più tempo del previsto per superare le difficoltà e modificare le bozze intervenendo di suo pugno per dipanare alcuni nodi.

Ciò che si sa per certo è, infatti, che, a differenza della *Deus caritas est*, quasi integralmente uscita dalla penna di papa Ratzinger, ed ancor più della *Spe salvi*, concepita e redatta personalmente dal pontefice, la stesura della *Caritas in veritate* è stata affidata ad un gruppo di "esperti", alcuni dei quali hanno trasposto in essa la loro ben riconoscibile impronta.

Ad ogni buon conto, il testo non può non essere considerato – tanto nella sua interezza quanto nelle sue singole parti – diversamente da quello che è: un'enciclica pontificia di cui solo il suo autore ufficiale è responsabile. Indipendentemente dalle preferenze personali dei redattori fatte scivolare nel documento, il testo, a partire dal momento in cui il pontefice lo ha firmato, va considerato opera del Magistero molto più di quanto non debba essere attribuito ai suoi autori materiali. Anche opinioni discutibili che possano essere presenti nell'enciclica non potrebbero essere facilmente scaricate sulla responsabilità degli estensori, ma dovranno essere correttamente accollate a quel testo che il pontefice ha deciso di "indossare" facendolo proprio.

Se è vero che vi sono dei punti in cui si possono notare delle interpolazioni ed altri in cui si controbilancia qualche diversa affermazione e se è vero che in alcuni punti si scorge la mano e la mente di papa Ratzinger con il probabile intento di apportare modifiche, sarebbe, comunque, un errore sottoporre l'enciclica ad una vivisezione che avrebbe come solo effetto di accettare solo ciò che venisse ritenuto più congeniale e declassare ciò che fosse reputato sgradito. Se è vero che l'impronta di Benedetto XVI è più marcata in alcuni passaggi, tuttavia è l'intero documento che deve essere accettato quale atto del magistero ordinario della Chiesa.

Senza nulla togliere a questa premessa e senza neanche cedere troppo alla tentazione di provare a distinguere ciò che del testo proviene dalle bozze dei redattori e ciò che è di diretta paternità di Benedetto XVI, si deve dire che il titolo dell'enciclica porta la traccia del fine teologo Ratzinger.

Il titolo in latino – che era già trapelato precedentemente alla presentazione ufficiale – mira subito a coniugare indissolubilmente carità e verità[9]. Il richiamo è al passo, espressamente citato, della lettera agli Efesini in cui san Paolo invita ad agire «secondo verità nella carità» (Ef 4,15). Le direzioni di questo legame sono due, commentava il papa. E sono necessariamente complementari: da un lato, quella indicata dall'Apostolo delle genti; dall'altro, anche quella, inversa e simmetrica, della carità nella verità. Quindi: *veritas in caritate* e *caritas in veritate*. Non c'è offerta del dono della dottrina salvifica se non nella soavità dell'amore («la carità è la via maestra della dottrina sociale della Chiesa»[10]) e, al tempo stesso, non c'è autentico amore che non sia fondato sulla rettitudine e sulla giustizia («difendere la verità, proporla con umiltà e convinzione e testimoniarla nella vita sono pertanto forme esigenti e insostituibili di carità»[11].

Amore e dottrina non sono modalità contrapposte, ma inseparabilmente complementari: «la verità va cercata, trovata ed espressa nell'"economia" della carità, ma la carità a sua volta va compresa, avvalorata e praticata nella luce della verità»[12].

Il magistero di papa Ratzinger sembra suggerire questa duplice dichiarazione che diviene un'unica ed indissociabile affermazione: quella per la quale se è vero che non vi può essere storia autentica senza carità perché l'amore «è la principale forza propulsiva per il vero sviluppo di ogni persona e dell'umanità intera»[13] è anche vero che «la verità è l'unica carità concessa alla storia»[14]. Giustamente, è stato detto che *caritas in veritate*, oltre ad essere il convincente titolo dell'ultima enciclica di Benedetto XVI, può rappresentare bene l'orientamento dell'intero pontificato ratzingeriano[15] in una integrazione sempre ricercata tra dolcezza e discernimento, in certo senso speculare al rapporto tra fede e ragione.

Né il buonismo di moda, né un freddo dottrinarismo trovano,

---

9 BENEDETTO XVI, *Caritas in veritate*, cit., n. 2.
10 *Ibidem*.
11 *Ibidem*, n. 1.
12 *Ibidem*, n. 2a.
13 *Ibidem*, n. 1.
14 Il detto è attribuito a Jacques Crétineau-Joly (1803-1875), giornalista e storico francese vandeano.
15 Cfr. EMILIO MARTINEZ ALBESA, *Considerazioni sulla struttura dei testi della dottrina sociale della Chiesa*, in «Cultura & Identità», anno 4 (2012), n. 17, p. 69.

dunque, accoglienza nelle prime parole del documento. Cosicché il papa metteva in guardia soprattutto da quel sentimentalismo in cui facilmente scivola la carità quando non è ancorata alla verità («l'amore diventa un guscio vuoto, da riempire arbitrariamente. È il fatale rischio dell'amore in una cultura senza verità. Esso è preda delle emozioni e delle opinioni contingenti dei soggetti, una parola abusata e distorta, fino a significare il contrario»[16]) e che rappresenta una caratteristica tipica «in un contesto sociale e culturale che relativizza la verità, diventando spesso di essa incurante e ad essa restio»[17].

Quasi come un'intensa premessa, queste considerazioni sul legame organico tra l'amore e la dottrina – che dall'interno della vita cristiana deve passare ad animare i rapporti sociali – sono come una pregnante *ouverture* di questa importante enciclica che però dev'essere meglio valutata nelle sue singole parti.

Ormai ad un sufficiente lasso di tempo dalla sua promulgazione, un'analisi più pacata e meno passionale della *Caritas in veritate* si rende doverosa sia per rigore intellettuale e storico, sia anche per motivi pastorali e teologici.

10.2. Sulla scia della *Populorum progressio*

Se la scelta del titolo è stata fortemente espressiva di una precisa prospettiva, il sottotitolo dell'enciclica mette immediatamente in relazione il testo di Benedetto XVI con un'altra pietra miliare dell'insegnamento sociale della Chiesa cattolica, la *Populorum progressio* che Paolo VI dedicò, nel 1967, allo «sviluppo dei popoli»[18]. Il nuovo documento si collegava al precedente testo già con la formulazione dell'argomento che intendeva affrontare e che veniva qualificato nel sottotitolo come «lo sviluppo umano integrale».

Prima della *Populorum progressio*, solo la *Rerum novarum* aveva avuto la prerogativa di essere stata celebrata, negli anniversari più significativi, da altri documenti di pari importanza. E se la famosa enciclica di Leone XIII iniziò ad essere ricordata a partire dal suo quarantesimo anniversario con la *Quadragesimo anno* di Pio XI (1931), il

---

16 BENEDETTO XVI, *Caritas in veritate*, cit., n. 3.
17 *Ibidem*, n. 2a.
18 PAOLO VI, Lettera enciclica *Populorum progressio* sullo sviluppo dei popoli, 26.3.1967, n. 87.

testo di Paolo VI sembra aver addirittura superato la *Rerum novarum*, essendo stata già esaltata nel suo ventesimo anniversario. In quella circostanza, com'è noto, infatti, Giovanni Paolo II volle pubblicare la *Sollicitudo rei socialis*[19]. Seppure con il ritardo a cui abbiamo già fatto cenno, nel 2009 la *Caritas in veritate* intendeva, appunto, celebrare e in qualche modo di aggiornare l'insegnamento contenuto nell'enciclica del 1967 che, retoricamente[20], si concludeva dichiarando «lo sviluppo il nuovo nome della pace»[21].

Scriveva, dunque, Benedetto XVI: «a oltre quarant'anni dalla pubblicazione dell'Enciclica, intendo rendere omaggio e tributare onore alla memoria del grande pontefice Paolo VI, riprendendo i suoi insegnamenti sullo sviluppo umano integrale e collocandomi nel percorso da essi tracciato, per attualizzarli nell'ora presente. Questo processo di attualizzazione iniziò con l'Enciclica *Sollicitudo rei socialis*, con cui il Servo di Dio Giovanni Paolo II volle commemorare la pubblicazione della *Populorum progressio* in occasione del suo ventennale. Fino ad allora, una simile commemorazione era stata riservata solo alla *Rerum novarum*. Passati altri vent'anni, esprimo la mia convinzione che la *Populorum progressio* merita di essere considerata come "la *Rerum novarum* dell'epoca contemporanea", che illumina il cammino dell'umanità in via di unificazione»[22].

Se lo sviluppo umano (subito meglio qualificato come «integrale») è il tema conduttore, nondimeno sono molte (forse anche troppe) le questioni che l'enciclica affronta nei suoi sei capitoli e nei suoi settantanove paragrafi.

Infatti, accanto ad alcune tematiche certamente predominanti quali la globalizzazione, lo stato in cui versa l'economia mondiale, la sussidiarietà, il nuovo ordine mondiale, il bene comune, la giustizia, lo Stato e la società, il mercato e le altre forme di organizzazione di produzione, la tecnica e il progresso, l'enciclica si sofferma su molte altre materie. Alcune di queste sono direttamente riconducibili alle problematiche economiche. Così, ad esempio: la finanza e la crisi ad

---

19 Giovanni Paolo II, Lettera enciclica *Sollicitudo rei socialis* nel ventesimo anniversario della *Populorum progressio*, 30.12.1987.
20 Cfr. il capitolo sulla *Populorum progressio* presente in questo volume.
21 Paolo VI, Lettera enciclica *Populorum progressio* sullo sviluppo dei popoli, 26.3.1967, n. 87.
22 Benedetto XVI, *Caritas in veritate*, cit., n. 8.

essa riconducibile, il ruolo del profitto e la proprietà privata, la flessibilità e la delocalizzazione del lavoro, il sindacato e «l'esasperazione dei diritti»[23], la critica all'utopia anti-economista, l'aiuto ai Paesi poveri, le responsabilità dei consumatori. Altri temi sono di natura sociale e politica. Tra questi: la crisi dello Stato nazionale, il ripensamento dello Stato sociale, la riformulazione del concetto di democrazia, i diritti e lo "Stato di diritto", il ruolo pubblico della comunità dei credenti, l'attenzione per l'ambiente e i rapporti inter-generazionali, le migrazioni e i migranti. Altre questioni sono più squisitamente legate alla cultura e ai fondamenti dell'antropologia: dal peccato originale al richiamo alla trascendenza, dal diritto naturale all'anti-perfettismo, dalla «civiltà dell'amore»[24] alla critica all'individualismo, dalla solidarietà come imperativo etico alle perplessità per un certo abuso delle "etichette" etiche, dal confronto implicito con la modernità all'auspicio esplicito per un «umanesimo nuovo»[25] ed «integrale»[26], dalla cultura dell'uomo moderno alla nuova evangelizzazione, sino a terminare con il confronto tra fede e ragione e con le alterazioni proprie del fondamentalismo e del laicismo.

È stato inevitabile che nelle sintesi giornalistiche si accentuassero alcuni aspetti a danno di altri, così come è assai difficile che anche i lavori più seri riescano ad esaurire tutte le considerazioni utili a comprendere meglio il testo. Quanto al presente contributo, se è vero – come è facile comprendere – che ciascuno dei temi richiamati dall'enciclica meriterebbe una trattazione, preferiamo limitarci a suggerire solo alcuni nodi che, però, potrebbero essere sufficienti a cogliere i problemi che il documento solleva.

10.3. L'enciclica e la Dottrina Sociale della Chiesa

La *Caritas in veritate* si inserisce in una assai ampia tradizione di riflessione teologica e morale le cui radici sono ben anteriori alla *Rerum novarum*, e che suole definirsi Dottrina Sociale della Chiesa. Di questo insegnamento, Benedetto XVI ha fornito una delle rare definizioni quando scriveva che la dottrina sociale della Chiesa «è *"caritas in*

---

23 *Ibidem*, n. 43.
24 *Ibidem*, n. 33b.
25 *Ibidem*, n. 16.18.19.78.
26 *Ibidem*, n. 78.

veritate in re sociali"»[27]. Accordando il titolo dell'enciclica al contenuto del magistero sociale cristiano, il papa sottolineava che questo insegnamento della Chiesa è «annuncio della verità dell'amore di Cristo nella società. Tale dottrina è servizio della carità, ma nella verità»[28].

In relazione alla Dottrina Sociale della Chiesa, sono almeno tre gli aspetti di natura epistemologica che possono essere ravvisati nel documento. Essi riguardano il metodo, la continuità e quella che potremmo chiamare la preferenza paradigmatica del magistero sociale cattolico.

a. Non senza fondamento, si ritiene che l'insegnamento sociale della Chiesa – inizialmente basato su un metodo fortemente ancorato a principi irriformabili – si sia, abbastanza rapidamente, convertito ad un approccio più legato all'osservazione[29] e all'esperienza[30]. Per quanto il documento di Benedetto XVI dimostri di collocarsi convintamente in questa seconda fase – a partire dal modo con cui considera la *Populorum progressio* quale fonte di ispirazione – non ci sembra che possa essere sostenuto, come invece è stato ripetuto[31], che in esso si consoliderebbe l'opzione per il metodo induttivo.

È proprio il costante richiamo ad una verità oggettiva e liberante che attraversa l'intera enciclica, caratterizzandola inequivocabilmente sin dal titolo, a impedire di ritenere che il testo esprima una sorta di superamento del metodo deduttivo. Affermazioni basilari come quelle contenute soprattutto nella parte introduttiva – ad esempio: «*solo nella verità la carità risplende* e può essere autenticamente vissuta»[32] o «la

---

27 *Ibidem*, n. 5b.
28 *Ibidem*.
29 Cfr. Giovanni XXIII, Lettera enciclica *Mater et magistra* sugli sviluppi della questione sociale nella luce della dottrina cristiana, 15.5.1961, in *Enchiridion delle encicliche/7. Giovanni XXIII, Paolo VI (1958-1978)*, Edizioni Dehoniane, Bologna 1994, n. 454.
30 Cfr. Giovanni XXIII, Lettera enciclica *Pacem in terris* sulla pace fra tutte le genti fondata sulla verità, la giustizia, l'amore, la libertà, 11.4.1963, in *Enchiridion delle encicliche/7. Giovanni XXIII, Paolo VI (1958-1978)*, Edizioni Dehoniane, Bologna 1994, n. 603.
31 Cfr., ad es., Giuseppe Acocella, *Caritas in veritate. Un invito alla lettura*, in «Quaerere Deum», anno 2 (2010), n. 2, p. 9.
32 Benedetto XVI, *Caritas in veritate*, cit., n. 3.

verità è luce che dà senso e valore alla carità»[33] – danno conferma a questa impressione.

Piuttosto, occorre dire che le due modalità epistemologiche provano ad integrarsi – non senza difficoltà – in una sorta di metodo dinamico, un «metodo fondato su una circolarità incessante ora più induttiva-deduttiva ora più deduttiva-induttiva»[34].

b. La seconda questione che abbiamo sollevato è quella relativa ad una certa difficoltà a cogliere una effettiva continuità all'interno del plurisecolare (o bimillenario, se consideriamo anche gli atteggiamenti delle prime comunità e i testi dei primi secoli) magistero cristiano in materia sociale. Benedetto XVI affrontava il tema con una duplice risposta.

Da un lato sosteneva che la unitarietà dell'insegnamento anche in materia sociale non esclude una sempre maggiore maturazione (il papa parlava di «fedeltà dinamica»). Sotto questo aspetto si direbbe che la dottrina non muta, ma si approfondisce e si adatta alle circostanze: «coerenza non significa chiusura in un sistema, quanto piuttosto fedeltà dinamica a una luce ricevuta. La dottrina sociale della Chiesa illumina con una luce che non muta i problemi sempre nuovi che emergono. Ciò salvaguarda il carattere sia permanente che storico di questo "patrimonio" dottrinale»[35].

Da un altro lato, Benedetto XVI ribadiva che il magistero ecclesiastico (e non solo quello sociale) non deve essere inteso a segmenti, magari enfatizzando alcune fratture o, addirittura, prescindendo dall'intera Tradizione della Chiesa. Tema notoriamente caro a papa Ratzinger, la questione della continuità[36] è stata presentata anche nella *Caritas in veritate* soprattutto per dare risposta circa una presunta cesura tra il magistero sociale preconciliare e quello postconciliare[37]. Per

---

33 *Ibidem.*
34 Mario Toso, *Umanesimo sociale. Viaggio nella dottrina sociale della Chiesa e dintorni*, Libreria Ateneo Salesiano, Roma 2002, p. 39.
35 Benedetto XVI, *Caritas in veritate*, cit., n. 12.
36 Cfr. Benedetto XVI, Discorso alla Curia romana in occasione della presentazione degli auguri natalizi, 22 dicembre 2005, in *Insegnamenti di Benedetto XVI. Volume I. 2005*, Libreria Editrice Vaticana, Città del Vaticano 2006, p. 1018-1032.
37 Cfr. Massimo Introvigne, *"Caritas in veritate". La dottrina sociale della Chiesa contro la tecnocrazia*, in «Cristianità», anno 37 (2009), n. 353 (luglio-settembre), p. 3; cfr. Marcello Pera, *Diritti umani e cristianesimo. La Chiesa alla prova della modernità*, Marsilio, Venezia 2015, p. 22.

Benedetto XVI, il Concilio Vaticano II (1962-1965), costituendo un approfondimento dell'insegnamento precedente[38], non può che sviluppare una dottrina «nella continuità della vita della Chiesa»: «in questo senso, non contribuiscono a fare chiarezza certe astratte suddivisioni della dottrina sociale della Chiesa che applicano all'insegnamento sociale pontificio categorie ad esso estranee. Non ci sono due tipologie di dottrina sociale, una preconciliare e una postconciliare, diverse tra loro, ma un unico *insegnamento, coerente e nello stesso tempo sempre nuovo*»[39].

c. Infine, come ultimo aspetto di natura metodologica che intendiamo richiamare, vi è da considerare ciò che è stato definito il paradigma della Dottrina Sociale della Chiesa che, nella sua fase moderna – quella che si sviluppa dalla *Rerum novarum* in avanti –, ha attraversato almeno tre fasi successive.

Si tratterebbe di tre differenti approcci che caratterizzerebbero l'insegnamento della Chiesa: una prima fase – che va dalla *Rerum novarum* (1891) alla *Quadragesimo anno* di Pio XI (1931) sino a Pio XII – è quella in cui predomina il diritto naturale neoscolastico; una seconda fase – che va dalla *Mater et magistra* di Giovanni XXIII (1961) alla *Centesimus annus* di Giovanni Paolo II (1991) – è quella in cui prevale un'impronta personalistica; infine si giunge ad un "terzo paradigma" di sintesi tra il modello neoscolastico e quello personalista[40].

Volendo seguire questo solco, si potrebbe anche proporre – non senza qualche rischio implicito di forzatura – un'altra chiave di lettura (affianco ai richiamati "paradigmi") che distinguerebbe le menzionate fasi contrassegnate rispettivamente da un certo primato della "verità sulla carità", poi della "carità sulla verità", infine dalla ricerca di una sintesi ("carità nella verità").

Parlare di tre distinti paradigmi significa, in certo modo, mettere in discussione quella continuità tanto cara a papa Ratzinger e sottolineare modalità di approcci ed evoluzioni metodologiche non totalmente conciliabili. È, questo, un problema aperto che richiede serenità di giudizio e cautela di investigazione. Un problema che, però, rimane sullo sfondo anche dell'enciclica del 2009.

---

38 Cfr. Walter Brandmüller (a cura di), *Le chiavi di Benedetto XVI per interpretare il Vaticano II*, Cantagalli, Siena 2012.
39 Benedetto XVI, *Caritas in veritate*, cit., n. 12.
40 Cfr. Markus Krienke, *Giustizia sociale e carità. Il liberalismo della "Caritas in veritate"*, in «Rivista di Teologia di Lugano», anno 15 (2010), p. 27-52.

10.4. Sussidiarietà e poliarchia

Uno degli aspetti più interessanti dell'enciclica è dato sia dal modo con cui il richiamo alla sussidiarietà attraversa l'intero documento sia dalla contestuale apparizione del concetto di poliarchia.

a. Insieme al principio di solidarietà, il principio di sussidiarietà è – come è ben risaputo – uno dei grandi pilastri su cui si regge la Dottrina Sociale della Chiesa. Formulato in modo esplicito per la prima volta da Pio XI nella *Quadragesimo anno*, esso enuncia i limiti dell'azione e dell'intervento dello Stato («deve tuttavia restare saldo il principio importantissimo nella filosofia sociale: che siccome è illecito togliere agli individui ciò che essi possono compiere con le forze e l'industria propria per affidarlo alla comunità, così è ingiusto rimettere ad una maggiore e più alta società quello che dalle minori e inferiori comunità si può fare»[41]).

Per quanto poco sottolineato dai commentatori, il riferimento alla sussidiarietà costituisce uno degli elementi caratterizzanti l'intera enciclica di Benedetto XVI. Nella *Caritas in veritate*, infatti, il principio ha un rilievo maggiore che non negli altri documenti della Dottrina Sociale, non solo per quante volte il concetto ritorna nelle pagine del testo (ben 14 volte; un numero di riferimenti imparagonabile ad ogni altro documento della Chiesa), ma soprattutto per la pluralità di contesti a cui papa Ratzinger applicava il principio dell'autonomia dei corpi sociali e della priorità dell'iniziativa privata.

La sussidiarietà, nelle parole dell'enciclica, «è prima di tutto un aiuto alla persona, attraverso l'autonomia dei corpi intermedi»[42] anche perché essa è «l'antidoto più efficace contro ogni forma di assistenzialismo paternalista. Essa può dar conto sia della molteplice articolazione dei piani e quindi della pluralità dei soggetti»[43].

L'iniziativa della società civile (espressa dalla sussidiarietà) viene considerata complementare rispetto all'intervento politico centrale (espresso dalla solidarietà) e – pur in una tutt'altro che pacifica sintesi – il secondo viene dichiarato inseparabile dalla prima: «il principio di

---

41 Pio XI, Lettera enciclica *Quadragesimo anno* sull'instaurazione dell'ordine sociale cristiano, 15.5.1931, in *Enchiridion delle encicliche/5. Pio XI (1922-1939)*, Edizioni Dehoniane, Bologna 1995, n. 661.
42 Benedetto XVI, *Caritas in veritate*, cit., n. 57.
43 *Ibidem*.

sussidiarietà va mantenuto strettamente connesso con il principio di solidarietà e viceversa, perché se la sussidiarietà senza la solidarietà scade nel particolarismo sociale, è altrettanto vero che la solidarietà senza la sussidiarietà scade nell'assistenzialismo che umilia il portatore di bisogno»[44].

Già nella prima enciclica, la *Deus caritas est* del 2005, Benedetto XVI aveva manifestato la necessità della sussidiarietà quale norma di equilibrio tra Stato e società: «non uno Stato che regoli e domini tutto è ciò che ci occorre – scriveva il papa nel documento sull'amore cristiano –, ma invece uno Stato che generosamente riconosca e sostenga, nella linea del principio di sussidiarietà, le iniziative che sorgono dalle diverse forze sociali e uniscono spontaneità e vicinanza agli uomini bisognosi di aiuto»[45].

Ma, come è comprensibile, è soprattutto nella *Caritas in veritate* che la dottrina sul principio di sussidiarietà si dispiega con larghezza. Il principio viene riproposto in diverse circostanze, ad esempio a proposito della dignità umana, della «collaborazione fraterna di credenti e non credenti»[46], dei sistemi fiscali[47]. Ed è proprio in abbinamento al principio di sussidiarietà che, per la prima volta, il Magistero adotta la nozione di "poliarchia".

b. In uno dei paragrafi più delicati dell'intero documento, a proposito della globalizzazione, si affermava che questo fenomeno «ha certo bisogno di autorità, in quanto pone il problema di un bene comune globale da perseguire». È a questo punto che si indica il concetto di "poliarchia", quando, cioè, si dichiarava che «tale autorità [...] dovrà essere organizzata in modo sussidiario e poliarchico, sia per non ledere la libertà sia per risultare concretamente efficace»[48].

Non è questo l'unico passo dell'enciclica che esprimeva questo concetto. La "poliarchia", infatti, non era presente solo in esordio al passo ora citato ove, richiamando il *governo* della globalizzazione, si affermava che tale *governo*, «per non dar vita a un pericoloso potere universale di tipo monocratico», deve essere «articolato su più livelli e

---

44 *Ibidem*, n. 58.
45 BENEDETTO XVI, Lettera enciclica *Deus caritas est* sull'amore cristiano, 25.12.2005, n. 28b.
46 BENEDETTO XVI, *Caritas in veritate*, cit., n. 57.
47 Cfr. *ibidem*, n. 60b.
48 *Ibidem*, n. 57.

su piani diversi, che collaborino reciprocamente»[49]. Già in precedenza, invero, a proposito di un non del tutto chiaro «*significato plurivalente*» dell'autorità politica, Benedetto XVI aveva affermato: «come si intende coltivare un'imprenditorialità differenziata sul piano mondiale, così si deve promuovere un'autorità politica distribuita e attivantesi su più piani»[50]. Quindi, a differenza del paragrafo 41, dove il concetto viene richiamato, ma non esplicitamente definito, nel paragrafo 57, invece, il termine "poliarchia" viene espresso anche in modo manifesto.

In questo secondo e più importante passo, il testo viene accompagnato da una nota di non chiara interpretazione che riprenderemo a proposito della problematica questione del "governo" e dell'"autorità" globale. La citazione contenuta nella nota non aiuta a capire se l'enciclica voglia dare un senso particolare alla nozione di "poliarchia". Se l'originale latino non dà luogo a sfumature («haec tamen auctoritas subsidiario modo et polyarchico est ordinanda»), è, però, significativo che nella traduzione inglese il concetto sia espresso diversamente: «this authority, however, must be organized in a subsidiary and stratified way»[51]. Quindi, nonostante in ambito anglosassone il termine "poliarchy" esista – anzi goda di un'adozione addirittura più larga di quanto non avvenga in ambito latino[52] –, l'edizione inglese dell'enciclica preferisce esprimersi in modo da spiegare il concetto.

Non è questa la sede per approfondire cosa debba intendersi con la nozione di "poliarchia"[53]. Preme solo segnalare come questo concetto faccia il suo ingresso nei testi della Dottrina Sociale della Chiesa[54]. Ciò

---

49   *Ibidem*.
50   *Ibidem*, n. 41b.
51   La versione ufficiale francese, invece, si allinea al testo latino e al testo italiano: «cependant cette autorité devra être exercée de manière subsidiaire et polyarchique».
52   Basti ricordare l'uso del concetto di "ordine policentrico" lanciato da Michael Polanyi (1891-1976): *The logic of Liberty*, Claridge Press, London 1951 (trad. it.: *La logica della libertà*, Rubbettino, Soveria Mannelli (Catanzaro) 2002).
53   Cfr. Aa. Vv., *Subsidiarity and Institutional Polyarchy. Studies of Social Market Economy in contemporary democracies. Yearbook 2011*, Centro Studi Tocqueville-Acton, Milano 2011; cfr. Robert A. Dahl, *Poliarchia*, in *Enciclopedia delle Scienze Sociali*, Istituto della Enciclopedia Italiana, Roma 1996, vol. VI, p. 601-607; cfr. Lorenzo Ornaghi, *Poliarchia*, in Aa. Vv., *Politica. Enciclopedia tematica aperta*, Jaca Book, Milano 1993, p. 390.
54   Cfr. Flavio Felice, *Introduzione* a Flavio Felice - Johann Spitzer (a cura di), *Il ruolo delle istituzioni alla luce dei principi di sussidiarietà, di poliarchia e di solidarietà*.

almeno nei testi ufficiali e magisteriali, perché, già nella metà del XIX secolo, il teologo gesuita Luigi Taparelli d'Azeglio (1793-1862) aveva distinto le forme politiche in "monarchiche" e "poliarchiche"[55]. Il termine è, comunque, più antico rispetto all'impiego fattone dal Taparelli (sarebbe documentato già nei primi anni del Seicento nell'opera del giureconsulto calvinista Johannes Althusius, 1557-1638 circa[56]) ed ha avuto, più recentemente, nuovo rilancio grazie al politologo americano Robert Alan Dahl (1915-2014) che ha descritto una modalità pluralistica di diffusione del potere all'interno delle articolazioni sociali[57].

Anche il Magistero, quindi, sembra riconoscere i benefici di un potere politico che si distribuisca su «diversi livelli» – come si tradurrebbe la locuzione «stratified way» che si trova nella versione ufficiale in lingua inglese. La poliarchia, dunque, esprime una «pluralità di livelli di potere [che] si scinde in funzioni distinte e differenziate»[58].

10.5. Governo o *governance*?

Ciò che, però, sorprende è che Benedetto XVI attribuisce le qualità della *sussidiarietà* e della *poliarchicità* a quell'autorità che dovrebbe avere il compito di *governare* la globalizzazione[59]. Sarà necessario soffermarsi su quest'altro punto nevralgico dell'enciclica – l'asserito bisogno di un'autorità mondiale –, ma prima proviamo a comprendere quali vocaboli sono stati utilizzati nel testo.

Come già precisavamo, la modalità sussidiaria e poliarchica viene

---

Atti del Colloquio Internazionale di Dottrina Sociale della Chiesa, Lateran University Press, Città del Vaticano 2012, p. 18.
55 Luigi Taparelli, *Saggio teoretico di diritto naturale appoggiato sul fatto*, Civiltà Cattolica, Roma 1855, vol. 1, p. 376s.
56 Cfr. Rocco Pezzimenti, *La società aperta nel difficile cammino della modernità*, Rubbettino, Soveria Mannelli (Catanzaro) 2002, p. 76s.
57 Cfr. Robert Alan Dahl, *A preface to a democratic theory*, University of Chicago Press, Chicago (Illinois) 1956 (trad. it.: *Prefazione a una teoria democratica*, Edizioni di Comunità, Milano 1994).
58 Cfr. Toso, *Umanesimo sociale. Viaggio nella dottrina sociale della Chiesa e dintorni*, cit., p. 244.
59 Cfr. Alberto Quadrio Curzio - Giovanni Marseguerra (a cura di), *Value and Rule for a New Model of Development*, Fondazione "Centesimus annus", Libri Scheiwiller, Milano 2010.

menzionata in diretta relazione al *governo* della globalizzazione[60]. Ripetiamo la citazione: «*il governo della globalizzazione deve essere di tipo sussidiario*, articolato su più livelli...»[61]. Rimaniamo, al momento, sul piano puramente semantico. Il modo con cui il testo latino è stato tradotto nelle lingue moderne – ed innanzitutto in italiano – dà luogo ad una sorta di "giallo".

Merito di Flavio Felice è stato quello di attirare l'attenzione su questo aspetto che, diversamente, sarebbe passato del tutto inosservato[62]. Ebbene, di cosa si tratta? È in questione il modo con cui debba intendersi (e correttamente tradursi) ciò che nel testo originale latino viene espresso con la dizione «*moderamen globalizationis*»[63].

Mentre la versione (ufficiale) italiana riporta «*il governo della globalizzazione*» (così come il testo in spagnolo – «*el gobierno de la globalización*» –, in portoghese – «*o governo da globalização*» – e quello in lingua tedesca – «*die Steuerung der Globalisierung*»[64]), il testo in inglese recita «*the governance of globalization*», flessione linguistica simile a ciò che viene tradotto con il francese «*la "gouvernance" de la mondialisation*»[65].

Risulta evidente, quindi, che ciò che in italiano si esprime con il termine "governo" non corrisponde a ciò che in inglese si manifesta con il concetto "*governance*". Quale delle due traduzioni (quella in italiano,

---

60 Cfr. GIOVANNI MARSEGUERRA (edited by), *Confronting Globalization: Global Governance and the Politics of Development*, Fondazione "Centesimus annus", Libri Scheiwiller, Milano 2005.
61 BENEDETTO XVI, *Caritas in veritate*, cit., n. 57.
62 Cfr. FLAVIO FELICE, *Economia e persona dalla "Rerum novarum" alla "Caritas in veritate"*, in FLAVIO FELICE - FRANCIS GEORGE - ROBERT W. FOGEL, *Lo spirito della globalizzazione. Pensare l'economia dopo la "Caritas in veritate"*, prefazione di Robert Royal, Rubbettino, Soveria Mannelli (Catanzaro) 2011, p. 26.
63 BENEDICTUS XVI, Littera encyclica *Caritas in veritate*, 29.6.2009, in «Acta Apostolicae Sedis», 101 (2009), p. 693: «Ne periculosa quaedam constituatur universalis potestas monocratici generis, *globalizationis moderamen formam induere debet subsidiarietatis*, diversis in gradibus ordinibusque dispositum, qui mutuo cooperentur. Globalizatio procul dubio auctoritate eget, prout quaestionem communis boni globalis persequendi ponit; haec tamen auctoritas subsidiario modo et polyarchico est ordinanda,138 tum ne libertatem laedat tum ut reapse sit efficax».
64 Nella versione tedesca, a differenza di tutte le altre, le parole non vengono riportate in corsivo; il sostantivo "Steuerung" indica il comando, la conduzione, la guida.
65 Nella versione francese (e solo in questa) la parola "*gouvernance*" viene virgolettata.

in spagnolo, in portoghese, in tedesco e quella in inglese e in francese) è corretta rispetto all'originale latino «*moderamen globalizationis*»?

È Felice a far presente che il sostantivo latino "*moderamen*", rimandando al verbo "*moderari*", suggerisce l'idea del «porre limiti, moderare, temperare, tenere nella giusta misura»[66], significato, questo, non coincidente con l'idea propria del comando del *governo* politico. Nella linea del termine latino "*moderamen*" è, piuttosto, quel concetto che, in inglese, si esprime con la parola "*governance*".

Ormai anche nel linguaggio ordinario, l'uso dei vocaboli "*government*" e "*governance*" risulta abbastanza chiaramente distinto. Infatti, mentre il "*government*" indica il modo con cui le funzioni di comando e di direzione vengono esercitate attraverso le istituzioni e gli ordinamenti politici, la "*governance*" indica una serie di attori e di funzioni assai più ampi rispetto al livello politico-istituzionale[67]. Ancor più nelle scienze politiche e sociali questa differenziazione appare marcata e chiara[68].

Per comprendere a cosa si voglia alludere nel passo della *Caritas in veritate*, Felice sviluppa una piccola analisi etimologica che lo induce a mettere di fronte il latino "*moderamen*" (e il corrispondente greco "*kathechein*") con il greco "*kyberneîn*" (e il corrispondente latino "*gubernaculum*"). Mentre il primo concetto dovrebbe essere tradotto con "*governance*" perché suggerisce l'idea di "tenere a freno", di "porre limiti", il secondo concetto esprime, invece, propriamente il "*government*"

---

66   Flavio Felice, *La via istituzionale della carità e la dimensione poliarchica della società civile*, in Flavio Felice - Johann Spitzer (a cura di), *Il ruolo delle istituzioni alla luce dei principi di sussidiarietà, di poliarchia e di solidarietà. Atti del Colloquio Internazionale di Dottrina Sociale della Chiesa*, Lateran University Press, Città del Vaticano 2012, p. 281.
67   Cfr. Rosario Sapienza, *Governance*, in Aa. Vv., *Lessico oggi. Orientarsi nel mondo che cambia*, Rubbettino, Soveria Mannelli (Catanzaro) 2003, p. 103s.
68   Significativa è la definizione di "*governance*" presente nel rapporto *On Our Global Neighborhood* (1995) stilato dalla Commissione dell'ONU sulla *Governance* Globale. In questo testo, con *governance* s'intende «the sum of the many ways individuals and institutions, public and private, manage their common affairs. It is a continuing process through which conflicting or diverse interests may be accommodated and co-operative action may be taken. It includes formal institutions and regimes empowered to enforce compliance, as well as informal arrangements that people and institutions either have agreed to or perceive to be in their interest» (The Un Commission on Global Governance, *On Our Global Neighborhood*, Oxford University Press, Oxford 1995, p. 4-5).

richiamando l'idea del comando, l'idea di "reggere il timone", di "guidare lo Stato", di "dominare"[69].

In virtù di tali riflessioni, per Felice «il concetto di "governance", piuttosto che quello di "governo", [...] appare più prossimo al termine utilizzato nella versione latina»[70] della *Caritas in veritate*. A favore di questa interpretazione vi è sicuramente la lettura d'insieme del passo dell'enciclica che, mettendo in guardia da «un pericoloso potere universale di tipo monocratico»[71], promuove il passaggio ad una prospettiva «"poliarchica" e "sussidiaria"; una nozione di indirizzo strategico nell'esercizio del potere che prevede i concetti del "limite" e del "bilanciamento" (*kathechein*-"*moderamen*")»[72].

Se, quindi, a favore dell'interpretazione "anti-centralistica" vi è il modo con cui viene specificata la modalità di questo potere – esso, viene subito precisato, «deve essere di tipo sussidiario, articolato su più livelli e su piani diversi...»[73] – pur tuttavia, gli argomenti a favore dell'interpretazione "governativa" sembrano prevalere.

Innanzitutto perché, sotto l'aspetto lessicale, ciò che si può portare a sostegno della prima ipotesi può valere tranquillamente anche per l'ipotesi contraria. Ciò anche a considerare il modo con cui è stato tradotto il testo latino nelle lingue moderne (pur considerando che le bozze dell'enciclica non saranno state elaborate in latino, ma quella latina rappresenta già una successiva traduzione di un testo originale scritto molto probabilmente in italiano).

Lasciando la pur importante sfera semantica, un altro elemento che gioca a favore dell'interpretazione "governativa" è la nota 138 presente nell'enciclica[74] che richiama un lungo passaggio dell'enciclica

---

69 Questo secondo significato, legato al verbo latino "*gubernari*", è presente al n. 69 dell'enciclica, lì ove si dichiara: «technica ars materiam gubernari, pericula imminui, laborem servari, vitae condiciones in melius mutari patitur» (passo giustamente reso in italiano in questo modo: «la tecnica permette di dominare la materia, di ridurre i rischi, di risparmiare fatica, di migliorare le condizioni di vita»).
70 FELICE, *La via istituzionale della carità e la dimensione poliarchica della società civile*, cit., p. 281.
71 BENEDETTO XVI, *Caritas in veritate*, cit., n. 57.
72 FELICE, *La via istituzionale della carità e la dimensione poliarchica della società civile*, cit., p. 282.
73 BENEDETTO XVI, *Caritas in veritate*, cit., n. 57.
74 Questo il punto del n. 57 in cui viene inserita la nota 138: «La globalizzazione ha certo bisogno di autorità, in quanto pone il problema di un bene comune globale

Pacem in terris di Giovanni XXIII[75]. Infatti, il documento giovanneo citato, pur ribadendo che «i compiti precipui dei poteri pubblici consistono, soprattutto, nel riconoscere, rispettare, comporre, tutelare e promuovere» i diritti della persona[76], sottolinea maggiormente, quale «compito fondamentale», «disciplinare e comporre armonicamente i rapporti tra gli esseri umani in maniera che l'esercizio dei diritti negli uni non costituisca un ostacolo o una minaccia per l'esercizio degli stessi diritti negli altri, e si accompagni all'adempimento dei rispettivi doveri»[77]. La centralità dei poteri pubblici e della loro «appropriata azione» viene ribadita come condizione per appianare «gli squilibri economici, sociali e culturali tra gli esseri umani [che] tendono, soprattutto nell'epoca nostra, ad accentuarsi»[78].

Accanto a ciò, va fatto presente che l'interpretazione più semplice ed immediata è quella che, di solito, risulta la più adeguata. L'interpretazione contorta finisce sempre con l'essere trascurata presto e poi definitivamente accantonata e chi la difende ad oltranza svolge un'opera di resistenza sterile. Per quanto possa non piacere o non risultare corretto ritenere che la globalizzazione abbia bisogno di un "governo" politico – chi scrive è tra coloro che considerano assai rischiosa la guida politica della mondializzazione –, occorre onestamente riconoscere che l'enciclica afferma ciò. Se si fosse voluto dichiarare il contrario, lo si sarebbe dovuto esprimere. Anche in questo caso, quale criterio ermeneutico generale, vale ciò che sostenne il gesuita tedesco Oswald von Nell-Breuning (1890-1991) a proposito dei passi controversi di quella *Quadragesimo anno* di cui era stato il principale estensore: «per l'esplicazione di un documento del magistero non importa né quello che il redattore dello schema ha *pensato*, né quello che ha *pensato* il

---

da perseguire; tale autorità, però, dovrà essere organizzata in modo sussidiario e poliarchico [138], sia per non ledere la libertà sia per risultare concretamente efficace».
75   Per l'esattezza, la nota n. 138 rinvia alla raccolta ufficiale (la p. 274 del 55° volume dell'«Acta Apostolicae Sedis») che contiene il testo latino dell'enciclica giovannea del 1963.
76   Cfr. Giovanni XXIII, Lettera enciclica *Pacem in terris* sulla pace fra tutte le genti fondata sulla verità, la giustizia, l'amore, la libertà, 11.4.1963, in *Enchiridion delle encicliche/7. Giovanni XXIII, Paolo VI (1958-1978)*, Edizioni Dehoniane, Bologna 1994, n. 600.
77   *Ibidem*, n. 602.
78   *Ibidem*, n. 603.

titolare del magistero stesso, ma esclusivamente ciò che il *tenore verbale significa* secondo i principi generali d'interpretazione»[79].

Non è certamente un caso, quindi, che l'interpretazione "governativa" trovi il riscontro più ampio. Ma la spiegazione più ovvia e più semplice è sostenuta e confermata dai commenti più autorevoli nello stesso ambito magisteriale. L'interpretazione "governativa" viene, infatti, ancora ribadita nel documento del Pontificio Consiglio della Giustizia e della Pace dell'ottobre 2011 dove, anche a fronte delle discussioni intervenute, viene riportato il termine "governo"[80], così come questo termine è presente nella versione ufficiale in lingua italiana dell'enciclica[81]. Come se ciò non bastasse, «il governo della globalizzazione» è addirittura il titolo del terzo capitolo del documento.

10.6. Un governo mondiale?

Quanto la lettura del paragrafo 57 che offre il documento del Pontificio Consiglio della Giustizia e della Pace dell'ottobre 2011 sia corrispondente al lessico dell'enciclica lo si comprende nell'esplicito auspicio di un'autorità mondiale contenuto nella stessa enciclica. In questa assai discutibile aspettativa del Magistero si ritrova la più convincente dimostrazione di come l'interpretazione che abbiamo definito "governativa" sia, purtroppo, quella conforme alla lettera ed allo spirito del testo.

A quest'autorità la *Caritas in veritate* rivolge una duplice attestazione. Innanzitutto nello stesso paragrafo 57 ove si afferma conclusivamente che «la globalizzazione ha certo bisogno di autorità». Ma soprattutto al paragrafo 67 ove si dichiara che «urge la presenza di una vera *Autorità politica mondiale*».

Si tratta di un'altra delle più delicate questioni sollevate dal magistero sociale della Chiesa; una questione che trova spazio nell'enciclica di Benedetto XVI dopo essere stata aperta da Giovanni XXIII

---

79 Oswald von Nell-Breuning, *Octogesimo anno*, in «Humanitas», anno 26 (1971), n. 7 (luglio), p. 618; cfr. anche p. 619 e 620.
80 Pontificio Consiglio della Giustizia e della Pace, Nota *Per una riforma del sistema finanziario e monetario internazionale nella prospettiva di un'autorità pubblica a competenza universale*, Città del Vaticano, 24.10.2011, n. 3L.
81 Cfr. Benedetto XVI, *Caritas in veritate*, cit., n. 57.

nella *Pacem in terris* quasi cinquant'anni prima[82]. Nella linea dell'enciclica del 1963 e sulla base di quella del 2009, un terzo tassello è, poi, rappresentato dalla già richiamata *Nota* del Pontificio Consiglio della Giustizia e della Pace dell'ottobre 2011. Richiamandosi ai giudizi di Giovanni XXIII – che già indicava un'organizzazione politica «sul piano mondiale» per le esigenze obiettive del bene comune universale»[83] – e di Benedetto XVI – che ha ritenuto urgente «la presenza di una vera Autorità politica mondiale»[84] – il testo del Pontificio Consiglio non mostra dubbi circa il beneficio della costituzione di «un'Autorità politica mondiale»[85]. L'auspicio – in verità molto pressante – di quest'«Istituzione sopranazionale» rappresenta forse l'attestazione più impegnativa del Magistero in materia di indispensabilità del ruolo dello Stato modernamente concepito (quello che nella vita delle persone si esprime con tutto il suo peso asfissiante) – tanto da auspicarne uno «dall'orizzonte planetario» – e della necessità di controlli politici ancora più stringenti.

Questo più recente documento magisteriale (datato ottobre 2011) riconosce come l'aspettativa di un governo planetario sia ormai un elemento consolidato della Dottrina Sociale della Chiesa: «lo stesso Benedetto XVI – viene, infatti, affermato –, nel solco tracciato dalla *Pacem in terris*, ha espresso la necessità di costituire un'Autorità politica mondiale»[86].

Ma, al riguardo, si impongono alcune considerazioni.

Innanzitutto occorre ripetere quanto appena detto e, cioè, che un *world government*, la nascita di un governo mondiale quale azione dei poteri pubblici della comunità mondiale sia un traguardo non solo auspicato dall'insegnamento sociale cattolico, ma anche, di fatto, perseguito dalla diplomazia della Santa Sede[87]. Si tratta di un'istanza che,

---

82 Cfr. il capitolo sulla *Pacem in terris* presente in questo volume.
83 GIOVANNI XXIII, *Pacem in terris*, cit., in *Enchiridion delle encicliche/7. Giovanni XXIII, Paolo VI (1958-1978)*, cit., n. 674.678-679.
84 BENEDETTO XVI, *Caritas in veritate*, cit., n. 67.
85 PONTIFICIO CONSIGLIO DELLA GIUSTIZIA E DELLA PACE, Nota *Per una riforma del sistema finanziario e monetario internazionale nella prospettiva di un'autorità pubblica a competenza universale*, 24.10.2011, n. 3.
86 PONTIFICIO CONSIGLIO DELLA GIUSTIZIA E DELLA PACE, *Compendio della Dottrina Sociale della Chiesa*, Libreria Editrice Vaticana, Città del Vaticano 2004, n. 192.
87 Cfr. ANTONIO PAPISCA, *Progetto sempre attuale di ordine mondiale*, in «Rivista di teologia morale», anno 45 (2013), n. 179 (luglio-settembre), p. 359-368.

in qualche modo, precede anche il pontificato giovanneo e si affaccia, sorprendentemente, già in quello di Pio XII[88]. Una linea che è ben presente nel Concilio[89] e che si rafforza con la *Populorum progressio* di Paolo VI[90].

Nel pontificato di Benedetto XVI questa attenzione a suggerire orientamenti politici globali raggiunge l'apice. Non ci riferiamo solo alla *Caritas in veritate*, ma anche alla *Nota* del Pontificio Consiglio della Giustizia e della Pace diffusa un anno e mezzo dopo la promulgazione dell'enciclica e che ha come scopo quello di indicare in un'autorità pubblica a competenza universale la soluzione della crisi mediante «una riforma del sistema finanziario e monetario internazionale», come recita il titolo del documento.

Aveva senz'altro ragione mons. Mario Toso, all'epoca segretario del Pontificio Consiglio, quando sosteneva che la *Nota* è un approfondimento di ciò che era stato già proposto sia nel paragrafo 57 sia nel paragrafo 67 della *Caritas in veritate*[91]. Anche a nostro avviso – per quanto la *Nota* del Pontificio Consiglio sia apparsa subito problematica –, essa non contiene nulla che non sia già presente nel magistero precedente. Si tratta sicuramente di un'accelerazione – lanciata forse un po' solitariamente dal Pontificio Consiglio e non propriamente concordata con gli altri dicasteri vaticani, *in primis* la Segreteria di Stato*[92] –*, ma non certo di uno stravolgimento né di un fraintendimento

---

[88] Cfr. Pio XII, Discorso ai giuristi cattolici italiani, 6.12.1953, in *Discorsi e radiomessaggi di Sua Santità Pio XII. XV (1953-1954)*, Tipografia Poliglotta Vaticana, Città del Vaticano 1954, p. 483-484; cfr. Pio XII, Radiomessaggio *Benignitas et humanitas* alla vigilia del Natale, 24.12.1944, in *Discorsi e radiomessaggi di Sua Santità Pio XII. VI (1944-1945)*, Tipografia Poliglotta Vaticana, Città del Vaticano 1955, p. 245-247; cfr. Giovanni Battista Montini, *Pio XII e l'ordine internazionale*, in «La Scuola Cattolica», anno 85 (1957), p. 3-24.

[89] Cfr. Concilio Vaticano II, Costituzione pastorale *Gaudium et Spes* sulla Chiesa nel mondo contemporaneo, 7.12.1965, n. 82s..

[90] Cfr. Paolo VI, Lettera enciclica *Populorum progressio* sullo sviluppo dei popoli, 26.3.1967, n. 13.

[91] Cfr. Mario Toso, *Riflessioni sulla riforma del sistema monetario e finanziario*, in Flavio Felice - Johann SPITZER (a cura di), *Il ruolo delle istituzioni alla luce dei principi di sussidiarietà, di poliarchia e di solidarietà. Atti del Colloquio Internazionale di Dottrina Sociale della Chiesa*, Lateran University Press, Città del Vaticano 2012, p. 218.

[92] Alla presentazione della *Nota* ai giornalisti accreditati presso la Sala Stampa Vaticana (24 ottobre 2011) è, infatti, seguito un altro "giallo". Il 4 novembre veniva inoltrata ai capi dicastero degli organismi della Santa Sede una circolare (che non fu

dei contenuti già presenti nell'insegnamento pontificio. Chi scrive non condivide né il passo del paragrafo 67 dell'enciclica, né il ricorso ad un'autorità mondiale per riformare il sistema monetario e finanziario esplicitato dalla *Nota*; ma, onestamente, non è possibile provare a separare i due documenti, contrapponendoli con l'intento di ammorbidire o addomesticare l'interpretazione dell'enciclica e di rifiutare le radicalizzazioni del documento del Pontificio Consiglio. La *Nota* non contiene alcuna alterazione dell'insegnamento pontificio, tanto da non poter accogliere questo senza accettare anche quella.

Non solo nessuna affermazione del documento del Pontificio Consiglio contrasta i passi dell'enciclica, ma, proprio perché il primo è l'esplicitazione dell'insegnamento della *Caritas in veritate*, la *Nota* offre la più autorevole interpretazione dell'enciclica sociale di Benedetto XVI sia per ciò che riguarda «il governo della globalizzazione» sia in ordine alla scelta a favore di una direzione politica a livello planetario.

Il giudizio di mons. Toso fa, giustamente, testo non solo perché egli è tra i massimi esperti di Dottrina Sociale della Chiesa, ma anche in quanto testimone privilegiato a causa del ruolo svolto sia nella redazione dell'enciclica, sia nella regia della promulgazione della *Nota* del 2011. Ebbene, per il teologo, la costituzione di un'«Autorità politica mondiale» non deve essere intesa «come una semplice *governance*, a mo' di un'autoregolamentazione del settore monetario e finanziario o di una regolamentazione frutto della collaborazione spontanea tra i principali Stati, quale alcuni improvvisati esegeti dei testi del magistero sociale, hanno voluto farci credere. E nemmeno nel senso di un superpotere tecnocratico e monocratico; bensì di una *forza morale*, di un principio unitivo e coordinativo superiore, avente la facoltà di esercitare il comando secondo ragione e di obbligare in virtù di un ordine morale e giuridico, cui cerca di adeguarsi sempre più, al fine di tradurlo mediante decisioni concrete, indispensabili a raggiungere il bene comune. Questo è il senso dell'espressione "Autorità politica mondiale" a cui si appella la *Caritas in veritate*»[93].

---

resa pubblica) in cui la Segreteria di Stato, a firma di mons. Angelo Maria Becciu, in qualità di Sostituto (il presule che guida la principale sezione dell'ufficio, la sezione che ha maggiori responsabilità nel coadiuvare il pontefice nel governo della Curia vaticana), che ribadiva il diniego a rendere pubblici documenti privi del preventivo controllo e della necessaria autorizzazione della Segreteria di Stato.

93   Toso, *Riflessioni sulla riforma del sistema monetario e finanziario*, cit., p. 220.

Se va onestamente riconosciuto che la creazione di un'autorità pubblica mondiale rappresenta un elemento costitutivo della Dottrina Sociale della Chiesa, nondimeno non si può non confessare che questo aspetto, ormai insopprimibile, dell'insegnamento sociale cattolico è stato, comprensibilmente, visto con particolare favore esclusivamente da quei teologi o da quei pensatori che si sono sempre mostrati sensibili a sollecitare l'allargamento del ruolo dello Stato[94]. Certamente più numerosi e più influenti dei loro colleghi di orientamento liberale[95], i primi hanno ovviamente avuto più rilievo anche nel determinare le prese di posizione presenti nella *Caritas in veritate*. Questo dato non riduce né la responsabilità dell'autore ufficiale dell'enciclica né il peso teologico delle affermazioni: nel momento in cui il pontefice ha fatto proprio il testo, questo va considerato per quello che è divenuto e non per il luogo nel quale è stato partorito.

Tuttavia, se non è del tutto privo di significato, sia per motivi scientifici sia per ragioni puramente storiche, fare un'analisi esegetica dei passaggi più vincolanti dei documenti, allora può essere interessante anche capire qualcosa in più circa il retroscena della stesura dell'affermazione contenuta nel paragrafo 57 della *Caritas in veritate*.

Il modo con cui è elaborato il passo in questione circa l'auspicio per la creazione di un'autorità politica globale[96] e relativamente alle sue premesse e modalità[97] ripercorre con tanta somiglianza i testi del salesiano Mario Toso che, rileggendo questi, lo si scopre quale estensore di alcuni dei richiamati e delicati passaggi dell'enciclica. A proposito della mondializzazione dell'economia, Toso, in una nota presente in un suo volume del 2002[98], aveva scritto: «la sollecitudine per una convivenza ordinata e pacifica della famiglia umana ha spinto il Magistero ad auspicare, già da tempo, la costituzione di poteri pubblici sul piano

---

94 Cfr. CARLO LOTTIERI, *Luci e ombre della "Caritas in veritate". Una lettura liberale*. IBL Focus n. 137, Istituto Bruno Leoni, Torino 2009.
95 Cfr. FRIEDRICH A. VON HAYEK, *La società libera*, prefazione di Lorenzo Infantino, scritti di Sergio Ricossa, Rubbettino, Soveria Mannelli (Catanzaro) 2011, p. 472; cfr. LUDWIG VON MISES, *L'azione umana. Trattato di economia*, prefazione di Lorenzo Infantino, Rubbettino, Soveria Mannelli (Catanzaro) 2016, p. 726.869.
96 Cfr. BENEDETTO XVI, *Caritas in veritate*, cit., n. 67.
97 Cfr. *ibidem*, n. 57.
98 MARIO TOSO, *Umanesimo sociale. Viaggio nella dottrina sociale della Chiesa e dintorni*, Libreria Ateneo Salesiano, Roma 2002.

mondiale (cfr. *Pacem in terris*, n. 44-48[99]), di un'autorità mondiale in grado di agire efficacemente sul piano giuridico e politico (cfr. *Populorum progressio*, n. 78). Rispetto a questa meta, ritenuta peraltro indispensabile, oggi si è particolarmente attenti alle tappe intermedie e non pochi preferiscono parlare di *global governance* anziché di *world government*, ossia di una forma di governo che, mentre realizza una certa unità, è distribuita su una pluralità di livelli di potere e si scinde in funzioni differenziate. È l'idea di una rete di poteri che presiede ad una corrispondente rete di funzioni, previste per venire incontro alle esigenze del bene comune mondiale»[100].

Così, quindi, scriveva l'affermato teologo quando il pontificato di papa Ratzinger era di là da venire e la *Caritas in veritate* era ancora lontana. Nel pensiero del futuro segretario del Pontificio Consiglio della Giustizia e della Pace si scorgono delle evidenti anticipazioni – non solo concettuali, ma addirittura lessicali – dei passi dell'enciclica del 2009 tanto che in alcune pagine di questa si intravede l'impronta di Toso.

Se doveva risultare ben chiara agli estensori del testo pontificio la distinzione tra *governance* e *government*, Toso dimostra di avere questa capacità e di padroneggiarla sino al punto di utilizzare la nozione di *governance* per non creare giustificati timori lì ove venisse adottato il termine *government*. Così, con molta accortezza, il teologo, a proposito di un'autorità mondiale, scrive che «rispetto a questa meta, ritenuta peraltro indispensabile, oggi si è particolarmente attenti alle tappe intermedie»[101]. Queste non sarebbero altro se non quella «*global governance* [...] che, mentre realizza una certa unità, è distribuita su una pluralità di livelli di potere e si scinde in funzioni differenziate». Anche la dicitura «pluralità di livelli» lascia scorgere in Toso l'estensore almeno di quei paragrafi dell'enciclica in cui si parla dei «più piani»[102] in cui si distribuisce e si attiva un'autorità politica, dell'articolazione «su più

---

99 In realtà, i numeri dei paragrafi riportati sono sbagliati. Quelli corretti sono: 70.72-73.75.
100 Toso, *Umanesimo sociale. Viaggio nella dottrina sociale della Chiesa e dintorni*, cit., p. 244.
101 Toso tornerà su questo stesso aspetto commentando l'enciclica ormai oggetto di studio (cfr. Toso, *Riflessioni sulla riforma del sistema monetario e finanziario*, cit., p. 230s.).
102 Benedetto XVI, *Caritas in veritate*, cit., n. 41b.

livelli e su piani diversi»[103] del governo della globalizzazione che, per questo, andrebbe organizzato «in modo sussidiario e poliarchico», cioè «stratified way»[104].

Pochi mesi dopo la pubblicazione del documento pontificio (a luglio), il teologo salesiano è passato dallo studio della dottrina sociale alla segreteria del Pontificio Consiglio della Giustizia e della Pace (ad ottobre), diventando, quasi contestualmente, vescovo (a dicembre) ed assumendo come motto episcopale le stesse parole che costituiscono il titolo dell'enciclica: *Caritas in veritate*.

Sarà proprio in qualità di Segretario del Pontificio Consiglio che mons. Toso terrà la regia della elaborazione e della promulgazione della già citata *Nota*, nell'ottobre 2011, dal titolo *Per una riforma del sistema finanziario e monetario internazionale nella prospettiva di un'autorità pubblica a competenza universale*. Questo documento che si presenta, al tempo stesso, da un lato come il coerente risultato e la esatta applicazione dell'insegnamento della *Caritas in veritate*, dall'altro come il mezzo che fornisce l'autorevole interpretazione dei passi di difficile lettura dell'enciclica, è, effettivamente, postulato in quell'invocazione ad «una vera Autorità politica mondiale»[105] sulla quale l'insegnamento sociale cattolico punta molto e, per questo, intorno a tale progetto, la dottrina sociale della Chiesa spende molto della sua credibilità[106].

---

103 *Ibidem*, n. 57.
104 *Ibidem*.
105 *Ibidem*, n. 67.
106 «Di fatto tutte le chiese e le sette cristiane hanno sposato i principi del socialismo e dell'interventismo»; così il grande economista Ludwig von Mises (1881-1973), sconsolatamente, profetizzava circa il futuro del pensiero sociale cristiano (Ludwig von Mises, *Lo Stato onnipotente. La nascita dello Stato totale e della guerra totale*, Rusconi, Milano 1995, p. 169).

www.ingramcontent.com/pod-product-compliance
Lightning Source LLC
Chambersburg PA
CBHW071557080526
44588CB00010B/934